China Three Data Laws
Practice and Q&A

中国
データ三法の
実務

解説とQ&A

King & Wood Mallesons 法律事務所・外国法共同事業 [著]

第一法規

はしがき

　近年、デジタル化及び情報化の急速な発展に伴い、データは国の統治や企業運営の核心的な資源となっています。しかし、データが巨大な価値を生み出す一方で、その安全性や、合法かつ適切な利用に関する問題がますます顕著になっており、データ取扱活動を規範化し、個人のプライバシーと国の安全を保護するため、多くの国々が関連法令の整備を進めています。このような背景の下、中国では、「サイバーセキュリティ法」、「データ安全法」、「個人情報保護法」これらいわゆるデータ三法などの重要法令が相次いで制定され、包括的なデータガバナンスの法体系が構築されました。

　データ三法は、中国企業のデータ管理に明確な法的基盤を提供しただけではなく、中国で事業を展開する外国企業に対しても、コンプライアンスに関する高度な要求を課しています。データの利用と安全性とのバランスを図ることを目的として、その規制は、データ分類・分級管理、データ越境流動における安全評価、個人情報取扱規則、そしてサイバー空間のガバナンスなど多岐にわたる重要分野を網羅していますが、これも一因となって法律の条文は複雑化し、これを施行するための細則も絶えず更新されるため、実務上の課題と直面する企業が多数見受けられます。

　そこで、中国のデータガバナンス法体系の重要な内容とその実務における適用について理解を深めるための一助になりたいとの思いから本書の構想が始まり、多くの方々に支えられ、このたびの刊行の運びとなりました。

　本書は、第2章・第3章・第4章において、データ三法の主要な内容と実務の運用について概説したうえ、第5章において、企業が最も関心を寄せるデータ越境移転の規制と実務について論じた後、さらに読者の理解を深めるため、第6章にQ＆Aのコーナーを設ける構成をとっています。データ関連の法整備がここ数年の間に急速に進められた中国では、これに関する行政・司法の実務がますます蓄積されるにつれ、今後も重要な立法が続くものと予想され、我々の実務経験もまだまだ浅いといわざるをえません。このような状況における本書の刊行は時期尚早の感が否めませんが、データ三法へ

iii

の対応が喫緊の課題となっている企業は少なくなく、中国法に関する日本企業からの需要がある以上、これにお応えするのが我々の責務ではないかと考え、挑戦の道を選ぶものとしました。

　本書がこうして刊行に至ったのは、第一法規の松田浩様、編集第四部企業法務グループの皆様の多大なご尽力の賜物にほかなりません。日本語を母国語としない筆者の拙い文章にもかかわらず献身的にご対応くださり、忍耐強いご指導・ご鞭撻を賜りましたこと、執筆者一同ここに改めて心より御礼申し上げます。また、本書の執筆にご協力いただいたすべての専門家や研究者の皆様にも深謝申し上げ、データガバナンス法体系の構築に尽力された各界の方々にも敬意を表します。

2025年 1 月

King & Wood Mallesons 法律事務所・外国法共同事業

代表　**陳　天華**

目　次

はしがき

第1章　中国におけるデータ三法の立法背景と概要 ……………………… 1

一　立法の背景 ……………………………………………………………… 2

二　データ三法 ……………………………………………………………… 3

三　データ法令に基づく規制実施の体制 ………………………………… 5

第2章　サイバーセキュリティ法 ……………………………………………… 7

一　サイバーセキュリティ法の概要 ……………………………………… 8

　　1．概要 ……………………………………………………………………… 8

　　2．サイバーセキュリティ法の適用対象 ……………………………… 8

　　3．各対象者の義務 ……………………………………………………… 9

二　サイバーセキュリティ法上の主要制度と運用実態 ……………… 10

　　1．サイバーセキュリティ等級保護制度 …………………………… 10

　　　（1）等級保護制度の概要 ………………………………………… 10

　　　（2）サイバーセキュリティ等級判定、安全整備及び評価 …… 12

　　　（3）サイバーセキュリティ等級保護制度の運用実態 ………… 17

　　2．重要情報インフラ運営者のサイバーセキュリティ義務の特則 … 18

　　　（1）重要情報インフラの定義及びその認定 ………………… 18

　　　（2）重要情報インフラ運営者の責任・義務の特則 ………… 19

　　3．ネットワーク設備・サービスの関連規制 …………………… 20

　　　（1）ネットワーク重要設備及びネットワークセキュリティ専用製品 … 20

　　　（2）商用暗号に関する特則 …………………………………… 21

三　サイバーセキュリティ審査制度 …………………………………… 23

　　1．サイバーセキュリティ審査の法的根拠 ………………………… 23

　　2．サイバーセキュリティ審査制度に対する解説 ……………… 24

　　　（1）適用範囲 …………………………………………………… 25

　　　（2）審査の要点 ………………………………………………… 26

　　　（3）審査の流れ ………………………………………………… 26

3．近年の注目事例 ……………………………………………… 28
　四　サイバーセキュリティ法違反による責任 ……………………… 29
　　1．行政責任 ……………………………………………………… 30
　　　(1) ネットワーク運営者の行政責任 ………………………… 30
　　　(2) 重要インフラ運営者の行政責任 ………………………… 31
　　　(3) ネットワーク製品・サービス提供者の行政責任 ……… 32
　　2．民事責任 ……………………………………………………… 32
　　3．刑事責任 ……………………………………………………… 33
　　4．外国人に対する制裁措置 …………………………………… 33

第3章　データ安全法 …………………………………………… 35

　一　データ安全法の立法目的 ……………………………………… 36
　二　重要制度の概要 ………………………………………………… 37
　三　データ分類分級保護制度 ……………………………………… 40
　四　重要データの概念、識別方法 ………………………………… 45
　　1．重要データの定義 …………………………………………… 45
　　2．重要データの識別方法 ……………………………………… 46
　　3．核心データ …………………………………………………… 49
　五　重要データ取扱いの特則 ……………………………………… 50
　　1．共通の特則 …………………………………………………… 50
　　2．業界別重要データの特則 …………………………………… 53
　　　(1) 自動車業界 ………………………………………………… 53
　　　(2) 工業一般 …………………………………………………… 54
　　　(3) 自然資源 …………………………………………………… 55
　　　(4) 人類遺伝資源 ……………………………………………… 58
　　　(5) 政務データ ………………………………………………… 59
　六　罰則 ……………………………………………………………… 60

第4章　個人情報保護法 ………………………………………… 63

　一　立法概要 ………………………………………………………… 64
　二　個人情報保護法の適用範囲 …………………………………… 65
　　1．属地主義の原則 ……………………………………………… 66

vi

2 属地主義の例外─域外適用 ……………………………………… 66

　(1) 中国国内の自然人に対する製品又はサービスの提供を目的とすること … 67

　(2) 中国国内の自然人の行為に対する分析、評価を行うこと …………… 68

3 域外適用対象となる中国国外の個人情報取扱者の組織整備義務 ………… 68

三　個人情報の取扱いに関する各種定義………………………………………… 69

1 個人情報…………………………………………………………………… 69

　(1) 識別ルート …………………………………………………………… 69

　(2) 関連ルート …………………………………………………………… 69

2 機微な個人情報 ………………………………………………………… 71

3 個人情報とプライバシーとの区別……………………………………… 71

4 個人情報の匿名化……………………………………………………… 72

5 個人情報取扱者 ………………………………………………………… 73

四　個人情報の取扱い……………………………………………………………… 73

1 収集 ……………………………………………………………………… 74

2 保存 ……………………………………………………………………… 74

3 使用 ……………………………………………………………………… 74

4 加工 ……………………………………………………………………… 75

5 伝送 ……………………………………………………………………… 75

6 提供 ……………………………………………………………………… 75

7 公開 ……………………………………………………………………… 76

8 削除 ……………………………………………………………………… 76

五　個人情報取扱いの基本原則 ………………………………………………… 76

1 合法、正当、必要及び信義誠実の原則 ……………………………… 76

2 目的制限及び最小化原則 ……………………………………………… 78

3 公開・透明の原則……………………………………………………… 79

4 個人情報の品質保証の原則 …………………………………………… 79

5 個人情報取扱者責任原則及び安全原則 ……………………………… 80

六　個人情報取扱いの事由 ……………………………………………………… 81

1 告知 ……………………………………………………………………… 82

　(1) 告知の時点 …………………………………………………………… 83

　(2) 告知の内容 …………………………………………………………… 83

　(3) 告知の方式 …………………………………………………………… 84

（4）告知の留意点 ……………………………………………………… 84

　　　（5）告知の例外 …………………………………………………………… 85

　　2．同意 ………………………………………………………………………… 86

　　　（1）同意の要件 …………………………………………………………… 86

　　　（2）同意の方式 …………………………………………………………… 88

　　　（3）同意の撤回 …………………………………………………………… 89

　　3．個人の同意を不要とする個人情報取扱いの法的事由 ……………… 91

　　4．個人情報の保存期間 ……………………………………………………… 92

　　　（1）取扱目的に適した最短時間……………………………………………… 92

　　　（2）保存期間に関する強行規定……………………………………………… 92

　　5．個人情報取扱行為別のルール ………………………………………… 93

　　　（1）個人情報の共同取扱い ……………………………………………… 93

　　　（2）個人情報の取扱委託 ………………………………………………… 94

　　　（3）合併、分割、解散、破産宣告等の事由による個人情報の移転 ………… 95

　　　（4）個人情報の第三者への提供…………………………………………… 96

　　　（5）個人情報を利用した自動意思決定 ………………………………… 99

　　　（6）公開された個人情報の取扱い ………………………………………102

七　機微な個人情報の取扱規則 ……………………………………………103

　　1．機微な個人情報の取扱いの条件 ………………………………………103

　　2．機微な個人情報の取扱いにおける告知・同意 ………………………104

　　3．未成年者の個人情報の取扱い …………………………………………105

　　4．その他の法律上の制限 …………………………………………………105

八　個人情報主体の権利 ……………………………………………………106

　　1．知る権利、決定権…………………………………………………………106

　　　（1）知る権利 ………………………………………………………………106

　　　（2）決定権…………………………………………………………………107

　　2．閲覧、複製、移転の請求権 ……………………………………………107

　　　（1）閲覧権、複製権 ………………………………………………………108

　　　（2）移転請求権 ……………………………………………………………108

　　3．訂正補充請求権 …………………………………………………………109

　　4．削除請求権 ………………………………………………………………110

　　5．個人情報取扱規則に関する説明要求権 ………………………………112

6．死者の個人情報の保護 ……………………………………………112

　　7．個人による権利行使の保障 …………………………………………113

九　個人情報取扱者の義務 ……………………………………………………114

　1．個人情報取扱者の義務 ……………………………………………………114

　　（1）コンプライアンス保障義務 ………………………………………114

　　（2）個人情報保護責任者 ………………………………………………119

　　（3）外国企業の専門機関の設立又は代表者の指定 …………………120

　　（4）個人情報保護影響評価 ……………………………………………121

　　（5）個人情報の漏えい、改ざん、紛失の発生時の通知・救済措置 …………123

　　（6）重要インターネットプラットフォームサービスを提供する個人情報取扱者の

　　　　特別義務 ………………………………………………………………126

十　個人情報保護義務違反による法的責任 ………………………………128

　1．民事責任 ……………………………………………………………………128

　　（1）過失推定主義 ………………………………………………………129

　　（2）損害賠償の範囲 ……………………………………………………129

　2．個人情報の民事公益訴訟制度 …………………………………………129

　　（1）「多数」とは ………………………………………………………130

　　（2）「社会公共利益」の侵害 …………………………………………131

　　（3）個人情報保護の公益訴訟を提起する適格主体 …………………131

　3．行政処罰 ……………………………………………………………………131

　4．ブラックリスト公示制度 ………………………………………………133

　5．刑事責任 ……………………………………………………………………134

　　（1）「情状が重い」の要件 ……………………………………………134

　　（2）コンプライアンス整備に基づく不起訴制度 ……………………135

第5章　データ・個人情報の越境移転 ……………………………………137

一　データの越境移転の概説 …………………………………………………138

　1．越境移転の定義 ……………………………………………………………138

　2．データ越境移転関係の法令一覧 ………………………………………140

二　重要データの越境移転安全評価 …………………………………………141

　1．国家安全評価における審査要点 ………………………………………142

　2．国家安全評価のプロセス ………………………………………………142

3.　国家安全評価の提出書類 ……………………………………………143

　　4.　国家安全評価結果の有効期間、再申請が必要な事由 ………………144

　　5.　国家安全評価の実務運用状況 ………………………………………145

　　6.　国家安全評価実施前の越境移転リスク自己評価 …………………145

　　　（1）自己評価業務の実施状況 ………………………………………145

　　　（2）越境移転活動全体の状況 ………………………………………145

　　　（3）越境移転活動のリスク等の影響に対する評価の結論 ………148

三　個人情報の越境移転の要件 ……………………………………………148

　　1.　個人情報の越境移転の要件の概説 …………………………………148

　　2.　諸要件の詳説 …………………………………………………………150

　　　（1）個人への告知及び個別の同意の取得 …………………………150

　　　（2）個人情報保護影響評価 …………………………………………150

　　　（3）個人情報越境移転標準契約に基づく個人情報の越境移転 …152

　　　（4）個人情報保護認証に基づく越境移転 …………………………162

四　特定の場面・業界におけるデータ越境移転の条件 …………………168

第6章　データ三法の理解と運用に役立つQ&A …………………175

1. サイバーセキュリティ法 ………………………………………………176

　1-1　ネットワーク運営者とはどのような者か。サイバーセキュリティ法が適
　　　用されるネットワーク運営者にはどのような者が含まれるか。ネットワー
　　　クの安全管理責任者はどのように決定されるか。 ………………176

　1-2　重要情報インフラと重要情報インフラ運営者とはどのようなものか。実
　　　務においてどのように判断されるか。 ……………………………178

　1-3　外国企業又は中国の外資企業が重要情報インフラ運営者と取引をする際
　　　にはどのようなことに注意すべきか。 ……………………………179

　1-4　サイバーセキュリティ等級保護状態の検査・評価はどのように実施すべ
　　　きか。 …………………………………………………………………180

　1-5　情報システムの破壊、データ漏えい等の事件の発生時、ネットワーク運
　　　営者は、法律上どのような義務を負うか。 ………………………181

　1-6　外資企業が中国でデータセンターを設立することは可能か。どのように
　　　設立するか。 …………………………………………………………185

2. データ安全法 ……………………………………………………………189

2-1 個人情報が重要データに該当する可能性はあるか。個人情報が重要データに該当する場合、その取扱いにはどのような注意点があるか。 …………189

2-2 重要データと国家秘密、情報又は反スパイ法に定める「その他国の安全又は利益と関連するデータ」はどのように区別されるか。 ………………190

2-3 データ安全リスク評価はどのように行うか。 ……………………………193

2-4 当社は各部署がどのようなデータを取り扱っているか把握していないが、その確認の作業はどのように行えばよいか。 …………………………195

2-5 データの取引（有償譲渡）を行うことはできるか。データ資産の価値はどのように評価するか。 ……………………………………………………197

2-6 持続的に収益をもたらすデータを資産化して貸借対照表に組み込むことはできるか。 ……………………………………………………………198

2-7 重要データを構成する可能性のあるデータの越境移転にはどのように対応すべきか。 …………………………………………………………………200

2-8 ChatGPT を用いたアプリケーション開発の過程でデータを利用することになるが、どのような注意点又はコンプライアンス上の要求があるか。 ……202

3. 個人情報保護法 ………………………………………………………………205

3-1 「個人に関する情報」が個人情報に該当するか否かはどのように判断されるか。その具体的な判断基準は何か。 ……………………………………205

3-2 個人情報とプライバシーの違いは何か。 ………………………………206

3-3 個人情報は匿名化処理をされた情報を含まないと定められているが、匿名化とは何か。 ………………………………………………………………207

3-4 匿名化と非識別化はどのように異なるか。非識別化処理を行った個人情報の第三者との共有は可能か。 ……………………………………………209

3-5 個人情報の取扱いに際して個人情報主体に提示する告知は、どのような内容でなければならないか。 ……………………………………………210

3-6 個別の同意はどのようなものか。実務において、個別の同意をどのような方法で取得すればよいか。 ……………………………………………213

3-7 個人情報の取扱いについて個人の同意を不要とする法的事由は、実務上具体的にどのように運用されているか。 …………………………………215

3-8 プライバシーポリシーとは何か。それにはどのような内容を含めなければならないか。 ……………………………………………………………220

3-9 Cookie は個人情報に該当するか。ウェブサイトで Cookie の設定を行う際にはどのような法律規定を遵守しなければならないか。 ……………223

3-10 個人情報主体は、権利の侵害を受けたとき精神的損害賠償の請求ができるか。 ……………………………………………………………………224

3-11 ユーザーの個人情報の取引（有償譲渡）を行うことはできるか。 …………226

3-12 個人情報保護法は、どのような場合に域外適用されるか。 ……………227

3-13 従業員の携帯、パソコン上の記録や監視カメラを使った監視は、従業員の個人情報の違法な収集に該当するか。 ……………………………229

3-14 従業員の不正行為を調査するため、本人に知らせずその個人情報を収集することは可能か。 ……………………………………………………230

3-15 個人情報保護法は、日本企業が中国からの観光客や留学生の個人情報を収集・保存する行為に適用されるか。日本企業は、これらの者が中国に帰国後もその個人情報の保存を続けられるか。 ……………………233

3-16 アプリケーションにおいて会員ユーザーの個人情報を収集する時にはどのようなことに注意すべきか。 ……………………………………234

3-17 会員ユーザーにターゲティング広告のためのメール又はショートメッセージを送信する際、どのようなことに注意すべきか。 …………………236

4. データ越境 ……………………………………………………………………237

4-1 重要データの越境移転は可能か。その必要があるとき、どのような法律上の手続が必要となるか。 ……………………………………………237

4-2 個人情報の越境移転の規模によって越境移転の手続が異なるようだが、越境移転の個人情報の量はどのように計算されるか。 …………………238

4-3 データの越境移転において、中国国外の受領者も中国のデータ法令の規定を遵守しなければならないか。違反した場合には、中国の関連法令により処罰されるのか。 ……………………………………………240

4-4 標準契約を締結して個人情報の越境移転を行うときに標準契約さえあれば移転可能か。個人情報保護影響評価は必要か。どのような注意点があるか。 ………………………………………………………………241

4-5 多数の中国現地法人の間におけるデータのやり取りが日本のキャリアが
提供する専用回線等を利用し日本のデータセンターを経由して行う場合、
データの越境移転に該当するか。 ……………………………………242

4-6 多国籍企業の人材管理において、データ越境移転にはどんなシナリオが
あるか。 ……………………………………………………………243

4-7 従業員の個人情報の国外移転は無条件で免除されるのか。 …………245

4-8 中国現地法人は、その取引先の名刺やメールにおける個人情報を、本人
の同意を得ることなく中国国外の親会社と共有しうるか。 …………247

4-9 臨床試験データの越境移転は可能か。 ……………………………248

4-10 中国国外の裁判所に証拠を提出する際には、データ越境移転の手続をし
なければならないか。 ………………………………………………252

4-11 中国国外の会社が模倣品による権利侵害に関する情報を中国から取得す
るにあたり、被疑者たる個人又は法人の代表者の氏名その他個人情報が
それに含まれる場合、個人情報越境移転のための同意を本人から取得し
なければならないか。 ………………………………………………254

4-12 中国現地法人の従業員が出国検査で、外国への持出禁止データが含まれ
るとしてパソコンのハードウェアを没収されたが、このような事件につ
いて、会社としてはどのように対応すべきか。 ……………………255

4-13 中国現地法人のデータコンプライアンス制度を整備する過程で、従業員
が遵守すべきデータ保護義務については、具体的にどのような措置を講
ずるべきか。 …………………………………………………………257

4-14 外国会社が中国の合弁会社からその経営管理に関するデータを取得する
際には、どのようなことに注意すべきか。 ………………………258

4-15 中国法人を買収するために法務デューデリジェンスを行うにあたっては、
どのようなことに注意すべきか。 …………………………………259

4-16 個人情報以外のデータの違法な越境移転のため処罰された事例はあるか。
……………………………………………………………………263

4-17 外国企業が中国の自然人の個人情報を中国国外で取り扱う際に、個人情
報保護法に従う必要があるか。また、実際の紛争事例はあるか。 ………268

xiii

5. その他 ……………………………………………………………………273

    5-1 データ三法は中国国外の企業に適用されるか。データ三法には中国国外
    の企業に対してどのような処罰規定が定められているか。………………273

    5-2 在中外資企業はデータ三法コンプライアンス体系をどのように確立しな
    ければならないか。………………………………………………………275

    5-3 在中外資企業は、データ三法以外に、安全保障の観点からどのような法
    令に注意すべきか。………………………………………………………280

巻末資料 ～主要法規の和訳～ ……………………………………………281

    1. 中華人民共和国サイバーセキュリティ法 ……………………………282

    2. 中華人民共和国データ安全法 …………………………………………306

    3. 中華人民共和国個人情報保護法 ………………………………………319

    4. ネットワークデータ安全管理条例 ……………………………………341

事項索引 ………………………………………………………………………364

著者一覧 ………………………………………………………………………369

第 1 章

中国における
データ三法の立法背景と概要

一 立法の背景

　中国では、1990年代の初頭に初めて国際回線が開通し、インターネット時代が幕を開けた。その後30年以上にわたってインターネット経済からプラットフォーム経済、さらにスマート経済へと次々に発展を遂げ、今では独自の体系を形成した世界最大規模のユーザーを擁するデジタル大国へと成長した。統計によると、2023年における中国のデジタル経済の規模は53.9万億元に上り、GDPの42.8％を占めている[1]。海底ケーブルやデータセンターの数、生み出されるデータの規模、計算能力の高さなどいずれからしても、中国は「データ資源大国」になったといえるだろう[2]。

　膨大なデータの蓄積と利用は、社会統治、経済発展及び人々のライフスタイルに重大な影響を与えた。特にデータがデジタル経済における必要不可欠な生産要素となり、その戦略的な価値がますます高まるにつれて、国内的には、データの適法な取扱いを指導し、データの利用・流通・取引を促進する一方、対外的には、特に国家秘密の漏えいと重要データの流出を防止する規制を強化している。2014年4月に開催された中央国家安全委員会第1回会議では、国家安全保障の概念として「総体国家安全観」が打ち出されたが、これは政治、国土、軍事、経済、文化、社会、科学技術、情報、生態系、資源、核など幅広い分野に及び、「情報の安全」も国の安全と関わる重要な項目の一つとして位置づけられている。

---

1 “中国データ経済発展報告”中国信通院公式ホームページ 2024年8月27日（参照：2025年1月17日）

2 中国国家データ局（NDA）の推計によると、2023年の中国では32ZB以上のデータが作成されたとのことであり、米 International Data Corporation（IDC）は、2025年において全世界の27.8％に相当する48.6ZB1のデータが中国で生成されるとの予測を示している。
　“China generates over 32 zettabytes of data in 2023” CHINADAILY 公式ホームページ 2024年4月2日（参照：2025年1月18日）

第 1 章　中国におけるデータ三法の立法背景と概要

二 ┃ データ三法

　この総体国家安全観の下、デジタル経済の多大な発展への対応が喫緊の課題となったことも相俟って、ここ数年においてはデータの安全を中心とした立法が活発化している。その代表的なものとして、いわゆる「データ三法」すなわちサイバーセキュリティ法、データ安全法及び個人情報保護法が挙げられる。

　このうち、サイバーセキュリティ法は、サイバー空間におけるセキュリティ・ガバナンスの体制とネットワーク運営者による個人情報・データの取扱いに関する基本的ルールを、データ安全法は、国によるデータセキュリティ管理の枠組みとデータ特に重要データの取扱いに関する基本的ルールを、個人情報保護法は、個人情報取扱いの全ライフサイクルにおける詳細なルールや個人情報をめぐる個人の権利などをそれぞれ定めた法律である。これら三つの法律により確立された主要な制度をまとめると、表 1-1 のようになる。

表 1-1：中国データ三法の主要な制度

サイバーセキュリティ法	データ安全法	個人情報保護法
サイバーセキュリティインシデントへの対応義務	データセキュリティインシデントへの対応義務	インシデント発生時の当局への報告及び本人への通知義務
等級保護制度に基づくサイバーセキュリティ義務	データ分類分級制度、重要データ目録制度	個人情報・機微な個人情報の分類
重要情報インフラ運営者のサイバーセキュリティ義務、ネットワーク運営者のコンテンツ管理義務と個人情報保護義務	重要データ保護義務（取扱いのリスク評価制度、安全責任者の設置義務等）	個人情報の取扱いのルール（告知及び同意取得等）、収集・共同管理・委託処理・第三者提供に関するルール、個人情報取扱行為に対する個人の権利、個人情報取扱者の義務
サイバーセキュリティ審査制度	データ安全審査制度	－
重要情報インフラ運営者の重要データ・個人情報の国内保存義務、越境移転の規	重要データの国内保存義務、越境移転の規制、国外法執行機関等へのデータ提	個人情報の越境移転の規制、国外法執行機関等への個人情報提供時の許可制度

3

制	供時の許可制度、輸出規制品目に該当するデータの輸出規制	
－	投資、貿易等の分野のデータの開発及び利用技術等に関し中国に差別的な措置をとる国・地域への対抗措置	個人情報保護に関し中国に差別的な措置をとる国・地域への対抗措置
－	－	国外事業者・個人のブラックリスト制度（リスト掲載者への個人情報の提供は制限・禁止される）

　まず、サイバーセキュリティ法は、あらゆるネットワーク運営者がその所有・管理する情報システムのセキュリティ等級に基づいて負う安全保護義務、国民経済の命脈的地位にある重要情報インフラ運営者が負う特殊な義務のほか、ネットワーク運営者のインターネットコンテンツ及びユーザーの個人情報に対する保護義務について定めている。その関連法令として、サイバーセキュリティ等級保護制度などの実務指針、サイバーセキュリティ審査弁法などの当局の監督管理実務に関する規定も制定され、これらはいずれも、情報システムを利用する企業の日常業務と密接に関わっている。

　次に、データ安全法は、データの分類分級、重要データをめぐるリスク評価制度、データ安全審査制度、重要データ越境移転の制限など、データ取扱いの基本的な前提と方針を定めており、この基本方針に関しては抽象的な規定が多くを占めている。企業においては、同法を軸とした各業界のデータの分類分級及び重要データに関する規定に対しても注意が求められる。例えば、自動車業界における「自動車データ安全管理若干規定（試行）」、医療分野における「人類遺伝資源管理条例」などの規定が実務と密接に関連している。

　さらに、個人情報保護法は、個人情報の保護及び取扱いに関する基本法として、個人情報の定義、個人情報取扱いの基本原則、各種取扱いの基本ルール、個人情報主体の権利、個人情報取扱者の義務などを全面的に定めている。この法律の制定に伴い、これまで問題視されていたプラットフォーム、アプリなどによる過剰な個人情報の収集を確実に規制することが可能となり、個人情報及びプライバシーポリシーの保護を実現する法制が整備されたといえ

る。その一方で、越境移転をはじめとする個人情報の取扱いへの規制があまりに厳しく、企業の日常業務に支障を来しているとの声も顕著となり、これを受け、個人情報の越境移転に対する規制は緩和の方向に転じている。個人情報を含むデータ越境移転の詳細については、第5章をご覧いただきたい。

　データの安全に関しては、データ三法以外にも、国家秘密等の保護をさらに強化する国家秘密保護法や反スパイ法、サイバーセキュリティの確実な実行を監督するサイバーセキュリティ審査弁法、重要データの対外流出及びデータの違法な越境移転を規制する諸規定、技術関連データの輸出を規制する輸出管理法、国家秘密及びこれに該当しない情報の保護に用いる暗号及び商業暗号の使用・管理に関する暗号法や商用暗号管理条例といった法令が定められている。中国のデータ関連規制を正確かつ全面的に理解するためには、データ三法だけではなく、これらの関連法令も含めて横断的に検討し、政策の方向性を洞察することが重要となる。

三　データ法令に基づく規制実施の体制

　ここ数年にわたるデータ関連法令の整備に伴い、それに基づく監督管理機関の取締りも頻繁に行われるようになっており、企業の日常の営業に影響が及ぶものとしては、ネットワーク運営企業に対するサイバーセキュリティ等級審査及びサイバーセキュリティ状態の検査、大手インターネットプラットフォーム企業に対するサイバーセキュリティ審査、個人情報を大量に扱うアプリ運営企業に対する定期的な調査、重要データ及び個人情報の越境移転に対する許可等が挙げられる。これらの取締りにおいては、国務院事務機関の「国家インターネット情報弁公室」が中心的な役割を果たしており、公安局、工業情報化部など別機関と連携した規制も多々行われている。

　この「国家インターネット情報弁公室」のほか、中国共産党の機関として「中央ネットワーク安全及び情報化委員会弁公室」が設置されているが、これら「国家インターネット情報弁公室」と「中央ネットワーク安全及び情報化委員会弁公室」の構成員は同じであって、換言すると、同一の機関が政府

と党双方の責務を果たしているといえる（以下、本書においては両機関を「国家ネットワーク情報弁公室」と総称する。）。国家ネットワーク情報弁公室は、デジタル経済の安全を守る最高機関とされている[3]。国家インターネット情報弁公室は、2011年に設立、2014年に再編され、その具体的な権限は、その公式ウェブサイトに明確な記載はないものの、2011年の設立時に公表された情報によると、インターネット情報普及のための法整備、インターネットコンテンツの管理、各種インターネットアクセスインフラ事業及びインターネット世論事業に対する監督管理であると理解される[4]。国家ネットワーク情報弁公室の下には、全国各省の共産党委員会の「ネットワーク安全及び情報化委員会弁公室」が設置されている（以下、本書においては、中央と各省のネットワーク情報弁公室を総称して「ネットワーク情報弁公室」という。）。

　これらの機関による規制の一方で、中国では、特にスマートシティの建設、自動運転の普及をはじめとするデジタル経済の活性化のため、データの流動・取引・資産化が積極的に進められている。2022年12月に公表された「データ要素をより活用するためのデータ基本制度の構築に関する意見」（通称「データ二十条」）は、データの「価値化、資源化、資産化、資本化」という戦略を打ち出し、データの権利・利益の確定、流通、取引、価値化を国の主導下で推進しようとしている。その実行役となるのが国務院の国家発展改革委員会に属する国家データ局であり、データ取引の制度設計、データインフラの構築に対する国の充実した支援の下、データ産業の発展・促進、データのサイロ化の打破、データ統合の実現を担っている[5]。

　このように、中国は、厳しい規制によってデータの安全を確保するだけでなく、データのデジタル経済における重要性に鑑みてその利活用を促進する方向でもたゆみない努力を続けている。

3　梁福龍編集 "国家ネットワーク情報弁公室再編　国務院よりインターネット内容に対する管理・法執行権を付与"観察者網公式ホームページ 2014年8月28日（参照：2025年1月17日）「国務院機構設置についての通知」（2018年03月24日公布）

4　"国務院弁公室の通知 国家インターネット情報弁公室設置 王晨任主任"中華人民共和国中央人民政府公式ホームページ 2011年5月4日（参照：2025年1月17日）

5　李智慧 "全人代を読む：中国「国家データ局」設立の狙い"N＆N未来創発ラボ公式ホームページ 2023年3月17日（参照：2025年1月17日）

第 2 章

サイバーセキュリティ法

一 | サイバーセキュリティ法の概要

1. 概要

　中国のサイバーセキュリティ法（Cybersecurity Law of the People's Republic of China）は、2016年11月7日に採択され、2017年6月1日に施行された。

　サイバーセキュリティ法は、中国のネットワーク及びデータ法体系の「基本法」であり、ネットワーク空間の主権と安全の保護を目的とし、ネットワークの運営安全とネットワーク情報の安全の両面で各主体の権利と義務を規定することによってその実現を図っている。

2. サイバーセキュリティ法の適用対象

　サイバーセキュリティ法は、「ネットワーク運営者」、「重要情報インフラ運営者」及び「ネットワーク製品・サービス提供者」の責務を中心に定めている。

　ネットワーク運営者とは、ネットワークの所有者、管理者及びネットワークサービスの提供者と定義されている（サイバーセキュリティ法76条3号）。インターネットやインターネットサービスのプロバイダー、電子商取引プラットフォームの運営企業、ウェブページを保有する者のみならず、イントラネットなど社内に情報システムを設置する一般企業も、ネットワークを所有し又は管理するためこれに該当する。

　重要情報インフラ運営者とは、「公共通信及び情報サービス、エネルギー、交通、水利、金融、公共サービス、電子行政サービス、国防科学技術工業などの重要な業界及び産業分野における重要なネットワーク施設、情報システムなどであって、破壊、機能喪失又はデータ漏えいが発生した場合には、国の安全、経済・国民生活、公共利益に重大な危害を与えるおそれがあるもの」を運営する者と定義されている（同法31条、重要情報インフラ安全保護条

8

例2条)。

　ネットワーク製品・サービス提供者には、ネットワークに関連する設備、ソフトウェア等を生産、販売する企業や、クラウドサービス、データ処理サービス等、ネットワーク製品・サービスを提供する組織や企業が含まれると考えられる。

　このように、中国国内でネットワークやネットワークサービスの構築、運営、メンテナンス又は利用をするあらゆる企業がサイバーセキュリティ法の適用対象となる。

3. 各対象者の義務

　サイバーセキュリティ法は、ネットワーク運営者、重要インフラ運営者、ネットワーク製品・サービス提供者を対象として、サイバー運営安全、サイバーコンテンツ安全を区分し、それぞれ相応のセキュリティ保護義務を定めている。

表 2-1：サイバーセキュリティ保護義務

業者種別	関連義務（サイバーセキュリティ法関連条項）	ネットワーク運営者	重要情報インフラ運営者	ネットワーク製品・サービス提供者
サイバー運営安全関連	サイバーセキュリティ等級保護履行義務（21条）	○	○	○
	サイバーセキュリティ・インシデント対応プランの制定義務（25条）	○	○	○
	購入するネットワーク製品・サービスの国家強制標準への適合（22条）	○	○	○
	インターネット実名制を実施する義務（24条）	○	○	○
	年1回以上のネットワーク安全リスク点検評価義務（38条）		○	
	安全管理責任者の設置、責任者及び重要職位者の背景審査義務（34条）		○	

9

			○	
	ネットワーク安全教育、研修、技能審査を行う義務（34条）		○	
	重要システム、データベースの災害時復旧バックアップ実施義務（34条）		○	
	ネットワーク製品・サービスの安全保障義務（35条）		○	○
サイバーコンテンツ安全関連	個人情報、重要データの国内保存義務（37条）		○	
	個人情報保護制度確立義務（22条）	○	○	○
	コンテンツ安全管理義務（違法情報登載有無のチェック）（48条）	○	○	○
	ネットワーク情報の苦情申立て・通報制度確立義務（49条）	○	○	○

二 サイバーセキュリティ法上の主要制度と運用実態

1. サイバーセキュリティ等級保護制度

（1）等級保護制度の概要

第二十一条　国は、サイバーセキュリティの等級保護制度を実施する。ネットワーク運営者は、サイバーセキュリティ等級保護制度の要求に従い、次の各号に掲げる安全保護義務を履行して、ネットワークが妨害、破壊又は無権限のアクセスを免れることを保障し、ネットワークデータの漏えい又は窃取、改ざんを防止しなければならない。

（一）　内部安全管理制度及び操作規程を制定し、サイバーセキュリティ責任者を確定し、サイバーセキュリティ保護の責任を明確化すること。

（二）　コンピューターウイルス及びサイバー攻撃、ネットワーク侵入等

のサイバーセキュリティを害する行為を防止する技術的措置を講ずること。

（三）　ネットワークの運用状態、サイバーセキュリティ事件を監視し、記録する技術的な措置を講ずるとともに、規定に従って関連するネットワークログを少なくとも六か月保存すること。

（四）　データの分類、重要データのバックアップ、暗号化等の措置を講ずること。

（五）　その他法律、行政法規に定める義務。

　サイバーセキュリティ法は、サイバーセキュリティ等級保護制度（以下「等級保護制度」という。）を実施し、ネットワーク運営者に対して、当該制度の要求に従って関連する安全保護義務を履行することを求めている。この制度の下、すべてのネットワーク運営者は、その保有・管理するネットワークに対して、その安全保護等級に応じた内容で安全保護義務を負う。例えば、実務上最も多いのは2級又は3級のネットワーク運営者であるが、これら二つの等級に属する運営者が講ずるべき安全対策のうち、安全管理制度やサプライヤーの選定といった項目については表2-2のような違いがみられる。

表2-2：2級及び3級ネットワーク運営者の等級保護義務の例

	2級	3級
安全管理制度	a）安全管理業務における主要な管理内容について安全管理制度を構築すること。 b）管理員又は操作員の行う日常管理操作について操作規程を定めること。	a）安全管理業務における各類型の管理内容について安全管理制度を構築すること。 b）管理員又は操作員の行う日常管理操作について操作規程を定めること。 c）安全戦略、管理制度、操作規程、記録表等により構成される全面的な安全管理制度体系を構築すること。
サービスサプライヤーの選定	a）サービスサプライヤーの選定が国の関連規定に適合することを確保すること。	a）サービスサプライヤーの選定が国の関連規定に適合することを確保すること。

		b) 選定されたサービスサプライヤーと契約を締結し、全サプライチェーンの各参加者が履行すべきサイバーセキュリティ関連義務を明確化すること。	b) 選定されたサービスサプライヤーと契約を締結し、全サプライチェーンの各参加者が履行すべきサイバーセキュリティ関連義務を明確化すること。 c) サービスサプライヤー者のサービスに対する定期的な監督、評価、審査を行うとともに、サービスサプライヤーによるサービス内容の変更を制限すること。

(2) サイバーセキュリティ等級判定、安全整備及び評価

　ネットワーク運営者は、その保有・管理するネットワークに対して、等級保護制度の下で安全保護義務を負うが、その具体的な作業には、等級保護対象（情報システム等の範囲）の確定、保護等級の自主判定、保護等級の公安機関への届出、保護等級に応じた安全整備、評価機関による等級保護状況の検査、評価が含まれる（図2-1参照）。地域や産業によってこれらの作業の順序や内容が異なる場合がある[1]。

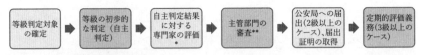

図2-1：等級保護義務の関連作業

① 等級保護対象の確定

　「GB/T 22240-2020 情報安全技術 サイバーセキュリティ等級保護等級判定指針」3.2条に基づき、サイバーセキュリティの等級保護対象には、主に情報システム、通信ネットワーク設備、データ資源などが含まれる。

　情報システムとは、通常はコンピューターやその他の情報端末及び関連機器で構成され、一定のアプリケーション目的やルールに従って情報処理やプロセス制御を行うものをいう（同3.3条）。

1* 例えば、公安局が届出を受理した後、専門家評価を受け、この評価の結果をもって届出手続に進むというケースがある。

典型的な情報システムとしては、ウェブサイトシステム、オフィス自動化システム、クラウドコンピューティングプラットフォーム／システム、モノのインターネット（IoT）、産業制御システム、モバイルインターネット技術を使用するシステムイントラネットなどがある。

通信ネットワーク設備とは、情報流通やネットワーク運用などの基礎支援を行うネットワーク機器及び設備をいう。これには、主に電気通信ネットワーク、放送・テレビ伝送ネットワーク、業界や組織の専用通信ネットワークなどが含まれる（同 3.4 条）。

これら情報システム及び通信ネットワーク設備については、等級保護の対象として等級判定や届出などの必要な対応を行うべきである。

データ資源とは、現に価値があり、又は将来的に価値を有すると予測されるデータの集合をいう（同 3.5 条）。データ取引市場の発展やデータ資産化の進展に伴い、企業のデータ資源の経済的な価値もますます高まりつつあるが、今のところ、データ資源が等級保護の対象と判定されるケースは少数にとどまる。

② 保護等級の自主判定

保護等級は、ネットワークの国の安全、経済の建設及び社会生活における重要性の程度のほか、ネットワークの破壊若しくは機能の喪失又はデータの改ざん、漏えい、遺失若しくは破損が生じた後の国の安全、社会の秩序、公共の利益及び関連する公民・法人その他組織の合法的な権利・利益に対する危害の程度などの要素に基づき、5 段階に区分される [2]。

＊＊「GB/T 22240-2020 情報安全技術 サイバーセキュリティ等級保護等級判定指針」7 条によると、初期判定で 2 級以上の場合、専門家による評価及び主管部門による審査が必要となるが、一部の地方実務では、そのいずれかを選ぶことができる。

2 「GB/T 22240-2020 情報安全技術 サイバーセキュリティ等級保護等級判定指針」6.4 条

表 2-3：安全保護等級の判定

ネットワークが破壊等された場合における侵害法益	被害の程度		
	一般的な損害	重大な損害	特別に重大な損害
公民、法人その他組織の合法的権利	1級	2級	2級
社会の秩序及び公共の利益	2級	3級	4級
国の安全	3級	4級	5級

　実務上、自社ホームページを有するだけの一般的企業は 2 級に該当すると考えられる。金融機関、大量[3] の個人情報を取り扱う企業、重要インフラ運営者は 3 級以上に該当する可能性が高い。

③ 保護等級の公安機関への届出

　2 級以上のネットワーク運営者は、その保護等級の確定後 30 日以内に（2級以上の情報システムを新たに構築する場合は運用開始後 30 日以内に）、公安機関への届出をしなければならない。この届出手続は、公安機関指定のウェブサイトから届出フォームをダウンロードし、必要事項を記入する形で届出書類を準備し、指定の届出場所に赴いて行う。関連部門の審査を経て、等級保護の要求を満たしている場合、公安機関の公共情報ネットワーク安全監督部門は、届出書類を受理した日から 10 営業日以内に、情報システム安全等級保護届出証明書を発行する。

　実務上、第 3 級以上の情報システムに関しては、ネットワーク運営者が公安機関に等級の届出を申請した後、公安機関から届出番号が交付され、ネットワーク運営者は、その届出番号をもって公安機関が認定した評価機関の検査・評価を受けることが求められるケースがある。検査・評価に合格して、

3　この「大量」に関する明確な基準を定めた規定は存在しないが、100 万以上の個人情報の越境移転に対して安全評価を求める規制に鑑みると、100 万人以上の個人情報を取り扱うネットワーク運営者の安全保護等級は 3 級以上の可能性が極めて高く、1 万人以下の個人情報を取り扱うネットワーク運営者の安全保護等級が 3 級以上となる可能性は低いと思われる。

第2章　サイバーセキュリティ法

評価機関発行の評価報告書を届出先の公安機関に提出した後、初めて公安機関における届出手続が完了する。

　第2級の情報システムについては、届出段階でこのような強制的な検査・評価要求は定められていないが、検査・評価を受けることは「情報安全等級保護管理弁法」においてネットワーク運営者の義務とされているため、届出のみで実際に検査・評価を実施しなかった場合には、一定の法的リスクが存在する。この検査・評価については後述の⑤を参照されたい。

④ 保護等級に応じた安全整備

　等級判定及び届出は、等級保護対象をどの等級として保護すべきかを判断する手続であるが、当該情報システムの安全状況が相応等級の要求を実際に満たしているか否かとは別問題である。そのため、情報システムの安全整備が必要となる。

　等級保護対象が適切なセキュリティ要件を満たすためには、セキュリティ体制の構築は、管理と技術の両面から進めなければならない。

　管理面について、ネットワーク運営者は、サイバーセキュリティ法の要求に基づいて、内部セキュリティ管理制度と操作規程を策定し、サイバーセキュリティ責任者を指定し、サイバーセキュリティ事件の緊急対応計画を策定する必要がある。関連する国家標準によると、サイバーセキュリティの管理の側面では、一般に表2-4の事項がチェックポイントとなる[4]。

表2-4：サイバーセキュリティの管理面におけるチェックポイント

No.	カテゴリ	安全性チェックポイント
1	管理制度	安全戦略 管理制度 制度の策定と公布 評価と改訂
2	セキュリティ管理機関	職位の設定 人員の配置 権限取得及び承認

---

4 「GB/T 22239-2019 情報安全技術 サイバーセキュリティ等級保護基本要求」付録A

15

		連絡報告及び協力 審査及び検査
3	セキュリティ管理 人員	人員の採用、離職 セキュリティ意識教育及び訓練 外部者のアクセス管理制度
4	セキュリティ建設 管理	等級判定と届出 セキュリティ案の設計 製品の調達及び使用 自社ソフトウェア開発 外注ソフトウェア開発 セキュリティ工事の実施 テスト及び検収 システム交付 等級保護状態の検査・評価 サービスサプライヤーの管理
5	システム運用維持 管理	環境管理 資産管理 メディア管理 設備の維持管理 脆弱性及びリスク管理 ネットワーク及びシステムのセキュリティ管理 悪意のあるコードの防犯管理 配置管理 パスワード管理 変更管理 バックアップ及び復元管理 セキュリティ事件の処理 緊急対応案の管理 外注運用管理

　技術面について、ネットワーク運営者は、コンピューターウイルスやサイバー攻撃、サイバー侵入などのサイバーセキュリティの脅威に対して技術的な対策を講ずる必要がある。これには、ネットワークの運用状態やセキュリティ事件を監視・記録する技術的対策が含まれ、関連するネットワークログは最低でも6か月間保存する必要がある。また、データの分類、重要データのバックアップ、暗号化などの対策も施すべきである。

　サイバーセキュリティの法執行は地域差が大きいため、ネットワーク運営

者は、各地の法執行の要求や対応する国家標準に基づいて、具体的にどのような技術的措置を採用すべきかを決定する必要がある。サイバーセキュリティの専門家の協力を得て、適切な対策を行うことが推奨される。

⑤ 等級保護状態の検査・評価

　等級保護状態の検査・評価とは、資格を有する評価機関がサイバーセキュリティ等級保護に関連する管理規範と技術標準に基づいて、等級保護対象のサイバーセキュリティ状況を検査・評価する活動をいう。これは、等級保護対象のサイバーセキュリティ状況が、その対応する保護等級の要件を満たしているか否かを確認するための検査・評価であり、等級保護制度の実施における重要な活動の一つである。

　「情報安全等級保護管理弁法」14条によれば、情報システムの構築が完了した後、その運営者は、この弁法に定める要件を充足する評価機関を選出し、関連する技術標準に基づいて、情報システムのセキュリティ等級状況の検査・評価を定期的に実施しなければならない。第3級情報システムは年に1回以上の検査・評価を行う必要があり、第4級情報システムは半年に1回以上、第5級情報システムはその特別なセキュリティ要求に応じた検査・評価が義務づけられている。

（3）サイバーセキュリティ等級保護制度の運用実態

　情報安全等級保護管理弁法（2007年）の施行によって、情報システムのサイバーセキュリティ等級に関する義務違反への罰則が初めて導入された。2017年のサイバーセキュリティ法に基づいて「GB/T 22239-2019 情報安全技術 サイバーセキュリティ等級保護基本要求」などの国家標準も次々と施行され、これらの法律及び国家標準を主要な内容とする等級保護2.0制度が確立された。こうして、中国のサイバーセキュリティ法体系の基盤的な地位がさらに強化されるとともに法執行も継続的に行われるようになった。

　企業の経営陣はサイバーセキュリティの専門家ではないことが多く、サイバーセキュリティの重要性やサイバーセキュリティ等級保護制度に関する認識の不足により、サイバーセキュリティ事件の発生前にサイバーセキュリ

ティ等級保護義務を履行していないケースが見受けられる。一方、サイバーセキュリティ関連の法執行では、事後の罰則が通常の対応となり、サイバーセキュリティ事件の発生後に、法執行機関が関連する情報システムの運営者を調査し、保護等級の届出や等級保護対象のサイバーセキュリティ状況に対する検査・評価が行われていない場合には、相応の行政罰が科される。デジタル経済が急速に進展する状況の下、企業においては、サイバーセキュリティの問題を重視し、体制を事前に整備し、サイバーセキュリティ等級保護制度に基づくコンプライアンス遵守を徹底することが求められる。

2. 重要情報インフラ運営者のサイバーセキュリティ義務の特則

(1) 重要情報インフラの定義及びその認定

第三十一条　国は、公共通信及び情報サービス、エネルギー、交通、水利、金融、公共サービス、電子行政サービス等の重要な産業及び分野、その他機能の破壊、喪失又はデータの漏えいに遭遇した場合に国の安全、国民の経済及び生活、公共の利益を深刻に害するおそれのある重要情報インフラに対し、サイバーセキュリティ等級保護制度に基づいて、重点的な保護を実施する。重要情報インフラの具体的な範囲及び安全保護規定は、国務院において制定する。

　　国は、重要情報インフラ以外のネットワーク運営者が自発的に重要情報インフラ保護システムに参加することを奨励する。

重要情報インフラとは、公共通信及び情報サービス、エネルギー、交通、水利、金融、公共サービス、電子行政サービス、国防科学技術工業などの重要な業界及び産業分野における重要なネットワーク施設、情報システムなどであって、破壊、機能喪失又はデータ漏えいが発生した場合には、国の安全、経済・国民生活又は公共利益に重大な危害を与えるおそれがあるもの（Critical Information Infrastructure）をいう（サイバーセキュリティ法31条、重要情報インフラ安全保護条例2条）。重要情報インフラの具体的な判断基

準や範囲に関する明確な規定は現時点で存在せず、具体的な判断基準を定めた国家標準の制定が進められているところである[5]。また、「重要情報インフラ安全保護条例」（2021 年）9 条によると、特定業界及び特定領域の関連部門が、その業界及び領域に関する重要情報インフラの認定規則を制定し、国務院公安部に届出を行うとされている。

（2）重要情報インフラ運営者の責任・義務の特則

サイバーセキュリティ法は、重要情報インフラ運営者に対して特別なセキュリティ保護措置を義務付けている。

表 2-5：重要情報インフラ運営者の責任・義務の特則

業者種別	責任・義務の特則（サイバーセキュリティ法の関連条文）
重要情報インフラ運営者	・ 3 級以上の等級保護に相応するサイバーセキュリティ義務（21 条）
	・ 年 1 回以上のネットワーク安全リスク点検評価義務（38 条）
	・ 専門の安全管理機関及び安全管理責任者の設置、当該責任者及び重要職務の担当者に対する安全上の背景の審査（34条 1 号）
	・ 従業員に対する定期的なサイバーセキュリティに関する教育、技術研修及び技能考査（34 条 2 号）
	・ 重要なシステム及びデータベースの災害時復旧バックアップ（34 条 3 号）
	・ サイバーセキュリティ・インシデントに対する緊急対応策の策定及び定期的な訓練（34 条 4 号）
	・ その取り扱う重要データ及び個人情報の国内保存義務（37 条）
	・ ネットワーク製品・サービスの仕入れが国の安全に影響を与えうる場合におけるサイバーセキュリティ審査（35 条）
	・ ネットワーク製品・サービス提供者との安全・秘密保持契約の締結、提供者への技術サポート、安全・秘密保持義務・責任の明確化（36 条）

---

5 全国サイバーセキュリティ標準化技術委員会事務局の 2024 年 5 月 30 日制定「ネットワーク安全技術　重要情報インフラ境界線画定弁法」（意見募集稿）などが挙げられる。

3. ネットワーク設備・サービスの関連規制

（1）ネットワーク重要設備及びネットワークセキュリティ専用製品

> 第二十三条　ネットワーク重要設備及びサイバーセキュリティ専用製品は、関連する国家標準の強制的な要求に従わなければならず、資格を有する機構による安全認証に合格し、又は安全検査で要求に適合した後に、販売又は提供をすることができる。（後略）

　ネットワーク重要設備は、それがネットワーク攻撃の重要な標的とされることにより、ネットワークリスクの主要な発生源となりうるため、ネットワーク重要設備を管理対象に含めることは、国内外で一般的になっている。サイバーセキュリティ法が確立したネットワーク重要設備の安全認証及び安全検査の制度の下、ネットワーク重要設備及びサイバーセキュリティ専用製品を販売又は提供する前には、資格を有する機関において、関連する安全認証・安全検査に適合する必要がある。

　2017年6月に公布、2023年7月に更新された「ネットワーク重要設備及びネットワークセキュリティ専用製品目録」によると、4種類のネットワーク重要設備（ルーター、スイッチ、ラックマウントサーバー及びPLC設備）と34種類のネットワークセキュリティ専用製品（データバックアップオールインワン機、ハードウェアファイアウォール、侵入検知・防御システム、セキュリティ隔離及び情報交換製品、セキュリティデータベースなど）が安全認証及び安全検査の対象とされた。

　また、安全認証・安全検査の要求については、認証又は検査の対象となるネットワーク重要設備又はネットワークセキュリティ専用製品の種類によって異なるが、主に強行性国家標準である「GB 40050-2021 ネットワーク重要設備セキュリティ通用要求」及び「GB 42250-2022 情報安全技術 ネットワークセキュリティ専用製品安全技術要求」がその基準となる。

　さらに、安全認証・安全検査の実施機関は、国家認証監督管理総局、工業情報化部、公安部、国家インターネット情報弁公室が2018年3月15日に

公表した「ネットワーク重要設備及びネットワークセキュリティ専用製品安全認証・安全検査業務実施機関リスト（第一期）」により、ネットワーク重要設備及びネットワークセキュリティ専用製品の認証・試験業務を行いうる認証・試験機関であることが明らかにされた。

（2）商用暗号に関する特則

① サイバーセキュリティにおける暗号の重要性

　法律及びサイバーセキュリティ上のコンセプトとしての暗号は、ユーザーが日常的に使用するアカウントパスワード（例えば、スマートフォンのパスワード、SNS アカウントのパスワード、銀行カードのパスワード、オンライン決済のパスワード、電子メールアドレスのパスワードなど）とは異なる。「暗号法」2 条では、「本法における暗号とは、特定の変換方法を用いて情報などを暗号化保護し、安全認証を行う技術、製品及びサービスをいう。」と定義されている。この「特定の変換方法」とは、特定のアルゴリズムを使用して、可視的な文字や情報を直接には認識しえない記号・符号や記号・符号の序列（「暗号文」）に変換することを意味する。例えば、情報暗号化システムで多用されるアルゴリズムは、任意の情報を同じ長さで内容がユニークな文字列に変換し、逆演算での復元ができないようにしている。変更前の文を僅かに変更するだけで数値が変わり、このようなアルゴリズムが「暗号法」における「暗号」とされる。

　これらの暗号製品の提供や、暗号製品を提供するサプライヤーの人員管理などにおいて暗号の漏えいや解読のリスクがある場合、使用する情報システムのセキュリティに直接の影響が及ぶ。したがって、サイバーセキュリティを保護し、使用する暗号製品の安全性を確保することが非常に重要となる。サイバーセキュリティ等級保護制度の下で、国家推薦標準である「GB/T 39786-2021 情報安全技術 情報システム暗号応用基本要求」は、物理及び環境の安全、ネットワークと通信の安全、設備と計算の安全、アプリケーションとデータの安全など 4 つの側面から、セキュリティレベルが異なる情報システムごとに暗号の応用技術要件及び管理制度、人員管理、構築運用、緊急対応などの暗号応用管理要件を定めている。

② 暗号の法律体系と商用暗号

　中国の暗号関連の法律体系は「暗号法」を基盤としている。「暗号法」は中国における暗号分野の初めての法律で、2020年1月1日に施行された。この法律の目的は、暗号の応用と管理を規範化し、暗号業界の発展を促進し、ネットワークと情報のセキュリティを保護し、暗号業務の科学化、規範化及び法治化の水準を向上させることである。

　「暗号法」は、暗号の分類管理制度を規定し、暗号を核心暗号、一般暗号及び商用暗号の3つに分けている。核心暗号と一般暗号は国家秘密情報を保護するために使用され、核心暗号は最高機密レベルで、一般暗号は機密レベルまで保護する。国家秘密に関係しない企業が使用する暗号製品は、通常、商用暗号である。

　商用暗号については、商用暗号の応用と管理に関する行政法規として「商用暗号管理条例」があり、商用暗号の研究、製造、販売、サービス、検査、認証、輸出入、応用などの活動とその監督管理に関する規定が定められている。

③ 商用暗号の検査と認証

　商用暗号の検査と認証の体系は、商用暗号の管理体系の重要な基盤であって、商用暗号市場への参入、監視、応用の推進などの分野で重要な役割を果たしている。

　商用暗号の検査と認証は通常、暗号製品の供給者の自主的な原則に基づいて行われ、強制的な義務ではない。ネットワーク運営者は、暗号製品を購入する際に、商用暗号の検査と認証を受けた製品を優先的に使用することが推奨される。認証を受けた暗号製品を使用していれば、データ漏えいといったセキュリティ・インシデントの発生時に暗号保護に十分なセキュリティ技術措置を講じたことの証明とすることができ、当局によるが行政検査に対応する際に有効な抗弁となる。

④ 商用暗号の応用の安全性評価

　商用暗号の応用の安全性評価とは、関連する法律、行政法規及び標準規範

に従い、ネットワークと情報システムにおいて、商用暗号に関する技術、製品、サービスの適合性、正確性及び効果性を検査・分析・評価する活動をいう。

「商用暗号応用安全性評価管理弁法」6条は、法律、行政法規又は国の関連規定において商用暗号による保護が要求されるネットワークと情報システム（以下「重要ネットワークと情報システム」という。）については、その運営者において、商用暗号による保護を行い、商用暗号応用計画を策定し、必要な資金と専門家を配置し、商用暗号保障システムの計画、構築及び運用を同期に行い、定期的に商用暗号応用の安全性評価を実施する必要があると定めている。重要ネットワークと情報システムに関する明確な定義はないが、実務上、重要な情報インフラ施設やサイバーセキュリティ等級保護第3級以上の情報システムについては、暗号応用の安全性評価を少なくとも年に1回実施する必要があると解される。

三　サイバーセキュリティ審査制度

1. サイバーセキュリティ審査の法的根拠

> 第三十五条　重要情報インフラ運営者は、ネットワーク製品及びサービスを調達するにあたり、国の安全に影響を及ぼすおそれがあるときは、国家ネットワーク情報部門が国務院の関連部門と共同して手配する国家安全審査に合格しなければならない。

重要情報インフラ運営者は、ネットワーク製品・サービスを調達する際に、国の安全に影響を及ぼすおそれがあるときは、国家安全審査に合格しなければならず、これがサイバーセキュリティ審査制度である。2020年6月3日、国家インターネット情報弁公室、国家発展改革委員会、工業情報化部、公安部など12部門により制定された「サイバーセキュリティ審査弁法」（以下「審

査弁法」という。）が施行された。2022 年 2 月 15 日には、13 部門による改正審査弁法が施行され、100 万人以上のユーザーの個人情報を保有するネットワークプラットフォーム運営者が海外の株式市場に上場する場合も審査の対象となった。

2. サイバーセキュリティ審査制度に対する解説

審査弁法 4 条 1 項によると、サイバーセキュリティ審査の最高指導機関は中央ネットワーク安全及び情報化委員会であり、その指導の下、国家インターネット情報弁公室のほか、発展改革委員会、工業情報化部、公安部、国家安全部、財政部、商務部、中国人民銀行、国家市場監督管理総局、国家ラジオテレビ総局、国家秘密保護局、国家暗号管理局などの部門により審査作業機関が構成されている。サイバーセキュリティ審査に関与する部門は、基本的にサイバーセキュリティに密接に関係する国の各重要管理部門を網羅している。また、同弁法 4 条 2 項は、国家インターネット情報弁公室の内部にサイバーセキュリティ審査弁公室を設け、この弁公室において、サイバーセキュリティ審査に関する制度規範を制定する責任を負い、サイバーセキュリティの審査の手配を行うと定めており、サイバーセキュリティ審査の作業体制は図 2-2 のとおりである。

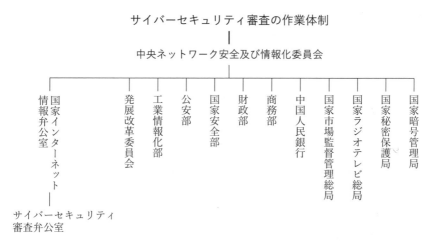

図2-2：サイバーセキュリティ審査の作業体制

なお、国家インターネット情報弁公室の責任者からは、審査弁法に関する質問に対し、サイバーセキュリティ審査の「具体的な作業は、中国サイバーセキュリティ審査技術認証センターに委託され、同センターがサイバーセキュリティ審査弁公室による指導の下、申請書類の受理とその形式審査、審査作業の具体的手配等の任務を遂行する。」旨の回答がなされている。

(1) 適用範囲

審査弁法によると、次の事由があるときは、サイバーセキュリティ審査を受けて合格しなければならない。

①重要情報インフラ運営者によるネットワーク製品・サービスの調達が、国の安全に影響を与え、又はそのおそれがあること（審査弁法2条）
②ネットワークプラットフォーム運営者によるデータ取扱活動が、国の安全に影響を与え、又はそのおそれがあること（審査弁法2条）
③100万人以上のユーザーの個人情報を保有するネットワークプラットフォーム運営者が国外の株式市場に上場すること（審査弁法7条）

（2）審査の要点

　サイバーセキュリティ審査は、主に重要情報インフラ運営者のサプライチェーンの安全性、大量の個人情報や重要データの海外への流出に重点を置いている。審査弁法によると、サイバーセキュリティ審査は、次に掲げる国家安全保障上のリスク要因を対象に行われる（審査弁法10条）。

①製品・サービスの使用後に重要情報インフラに対する不法な支配、干渉又は破壊が発生するリスク

②製品・サービスの供給の中断が重要情報インフラの業務の継続性に与える危害

③製品・サービスの安全性、開放性、透明性、供給源の多様性、供給経路の信頼性、政治、外交、貿易などの要素により供給の中断が発生するリスク

④製品・サービスの供給者が中国の法律、行政法規及び部門規則を遵守する状況

⑤核心データ、重要データ又は大量の個人情報の窃取、漏えい、毀損、不法な利用又は国外移転が発生するリスク

⑥中国国外上場後に重要情報インフラ、核心データ、重要データ又は大量の個人情報が外国政府の影響を受け、それに支配され、悪用されるリスク

⑦その他重要情報インフラの安全、サイバーセキュリティ又はデータ安全に危害を及ぼしうる要素

（3）審査の流れ

　サイバーセキュリティ審査は、自主申請又は当局の職権により開始される。

　既述のネットワーク製品・サービスの調達、データ取扱活動が国の安全に影響を及ぼし、又はそのおそれのある場合や100万人以上のユーザーの個人情報を保有する運営者が国外の株式市場に上場する場合については自主申請方式が採用されている。その一方で、審査弁法は、「サイバーセキュリティ審査作業の構成組織は、ネットワーク製品・サービス及びデータ取扱活動が

国の安全に影響を及ぼし、又は及ぼす可能性があると認め、中央ネットワーク安全及び情報化委員会の承認を得たときは、本弁法の規定に基づき、サーバーセキュリティー審査を実施する。」（審査弁法16条）と規定し、職権による審査開始の可能性を示している。

自主申請による審査の流れは次のようになる。

①自主申請の申請者において、ⅰ）申請書、ⅱ）国の安全への影響又はそのおそれに関する分析報告書、ⅲ）調達に関する書類、協議書、契約書、新規株式公開（IPO）等の提出予定の上場申請書類、ⅳ）その他サイバーセキュリティ審査に必要な書類を提出する。
②サイバーセキュリティ審査弁公室において、要件を満たす申請書類の受領後10営業日以内に審査の要否を書面で申請者に通知する。
③サイバーセキュリティ審査弁公室において、審査が必要と認めた場合、申請者への通知から30営業日以内に予備審査を完了し、審査結果及び勧告をサイバーセキュリティ審査作業機関の関係者及び関連部門に送付し、意見を求める必要がある。状況が複雑な場合、15営業日の延長をすることができる。
④サイバーセキュリティ審査作業機関の関係者及び関連部門において、審査結果勧告の受領から15営業日以内に勧告に対する意見をまとめる。両者の意見が一致する場合は審査結果を書面で申請者に通知し、一致しない場合は特別審査を行う。この特別審査は通常90営業日以内に完了し、状況が複雑な場合は延長することができる。

サイバーセキュリティ審査は、通常手続であれば60営業日（30営業日＋15営業日＋15営業日）以内に完了し、特別審査手続に入ったときは5か月以上（30営業日＋15営業日＋15営業日＋90営業日）を要する。さらに、サイバーセキュリティ審査弁公室が追加資料の提出を要求した場合、これに必要な時間は審査時間に含まれないため、全体的な審査期間はさらに長くなり、半年以上、複雑なケース（後出の滴滴出行（DiDi）の件参照）では1年以上になる可能性もある。

なお、審査弁法は、サイバーセキュリティ審査に関する基本的な手続や要件、審査担当官が客観性・公平性を欠く場合におけるサイバーセキュリティ審査弁公室又は関連部門への通報の権利については定めているが、審査決定に対する不服申立ての手段は規定していない点に注意を要する。審査が通らなかった場合など、事業者が合理的な理由で不服申立てを行いうるのかが明らかにされていない。一方、データ安全法24条は、「国は、データ安全審査制度を確立し、国の安全に影響し又はそのおそれのあるデータ取扱活動に対して国家安全審査を行う。法により下された安全審査決定は、最終の決定とする。」と定めている。審査弁法の審査の範囲・要点から明らかなように、データ取扱活動に関する国家安全審査はサイバーセキュリティ審査に統合され、当該審査の一環として行われる。したがって、データ安全法は上位法、審査弁法は下位法と考えられ、少なくともデータ取扱活動をめぐるサイバーセキュリティ審査の決定は、不服申立ての不可能な最終決定であると考えられる。

3. 近年の注目事例

　サイバーセキュリティ審査弁公室は2021年7月5日、「滴滴出行（DiDi）」、「貨車幇」、「BOSS直聘」など大量のデータを取り扱う複数のインターネットプラットフォーム運営会社に対してサイバーセキュリティ審査を行った。これらのインターネットプラットフォーム運営会社は膨大な個人データの収集・管理を行い、当時米国での株式公開を予定していたが、中国当局は、株式公開の過程で各仲介機関及び米国の審査当局に膨大なデータが開示されることによる中国の国家安全への脅威を警戒していた。

　滴滴出行は2022年7月21日、審査の結果明らかとなった個人情報の違法収集などを理由に史上最高額となる80億2,600万元の罰金に処された。なお、国の安全と関わる違法行為の審査内容については情報が公開されていない。

　この滴滴出行事件を契機として、サイバーセキュリティ審査の対象・範囲が拡大されつつある。

2022 年 6 月 23 日には、中国の大手論文・雑誌のデータベース運用会社である「中国知網」（China National Knowledge Infrastructure、CNKI）に対するサイバーセキュリティ審査が開始されたが、この審査においては、既に公開されている専門文献であっても、その内容が国防、工業、電気通信、交通運輸、自然資源、健康衛生、金融等の重要な産業分野と関わるときは、会員への文献の提供サービスが重要データの国外流出につながるという点が重視されたとされる。2023 年 9 月 1 日、国家インターネット情報弁公室は、CNKI に対して、個人情報の違法な取り扱いを理由に、その禁止を命じるとともに、5,000 万元の罰金に処した。

2023 年に入った後、当局は半導体メモリーやストレージの設計・開発・製造などを行う米国のマイクロン・テクノロジー社が中国で販売する製品に対するサイバーセキュリティ審査を 3 月 31 日に開始し、5 月 21 日には同社のサイバーセキュリティ審査不合格が公表され、重要情報インフラ運営者による同社製品調達の停止へと至ったが、同社の製品に対するサイバーセキュリティ審査では、半導体等の機微な産業分野において国外のネットワーク製品が中国の重要情報インフラのサプライチェーンにもたらす影響に注目が集まった。

四 ｜ サイバーセキュリティ法違反による責任

サイバーセキュリティ法は、ネットワーク運営者、重要インフラ運営者、ネットワーク製品・サービス提供者、他の組織及び個人が法規定に違反した場合におけるその情状の重さに応じた行政責任のほか、民事責任及び刑事責任を定めている。[6]

6　サイバーセキュリティ法の施行から 5 年以上が経過した 2022 年 9 月 14 日、国家インターネット情報弁公室は、サイバーセキュリティ法の罰則を改正し、その一部を体系的に整理するため、「サイバーセキュリティ法改正（意見募集稿）」（以下「法改正意見募集稿」という。）を公布した。これにおいては、サイバーセキュリティ法の下で一部の罰則を統合するとともに簡素化し、処罰の幅を拡張し、「前年度売上の 5％」を特に重大な情状として導入するほか、個人情報保護法などの新たな法律との連携も図ることが予定されている。

1. 行政責任

　行政処罰には、①是正命令、警告、②是正を拒否し、情状が重大で、サイバーセキュリティに危害を及ぼす等の結果をもたらした場合における過料、③直接責任を負う主管者その他直接責任者に対する過料、④関連業務の停止、営業停止、ウェブサイトの閉鎖、業務許可又は営業許可証の取消しなどがある。サイバーセキュリティ法の行政責任に関する規定は多岐にわたり、以下、企業の行政責任に絞って簡単にまとめる。

（1）ネットワーク運営者の行政責任

　ネットワーク運営者による違反行為とその行政責任は、表2-6のとおりである。

表2-6：ネットワーク運営者による違反行為とその行政責任

違反の様態	行政責任（一部抜粋、以下同じ）			
（サイバーセキュリティ法関連条項）	是正命令、警告	是正拒否・情状重大、サイバーセキュリティへの危害などの結果を生じさせた場合の過料	直接の責任を負う主管者その他直接責任者に対する過料	業務一時停止、営業停止、ウェブサイトの閉鎖、業務許可又は営業許可証の取消し
サイバーセキュリティ等級保護義務への違反（21条）	○	1万元以上10万元以下	5000元以上5万元以下	－
サイバーセキュリティ・インシデントへの対応義務への違反（25条）	○	同上	同上	－
サイバーセキュリティ認証などの活動及び情報配信などにおける違反（26条）	○	同上	同上	併科が可能

実名制実施義務への違反（24条1項）	○	5万元以上50万元以下	1万元以上10万元以下	同上
個人情報保護に関係する諸義務への違反（22条3項、41条、42条、43条）	○	違法所得の没収、違法所得1～10倍相当額又は100万元以下	1万元以上10万元以下	同上
ユーザー配布情報の管理強化義務への違反（47条）	○	違法所得の没収、10万元以上50万元以下	1万元以上10万元以下	同上
行政所轄部門の監督管理、法執行に対する協力義務への違反（69条）	○	5万元以上50万元以下	1万元以上10万元以下	－

（2）重要インフラ運営者の行政責任

　重要インフラ運営者による違反行為とその行政責任は、表2-7のとおりである。

表2-7：重要インフラ運営者による違反行為とその行政責任

違反の様態	法的責任			
（サイバーセキュリティ法関連条項）	是正命令、警告	是正拒否・情状重大、サイバーセキュリティへの危害などの結果を生じさせた場合の過料	直接の責任を負う主管者その他直接責任者に対する過料	業務一時停止、営業停止、ウェブサイトの閉鎖、業務許可又は営業許可証の取消し
サイバーセキュリティ保護義務への違反（33条、34条、36条、38条）	○	10万元以上100万元以下	1元以上10万元以下	－
サイバーセキュリティ審査規定違反によるネットワーク製品・サービスの使用（35条）	使用停止命令	調達金額の1倍以上10倍以下	1元以上10万元以下	－

個人情報・重要データの国内保存又は国外提供時の安全評価義務への違反（37条）	○	違法所得の没収、5万元以上50万元以下	1元以上10万元以下	併科あり

（3）ネットワーク製品・サービス提供者の行政責任

ネットワーク製品・サービス提供者による違反行為とその行政責任は、表2-8のとおりである。

表 2-8：ネットワーク製品・サービス提供者による違反行為とその行政責任

違反の様態	行政責任			
（サイバーセキュリティ法関連条項）	是正命令、警告	是正拒否・情状重大、サイバーセキュリティへの危害などの結果を生じさせた場合の罰金	直接の責任を負う主管者その他直接責任者に対する罰金	業務一時停止、営業停止、ウェブサイトの閉鎖、業務許可又は営業許可証の取消し
国家標準の強制的な要求の適合義務への違反（22条1項、2項）	○	5万元以上50万元以下	1万元以上10万元以下	－
電子情報の配信、アプリの適法提供義務への違反（48条1項）	○	同上	同上	－

2．民事責任

サイバーセキュリティ法の規定に違反して他人に損害を与えたときは、法により民事責任を負う（サイバーセキュリティ法74条1項）。例えば、ネットワーク事業者又はネットワーク製品・サービス提供者がサイバーセキュリティ法の規定に違反し、法律に従って保護されるべき個人情報の権利を侵害

した場合、民法典の規定に従い民事責任を負うこととなる。

3. 刑事責任

サイバーセキュリティ法に違反して治安管理行為違反が成立するときは、法により治安管理処罰が行われる。犯罪が成立するときは、法による刑事責任の追及も予定されている（サイバーセキュリティ法74条2項）。

刑法285条から287条まで及び刑法253条の1には、コンピューター情報システムへの不法侵入、コンピューター情報システムの破壊、情報ネットワークの安全管理に関する義務の不履行、情報ネットワークの不法利用、情報ネットワーク上の犯罪行為の幇助及び国民の個人情報の権利・利益の侵害に対する刑事責任が規定されている。

4. 外国人に対する制裁措置

サイバーセキュリティ法は、外国人が中国に対して行うサイバー攻撃活動などについても対策・措置を定めている。国外の機関・組織又は個人が中国の重要情報インフラを害する攻撃、侵入、妨害、破壊等の活動を行って重大な結果を発生させたときは、法により法的責任を追及し、国務院の公安部門及び関連部門においては、その機関・組織又は個人に対し財産の凍結その他必要な制裁措置を講ずることを決定しうる（サイバーセキュリティ法75条）。

第 3 章

データ安全法

一 データ安全法の立法目的

　2021年6月10日、「中華人民共和国データ安全法」（以下「データ安全法」という。)が第十三期全人代常務委員会第29回会議での採択を経て公布され、同年9月1日に施行された。第1章で紹介した総体国家安全観の下、データ安全法は、情報分野における国の安全を保障する重要な法律として位置づけられている。

　データ安全法1条は、その立法目的について、「データ取扱活動を規範化し、データの安全を保障し、データの開発利用を促進し、個人、組織の合法的な権利・利益を保護し、国の主権、安全及び発展の利益を維持するため、本法を定める。」と定めている。同法4条は、その立法趣旨について、「データの安全の維持は、総体国家安全観を堅持し、データの安全の管理体系を構築、健全化し、データの安全の保障能力を向上させるものでなければならない。」と定め、さらに5条は、データ安全を維持するための政策とその実行体制について、「中央国家安全指導機構は、国家データ安全職務の意思決定及び議事調整の責任を負い、国家データ安全戦略及び関連する重大な方針政策の研究策定、実施指導をし、国家データ安全の重大事項及び重要職務を統括し、国家データ安全職務調整制度を確立する。」と定めている。

　これらの規定から、データ安全法は、データ分野における国の安全の維持を主たる目的とする法律であると理解される。同じくデータ関連法であり、個人の権利・利益の保護に重きを置く個人情報保護法とは、立法趣旨が大きく異なる。

　データ安全法は、データの安全保障を第一の目的としつつ、「データの開発・利用の促進」も立法目的に掲げ、安全と発展を両立しようとする考え方も窺われる。この点は、同法が確立したデータの分類分級制度及び重要データ制度に反映されている。しかしながら、現在までに公布されたのは、データ分類分級と重要データの識別方法を大まかに示した国家推薦標準、自動車産業など一部の業界のみに適用される重要データ規定だけであり、重要データの具体的な範囲の画定は、各業界の主管部門と地方政府に委ねられている。重

36

要データに関しては、越境移転を含むその取扱いに対して特殊な規制が行われ、その選別が極めて重要となるにもかかわらず、現状においては重要データの範囲が明らかにされていないため、企業のデータマッピング作業には多大なコストと混乱が生じ、企業の日々のデータ取扱いにもコンプライアンスリスクがもたらされている。

なお、付言すると、総体国家安全観の下、情報分野においては、データ安全法だけでなく反スパイ法（2023年4月26日改正）にも着目する必要がある。反スパイ法は、国家秘密、情報、国の安全・利益に関わる文書・データ・資料・物がスパイ行為の対象になりうると定めている。データ安全法によると、データとは、あらゆる電子又はその他の方法による情報の記録と定義され、これには当然ながら、反スパイ法に定めるスパイ行為の対象となるデータも含まれると解される。したがって、データ安全法の遵守は、反スパイ法を含む中国の国家安全関係法令の遵守にもつながるとともに、データ安全法への違反は、国の安全への脅威として反スパイ法に基づく責任追及のおそれもあることに注意すべきである。

二 重要制度の概要

データ安全法は、各種データ安全保障体制を確立して、データ取扱活動における安全を確保することを目的としている。具体的には、データ分類分級保護制度、核心データ・重要データの保護制度、緊急対応制度、データ安全審査制度、輸出管理品目たるデータの国外移転規制、外国の差別的禁止・制限措置への対抗、データの全ライフサイクルにおける安全管理制度、データの越境移転規制等の安全保障体制が同法によって確立されている。

注意を要するのは、中国国内で行われるデータ取扱活動だけでなく、中国国外で行われる当該活動も、それが中国の国家安全、公共の利益、一般大衆若しくは組織の合法的な権利・利益に損害を与えるときは、データ安全法の適用を受けることである。

データ安全法に定める各種安全保障制度の内容を整理すると、次表のよう

になる。

表 3-1：データ安全法に定める各安全保障制度

制度	概要	条項
データ分類分級保護制度	・経済社会の発展におけるデータの重要性の程度、及びその改ざん、破壊、漏えい又は違法な取得、違法な利用が行われた場合に国の安全、公共の利益又は個人、組織の合法的な権利・利益に生ずる危害の程度に基づいて、データに対し分類分級保護を行う。	21条1項
核心データ及び重要データの保護制度	・各地区、各部門は、その地区、部門及び関連する産業、分野の重要データの具体的な目録を作成すること。 ・重要データの取扱いについては、リスク評価の定期的な実施と主管部門への報告、データ安全責任者と管理機関の配置、越境移転の原則禁止及び越境移転必要時の国の安全評価といった特別な規制を行うこと。 ・国家核心データに対しては、より厳格な管理を行うこと。	21条2項、3項、30条
緊急対応制度	・データ安全事件が発生した場合、関連する主管部門は、その義務として、緊急対応策を発動し、相応の緊急対応措置を講じて危害の拡大を防止し、潜在的な安全上のリスクを解消するとともに、公衆と関連する早期警戒情報を速やかに社会に対して公表すること。	23条
データ安全審査制度	・国の安全に影響し又はそのおそれのあるデータ取扱活動に対して国家安全審査を行うこと。	24条
輸出管理品目のデータの移転規制	・輸出管理規制品目に属するデータに対して輸出禁止又は輸出許可による管理を行うこと。	25条
外国の差別的禁止・制限措置への対抗	・データ、データ開発利用技術等と関連する投資、貿易等の分野において中国に対して差別的な禁止、制限又はその他類似する措置を講じている国又は地域に対して、実際の状況に基づいてその国又は地域に対等の措置を講ずることができること。	26条
データの全ライフサイクルにおける安全管理制度	・データ安全に関する教育研修の実施を手配し、相応の技術的措置及びその他必要な措置を講じて、データの取扱活動の全ライフサイクルにわたって安全管理を行い、データ安全保護義務を履行すること。 ・インターネット等を利用したデータ取扱活動において、サイバーセキュリティ等級保護制度に基づくデータ安全保護義務を履行すること。 ・重要データ取扱者において、データ安全責任者及び管理機関を明確にし、データ安全保護の責任を果たすこと。	27条

データ安全事件への対応義務	・データ取扱活動におけるリスク監視を強化し、データの安全上の欠陥、弱点等のリスクを発見したときは、直ちに救済措置を講ずること。 ・データ安全事件の発生後、直ちに対応措置を講じ、速やかにユーザーに告知し、関連主管部門に報告すること。	29条
データの越境移転制度	・重要情報インフラ運営者が中国国内での運営において収集し、生成した重要データの越境移転に、サイバーセキュリティ法（37条）の規定を適用すること、すなわち原則として中国国内で保存し、業務上確かに国外に提供する必要がある場合、安全評価を受けること。 ・中国国内の組織、個人において、中国国内に保存されたデータを、中国の主管部門の許可なく外国の司法又は法執行機関に提供することを禁ずること。	31条 36条
データ取扱の合法性、正当性原則	・合法かつ正当な方法によりデータを収集し、窃取その他違法な手段によるデータの取得を禁ずること。 ・法律、行政法規がデータ取扱サービスの提供について行政許可の取得を要するものと定めているとき、データ取扱サービスの提供者に許可の取得を義務づけること。	32条 34条
国によるデータ取得への協力義務	・公安機関、国家安全機関が国の安全の維持又は犯罪の捜査のために行うデータの調査・取得に協力すること。	35条

　また、国務院が 2024 年 9 月 30 日に公布したネットワークデータ取扱者[1]を適用対象とする「ネットワークデータ安全管理条例」（2025 年 1 月 1 日施行、以下「データ安全管理条例」という。）は、ネットワークデータ取扱者たるネットワークプラットフォームサービス提供者のネットワークデータの安全保護義務について次表のように定めている。

1　ネットワークデータとは、ネットワークを通じて取り扱い、生成した各種の電子データをいい、また、ネットワークデータ取扱者とは、ネットワークデータ取扱活動において取扱目的及び取扱方法を自主的に決定する個人、組織をいう。

表 3-2：ネットワークプラットフォームサービス提供者のデータ安全義務

項目	内容	条文
プラットフォームサービスを利用する製品及びサービス提供者等のデータ安全保障義務の履行に対する監督義務	・ネットワークプラットフォームサービス提供者は、プラットフォームの規則、契約等により、そのプラットフォームに接続する第三者たる製品及びサービスの提供者に対し、ネットワークデータの安全保護義務を明確にし、第三者たる製品及びサービスの提供者がネットワークデータの安全管理を強化するよう促すこと。 ・プリインストールされたアプリケーションを搭載したスマート端末等の設備の製造者についても、上記規定を適用する。 ・第三者たる製品及びサービスの提供者が法律、行政法規の規定又はプラットフォーム規則、契約の規定に違反してネットワークデータ取扱活動を行い、ユーザーに損害を与えた場合、ネットワークプラットフォームサービス提供者、第三者たる製品及びサービスの提供者、及びプリインストールされたアプリケーションを搭載したスマート端末等の設備の製造者は、相応の責任を負うこと。	40条1項-3項
アプリケーションを配信するネットワークプラットフォームサービス提供者の義務	・アプリケーションを配信するネットワークプラットフォームサービス提供者は、アプリケーションの検査の規則を策定し、ネットワークデータ安全に関連する検査を行うこと。配信予定又は既に配信されたアプリケーションについて法律、行政法規の規定又は国家標準における強制的要求への不適合が判明した場合、警告、配信の拒否、配信の停止、配信の終了等の措置を講じること。	41条

三 データ分類分級保護制度

　データ安全法によりデータ分類分級保護制度が導入されたが、データの全ライフサイクルにおいて同制度に基づく安全管理を実施するためには、まずデータ取扱者においてその取り扱っているデータの種類及び求められる保護レベルについて判断を行う必要がある。

　中国は、データ分類分級保護制度を確立し、関連部門による重要データ目録の制定を統括、調整することについては中央政府、また、各地方、部門及び関連する産業、分野の重要データの具体的な目録を作成することについて

は各地方政府及び各主管部門、さらに、中央政府、地方政府、主管部門によるデータ分類分級管理要求に基づいて自社のデータ分類分級作業を行うことについては企業というように、それぞれの役割を付与している。

データ分類分級の方法について、2024年3月21日に公布された「GB/T 43697-2024 データ安全技術 データ分類分級規則」（以下「データ分類分級規則」という。）は、次の分類分級方法を提示している。

▶ 分類方法

データの分類とは、次のフローチャートが示すとおり、各産業分野の主管部門による主導の下、主管する産業分野のデータの範囲を画定したうえ、主管部門の具体的職責の範囲、各産業に属する事業の内容、その業務ラインなどの要素に応じてデータの種類を分別するプロセスである。

例えば、工業情報化部主管の工業データは、下図のように分類される。

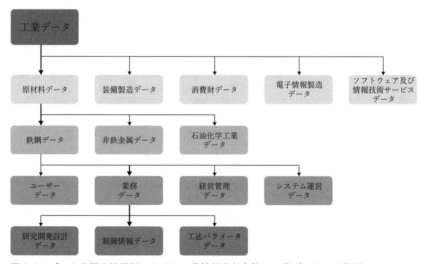

図 3-1：データ分類分級規則における工業情報化部主管の工業データの分類例

▶ 分級方法

データの分級とは、経済及び社会におけるデータの重要性に応じて保護

レベルの仕分けをするプロセスであるが、データの漏えい、改ざん、破損又は違法な取得、利用、共有が行われた場合に国の安全、経済の運営、社会の秩序、公共の利益、組織の権利・利益、個人の権利・利益に与えた危害の程度に応じて、核心データ、重要データ、一般データこれら3つの分級がある。

下表は、諸要素を踏まえて総合的にデータ分級を行う方法、すなわちデータ級別の判定規則を示している。

表 3-3：データ分類分級規則におけるデータ分級規則

影響を受ける法益	受けた影響の程度		
	特別に重大な危害	重大な危害	一般的な危害
国の安全	核心データ	核心データ	重要データ
経済の運営	核心データ	重要データ	一般データ
社会の秩序	核心データ	重要データ	一般データ
公共の利益	核心データ	重要データ	一般データ
組織の権利・利益、個人の権利・利益	一般データ	一般データ	一般データ
注：大規模の個人又は組織の権利・利益に影響を与えるときは、国の安全、経済の運営、社会秩序又は公共の利益に対する影響と評価される可能性がある。			

データ分類分級規則のほか、工業データ全般、基礎電気通信企業データ、金融データ、健康医療データについて、各業界個別に、下表のような判定規則が示されている。

表 3-4：業界別の分類分級方法に関する規定

業界	分類方法	分級方法	根拠
	・研究開発データ（研究開発設計データ、研究開発試験データ等） ・製造データ（制御情報、稼働状況、プロセス変数、システムログデータ等） ・運用・メンテナンスデータ（物流デー	工業データの改ざん、破壊、漏えい、又は違法な利用が行われた場合に工業製造、経済効率等	工業情報化分野データ安全

工業	工業企業	タ、製品のアフターサービスデータ等）、管理データ（システム資産データ、顧客及び製品情報、製品のサプライチェーンデータ、業務統計データ等） ・外部データ（他の主体と共有したデータ等）など	にもたらされうる潜在的な影響に応じて一級、二級、三級の三等級に分かれる。 三級に該当するデータは核心データ、二級に該当するデータは重要データ、一級に該当するデータは一般データであると解されている。	管理弁法（試行）（工業情報化部公布、2023年1月1日施行） 工業データ分類分級指針（試行）（工業情報化部公布、2020年2月27日施行）
	工業インターネットプラットフォーム企業	・プラットフォーム運営データ（IoT採集データ、知識庫・モデル庫のデータ、研究開発データ等） ・企業管理データ（顧客データ、業務提携データ、人事財務データ等）など		
基礎電気通信		1.　ユーザー関連データ ・ユーザーの身分に関するデータ（自然人身元識別情報、ユーザー基本資料、プライバシー関連情報、パスワード及び関連情報など） ・サービス内容のデータ（サービス内容データ、連絡先情報） ・サービスからの派生データ（ユーザーのサービス利用情報、設備情報など） ・ユーザー統計分析データ 2.　企業自身の関連情報 ・ネットワーク及びシステムの構築及び運用・メンテナンス類のデータ（構築関係データ、ネットワーク及びシステム設備関連情報、運用・維持情報、サイバーセキュリティ管理関連情報） ・業務運営類のデータ ・企業管理類のデータ ・他のデータ（提携先から提供された情報）	基礎電気通信データが紛失、漏えい、改ざん、毀損された場合に、国の安全、社会の公共利益、企業の利益又はユーザーの利益に及ぶ影響の程度に応じて四等級に分かれる。データ分級の事例として右記の付表B.1参照。	YD/T 3813-2020 基礎電気通信企業データ分類分級方法（工業情報化部公布、2021年1月1日施行）
金融		・ユーザー（個人、企業）関連情報 ・業務関連情報（アカウント情報、デジタルウォレット情報、契約関連情報、金融監督管理及びサービス、取引情報） ・経営管理情報（マーケティングサービス情報、運営管理情報、リスク管理情報、技術管理情報、総合管理情報） ・監督管理情報（監督管理部門に報告する情報、	データの安全性が損なわれた場合に国の安全、公衆の権利・利益、企業の権利・利益、個人のプライバシーに及ぶ影響に応じて	JR/T 0197-2020　金融データ安全データ安全分

	監督管理部門から受けた情報）	五等級に分かれる。重要データは5級以下のデータとして分級されない旨の記載があり、重要データ識別については右記の付録C参照。	級指針（中国人民銀行公布、2020年9月23日施行）
健康医療	・個人属性データ（人口統計情報、個人身分情報、個人連絡先情報、個人生物識別情報、個人健康状態モニタリングデバイスIDなど） ・健康状況データ（病歴、健康診断、症状など） ・医療応用データ（カルテ、医師の指示、検査報告など） ・医療支払データ（取引情報、保険情報） ・衛生資源データ（病院の基本データ、病院の運営データ） ・公衆衛生データ（環境衛生データ、伝染病・疫病データ、疾病モニタリングデータ、疾病予防データ、出生・死亡データなど）	重要度、リスクレベル、個人が受けた損害・影響に応じて、五等級に分かれる。各等級別の安全措置の要点は右記8.1の表3参照。	GB/T 39725-2020 情報安全技術 健康医療データ安全指針（旧国家品質監督検査検疫総局、旧国家標準化管理委員会（現国家市場監督管理総局）公布、2021年7月1日施行）

　データ取扱者がデータの分類分級に際して注意を要するのは、法律上強制的な分類分級方法が定められている場合、これに従わなければならない点である。例えば、データ安全法に定める核心データ、重要データ、一般データという区分、個人情報保護法に定める一般的個人情報と機微な個人情報という区分は、必須の分類分級方法である。データ取扱者が自社のデータの分類分級を行うにあたっては、これらの強行規定及び上述のデータ分類分級規則と各産業分野の主管部門が示す判定規則に準拠する必要がある。

　また、2023年10月25日、データ基礎制度の構築、データ資源の統合利用のため、国家データ局が設立された。今後、同局により、又は、その主導の下で、データ分類分級を推進するための更なる方針、規定が定められる可能性がある。

第3章　データ安全法

四 ｜ 重要データの概念、識別方法

1. 重要データの定義

　データ安全法には、重要データに関する定義規定がない。その一方で、デー
タ安全管理条例、データ分類分級規則によると、重要データ（Key Data）は、
特定の領域、特定の集団、特定の区域の、又は一定の精度及び規模に達し、
その改ざん、破壊、漏えい又は違法な収集、利用が行われた場合、国の安全、
経済の運営、社会の安定、公共の健康及び安全に直接危害を及ぼすおそれの
あるデータと定義されている。

「国家安全」に対する影響の有無の判断について、データ分類分級規則は、
その際に十分に考慮すべき要素として、次のものを挙げている。

　a）国家政権の安全、政治制度の安全、イデオロギーの安全、民族と宗教
　　　政策の安全への影響

　b）領土の安全、国家統一、辺境の安全と国の海洋権益への影響

　c）基本的経済制度の安全、供給側構造改革、食料の安全、エネルギーの
　　　安全、重要資源の 安全、システミック金融リスク、国際開放協力の安全
　　　への影響

　d）国の科学技術力、科学技術の自主イノベーション、重要コア技術、国
　　　際科学技術競争力、科学技術の倫理リスク、輸出管理品目への影響

　e）社会主義核心価値観、文化のソフトパワー、中華の優秀伝統文化等へ
　　　の影響

　f）国の社会ガバナンス体系、社会の治安予防・管理体系、応急管理体系
　　　等への影響

　g）生態環境の安全、グリーン生態の発展、汚染防止、エコシステムの品
　　　質と安定性、生態環境分野の国家ガバナンス体系等への影響

　h）国防と軍隊の現代化建設等に影響し、又は他の国家や組織の我が国に

45

対する軍事攻撃に利用されるおそれがあること

i）電磁空間、サイバースペースのセキュリティ、重要情報インフラの安全、人工知能の安全に対する、又は重要情報インフラ、コア技術設備等のサイバー攻撃の実施に利用されるおそれ、重大な、又は特に重大なサイバーセキュリティやデータセキュリティ事件を招くおそれ

j）核物質、核施設、核活動状況に対する影響又は核破壊やその他核安全事件の発生に利用されるおそれ

k）国のバイオセーフティガバナンス体系、生物資源と人類遺伝資源の安全、生命の安全とバイオセーフティ分野の重大な科学技術成果、疾病予防管理と公共衛生応急システムに対する影響又は重大な伝染病、重大なバイオセーフティリスクを招くおそれ

l）宇宙、深海、極地等の分野における国の利益と国際協力の安全に対する影響

m）国外の重大プロジェクトと人員・機関の安全、国外のエネルギー資源の安全、海上戦略航路の安全等に対する影響

2．重要データの識別方法

データ分類分級規則の付録 G においては、重要データの識別方法が次のように掲げられ、これらいずれかに該当すると重要データとなる。

①領土の安全及び国家統一に直接影響し、又は国家の自然資源に関する基礎情報を反映するデータ（未公開の領土、領海、領空のデータなど）。

②他の国又は組織が中国に対して軍事攻撃を行うために利用するおそれがあるデータ又は中国の戦略的備蓄、緊急動員、作戦能力を反映するデータ。例えば、一定の精度要件を満たす地理情報又は戦略物資の生産能力、備蓄量に関するデータなど。

③市場経済秩序に直接影響を与えるデータ。例えば、重要インフラが位置する産業や分野の中核事業の運用や重点経済分野の生産をサポートする

データ。

④中国の言語文字、歴史、風俗習慣、民族的価値観などの特質を反映するデータ。例えば、歴史的文化遺産を記録したデータ。

⑤テロリストや犯罪者が破壊のために使用するおそれのある重要目標、重要拠点の物理安全保護状況又は非公開の地理的目標の位置を反映したデータ。例えば、重要保安単位、重要生産企業、重要国家資産（鉄道、石油パイプラインなど）の施工図、内部構造、安全保障状況のデータ。

⑥科学技術力に関連し、国際競争力に影響を与えるデータ又は輸出管理品目に関するデータ。例えば、国の科学技術イノベーションの重大な成果、中国の輸出禁止・輸出制限品目の設計原理、プロセスフロー、製造方法等を記述したデータ、ソースコード、集積回路レイアウト図、技術計画、重要パラメータ、実験データ、テストレポートのデータ。

⑦重要情報インフラのネットサイバーの全体的な運営、発展及び安全保護状況、そのコアソフトウェア及びハードウェア資産情報及びサプライチェーン管理状況を反映したデータであって、重要情報インフラに対するサイバー攻撃の実行に利用しうるもの。例えば、重要情報インフラのシステム配置情報、システムトポロジー、緊急時計画、評価、運営維持、監査ログのデータ。

⑧未公開の攻撃方法、攻撃ツールの製作方法又は攻撃支援情報に関わり、重点目標に対するサプライチェーン攻撃、ソーシャルエンジニアリング攻撃などのサイバーセキュリティ攻撃を行うために利用されうるデータ。例えば、政府や軍需企業などの機微な顧客リスト、未公開の製品及びサービスの調達状況、未公開の重大な脆弱性に関するデータ。

⑨自然環境、生産生活環境の基礎状況を反映したデータ又は環境安全事件を起こすために利用されうるデータ。例えば、未公開の土壌、気象観測、環境保護モニタリングに関するデータ。

⑩水資源、エネルギー資源、土地資源、鉱物資源などの資源備蓄及び開発、供給状況を反映したデータ。例えば、未公開の水文観測結果、耕地面積又は品質変化に関するデータ。

⑪核物質、核施設、核活動の状況を反映したデータ又は核破壊その他核安

全事件を起こすために利用されうるデータ。例えば、核発電所の設計図、運営状況に関するデータ。

⑫海外のエネルギー資源の安全、海上戦略ルートの安全、海外の公民及び法人の安全に関わるデータ又は中国の国際経済貿易、文化交流活動に対する妨害、中国に対する差別的禁止、制限その他類似の措置を起こすために使用されうるデータ。例えば、国際貿易における特殊品目の生産・取引及び特殊装備の配備、使用、整備状況を記述するデータ。

⑬中国の宇宙、深海、極地などの戦略的新領域における現実的又は潜在的な利益に関わるデータ。例えば、未公開の宇宙、深海、極地に対する科学調査、開発利用に関するデータ及びこれらの領域における人員の安全な出入りに影響を与えるデータ。

⑭バイオテクノロジーの研究、開発、応用を反映したデータ、民族的特徴、遺伝情報を反映したデータ、重大な感染症、動植物の疫病に関わるデータ、生物実験室の安全に関するデータ、生物兵器の製造、生物テロ攻撃の実施のために利用されうるデータ又は、外来種の侵入及び生物多様性に関わるデータ。例えば、重要な生物資源データ、微生物薬剤耐性に関する基礎研究データ。

⑮全体的又は重点分野の経済運営、金融活動の状況を反映し、産業競争力に関わり、公共安全事故を起こすおそれがあるデータ、公民の生命安全に影響を与え、集団的な活動を引き起こし、又は集団の感情や認識に影響を与える可能性があるデータ。例えば、未公開の統計データ、重点企業の商業秘密。

⑯国家若しくは地域の集団健康・生理状況を反映したデータ、疾病の伝播及び予防に関係するデータ又は食品・薬品安全に関わるデータ。例えば、健康医療資源、大量の人口の診療及び健康管理、疾病予防と防疫、健康救援保障、特定薬品の実験、食品安全の追跡に関するデータ。

⑰その他領土、軍事、経済、文化、社会、科学技術、電磁空間、ネットワーク、生態、資源、核、海外利益、宇宙、極地、深海、生物、人工知能などの安全に影響を与えうるデータ。

⑱その他経済運営、社会秩序又は公共利益に重大な危害を与えるおそれが

第3章　データ安全法

あるデータ。

また、一部地域（例えば天津自由貿易試験区、北京自由貿易試験区）では、データ越境移転管理リスト（ネガティブリスト）を公表し、これにはデータ越境移転安全評価の必要なデータが掲載され、これらも重要データ、核心データに該当する可能性が考えられる。

3. 核心データ

データ分類分級規則によると、核心データ（Core Data）とは、重要データのうち、領域、集団、区域に対する網羅度がより高く、又はより高い精度、より大きな規模若しくは一定の深度に達しており、違法な利用又は共有が行われた場合に政治の安全に直接的な影響を与えうるデータをいう。さらに同規則によると、核心データには、主に、国家安全の重要領域に関わるデータ、国民経済の基幹に関わるデータ、重要な国民生活・公共利益に関わるデータその他国の関連部門による評価のうえ確定されたその他のデータが含まれる。

核心データの具体的な識別方法について、明確な規定は存在しない。なお、工業情報化分野の核心データについては、工業情報化部の「工業情報化分野データ安全管理弁法（試行）」（工業及び情報化部公布、2023年1月1日施行）が工業分野の核心データ、重要データ判断基準を下表のように定めている。

表3-5：工業分野の重要データと核心データの区別

重要データ	核心データ
その改ざん、破壊、漏えい又は不法取得、不法利用等が行われた場合に国の安全、公共の利益又は個人、組織の合法的な権利・利益等に及ぼす危害の程度が次のいずれかに達するときは、重要データとする。 ・政治、国土、軍事、経済、文化、社会、科学技術、電磁、ネットワーク、生態、資源、核安全等への脅威となり、中国国	その改ざん、破壊、漏えい又は不法取得、不法利用等が行われた場合に国の安全、公共の利益又は個人、組織の合法的な権利・利益等に及ぼされる危害の程度が次のいずれかに達するときは、核心データとする。 ・政治、国土、軍事、経済、文化、社会、科学技術、電磁、ネットワーク、生態、資源、核安全等への重大な脅威となり、

49

外の利益、生物、宇宙空間、極地、深海、人工知能等国家安全と関わる重点的な領域に影響を与えるもの ・工業及び情報化分野の発展、生産、運営及び経済的利益等に対して重大な影響を及ぼすもの ・重大なデータ安全事件又は生産安全事故を惹起し、公共の利益又は個人、組織の合法的な権利・利益に重要な影響を与え、社会に対する消極的な影響が重大なもの ・カスケード効果が明確で、その影響が複数の業界、区域若しくは業界における複数の企業に及び、又はその影響の継続時間が長く、業界の発展、技術の進歩、産業生態等に重大な影響を与えるもの ・その他工業情報化部が定める重要データ	中国国外の利益、生物、宇宙空間、極地、深海、人工知能等国家安全と関わる重点的な領域に重大な影響を与えるもの ・工業及び情報化分野、重要な中核企業、重要情報インフラ、重要資源等に重大な影響を与えるもの ・工業生産運営、電信ネットワーク及びインターネット運営サービス、無線電波業務等に重大な損害を与え、広範囲にわたり操業停止、生産停止、無線電波業務の中断、ネットワーク及びサービスの停止、大量業務処理能力の喪失等を惹起するもの ・その他工業情報化部が定める核心データ

五 | 重要データ取扱いの特則

1. 共通の特則

サイバーセキュリティ法、データ安全法、データ越境移転安全評価弁法、データ安全管理条例は、重要データの取扱いに関する特別ルールを定めており、その内容は下表のとおりである。

表 3-6：重要データの取扱いに関する特別ルール

項目	内容
サイバーセキュリティ等級保護制度の遵守	ネットワーク運営者の負う一般のネットワーク安全保護義務のほか、重要データのバックアップ・暗号化等の措置を講ずること（サイバーセキュリティ法 21 条 4 号）。
重要データの識別・申告義務	ネットワークデータ取扱者は国の関係規定に従い重要データを識別し申告すること（データ安全管理条例 29 条 2 項）。
データ安全責任者及び管理機構の設置義務	重要データの取扱者には、データ安全責任者と管理機構を明確化するとともに、データ安全保護の責任を負うこと（データ安全法 27 条 2 項）。

第3章　データ安全法

	ネットワークデータ安全管理機関は、次のネットワークデータの安全保護に関する責任を履行すること（データ安全管理条例30条1項）。 ① ネットワークデータ安全管理制度、実施規程及びネットワークデータ安全事件の緊急対応策を策定し、実施すること。 ② ネットワークデータ安全リスク監視、リスク評価、緊急対応訓練、宣伝・教育・訓練等の活動を定期的に手配及び実施し、ネットワークデータ安全リスク及び事件を速やかに処理すること。 ③ ネットワークデータの安全に関する苦情、通報を受理し、処理すること。 主管部門が定めた特定の種類、規模の重要データを管理するネットワークデータ取扱者は、ネットワークデータ安全責任者及び重要な職位の人員に対してそのバックグランドに関する安全審査を行い、関連する人員に対する訓練を強化すること。審査にあたっては、公安機関、国家安全機関に対し協力を求めることができる（データ安全管理条例30条3項）。
定期的安全リスク評価の実施、報告	・定期的安全リスク評価を実施し、主管部門に報告すること。報告には、取り扱っている重要データの種類、数量、データ取扱活動の実施状況、直面したデータ安全リスク及びその対応措置についての内容が含まれること（データ安全法30条）。具体的に、安全リスク評価報告には、次の内容がなければならない（データ安全管理条例33条2項）。 　① ネットワークデータ取扱者の基本情報、ネットワークデータ安全管理機関の情報、ネットワークデータ安全責任者の氏名及び連絡先等。 　② 重要データを取り扱う目的、その種類、数量、方法、範囲、保存期間、保存場所等、ネットワークデータ取扱活動の状況。報告にネットワークデータの内容自体を含まない。 　③ ネットワークデータ安全管理の制度及びその実施状況、暗号化、バックアップ、ラベル・マーキング、アクセス制限、安全認証等の技術的な措置その他の必要な措置とその有効性。 　④ 発見されたネットワークデータ安全リスク、発生したネットワークデータ安全事件及び処理の状況。 　⑤ 重要データの提供、取扱いの委託、共同での取扱いに関するリスク評価の状況。 　⑥ ネットワークデータの越境移転の状況。 　⑦ その他関係主管部門が定める報告内容。 ・重要データを取り扱う大規模ネットワークプラットフォームサービス提供者が提出するリスク評価報告において、上記規定内容に加え、重要な業務及びサプライチェーンのネットワークデータの安全等の状況を十分に説明すること（データ安全管理条例33条3項）。 ・重要データ取扱者が国の安全に危害を与えうる重要データ取扱活

51

	動を行う場合、省級以上の関係主管部門は、是正又は重要データ取扱いの停止等を命じ、重要データ取扱者は、関連要求に従い直ちに措置を講じること（データ安全管理条例33条4項）。
越境移転	越境移転は原則禁止され、それを要するときは国の安全評価を受けること（サイバーセキュリティ法37条、データ安全法31条、データ越境移転安全評価弁法4条1号）。
第三者提供、取扱いの委託、共同取扱	ネットワークデータ取扱者が他のネットワーク取扱者に重要データを提供し、又はその取扱いを委託する場合、契約等により、取扱いの目的、方法、範囲及び安全保護義務等について受領者と合意し、受領者による義務の履行状況を監督すること。重要データの第三者提供、取扱いの委託については、その取扱状況記録を少なくとも3年間保存すること。また、受領者は、ネットワークデータ安全保護義務を履行し、合意した目的、方法、範囲等に従い重要データを取り扱うこと。二つ以上のネットワークデータ取扱者が重要データの取扱いの目的及び方法を共同で決定する場合には、各自の権利及び義務に合意すること（データ安全管理条例12条）。 重要データの第三者提供、取扱いの委託、共同での取扱いについて、原則としてリスク評価を行うこと。リスク評価は、以下の内容に重点を置いて行うこと（データ安全管理条例31条）。 ① ネットワークデータの提供、取扱いの委託、共同での取扱い及びネットワークデータ受領者による取扱目的、方法、範囲等の適法性、正当性、必要性。 ② 提供、取扱いの委託、共同での取扱いをされたネットワークデータが改ざん、破壊、漏えい、又は違法な取得、違法な利用をされるリスク並びに国の安全、公共の利益又は個人、組織の適法的な権利・利益にもたらされるリスク。 ③ ネットワークデータ受領者の誠実性、法令遵守等の状況。 ④ ネットワークデータ受領者と現に締結し、又は締結を予定する関係契約におけるネットワークデータの安全に関する要求が、ネットワークデータ受領者によるネットワークデータの安全保護義務の履行を有効に拘束できるか否か。 ⑤ 現に講じ、又は講ずることを予定する技術及び管理上の措置等が、ネットワークデータに対する改ざん、破壊、漏えい、違法な取得、違法な利用等のリスクを有効に防止できるか否か。 ⑥ その他関係主管部門が定めた評価の内容。
重要データ取扱者の合併、分割、解散、破産等の場合の義務	重要データ取扱者が、合併、分割、解散、破産等のために重要データの安全性に影響を及ぼすおそれがあるときは、ネットワークデータの安全を保障する措置を講じ、省級以上の関係主管部門に対して重要データの処分案、受領者の名称又は氏名及び連絡先等を報告し、主管部門が明確ではないときは、省級以上のデータ安全職務調整機関に報告すること（データ安全管理条例32条）。

第3章　データ安全法

2. 業界別重要データの特則

　特定の業界については、その業界の重要データの内容と特別な規制に関する法令が定められている。以下、自動車データ、工業データ、自然資源、人類遺伝資源及び政務データと関わるデータを例に説明する。

（1）自動車業界

　「自動車データ安全管理若干規定（試行）」（国家インターネット情報弁公室、国家発展及び改革委員会、工業情報部、公安部、交通運輸部公布、2021年10月1日施行）は、この業界の重要データに対し、下表におけるような特別な規制を定めている。

表3-7：自動車重要データとその取扱者の年度報告義務

項目	内容	条文
自動車データ及び自動車重要データの定義	自動車データとは、自動車の設計、生産、販売、使用、運営・修理などの過程と関わる個人情報データ及び重要データをいう。自動車重要データとは、改ざん、破壊、漏えい又は違法な取得、違法な利用が行われた場合に国の安全、公共の利益又は個人、組織の合法的権利・利益に危害を及ぼしうるデータをいい、次のものが含まれる。 （a）軍事管理区、国防科学工業企業及び県級以上の共産党政治機関等の重要かつ機微なエリアにおける地理情報、人の流れと車両の流れに関するデータ （b）車両の流れ、物流など、経済運営の状況を反映するデータ （c）自動車充電網の運用データ （d）顔情報、ナンバープレート情報などを含む車外の映像・画像データ （e）10万人を超える個人情報主体についての個人情報 （f）その他国家ネットワーク情報部門及び国務院の発展改革、工業情報化、公安、交通運輸などの関連部門が確定した国家安全、公共利益又は個人、組織の合法的な権利・利益に危害を及ぼしうるデータ	3条1項、6項
年度報告	自動車データ取扱者は、重要データ取扱活動を行う場合、毎年12月15日までに省、自治区、直轄市ネットワーク情報部門及び関連部門に対して次の情報を含む年度自動車データ安全管理状況を報告しなければならず、重要データの越境移転を行う自動車データ取扱者は、さらにデータ受領者の基本状況、越境移転データの種類・規模・目的・移転の必要性、国外における保存の場所・期限・範囲・方法、顧客苦情対応状況、その他当局が要請する情報を報告しなければならない。 （a）自動車データ安全責任者、ユーザーの権利・利益関連事務の連絡担	13条、14条

53

当者の氏名及び連絡先
(b) 取り扱う自動車データの種類、規模、目的及び必要性
(c) 自動車データの安全防備及び管理措置（保存場所、期限等を含む。）
(d) 国内第三者への自動車データ提供の状況
(e) 自動車データ安全事件及びその処置の状況
(f) ユーザーからの自動車データに関連する苦情及びその処理の状況
(g) その他国家ネットワーク情報部門が国務院の工業情報化、公安、交通輸送等の関係部門とともに明確化する自動車データ安全管理に関する状況

　年度報告義務に関し、北京市、上海市、天津市、江蘇省、浙江省、広東省など地方の省級ネットワーク情報弁公室は、年度ごとに報告の要求及び報告書のフォーマットを公表している。年度報告義務を履行する際には、事前にフォーマット及び作成要求を確認しておくことが望まれる。

（2）工業一般

　工業情報化部の「工業及び情報化分野データ安全管理弁法（試行）」（工業情報化部公布、2023 年 1 月 1 日施行）は、工業及び情報化分野のデータの分類分級の規則を定めている。分類については、工業データ、電信データ、無線通信データに、分級については、核心データ、重要データ、一般データに分けられている。

　同弁法は、工業及び情報化分野における核心データ及び重要データの判断基準のほか、重要データの取扱いに関する特別な規制を定めている。その規制を整理すると、下表のようになる。

表 3-8：工業及び情報化分野の重要データの取扱いに関する特別な規制

項目	内容	条文
重要データ目録の届出義務	・自社の取り扱う重要データ・核心データの目録を地方の業界監督部門に届け出ること。 届出の内容は、データのリソース、類別、級別（レベル）、規模、取扱目的・方法、使用範囲、責任主体、第三者との共有、越境伝送、安全保護措置などの基本状況を含むがこれに限らない（データの内容は不要）。 ・重要データ・核心データの規模（データ数量若しくは保存数量）	12 条

	の変化が 30％以上に達し、又はその他届出内容に変化が生じたときは、これらの変化が生じた日から 3 か月以内に届出変更手続を行うこと。	
データ安全責任者及び管理機構設置義務	・データ安全の第一責任者には法定代表者又は主要責任者が、直接の責任者には経営チームにおけるデータ安全管理の担当者が就任すること。 ・データ取扱いを担当する重要職位とその職責を明確化するとともに、重要職位者に対してデータ安全責任書への署名を求めること。 ・内部登録、承認制度を確立して、重要データ・核心データの取扱活動に対する厳格な管理を行い、操作ログを保存すること。	13 条 2 項
データの全ライフサイクルにおける安全管理制度	収集、保存、使用、伝送、第三者提供、公開、廃棄、越境移転、企業の合併、再編、破産などによるデータの移転、取扱いの委託等における安全管理義務、操作ログ保存義務を負うこと。	14-25 条
核心データの第三者提供、移転、取扱いの委託に対する審査及びリスク評価	核心データの第三者提供、移転、取扱いの委託に関する安全リスクの評価、安全保護措置を講じ、所在地の工業情報化部の審査を受けること。	24 条
モニタリング及び緊急対応管理の強化義務	・データの安全に関わる事件の発生後、緊急時の対応策に従い速やかに応急措置を実施し、重要データ及び核心データの安全に関わる事件については、遅滞なく相応の主管部門に報告すること。 ・事件処理が終了した後、規定の期限までに報告書を作成し、毎年、主管部門に対しデータ安全に関わる事件の処理状況を報告すること。	28 条 3 項
安全評価（データ安全リスク評価）	・重要データ・核心データの取扱者においては、毎年少なくとも 1 回、自ら又は第三者評価機構に委託して、そのデータ取扱活動に対するリスク評価を実施し、速やかにリスク問題を是正するとともに、地方の業界監督管理部門に評価報告書を提出し報告すること。	31 条 3 項

（3）自然資源

「自然資源分野データ安全管理弁法」（中国自然資源部公布、2024 年 3 月 22 日施行）においては、自然資源分野の重要データの取扱いに関する特別

な規制が定められている。これを整理すると、下表のようになる。

表 3-9：自然資源分野データの取扱いに関する特別な規制

項目	内容	条文
重要データ目録の届出義務	・自社の取り扱う重要データ・核心データ目録を自然資源部、国家林業及び草原局又は現地の業界の監督管理部門に届け出ること。届出の内容は、データの類別、級別（レベル）、規模、精度、リソース、媒体、使用範囲、第三者との共有、越境伝送、安全状況、責任主体等が含まれる。 ・重要データ・核心データに関する届出内容に重大な変化が生じたときは（例えば、規模の変化が30％以上に達した場合）、これらの変化が生じた日から3か月以内に届出変更手続を行うこと。	11条
データの全ライフサイクルにおける安全管理制度	・データ安全の第一責任者には法定代表者又は主要責任者が、直接の責任者には経営チームにおけるデータ安全管理の担当者が就任すること。 ・データ取扱いを担当する重要職位とその職責を明確化するとともに、重要職位者にデータ安全責任書への署名を求めること。 ・内部登録、承認制度を確立して、重要データ・核心データの取扱活動に対する厳格な管理を行い、操作ログを6か月以上保存すること。 ・重要データに関わる情報システムの建設・運用・保守のプロジェクトについては、委託者の承認なしに他の業者に下請けをしないこと。また、建設・運用・保守の担当者は、委託者から明確な許可を得ない限り、委託者の重要データを取り扱わないこと。重要データに関わる情報システムの建設・運用・保守の過程で収集し生成されたデータは、他の目的に使用することはできず、サービス終了後、委託者との約定に従いデータを取り扱い、又は速やかに削除すること。 ・第三者から重要データ及び核心データを取得する場合、データ取扱者とデータ提供者との間で関連契約、誓約書を締結することにより、双方の法的責任を明確にすること。 ・重要データを保存する場合、3級以上のサイバーセキュリティ等級保護要求を遵守し、核心データを保存する場合、重要情報インフラのセキュリティ保護要求又は4級のサイバーセキュリティ等級保護要求を遵守する必要があること。 ・重要データ、核心データを加工・使用する場合、厳格なアクセス制限を実施し、データの信頼性と制御性の確保、ログの保存・監査、リスクのモニタリング及び評価、リアルタイムのモニタリング、緊急対応、データ追跡などの関連技術及び管理体制を確立すること。 ・重要データ、核心データを伝送する場合、検証技術、暗号技術、	12条-23条

第3章　データ安全法

	安全な伝送チャネル又は安全な通信プロトコルなどの措置を講じること。 ・重要データを第三者に提供する場合、データ安全契約をデータ受領者と締結し、安全管理を強化し、安全保護措置を講じること。核心データを提供し、共有する場合、必要な安全保護対策を講じ、自然資源部に報告すること。本年度1月1日から累計でその提供・共有の量が合計の30%以上に達する可能性がある場合、原則として自然資源部を通じて国家データ安全作業調整組織に報告して、リスク評価を行うこと。 ・重要データ、核心データを削除する場合、必要な安全保護措置を講じ、事前に業界監督管理部門にデータ削除計画を報告すること。重要データ、核心データの目録に変更が生じる場合、速やかに業界監督管理部門に報告し、削除されたデータをいかなる理由及びいかなる方法でも復元しないこと。 ・重要データを移転する場合、必要な安全保護措置を講じ、事前に業界監督管理部門にデータ移転計画を報告すること。重要データの目録に変更が生じる場合、速やかに業界監督管理部門に報告すること。 ・重要データの取扱いの委託、共同取扱が行われる場合、委託者において、安全を重要な考慮要素とし、受託者のデータ保護能力、資格に対して評価・確認を行うこと。厳格な承認手続を経て、受託者のデータ取扱権限及び保護責任を明確に把握し、受託者によるデータ安全保護義務の履行を監督すること。 ・重要データの安全事件の処理、追跡に関わる場合、関連するログの保存期間を1年以上とし、重要データの第三者提供、取扱いの委託、共同取扱が行われる場合、関連するログの保存期間を3年以上とすること。核心データの安全事件の処理、追跡に関するログの保存期間を3年以上とすること。	
データ安全リスク評価	・重要データ取扱者において、自ら又は第三者の評価機関に委託して、毎年少なくとも1回、そのデータ取扱活動に関するリスク評価を実施し、リスク問題を速やかに是正し、業界監督管理部門にリスク評価報告を提出すること。リスク評価報告には、取り扱う重要データの類別、数量、データ取扱活動の状況、直面しているデータ安全リスク、対応策及びその有効性などを含むこと。 ・データ取扱者において、リスク評価報告を少なくとも3年間保存すること。 ・核心データ取扱者において、優先的に第三者の評価機関を利用してリスク評価を行うこと。 ・データ取扱者が重要データの安全リスク評価を行うにあたっては、データの検索、ダウンロード、変更、削除などの主要な操作ログを監査し、分析し、違反行為又は異常行為が発見された場合には、速やかに対応措置を講じること。	25条 2項、 3項

57

安全事件の対応及び緊急対応管理	データ取扱者において、データ安全事件が発生した場合には、緊急対応計画に従って迅速に対応し、重要データ、核心データに関わる安全事件が発生した場合には、業界監督管理部門及び所在地の公安部門への報告を最優先とし、事件処理の終了後、1週間以内に報告を作成すること。また、毎年、業界監督管理部門にデータ安全事件の処理状況を報告すること。	27条3項

（4）人類遺伝資源

　人類遺伝資源管理条例（国務院公布、2024年5月1日施行）2条は、人類遺伝資源を人類遺伝資源材料と人類遺伝資源情報に分けている。人類遺伝資源材料とは、ヒトゲノム、遺伝子その他の遺伝物質を含む臓器、組織、細胞その他の遺伝物質をいい、人類遺伝資源情報とは、人類遺伝資源材料の利用によって生じるデータ等のデータ資料をいう。同条例及びその人類遺伝資源管理条例実施細則（科学技術部公布、2023年7月1日施行）に基づいて、人類遺伝資源情報への規制を整理すると、下表のようになる。

表3-10：重要データの保護義務に違反した場合の罰則

項目	規制内容	条文
人類遺伝資源の収集・保存（中国語：保蔵）	・中国の重要遺伝家系、特定地区の人類遺伝資源又は当局の定める種類、数量の人類遺伝資源を収集する企業、中国の人類遺伝資源を保存する企業において、一定の要件を充足のうえ、当局の許可を得ること。 ・外国の組織及び外国の組織若しくは個人が設立し、又は実質的に支配している機関（本表において「外国企業」という。）及び外国の個人においては、中国国内における人類遺伝資源の収集・保存及び国外への提供をしないこと。	条例11条、14条、実施細則11条2項
人類遺伝資源の利用	・中国の人類遺伝資源を利用して科学研究活動を行う必要がある外国企業においては、中国の科学研究機関、大学、医療機関、企業（本表において「中国企業」という。）と提携してこれを行うこと。 ・中国の人類遺伝資源を利用して科学研究の国際提携を行うには、外国企業と中国企業が共同で申請を行い当局の許可を得て、研究開発に関する全ての記録及びデータ・情報を中国企業に開示し、その写しも中国企業に提供すること。	条例21条、22条、24条1項
人類遺伝	・中国人類遺伝資源材料の越境提供については当局の許可を取得すること。 ・中国人類遺伝資源情報の越境提供については当局へ届出を行い、	条例

| 資源材料及び人類遺伝資源情報の越境提供 | 次の場合には当局の安全審査に合格すること。
(a) 重要遺伝家系の人類遺伝資源情報の場合
(b) 特定地区の人類遺伝資源情報の場合
(c) 500人を超えるエクソーム・シークエンシング、ゲノム・シークエンシング情報資源の場合
(d) その他中国の公衆の健康、国の安全及び社会の公共利益に影響を与えうる場合 | 27条、28条、実施細則37条 |

（5）政務データ

　データ安全法第5章は、政務データの安全については、国がデータ安全管理制度を確立し、データ安全保護責任を履行するものとし、政務データの公開については、国が政務データ公開目録を策定し、政務データ公開プラットフォームを構築し、政務データの利用開放を促進すると定めている。

　データ安全法は、政務データの定義をしていないが、国家推薦標準の「GB/T 38664.1-2020 情報技術 ビッグデータ 政務データの公開と共有」において、政務データとは、各レベルの政務部門及びその技術サポート企業の職責履行中に法に従って収集、生成、保存、管理される各種のデータ資源をいうものとされ、政務データには、政府部門の間で共有可能な政務データ、公衆への公開が可能な公共データ及びその公開・共有が適切ではない政務データが含まれると定めている。

　公衆に公開可能な公共データについては、地方の規定がその公開の方法等をより具体的に定めており、多くの地方では、政務データの公開・利用のプラットフォームの構築が進められている。例えば、浙江省公共データ条例は、政務データの類型を無条件公開可能な公共データ、公開を制限するデータ及び公開を禁止するデータに分け、公開プラットフォームを通じ、公衆においては無条件公開の公共データを取得することができ、データ安全保護能力を有する一定の者においては申請及び許可を経て公開制限データを取得することができると定めている。浙江省の政務データの公開プラットフォームにおいては、安全生産、地理空間、交通運輸、教育文化、生態環境などの分野にわたる多種なデータ及びそのアクセス方法（API）が公開されている。

企業は、政務データを利用して新たな製品・サービスの開発が可能となる。中国工商銀行上海市支店が上海市の政府調達情報、入札・落札情報などの政務データを利用して開発した政府調達案件の落札企業向けの融資サービス[2]、青島市が公開した駐車場情報、地下鉄駅・バス停情報などの政務データを利用して開発された駐車場空き情報、充電スタンド空き情報の検索サービスアプリ「宜行青島」[3]などは、政務データが商分野で活用された典型例である。

六 | 罰則

　データ安全法は、抽象的な規定としてとらえられる傾向があるが、重要データの保護義務に違反した場合には、下表のように罰則の対象となるため注意を要する。

表 3-11：重要データの保護義務に違反した場合の罰則

違反行為	罰則	条文
重要データ保護義務（安全責任者設置、重要データ取扱いのリスク評価及び評価報告の主管部門への報告義務、データ安全事件への対応義務）に違反した場合	・是正命令、警告、5 万元以上 50 万元以下の過料を併科しうる。 ・直接責任を負う主管者その他直接責任者を 1 万元以上 10 万元以下の過料に処する。 ・是正を拒否し、又は大量のデータ漏えい等の深刻な結果を発生させたときは、50 万元以上 200 万元以下の過料に処するものとし、あわせて、関連業務の停止、営業停止の命令、関連する業務許可又は営業許可の取消しを併科し、直接責任を負う主管者及びその他直接の責任者を 5 万元以上 20 万元以下の過料に処する。 ・国家核心データ管理制度に違反して国の主権、安全及び発展の利益を害したときは、200 万元以上 1000 万元以下の過料に処するものとし、あわせて、状況に基づいて関	45 条

---

2 "中国工商銀行の政府調達ローン試行プロジェクト"上海市公共データ開放プラットフォーム公式ホームページ（参照：2025 年 1 月 17 日）

3 「中国地方政府データ開放報告」（中国語：中国地方政府数据开放报告）（復旦大学データ及び移動管理実験室，2021 年）27 頁。

	連業務の停止、営業停止を命じ、関連する業務許可又は営業許可を取り消す。犯罪を構成するときは、法により刑事責任を追及する。	
重要データを国外に違法に提供した場合	・是正命令、警告、10 万元以上 100 万元以下の過料を併科する。 ・直接責任を負う主管者及びその他直接責任者を 1 万元以上 10 万元以下の過料に処する。 ・その情状が重いときは、100 万元以上 1000 万元以下の過料に処するものとし、あわせて、関連業務の停止、営業停止、関連する業務許可又は営業許可の取消しを命じ、直接責任を負う主管者及びその他直接責任者を 10 万元以上 100 万元以下の過料に処する。	46 条
主管部門の許可を得ず外国の司法・法執行機関にデータを提供した場合	・警告、10 万元以上 100 万元以下の過料を併科する。 ・直接責任を負う主管者及びその他直接責任者を 1 万元以上 10 万元以下の過料に処する。 ・深刻な結果を発生させたときは、100 万元以上 500 万元以下の過料に処するものとし、あわせて、関連業務の停止、営業停止、関連する業務許可又は営業許可の取消しを命じ、直接責任を負う主管者及びその他直接の責任者を 5 万元以上 50 万元以下の過料に処する。	48 条 2 項

第 4 章

個人情報保護法

⼀　立法概要

　2021 年 8 ⽉ 20 ⽇、中国の第 13 期全国⼈⺠代表⼤会常務委員会第 30 回会議で個⼈情報保護法が可決され、2021 年 11 ⽉ 1 ⽇から正式に施⾏された。刑法、⺠法典、電⼦商取引法、サイバーセキュリティ法をはじめとする関連法令にも個⼈情報保護に関する規定が散⾒されるものの、個⼈情報保護法は、個⼈情報を体系的かつ総合的に保護する中国初の法律である。

　個⼈情報保護法の施⾏は、中国版 GAFA ともいわれる「BATH」[1] などの巨⼤インターネットサービス企業の台頭や、インターネット、スマホなどに依拠したデジタル経済の急速な発展とこれに伴い形成された中国独特の⽣態系などの変化に順応した結果である。EU の「⼀般データ保護規則」（GDPR：General Data Protection Regulation）の施⾏その他世界規模で⾏われる諸外国のデータ⽴法活動も、中国の個⼈情報保護法の⽴法を強く後押ししたといえる。

　個⼈情報の⺠事的権利としての保護については、中国⺠法典の第四編「⼈格権編」第六章「プライバシー権及び個⼈情報」にも定めがあるが、個⼈情報保護法は、個⼈情報主体の権利、個⼈情報取扱者の義務、個⼈情報取扱いの諸規則、個⼈情報の越境移転、政府部⾨の⾏政監督の権限、法的責任など、個⼈情報に関して全⾯的、詳細に定めた法律であって、私法・公法双⽅の性質を備え合わせた法律である。個⼈情報保護法と⺠法典との関係は、特別法と基本法の関係にある。

　個⼈情報保護法の公布前には、国家推薦標準たる「GB/T 35273-2020 情報安全技術 個⼈情報安全規範」（以下「個⼈情報安全規範」という。）が、個⼈情報取扱活動の実務指針に相当するものとして、⼤きな役割を果たしていた。個⼈情報保護法の施⾏後も、個⼈情報安全規範は有効であるが、個⼈情報保護法と個⼈情報安全規範の関係については、両者の規定に⽭盾が⽣じている場合、法律である前者に準じるべきと解される。なお、個⼈情報を取

1　BATH とは、⽶国の「GAFA」になぞらえて、中国 IT 巨⼤企業 4 社（バイドゥ（Baidu）、アリババ（Alibaba）、テンセント（Tencent）及びファーウェイ（Huawei））の頭⽂字を取った略称である。

り扱う具体的活動において必要となる行動細則としては、個人情報安全規範のほうがより詳細で実務的な規定を用意している。この意味で、個人情報を取り扱う実務シーンで個人情報保護法に明確な規定がない場合に、個人情報安全規範は重要な参考的価値を有する。

民法典、個人情報保護法及び個人情報安全規範のほかにも、中国では個人情報の保護との関連において多数の実務規則が公布されている[2]。個人情報の取扱いと関わる活動は、個人情報保護法のみならず、これらの細則に定める具体的ルールも確認しながら行う必要がある。

二 個人情報保護法の適用範囲

個人情報保護法の適用範囲について、同法3条は次のように定めている。この規定により、個人情報保護法は、原則として属地主義が採用され、例外的に域外適用があると解される。

> 第三条　中華人民共和国国内において自然人の個人情報を取り扱う活動に、本法を適用する。
> 中華人民共和国国外において中華人民共和国国内の自然人の個人情報を取り扱う活動も、次に定める事情のいずれかがあるときは、本法を適用する。
> （一）中国国内の自然人への製品又はサービスの提供を目的とすること。
> （二）中国国内の自然人の行為の分析、評価を行うこと。

2　例えば、アプリケーションの利用による個人情報の取扱いルールだけでも、「モバイルインターネットアプリケーションにおける情報管理サービスに関する規定」、「TC260-PG-20202A　サイバーセキュリティ標準実践指針 モバイルインターネットアプリケーション（App）による個人情報の収集・使用に関する自己評価指針」、「一般的なモバイルインターネットアプリケーションに必要な個人情報の範囲に関する規定」、「アプリケーションによる違法な個人情報の収集・使用行為の認定方法」、「アプリケーションによる違法な個人情報収集・使用に関する自己評価指針」、「アプリケーションによる違法な個人情報の収集・使用に関する特別整備の実施に関する公告」、「YD/T 2782-2014 電信及びインターネットサービスユーザーの個人情報保護の等級分けに関する指針」などが挙げられる。

65

（三）その他法律、行政法規が定める事情。

1. 属地主義の原則

　個人情報保護法は、国家管轄権の属地主義原則を採用し、「中国国内」において「自然人」の「個人情報を取り扱う」活動に適用される。

　個人情報取扱いの対象者は、中国国内のすべての自然人であって、自然人の国籍や居住地を問わない。すなわち、出張や旅行などで一時的に中国を訪れた外国人の個人情報を中国国内で取り扱う行為も個人情報保護法の適用対象となる。

　個人情報を取り扱う主体たる個人情報取扱者は、これに関する明確な定めはないものの、法人、法人格のない組織、自然人のいずれであるかを問わず、また、それが自然人である場合には中国国籍であるか否か、自然人以外の実体である場合にはその設立地が中国国内であるか否かを問わないと解される。

　個人情報取扱行為の類型としては、個人情報の収集、保存、使用、加工、伝送、提供、公開、削除等がある（個人情報保護法4条2項）。

2. 属地主義の例外―域外適用

　個人情報保護法3条2項は、中国国外において中国国内の自然人の個人情報を取り扱う活動であっても、それが次の（1）又は（2）のいずれかの状況に当てはまる場合には同法の効力が及ぶと定めている。（3）はバスケット条項であって、今後の立法又は法解釈に委ねられている。

（1）中国国内の自然人への製品又はサービスの提供を目的とすること

（2）中国国内の自然人の行為の分析、評価を行うこと

（3）その他法律、行政法規が定める事情

第 4 章　個人情報保護法

　個人情報保護法の域外適用の法理については、サイバースペースに存在する
データに対して国家主権が及ぶという説、属人主義及び保護主義により管
轄権が及ぶという説などがあるが、端的にいえば、GDPR の域外適用制度
に照らして導入された条文である。

（1）中国国内の自然人に対する製品又はサービスの提供を目的とすること

　典型例としては、中国国外の越境 EC 事業者が、主に中国国内の自然人に
商品を販売し、又はそのプラットフォーム運営者が商品情報の掲示や売買
サービスを提供するために個人情報を収集する場合が挙げられる。

　この要件に関する明確な判断基準の定めはないが、実務上、商品やサービ
スに対する説明が中国語で行われているか否か、決済通貨として人民元を利
用しうるか否か、Alipay、Wechat Pay、UnionPay など中国において普及し
た決済システムが導入されているか否か、「.cn」など中国に当てられたドメ
イン名が利用されているか否か、中国国内の者に向けて販促活動や宣伝が行
われているか否か、中国国内に向けた郵送サービスが提供されているか否か
など様々な要素を総合的に勘案して判断されている[3]。これらの要素の存在が
基本的に肯定される越境 EC プラットフォームが、中国国内の自然人への商
品販売又はサービス提供のために個人情報を収集し、使用する場合には、個
人情報保護法が適用される可能性が高いと思われる。

　製品又はサービスの提供は、「安定性」を有する必要があるとされる。例
えば、中国国外から一時的に中国を訪れた外国人旅行客に対して国外の某社
が SNS サービスを提供し、その際に当該旅行客の個人情報を収集する場合、
旅行期間におけるサービスに「安定性」があるとはいえず、国外の企業が旅
行客の個人情報を収集する行為に個人情報保護法は適用されないと解され
る[4]。

3　江必新・郭鋒主編『「中華人民共和国個人情報保護法」条文の理解及び適用』（人民法院出版社、2021 年）
　　33 頁、楊合慶主編『中華人民共和国個人情報保護法釈義』（法律出版社、2022 年）17 頁。当該判断基準は、
　　「GDPR の地理的適用範囲（第 3 条）に関する指針 3/2018 - バージョン 2.1」（Guidelines 3/2018 on the
　　territorial scope of the GDPR（Article 3）-Version 2.1）において提示された判断基準と共通する部分がある
　　かと考えられる。

4　王磊主編『中華人民共和国個人情報保護法実務指針』（中国法制出版社、2021 年）10 頁。

67

(2) 中国国内の自然人の行為に対する分析、評価を行うこと

　この要件に関する明確な判断基準は定められていない。実務上、データ主体が EU 域内で行う行動に対する監視（monitoring）について定めた GDPR 第 3 条第 2 項（b）号の解釈[5]を参考に「分析・評価」への該当性を判断しうるとする見解[6]がある。ケースバイケースでの判断が必要であるが、ターゲティング広告のための個人情報取扱活動、クッキーその他の追跡技術を使用したオンライン上の追跡、ユーザー・プロファイリング（user profiling）[7]、個人情報に基づく市場調査などが「分析・評価」に該当しうると考えられる。

3. 域外適用対象となる中国国外の個人情報取扱者の組織整備義務

　中国国外の個人情報取扱者が個人情報保護法の域外適用を受ける場合には、中国国内に専門機関を設立し、又は代表者を指定して個人情報の保護に関する事務の処理について責任を負わせ、個人情報保護職責履行部門に当該機関の名称又は代表者の氏名、連絡先等を届け出なければならない（個人情報保護法 53 条）。

5　例えば、「GDPR の地理的適用範囲（第 3 条）に関する指針」においては、行動ターゲティング広告、位置情報サービス、クッキー又はフィンガープリンティングなどその他の追跡技術を使用したオンライン上での追跡、オンラインのパーソナライズされた食事及び健康の分析サービス、CCTV（閉鎖回路テレビ）、個人のプロファイルに基づく市場調査その他行動調査、個人の健康状態に関する監視又は定期報告が監視の典型例として挙げられている。

6　江必新・郭鋒（前注 3）34 頁。

7　ユーザー・プロファイリング（user profiling）とは、「GB/T 35273-2020 情報安全技術 個人情報安全規範」3.8 条によると、個人情報の収集、集約、分析を通じて、ある特定の自然人の個人的な特徴（例えば、職業、経済、健康、教育、個人的嗜好、信用、行為など）に対し分析又は予測を行い、その個人の人物像を作成する過程をいう。

第4章　個人情報保護法

三 | 個人情報の取扱いに関する各種定義

1. 個人情報

> **第四条**　個人情報とは、電子的若しくはその他の方法によって記録された既に識別され又は識別可能な自然人に関する各種の情報をいい、匿名化処理後の情報を含まない。(後略)

　この個人情報の定義を踏まえ、個人情報の判断には、「識別ルート」と「関連ルート」という2つのアプローチがあると解釈されている。

(1) 識別ルート

　「識別ルート」とは、情報から個人へのアプローチをいう。特定の情報から、又は当該情報を他の情報と組み合わせて、特定の自然人を識別しうる場合、当該情報は個人情報に該当する。例えば、氏名、生年月日、住所、メールアドレス、携帯番号、旅券番号、運転免許証番号や、指紋、顔情報などの生体識別情報は、当該情報をもって、又は他の情報と組み合わせて特定の個人の識別が可能であるため個人情報に該当する。

(2) 関連ルート

　「関連ルート」とは、個人から情報へのアプローチをいう。すなわち、既に識別され、又は他の情報との組み合わせにより識別可能な特定の自然人に関する情報は個人情報に該当する。例えば、特定の自然人の通話時間、通話履歴、ウェブサイト閲覧履歴、アプリの利用履歴、位置情報、スマホ内の連絡簿、WeChat友人リストなどが、当該自然人の個人情報に該当する。

　個人情報安全規範付録Aは、個人情報の典型例として表4-1の情報を挙げている。

69

表 4-1：個人情報の例

個人の基本的情報	個人の氏名、生年月日、性別、民族、国籍、家族関係、住所、個人の電話番号、メールアドレス等
個人の身分情報	身分証明書、軍官証、パスポート、運転免許証、職員証、入館証、社会保障証明書、居住証明書等
個人の生体識別情報	個人の遺伝子、指紋、声紋、掌紋、耳介、虹彩、顔識別の特徴等
オンライン身分標識情報	ユーザーアカウント、IP アドレス、個人のデジタル証明書等
個人の医療健康情報	病状、入院記録、医師指示書、検査報告書、手術・麻酔記録、看護記録、投薬記録、薬剤・食物アレルギー情報、出産情報、既往歴、治療状況、家族の病歴、現病歴、感染症歴などの治療等により生じた個人の関連記録、体重、身長、肺活量などの身体の健康状態に関する情報
個人の教育歴・職歴に関する情報	個人の職業、役職、勤務先、学歴、学位、教育歴、職歴、研修記録、成績証明書等
個人の財産情報	銀行口座、本人確認情報（暗証番号）、預金情報（金額、入出金記録など）、不動産情報、貸付情報、信用情報、取引・消費記録、銀行取引記録などのほか、仮想通貨、仮想取引、ゲーム引換えコードなどの仮想財産情報
個人の通信情報	通信記録及び内容、ショートメッセージ、MMS、電子メール及び個人の通信に関するデータ（一般的には「メタデータ」という。）等
連絡先情報	連絡帳、友人リスト、グループリスト、メールアドレスリスト等
個人のインターネット履歴	ウェブサイト閲覧記録、ソフトウェア利用記録、クリック記録、ブックマーク等ログを通じて保存されるユーザーの操作記録
個人常用デバイスに関する情報	ハードウェアのシリアル番号、デバイスの MAC アドレス、ソフトウェアリスト、UDID（IMEI/Android ID/IDFA/Open UDID/GUID/SIM カードの IMSI 情報など）を含む、個人の常用端末の基本状況を記述する情報
個人の位置情報	追跡情報、高精度位置情報、宿泊情報、緯経度情報等
その他の情報	婚姻歴、宗教信仰、性的指向、未公開の犯罪歴等

第4章　個人情報保護法

2.　機微な個人情報

第二十八条　機微な個人情報とは、それが漏えいされ又は違法に使用されると、自然人の人格の尊厳が侵害を受けやすく、又は人身、財産の安全が害されやすい個人情報をいい、生物識別、宗教信仰、特定の身分、医療健康、金融口座、行動軌跡等の情報及び十四歳未満の未成年者の個人情報を含む。（後略）

　この定義からすると、機微な個人情報は、個人情報のうち、自然人の人格、身体の安全や利益にもたらすインパクトが大きいものといえる。
　個人情報安全規範付録Bは、表4-2の情報を機微な個人情報の典型例として挙げている。

表 4-2：機微な個人情報の例

個人の財産情報	銀行口座、識別情報（暗証番号）、預金情報（金額、入出金記録など）、不動産情報、貸付情報、信用情報、取引・消費記録、銀行取引記録などのほか、仮想通貨、仮想取引、ゲーム引換えコードなどの仮想財産に関する情報
個人の医療健康情報	病状、入院記録、医師指示書、検査報告書、手術・麻酔記録、看護記録、投薬記録、薬剤・食物アレルギー情報、出産情報、既往歴、治療状況、家族の病歴、現病歴、感染症歴など、治療等によって生じた個人の関連記録
個人の生体識別情報	個人の遺伝子、指紋、声紋、掌紋、耳介、虹彩、顔識別の特徴等
その他の情報	性的指向、婚姻歴、宗教信仰、未公開の違法犯罪歴、通信記録及び内容、連絡帳、友人リスト、グループリスト、追跡情報、ウェブサイトの閲覧記録、宿泊情報、高精度位置情報等

3.　個人情報とプライバシーとの区別

　個人情報に類似する概念としてプライバシーがある。自然人に関する個別の情報は個人情報とプライバシーのいずれにも該当する可能性がある一方

で、両者には明確な差異がある。

(1)　プライバシーは公開を回避するための保護がその根底にあるが、個人情報は個人に悪影響が及ばない範囲で取り扱うことに意味がある。「民法典」1032条2項によると、プライバシーとは、自然人の私生活の平和と他人に知られたくない私的空間、私的活動及び私的秘密情報をいう。したがって、プライバシー権は、その公開、内偵、侵入及び漏えいが許されない領域の個人の権利である。しかし、個人情報は、他人に知られたくないという性質を有しない。たとえ未公開の個人情報であっても適法な手続を経れば公開が可能である。なお、プライバシーのうち、私的秘密情報は、未公開の個人情報にも該当する。

(2)　個人情報は収集してデータ化され、現代社会のビジネスで利用されることがある。プライバシーはそれへの内偵さえ許さないものであるため、収集してデータ化することも、ビジネスで利用することも、公序良俗上認められない。

4.　個人情報の匿名化

　個人情報の定義から明らかなように、個人情報は、匿名化されると個人情報に該当しなくなる。

　匿名化（Anonymization）とは、自然人の識別ができないように、かつ、復元もできないように個人情報を加工する過程をいう（個人情報保護法73条1項4号）。匿名化が満たすべきこの「復元不能」の要件については、現代社会のデータ技術の向上に伴いその実効性がますます薄れていき、「復元不能」を絶対的に実現することは不可能であり、匿名化というのはあくまでも法律上の観念であるとされている。なお、実務上一定の技術を駆使して匿名加工を行う事例は存在するものの[8]、中国の現行法令、実務指針及び国家標

8　参考までに、グーグルのポリシーと規約では、個人情報の匿名化の手法として、データの一般化によるK-匿名化、データへのノイズ付加といった技術が利用されていると記載されている。
　"グーグルはどのようにデータを匿名化するか"グーグルプライバシー権と条項公式ホームページ（参照：2025年1月17日）

準などの法的文書において、個人情報の匿名化の判断基準又は匿名加工の手法に関する明確な規定は存在しない。

5. 個人情報取扱者

個人情報保護法73条によると、個人情報取扱者とは、個人情報の取扱活動において、自主的に取扱いの目的、取扱いの方法を決定する組織又は個人をいう。

個人情報保護法は、GDPRのように個人情報管理者（Controller）と個人情報処理者（Processor）といった定義を設けていない。個人情報保護法における「個人情報取扱者」は、個人情報管理者（Controller）に相当する地位を有し、個人情報の委託処理者が個人情報処理者（Processor）に相当する地位にあると解される。

なお、個人情報保護法よりも前に公布された個人情報安全規範は、「個人情報管理者」と「委託処理」という文言を用いている。本書における「個人情報管理者」とは、「個人情報取扱者」を意味する。

四 | 個人情報の取扱い

個人情報保護法は、個人情報を取り扱う行為の種類について以下のように定めている。

> **第四条二項** 個人情報の取扱いは、個人情報の収集、保存、使用、加工、伝送、提供、公開、削除等を含む。

法律上、これら個人情報の取扱行為に対して明確な定義の定めはないが、個人情報安全規範及び実務上の解説によるとそれぞれ以下の意味を有する。

1. 収集

個人情報の収集とは、個人情報の支配権を取得する行為をいう。この個人情報の支配権とは、個人情報の取扱いの目的、方法等についての決定権をいう（個人情報安全規範3.5条）。個人情報主体から直接に個人情報を採集する行為、第三者や公開情報から間接的に個人情報を入手する行為、これらいずれも個人情報の収集に該当する。

例えば、アプリを利用する個人の自発的入力行為に基づいてアプリ運営者が当該個人の生年月日、携帯番号、メールアドレス等を取得すること、個人がウェブサイトを訪問し情報を閲覧する行動を通じて当該ウェブサイトのサーバーに当該個人の閲覧履歴、消費動向等の情報が自動で記録されることなどは、いずれも個人情報の収集に該当する。しかし、個人ユーザーの端末に一時的に入力された個人情報が個人情報取扱者の支配可能な領域に伝送されなかった場合には、個人情報の収集に該当しない。例えば、運転手の位置情報が一時的に車両のシステムストレージに伝送されても即時に削除され、システムの開発者やメーカーなどの事業者が用意したサーバーには伝送されない場合、運転手の位置情報の収集には該当しない。

2. 保存

個人情報の保存とは、収集した個人情報を何らかの媒体又は方法を用いて保存することをいい[9]、紙又は電磁的記録方式（光ディスク、SSDなどの記憶メモリ又はクラウドストレージサービス等）で個人情報を記録することのいずれも個人情報の保存に該当する。

3. 使用

個人情報の使用については、広狭2つの考え方があり、中国公安部及び北

---

9 張平主編『個人情報保護法理解適用及び案例解読』（中国法制出版社、2021年）16頁。

京ネット業界協会の「インターネット個人情報安全保護指針」によると、個人情報の使用とは、自動的又は非自動的に個人情報を操作する一切の行為をいい、例えば、個人情報の記録、整理、整列、保存、改編、変更、検索、照会、開示、広告又はその他の方式による提供、調整若しくは結合、制限及び削除などが含まれるとされる。これに対し、単に「個人情報を分析又は利用する行為」に限定解釈すべきとする見解も存在する[10]。

4. 加工

個人情報の加工とは、一定の要求が満たされるよう個人情報を特定の基準に則って処理し、又は整理する行為をいう[11]。

5. 伝送

個人情報の伝送とは、一般に、個人情報の物理的な移動・移転をいい、例えば情報システムAから情報システムBへの移動、中国国内から中国国外への移転、特定の端末からクラウドサーバーへの伝送などが含まれる[12]。

6. 提供

個人情報の提供とは、特定の個人情報取扱者から他の個人情報取扱者に対する個人情報の支配権の移転をいう。個人情報の提供により、提供者と受領者が個人情報に対してそれぞれ独自に支配権を有することになった場合は個人情報の「共有」といい（個人情報安全規範 3.13 条）、個人情報に対する支配権が提供者から受領者に移転した場合は個人情報の「譲渡」という（個人情報安全規範 3.12 条）。

---

10 程嘯主編『個人情報保護法理解及び適用』（中国法制出版社、2021 年）71 頁。

11 程嘯（前注 10）72 頁。

12 程嘯（前注 10）72 頁。

7. 公開

個人情報の公開とは、個人情報を不特定多数人に開示し、これらの者による個人情報の取得が可能な状態に置く行為をいう。

8. 削除

個人情報の削除とは、一定の措置を講じて、当該情報の再度の入手・使用を不能とし、又はその再入手のため多額の費用負担をかけることをいう[13]。

五 | 個人情報取扱いの基本原則

---

1. 合法、正当、必要及び信義誠実の原則

> 第五条　個人情報の取扱いは、合法、正当、必要及び信義誠実の原則を遵守しなければならず、誤導、詐欺、脅迫等の方法により個人情報を取り扱ってはならない。

合法性原則とは、個人情報に関するいかなる取扱いも、中国の法律、行政法規、地方性法規、最高人民法院の司法解釈、国家強制標準等に反してはならないことをいう。例えば、個人情報を収集するには、個人情報保護法その他法律、行政法規が認める事情が存在する場合を除き、個人情報主体に告知し、その同意を得る必要がある（個人情報保護法 13 条）。個人情報を違法に収集、使用、加工又は伝送する行為、個人情報を違法に売買、提供又は公開する行為、国の安全又は公共の利益を害する個人情報の取扱いは、いずれも合法性を欠く行為として相応の責任を追及される（個人情報保護法 10 条）。

---

13 程嘯（前注 10）73 頁

業務上膨大な個人情報を取り扱う企業においては、大量の個人情報の蓄積により特定の地域又は業界の経済動向を示すビッグデータが形成されることが多く、このようなデータは中国の経済安全に影響を及ぼすデータとして重要データにも該当するため、そのデータの国外への提供は重要データの越境移転の規則を遵守する必要がある。また、外資系企業は企業グループ間で従業員、取引先の個人情報を共有することが多いが、個人情報の国外への提供についても個人情報の越境移転に関する規則を遵守しなければならないことに注意を要する。

正当性原則とは、その取扱目的や手段が正当であることをいう。目的の正当性とは、法律、行政法規が認める目的又は事前に個人情報主体に告知しその同意を得た目的に従って個人情報を取り扱わなければならないことをいい、手段の正当性とは、個人情報の取扱いに際して公開・透明の原則を遵守し、個人に個人情報の取扱規定を公開し、取扱いの目的、方法及び範囲を明示することをそれぞれ意味する（個人情報保護法7条）。例えば、App サービスを提供する事業者がユーザーの個人情報を収集するにあたり、バンドルサービスによって目的外の個人情報を収集し、あるいは個人への情報提供と明示的同意を必要とする項目について誘導認証により同意を得るなどの行為は、正当性を欠く収集行為となる。

必要性原則とは、あらゆる個人情報の取扱活動がそれを取り扱う目的にとって必要なものでなければならず、必要以上の収集は認められないことをいう[14]。

信義誠実の原則とは、民法典に定められた民事主体がいわゆる民事活動を行う際に適用されるべき一般法原則でもあり、関連規定がない場合、この原則により個人情報取扱いの基本的な方向性が提供される。

---

14 程嘯（前注10）81頁。

2. 目的制限及び最小化原則

> **第六条** 個人情報の取扱いは、明確かつ合理的な目的を有するとともに、取扱いの目的と直接関連し、個人の権利・利益への影響が最小の方法を採用しなければならない。
>
> 個人情報の収集は、取扱いの目的を実現するための最小の範囲に限定しなければならず、個人情報を過剰に収集してはならない。

目的制限及び個人情報の最小化原則は、ビッグデータがものをいう現代社会において、企業がビジネス及び技術面での優位性を濫用した個人情報の恣意的な収集活動に歯止めをかけている。目的制限の原則に基づき、事業者は、目的事業と直接又は合理的な関連性がある範囲内でのみ個人情報を収集することが認められる。例えば、オンライン配車サービスを提供する際に、同サービスの基本的な機能はタクシーのオンライン予約及び電子配車であることから、このサービスの提供に必要な個人情報は、(1) 同サービスの登録ユーザーの携帯電話番号、(2) 乗客の出発地、到着地、位置情報及び移動軌跡、(3) 支払時期、支払金額、支払チャネル等の支払情報に限定され、この範囲を超えて個人情報（例えば乗客の顔、職業、家族構成など）を収集すると過度の収集に該当しうる（「一般的なモバイルインターネットアプリケーションで必要とする個人情報の範囲に関する規定5条2号」）。2022年7月21日、中国の大手オンライン配車サービス会社であり、「滴滴出行（DiDi）」などを運営する滴滴全球股份有限公司が80.26億元の罰金に処されるという衝撃的な事件が発生しているが、これはまさに過度な個人情報の収集ないし頻繁な個人情報収集の請求を行ったとして罰せられた典型的な事件である。

個人情報収集の最小化原則は、主に範囲の最小化と保存時間の最短化を意味する。範囲の最小化は、個人情報取扱者において取扱目的を実現するために必要な最小限の個人情報のみを収集しうることをいい、保存期間の最短化は、取扱目的の実現に必要な最短期間に限り個人情報を保存することができ、目的の実現後は直ちに削除しなければならないことをいう。

第4章　個人情報保護法

3. 公開・透明の原則

> **第七条**　個人情報の取扱いは、公開、透明の原則を遵守するものとし、個人情報の取扱規則を公開し、取扱いの目的、方法及び範囲を明示しなければならない。

　個人情報取扱いの公開・透明の原則とは、明確でわかりやすく、合理的な方法で個人情報取扱規則を公開し、取扱いの目的、方法及び範囲を明示しなければならないことをいう。この原則は、個人情報保護法44条に定められた個人の知る権利及び決定権を実現するための前提と解される。個人情報取扱規則の公開と取扱いの目的、方法及び範囲の明示により、個人情報取扱者は、外部からの監督を受けなければならない。個人情報取扱規則の「公開」とは、個人が何らかの方法で規則へのアクセス・閲覧が可能な状態をいい、取扱いの目的、方法及び範囲の「明示」とは、個人情報取扱者が積極的かつ明確に個人に知らせることをいう。同法17条においても、個人情報の取扱者が個人に対して特定の事項を告知するには、目立つ方法により、明瞭かつ理解しやすい表現を用いなければならないとされている。

4. 個人情報の品質保証の原則

> **第八条**　個人情報の取扱いは、個人情報の質を保証し、個人情報が不正確、不完全であることに起因して個人の権利・利益に不利な影響を与えることを避けなければならない。

　「不正確」とは、取り扱っている個人情報が個人の実際の状況と一致しないことを意味する。不正確な個人情報が生じる原因として、誤情報の入力、状況の変化による個人情報の更新の遅延などが考えられる。「不完全」とは、取扱目的の実現にとって、取り扱っている個人情報が不十分であることをい

う。個人は、その個人情報について不正確又は不完全であることを発見した
ときは、個人情報取扱者に訂正・補充を請求することができる（個人情報保
護法 46 条）。

　取り扱う個人情報が不正確又は不完全な場合、当該取扱活動の結果が個人
の権利・利益に不利になる可能性がある。特に、自動意思決定では、膨大な
個人情報の収集・分析・使用がなされた後に、アルゴリズムによるプロファ
イリング及び意思決定が行われるが、不正確又は不完全な個人情報を前提と
したプロファイリング及び自動意思決定は、しばしば特定個人に不公正な結
果をもたらす。例えば、中国の某銀行が根拠のない借入情報に基づいて特定
の顧客に対し信用不良の決定をしたうえその信用情報を信用情報センターに
報告したために、当該顧客の通常の生活に悪影響が及び、名誉棄損の裁判と
なった事件が存在するが、これは誤った個人情報が個人に不利な影響を与え
た典型事例といえよう [15]。

5. 個人情報取扱者責任原則及び安全原則

第九条　個人情報取扱者は、その個人情報取扱活動に責任を負い、必要
な措置を講じて、取り扱う個人情報の安全を保障しなければならない。

　個人情報取扱者は、個人から情報の取扱権限を手に入れた以上、それに応
じた義務や責任を負わなければならない。例えば、個人情報取扱活動の第一
責任者たる個人情報取扱者は、個人情報保護法に定める個人情報保護責任者
の指定や届出（52 条）、事前の個人情報保護影響評価及び取扱いの状況の記
録（個人の権利・利益に重大な影響を及ぼす取扱活動）（55 条）の義務を負
い、これらの義務を果たさない場合には、一定の行政、民事責任を問われる
可能性がある。

　安全原則とは、個人情報取扱者が、必要な措置を講じて、取り扱う個人情

---

15 (2021) 遼 01 民終 6393 号。

報の安全性を保障し、個人情報の漏えい、改ざん及び紛失を防止しなければならないことをいう。例えば、個人情報取扱者は、個人情報の取扱目的、取扱方法、個人情報の種類及び個人の権利・利益に対する影響、存在する可能性のある安全リスクを把握し、内部管理制度と操作規程の作成、安全技術措置の利用、従業員に対する安全教育・訓練及び個人情報安全事件発生時の緊急対応策の策定と実施などの措置を課す義務を負う（51条）。さらに、定期的なコンプライアンス監査（54条）のほか、個人情報の漏えい、改ざん又は紛失が発生した場合における救済・通知義務（57条）も負う。業務類型が複雑で膨大な量の個人情報を取り扱う個人情報取扱者は、より重い社会的責任を負っているため、より厳格な義務が要求されている。例えば「ネットワークデータ安全管理条例」44条によると、大規模ネットワークプラットフォームサービス提供者は、年度ごとに、個人情報保護の措置及び効果、個人からの権利行使の申立ての受理に関する状況、主に外部の者により構成される個人情報保護監督機関の職務遂行の状況などを含む個人情報保護の社会的な責任に関する報告書を公表しなければならないとされている。

六 個人情報取扱いの事由

第十三条　次に定める事情のいずれかに該当する場合に限り、個人情報取扱者は、個人情報を取り扱うことができる。

（一）個人の同意を得ること。

（二）個人を一方の当事者とする契約の締結、履行のために必要であること、又は法に基づいて制定された労働規則及び法に基づいて締結された集団契約に従って人的資源管理を行うために必要であること。

（三）法定の職責又は法定の義務の履行のために必要であること。

（四）突発的な公共衛生事件に対応するため、又は緊急の状況下におい

て自然人の生命、健康及び財産の安全を保護するために必要であること。

（五）公共の利益のために報道、世論監督等の行為を行い、合理的な範囲において個人情報を取り扱うこと。

（六）本法の規定に従い合理的な範囲において、個人が自ら公開し又はその他既に合法的に公開された個人情報を取り扱うこと。

（七）その他法律、行政法規が定める事情。

　　本法のその他の関連規定に従い、個人情報の取扱いは、個人の同意を得なければならない。ただし、前項第二号から第七号までに定める事情があるときは、個人の同意の取得を要しない。

　個人情報保護法は、個人情報を取り扱うことができる要件として、個人の同意を得ることを定める一方、それを要しない五つの事由を定めている。

1. 告知

　個人情報取扱者は、個人情報の取扱いについて個人の同意を得た場合に初めてその個人情報を取り扱うことが可能となるが、個人の同意を得るためには、まず個人情報の取扱いに関連する情報を個人に知らせる必要がある。これを個人情報保護法では「告知」と呼ぶ。

第十七条　個人情報取扱者は、個人情報の取扱いを行う前に、目立つ方法により、明瞭かつ理解しやすい表現を用いて、個人に対し、次に定める事項を真実、正確かつ完全に告知しなければならない。

（一）個人情報取扱者の名称又は氏名及び連絡先。

（二）個人情報の取扱目的、取扱方法、取り扱う個人情報の種類、保存期間。

（三）個人が本法に定める権利を行使する方法及び手続。

（四）その他法律、行政法規が告知すべきであると定める事項。

　前項に定める事項に変更が生じたときは、その変更の部分を個人に告知しなければならない。

　個人情報取扱者が、個人情報取扱規則を制定する方法で第一項に定める事項を告知するときは、取扱規則は公開されなければならず、かつ、容易に閲覧及び保存することができるものでなければならない。

（1）告知の時点

　個人情報取扱者は、個人情報の取扱いを行う前に個人に対する告知をしなければならない。

（2）告知の内容

　あらゆる個人情報の取扱行為に共通して個人に告知すべき内容は、個人情報保護法 17 条に定めるとおりである。個人情報の第三者への提供、中国国外への提供など特殊な取扱い活動においては告知すべき事項がさらに追加され、具体的には表 4-3 のとおりとなる。

表 4-3：個人情報の特殊な取扱活動において個人に告知すべき内容

法令条項	個人情報取扱行為	告知すべき事項
個人情報保護法 22 条	合併、分割、解散、破産宣告等の理由による第三者への個人情報の移転	受領者の名称又は氏名、連絡先。受領者による受領後に個人情報の取扱目的・取扱方法を変更する場合には変更後の取扱目的・取扱方法
同法 23 条	他の個人情報取扱者に対する個人情報の提供	受領者の名称又は氏名、連絡先。受領者における個人情報の取扱目的、取扱方法及びその個人情報の種類、受領者による受領後に個人情報の取扱目的・取扱方法を変更する場合には変更後の取扱目的・取扱方法

同法 30 条	機微な個人情報の取扱い	機微な個人情報を取り扱う必要性及び個人の権利・利益への影響
同法 39 条	中国国外への個人情報の提供	国外受領者の名称又は氏名、連絡先、国外受領者による個人情報の取扱目的、取扱方法及びその個人情報の種類、個人が国外受領者に対して本法に定める権利を行使する方法及び手続

(3) 告知の方式

告知を行う方式には、「告知・同意書」の書面又はポップアップ画面を使用して、一対一形式で個人情報の取扱いに関する事項を個人情報主体ごとに告知すること、プライバシーポリシーなどの個人情報取扱規則の公表によって不特定多数の個人情報主体に告知することなどがある。

(4) 告知の留意点

告知は目立つ方法で明瞭かつ理解しやすい表現を用いて行うとされているが、具体的には次の要領による。

① 目立つ方法

目立つ方法による告知とするためには、個人に告知すべき個人情報の取扱いに関する情報とその他の情報（例えばアプリのユーザーを対象にする告知においてサービス規約に関する情報など）とを明確に区別し、告知文書のサイズ、フォント、文字色などは、個人の注意を引くのに十分なものでなければならない。

② 明瞭かつ理解しやすい表現

明瞭かつ理解しやすい表現は、個人情報の取扱いに関する専門知識がない個人が個人情報取扱者から告知された内容を理解するために必要となる。実務上、専門性が高く内容のわかりにくい表現や、曖昧又は抽象的な文言を多

用した告知は、「明瞭かつ理解しやすい表現」ではないと判断されるリスク
がある。

「TC260-PG-20202A サイバーセキュリティ標準実践指針 モバイルイン
ターネットアプリケーション（App）による個人情報の収集・使用に関する
自己評価指針」によると、ユーザーの利用習慣に応じ、各業務内容・機能別
に収集された個人情報については、その収集・使用の目的、個人情報の種類、
収集・使用の方法を逐一説明するとともに、説明において「など、例えば」
といった曖昧な表現の使用を控えることが求められる。さらに、同指針は、
プライバシーポリシーによる告知に際しての注意点として、ポリシーの閲覧
及び保存を容易にすること及び読みやすい文章とすること（フォントのサイ
ズ・色や列幅の工夫、簡体字の使用、標準的な表現の使用など）を挙げてい
る。

③ 真実、正確かつ完全

「真実な告知」とは、告知の内容が個人情報取扱活動の事実と一致し、捏
造や詐術などが存在しないことを、「正確な告知」とは、個人に告知する内
容に曖昧な情報、偏見や誤解を招く情報が含まれていないことを、「完全な
告知」とは、個人に告知すべき事項や他の法律、行政法規等に従って個人へ
の告知を要する事項を漏れなく告知することをそれぞれ意味する。

(5) 告知の例外

第十八条　個人情報取扱者が個人情報を取り扱うにあたり、法律、行政
法規が秘密を保持しなければならないこと又は告知を不要とする事由を
定めているときは、前条第一項に定める事項を個人に告知しないことが
できる。

緊急の状況において自然人の生命、健康及び財産の安全を保護するた
めに、個人に速やかに告知することができないときは、個人情報取扱者
は、緊急の状況の解消後に速やかに告知しなければならない。

告知の例外は広範囲で認められておらず、この規定のとおり「法律、行政法規が秘密を保持しなければならないこと又は告知を不要とする事由を定めているとき」や「緊急の状況において自然人の生命、健康及び財産の安全を保護するために個人に速やかに告知することができないとき」に限定されている。前者については、例えば国家機密漏えい事件の捜査における被疑者の個人情報の取扱い、税務機関の納税者又は源泉徴収者に対する税務調査における個人情報の取扱いなどのケースが考えられる。後者については、緊急入院した患者を治療するために患者の身元情報を確認する場合などが考えられる。もっとも、後者のケースで告知義務が免除されたわけではなく、個人情報取扱者は、緊急状況の解消後速やかに告知をしなければならない。

2. 同意

> **第十四条**　個人の同意に基づいて個人情報を取り扱うとき、その同意は、個人が十分に事情を知った前提の下で自発的、明確に行ったものでなければならない。法律、行政法規が個人情報の取扱いは個人の個別の同意又は書面による同意を得なければならないと定めているときは、その規定に従うものとする。
> 　個人情報の取扱目的、取扱方法及び取り扱う個人情報の種類に変更が生じたときは、改めて個人の同意を得なければならない。

（1）同意の要件

　個人情報保護法は、個人情報の取扱い事項について個人の有効な同意が成立するための3つの要件として、①個人が十分に事情を知った前提の下で同意を行ったこと、②個人が自発的に同意を行ったこと、③個人が明確に同意を行ったことを定めている。

① 個人が十分に事情を知った前提の下で同意を行ったこと

　有効な同意は、いかなる場合においても、個人が十分に事情を知った前提の下で行われなければならない。個人情報取扱者が告知をせず、又は告知の内容が不十分であり、それにより個人が十分に事情を知っていないときは、その同意は無効となる。

② 個人が自発的に同意を行ったこと

　自発的な同意は、個人が同意の意思決定をする過程で誤解を招く事項、詐欺、脅迫などが存在せず、個人に同意をするか否かに関する真正の選択権及び決定権が与えられている場合に成立する。個人情報の取扱い事項と個人の同意を必要とする他の事項とが同時に個人に提示され、個人がそのすべてに一括の同意又は拒否を強いられていた場合には、たとえ同意を取得したとしても、その個人には十分な選択権が与えられていないため、個人による自発的な同意とはいえない。

③ 個人が明確に同意を行ったこと

　明確な同意とは、個人が明瞭で曖昧でない方法で同意を表示したことを意味する。明確に行った同意であれば、書面（紙媒体に限らず、電子的な手段も含む。）によるか口頭によるかを問わない。

　個人から同意を取得するパターンには、「オプトイン（opt-in）」及び「オプトアウト（opt-out）」の2つがある。「オプトイン（opt-in）」による同意とは、個人情報取扱者が個人情報を収集する前に個人が署名、同意欄へのチェックなどの肯定的な行為を通じて同意の意思表示をすることにより取得が認められる同意をいう。これに対し、「オプトアウト（opt-out）」による同意とは、あらかじめ個人が同意をした状態にしておき、個人が権限設定の調整その他明確な行為を通じて不同意の意思表示をしない限り同意があったとみなされる同意をいう。ネットショッピングのシーンで、EC サイトの会員設定画面では「ショップからのお知らせを受け取る」との項目に最初からチェックが入った状態になっているのをよく見かける。ユーザーが意図的にチェックを外して受信拒否の設定をしない限り、広告宣伝メールがユーザー

に自動発信される仕組みとなっていれば、これが典型的なオプトアウト方式
である。個人情報の取扱いでもこのような方法で同意取得を行うケースがあ
るが、個人情報保護法が定める同意は、「明確に同意を行ったこと」という
要件が示すとおり、オプトイン方式による同意と解される[16]。

(2) 同意の方式

　法律又は行政法規が個人情報の取扱いについて個別の同意（中国語：単独
同意）又は書面による同意を定めているときは、個別の同意又は書面による
同意を取得しなければならない。

① 個別の同意

　「個別の同意」とは、ある事項のみを対象とする単一的な同意であり、別
の事項に対する同意が混在していないことをいう。その反対概念となるのが、
「包括的同意」又は「バンドル式同意」である。

　個人情報保護法は、いくつかの個人情報の権利・利益に対してより大きな
リスクや悪影響を与える個人情報取扱活動について、「個別の同意」の取得
を要するものとしている。これにより、個人情報取扱者が包括的同意やバン
ドル式同意などの方法で、自由かつ十分な自己の意思の下で同意を行う個人
の権利を侵害することが防止される。

　個人情報保護法によると、「個別の同意」の取得を要する個人情報取扱活
動としては、他の個人情報取扱者に対する個人情報の提供（23条）、個人情
報の公開（25条）、公共の場所に画像の収集や個人の身元識別の設備を設置
して収集した個人の画像、身元識別情報を公共安全の維持以外の目的に使用
すること（26条）、機微な個人情報の取扱い（29条）及び中国国外への個
人情報の提供（39条）が挙げられる。

---

16 中国「民法典」にも「明確な同意」との文言があり、その1033条5号は、法律に別段の定め又は権利者
　の明確な同意がある場合を除き、他人の私的情報を取り扱ってはならないと定めている。また、民法典
　1219条は、「医療関係者は、診療活動において、患者に対し病状及び医療措置を説明しなければならない。
　手術、特殊な検査、特殊な治療を実施する必要がある場合は、医療関係者は、遅滞なく患者に対し治療の
　リスク、代替的治療案等の状況を具体的に説明し、かつ、その明確な同意を得なければならない。患者に
　説明することができない場合又は適さない場合は、患者の近親者に説明し、かつ、その明確な同意を得な
　ければならない」と規定している。

88

② 書面による同意

書面による同意とは、個人が書面形式で与えるべき同意を意味する。中国「民法典」469条2項、3項によると、書面形式とは、契約書、書簡、電報、テレックス、ファックスなど、記載内容を有形的に表現しうる形式をいい、電子データ交換及び電子メールなどの方式で記載内容の有形的な表現及び随時の閲覧を行いうる電磁式記録も、書面形式とみなされる。

個人情報保護法が書面による同意を明確に求めたのは、機微な個人情報を取り扱う場合である（個人情報保護法29条）。これ以外にも、法律又は行政法規に基づき書面による同意の取得が必要とされていれば、それに従わなければならない。例えば、2013年施行の「信用調査業管理条例（征信業管理条例）」の下、信用調査機関に特定個人の個人情報を照会する場合は、当該個人の書面による同意を得て、照会の目的についても合意する必要があり、与信業務を行う機関が特定の個人の信用情報を他人に提供する場合には、事前に当該個人の書面による同意を得なければならない。また、2019年施行の「人類遺伝資源管理条例」は、中国の人類遺伝資源を収集するには、事前に人類遺伝資源（例えばDNA情報など）の提供者たる個人に対し、収集の目的・用途、健康への影響の可能性、個人のプライバシー保護措置及び個人が自発的に参加しかつ随時無条件で撤回する権利を有することを通知し、人類遺伝資源の提供者たる個人の書面による同意を得なければならないと定めている。実務上、法律又は行政法規に強行規定がなくとも、個人からの同意取得の証拠を保存する観点から、書面により同意を取得することが望まれる。

(3) 同意の撤回

> **第十五条** 個人の同意に基づいて個人情報を取り扱うとき、個人は、その同意を撤回することができる。個人情報取扱者は、同意を撤回するための簡便な方法を提供しなければならない。
>
> 個人による同意の撤回は、その撤回の前に個人の同意に基づいて既に行われた個人情報取扱活動の効力に影響を与えない。

① 同意撤回の権利

　個人が個人情報の取扱いについて同意を行う際に、必ずしもその個人情報取扱活動が本人にもたらしうる影響について明確に認識しているとは限らない。個人情報取扱者が策定・公表するプライバシーポリシー又は告知同意文書は、内容が複雑なうえ長文となるケースも多々あるため、個人はその内容を精密にチェックしないまま同意を行ってしまい、あるいは同意後に意思が変わることも考えられる。したがって、個人にはその同意を撤回する権利が保障されなければならない。

② 同意撤回の方法

　撤回の行使に対して煩雑な手続を設定し、あるいは不合理又は不要な条件を付加すると、ユーザーによる同意撤回の権利が阻害される。それゆえ、個人情報取扱者は、簡便に同意を撤回する方法を個人に提供しなければならない。「アプリケーションによる違法な個人情報の収集及び使用行為の認定方法」によれば、個人情報取扱者がユーザーに対して個人情報の収集に関する同意撤回の手段・方法を提供しない場合、ユーザーの同意なく個人情報を収集・利用した行為と認定される。

　「同意を撤回するための簡便な方法」に関する明確な基準はないが、個人による同意の付与と同程度の難易度で撤回ができなければならないと解するのが合理的である。

③ 同意撤回の効力

　個人が同意を撤回する前に個人の同意に基づいて行われた個人情報取扱活動は、その撤回の影響を受けない。すなわち、同意の撤回には遡及効がなく、撤回前に個人の同意に基づいて行われた個人情報取扱活動は、同意が撤回されたとしてもその適法性が失われることはない。

　個人が同意を撤回したとき、個人情報取扱者は、直ちに個人情報取扱活動を停止しなければならない。個人情報取扱者は、自発的に個人情報を削除しなければならず、個人情報取扱者が削除しないとき、個人は、削除を請求することができる（個人情報保護法 47 条 1 項）。また、個人情報取扱者は、

個人がその個人情報の取扱いに同意しないこと又は同意を撤回したことを理由として、製品又はサービスの提供を拒否してはならないが、個人情報の取扱いが製品又はサービスの提供に必要なときは、この限りでない（個人情報保護法16条）。

3. 個人の同意を不要とする個人情報取扱いの法的事由

個人情報保護法は、個人の同意なく個人情報を取扱うことができる事由として、次のものを定めている（個人情報保護法13条1項2～7号）。

(1) 個人を一方の当事者とする契約の締結、履行のために必要であること、又は法に基づいて制定された労働規則及び法に基づいて締結された集団契約に従って人的資源管理を行うために必要であること

(2) 法定の職責又は法定の義務の履行のために必要であること

(3) 突発的な公共衛生事件に対応するために、又は緊急の状況下において自然人の生命、健康及び財産の安全を保護するために必要であること

(4) 公共の利益のために報道、世論監督等の行為を行い、合理的な範囲において個人情報を取り扱うこと

(5) 本法の規定に従い合理的な範囲において、個人が自ら公開し又はその他既に合法的に公開された個人情報を取り扱うこと

(6) その他法律、行政法規が定める事情

あらゆる個人情報の取扱いについて個人の明確な同意の取得を要件としたことは、企業側のみならず、多くの個人情報を取り扱うことがある政府側に対しても大きなハードルを設けたことになり、特殊な事情下において、個人の同意取得の要件は、社会一般人の利益保護の障害になりかねない。また、一部のビジネスシーンにおいては、そもそも同意の別途取得に実益がないともいえる。このような考慮から、個人情報保護法は、個人の同意を不要とするいくつかの例外を設けた。注意を要するのは、個人からの同意取得が不要

となるケースであっても、個人情報の取扱いに関する告知義務まで免除されたわけではないため、個人情報を取り扱う目的、方法、個人情報の種類などについては依然として個人に対する情報開示が求められる。

　なお、これらの例外事由の実務における具体的な運用については、後出第6章 Q3-7 を参照。

4. 個人情報の保存期間

> 第十九条　法律、行政法規に別途の規定がある場合を除き、個人情報の保存期間は、取扱目的の実現に必要な最短の時間でなければならない。

(1) 取扱目的に適した最短時間

　個人情報の保存期間は、目的制限及び個人情報収集最小化の原則と密接に関連する。個人情報の取扱いは、明確かつ合理的な目的を有するとともに、取扱目的と直接に関連し、個人の権利・利益への影響が最小の方法によるものでなければならない。したがって、取扱目的を実現するための個人情報の保存も、当該目的の実現に必要な最短の時間に限定されるべきである。

　取扱目的が既に実現され、若しくはその実現が不能となり、又は個人情報の取扱いが目的実現に必要でなくなったときは、個人情報の取扱いを継続する必要性が存在しないため、個人情報取扱者は、その個人情報を削除しなければならず、その削除が技術的に実現困難なときは、保存及び必要な安全保護措置の実施以外の取扱いを停止しなければならない（個人情報保護法47条1項1号、2項）。

(2) 保存期間に関する強行規定

　個人情報の保存期間は取扱目的に応じた最短の時間に限定されるべきであるが、中国の法律、行政法規には、民事的権利行使のための証拠保存や、公共の利益又は国の安全の保護を目的とする政府機関の調査といった観点か

ら、個人情報を含む一定の情報資料を一定期間において保存することを義務づける規定も存在する。例えば、「サイバーセキュリティ法」21条によると、ネットワーク運営者はネットワークログを6か月以上保存しなければならず、「医療機関カルテ管理規定（2013年版）」29条は、カルテの保存期間を、外来患者のものについては15年以上、入院患者のものについては30年以上と定めている。個人情報の保存期間は、このような強行規定にも注意しながら設定する必要がある。

5. 個人情報取扱行為別のルール

（1）個人情報の共同取扱い

> 第二十条　二つ以上の個人情報取扱者が共同で個人情報の取扱目的及び取扱方法を決定するときは、各自の権利及び義務について合意しなければならない。ただし、その合意は、個人がそのうちいずれかの個人情報取扱者に対して本法に定める権利の行使を要求することを防げない。
> 　個人情報取扱者が共同で個人情報を取り扱い、個人情報の権利・利益を侵害して損害を与えたときは、法に基づき連帯して責任を負わなければならない。

　二つ以上の事業者が何らかの協力関係をもって個人情報を取り扱うことは実務上よく見かける。例えば一方が個人情報の取扱いに必要な資金、ツールのみを提供し、他方が個人情報の収集、加工を担当し、成果物に対しては双方が共有し、又は一方が保有し、他方が条件付きの使用権のみを有する場合、一方がその保有する個人情報の加工・処理を他方に委託し、他方がその成果物を一方に引き渡し報酬のみを受け取る場合、共同事業のために一方がその保有する個人情報を他方と共有し、又は完全に個人情報に係る権利を他方に移転する場合など、さまざまな態様がある。事業者間にどのような態様の事業提携、協力関係があるかにかかわらず、個人情報の権利関係をめぐっては、誰が個人情報の取扱目的、取扱方法に対して決定権を有するかが最も重要な

要素となる。二つ以上の個人情報取扱者が共同で個人情報の取扱目的及び取扱方法を決定してその個人情報を取り扱うことを個人情報の共同取扱いという。

「個人情報保護法」では、共同取扱いの関係における各当事者の具体的な権利義務について定めておらず、共同取扱者に合意の余地を与えている。そのため、共同取扱者間の内部責任関係については、過失の程度に応じた責任配分、按分責任などを柔軟に決めることができる。しかし、共同取扱者間の内部合意にかかわらず、個人に対しては連帯責任を負うこととなる。したがって、個人情報の取扱に関する契約においては、個人情報の取扱目的及び取扱方法を決定する権限や取扱活動の各側面の責任関係についてできるだけ詳細に定める必要があり、合意が不明確なために他の取扱者の一方的な行動に対しても連帯責任を負ってしまうリスクを避けるべきである。

(2) 個人情報の取扱委託

第二十一条　個人情報取扱者が個人情報の取扱いを委託するときは、受託者との間において、取扱いを委託する目的、期間、取扱方法、個人情報の種類、保護措置及び双方の権利義務等に合意するとともに、受託者による個人情報取扱活動を監督しなければならない。

　受託者は、合意に基づいて個人情報を取り扱わなければならず、合意した取扱目的、取扱方法等を超えて個人情報を取り扱ってはならず、委託契約が未発効、無効、取消し又は終了となったときは、受託者は、個人情報を個人情報取扱者に返還し又は削除しなければならず、留保してはならない。

　個人情報取扱者の同意なく、受託者は、個人情報の取扱いを他人に再委託してはならない。

個人情報取扱者は、自己の収集した個人情報の取扱いを専門業者に委託することがあり、例えば、データ加工サービス企業が他社の委託を受けてデータのクレンジング、タグ付け、解析などを行うケースが見受けられる。

第 4 章　個人情報保護法

　個人情報保護法、個人情報安全規範によると、個人情報の取扱いの委託における当事者は、表 4-4 の義務を負う。

表 4-4：個人情報の取扱委託における委託者及び受託者の義務

委託者（個人情報取扱者）及び再委託者の義務
・受託者との合意 　受託者との間において、取扱いを委託する目的、期間、取扱方法、個人情報の種類、取扱者が講ずる保護措置、双方の権利義務等に合意すること（個人情報保護法 21 条 1 項）。
・受託者による取扱行為の監督 　受託者による個人情報の取扱いを監督すること（個人情報保護法 21 条 1 項）。 　その方法として、契約等に受託者の責任・義務を定め、受託者に対する監査を行うことが考えられる。この監査は、委託者から受託者に対し事前にその実施の旨を告知したうえ、内部監査人を派遣し、又は外部の専門家（弁護士、公認会計士、税理士等）に依頼して行うことができる。その結果、当事者間の合意に基づかない個人情報の取扱いや個人情報安全保護の不履行が判明したときは、委託者たる個人情報取扱者において、個人情報のセキュリティリスクを解消するため、受託者に対しその取扱行為の停止、有効な救済措置（パスワードの変更、権限の取消し、ネットワークの切断など）の実行を要求するといった対策をとることが望まれる（個人情報安全規範 9.1 条 (f)）。
・個人情報保護影響評価 　個人情報取扱いの委託について個人情報保護影響評価を事前に行うとともに、評価報告及び関連する取扱いの状況の記録を 3 年以上保存すること（個人情報保護法 55 条、56 条）。
受託者の義務
・委託契約に基づく業務遂行 　委託契約の規定や委託者との合意に従って個人情報を取り扱い、合意した取扱目的、取扱方法等を超えて個人情報を取り扱わないこと。 　委託契約が未発効、無効、取消し又は終了となったときは、個人情報を個人情報取扱者に返還し又は削除しなければならず、それを留保しないこと（個人情報保護法 21 条 2 項）。
・再委託の許可の取得 　再委託は、個人情報取扱者の同意を得て行うこと（個人情報保護法 21 条 3 項）。

（3）合併、分割、解散、破産宣告等の事由による個人情報の移転

　第二十二条　個人情報取扱者が合併、分割、解散、破産宣告等の理由で個人情報を移転する必要があるときは、個人に対し、受領者の名称又は

氏名及び連絡先を告知しなければならない。受領者は、個人情報取扱者の義務を継続して履行しなければならない。受領者が当初の取扱目的、取扱方法を変更するときは、本法の規定に従って改めて個人の同意を得なければならない。

合併、分割、解散、破産宣告等（以下「組織再編等」という。）により、個人情報取扱者が変更された場合、当該個人情報取扱者において取り扱う個人情報が他の主体に移転されることになる。この場合、個人情報取扱者に変更が生じるため、告知義務を免除する事由がない限り、個人情報取扱者は、個人に対して個人情報の受領者の名称・氏名及び連絡方法を告知する義務を負う。

組織再編等により個人情報が移転した後、個人情報の受領者は、個人情報取扱者が本来負う義務を承継することとなる。受領者において旧個人情報取扱者が当初個人に告知してその同意を得た取扱いの目的、方法を変更することはできないと解される。それゆえ、組織再編により個人情報の移転が発生した場合には、当該移転について個人の個別同意を取得する必要はない。ただし、受領者が当初の取扱いの目的、方法を変更しようとするときは、当然ながら、改めて個人に対し取扱いの目的、方法を告知し同意を取得しなければならない。

（4）個人情報の第三者への提供

第二十三条　個人情報取扱者が他の個人情報取扱者に対して、その取り扱う個人情報を提供するときは、個人に対し受領者の名称又は氏名、連絡先、取扱目的、取扱方法及び個人情報の種類を告知し、個人から個別の同意を得なければならない。受領者は、上記取扱目的、取扱方法及び個人情報の種類等の範囲内において個人情報を取り扱わなければならない。受領者が当初の取扱目的、取扱方法を変更するときは、本法の規定に従って改めて個人の同意を得なければならない。

第 4 章　個人情報保護法

　多数の事業者が共同して特定の業務を進める際には、事業者間で個人情報の移転が行われることがある。例えば病院が収集した臨床試験データを製薬会社に移転して薬品開発に用い、あるいは自動車メーカーが収集した運転手及び車両のデータを自動車部品開発会社に提供して自動車の事故対応などのシステム開発に用いるなど、ビジネス界においては個人情報を含むデータの流動が常時行われている。データは流動することによって大いに利用されてこそその価値が高まるが、個人情報の流動は個人の権利・利益に影響を与える可能性があるため、個人情報保護法は個人情報取扱者に対し、告知、個別同意の取得、さらに後述する個人情報保護影響評価などを義務づけている。告知及び個別同意の取得は提供者たる個人情報取扱者が行うものの、受領者側は事前に個人に告知して個別同意を得た取扱いの目的、方法、個人情報の種類等の範囲内で個人情報を取り扱わなければならない。その範囲を超えて個人情報を取り扱い、又は取扱いの目的・方法を変更するには、受領者において改めて個人に対する告知と同意の取得をしなければならない。

　個人情報保護法に明確な規定はないが、個人情報の第三者への提供に関連して、個人情報の譲渡（Transfer of control）及び個人情報の共有（Sharing）という概念が存在する。個人情報の提供により、提供者と受領者が個人情報に対してそれぞれ独自に支配権を有することになった場合は個人情報の「共有」といい（個人情報安全規範 3.13 条）個人情報に対する支配権が提供者から受領者に移転した場合は個人情報の「譲渡」という（個人情報安全規範3.12 条）。

　個人情報の第三者への提供、個人情報の取扱いの委託及び組織再編等による個人情報の移転は、いずれも個人情報の流動という外形を伴うが、これらの行為の法的性質は異なり、告知及び同意の要否やその内容は表 4-5 のように異なる。

97

表 4-5：個人情報の第三者への提供、取扱委託及び移転に関する比較

類型	特徴	告知の要否・内容	同意取得の要否
個人情報の第三者への提供（個人情報保護法23条）	・個人情報取扱者による第三者への自主的な提供。 ・提供先での個人情報の取扱いの目的及び方法は受領者において決定。	受領者の名称又は氏名、連絡先、受領者による取扱いの目的、方法及び提供する個人情報の種類の告知が必要。	個人情報の第三者への提供に関し個人の個別同意の取得が必要。
個人情報の取扱の委託（個人情報保護法21条）	・取扱活動は通常、委託者たる個人情報取扱者の意思による。 ・委託範囲を超えない限り、受託者は直接に個人に対して個人情報取扱者としての責任を負わない。	委託自体に関する告知は不要。	委託自体に関する同意取得は不要。
組織再編等による個人情報の移転（個人情報保護法22条）	・合併、分割、解散、破産宣告等のやむを得ない理由による移転であり個人情報取扱者の意思による移転ではない。 ・移転後、旧個人情報取扱者は個人情報の取扱いをせず、承継者が従来の取扱目的と取扱方法に従って個人情報を取り扱う。	個人情報の受領者たる承継者の名称又は氏名及び連絡先の告知が必要。	移転自体に関する同意取得は不要。

　このように、取扱いの委託及び組織再編等による移転において、個人情報の流動により、当初の個人情報の取扱目的、取扱方法等の重要事項に実質的な変更は生じない。これに対し、個人情報の第三者への提供においては、個人情報の提供を受けた第三者が自己の業務上の必要に応じて個人情報の取扱

いの目的、方法を設定することとなり、この第三者は、個人情報取扱者としてその取扱活動に対し責任を負うことが求められる。個人情報の第三者への提供は個人に対する影響が大きいため、個人情報取扱者が第三者に個人情報を提供する際には、受領者の情報に加えて、受領者による取扱いの目的、方法及び個人情報の種類を個人に事前に告知し、その個別同意を得ることが義務づけられている。

個人情報の第三者への提供は、個人情報の中国国外の第三者への提供も包含するが、中国においては、個人情報の中国国外への提供について特別な規制が行われているため、これについては第5章で別途論ずるものとする。

(5) 個人情報を利用した自動意思決定

第二十四条　個人情報取扱者が個人情報を利用して自動意思決定を行うときは、意思決定の透明性及び結果の公平性、公正性を保証しなければならず、個人に対し、取引価格等の取引条件において不合理な差別的待遇を行ってはならない。

自動意思決定の方法により個人に対して情報のプッシュ通知、商業的マーケティングを行うときは、その個人的特徴に向けられたものではない選択肢を同時に提供し、又は個人に対し簡便な拒否方法を提供しなければならない。

自動意思決定の方法により個人の権利・利益に重大な影響をもたらす決定を行うとき、個人は、個人情報取扱者に対して説明を求めることができ、かつ、個人情報取扱者が自動意思決定の方法のみによって決定を行うことを拒否することができる。

自動意思決定とは、コンピュータープログラムを通じて、個人の行為習慣、興味・嗜好又は経済、健康、信用状況等を自動的に分析、評価して意思決定を行う活動をいう（個人情報保護法73条2号）。ビッグデータの時代において、個人情報を利用した自動意思決定は広く行われている。例えば、個人の購入記録からショッピングの頻度や嗜好を判断し、ターゲティング広告や

商品プッシュを行うこと、個人の預金状況や職種から個人の財力を判断し、貸付限度額を設定することなどが挙げられる。自動意思決定は、個人を特定のカテゴリーに閉じ込め、そのカテゴリー内で商品・サービスの提案、条件提示を行い、これによって個人の自由な選好を奪い、あるいは公平な取引（例えば個人の価格に対する敏感指数の分析結果に基づくユーザーごとに異なる価格の提示など）を阻害するといった弊害が生じるとされている。このような現象は、中国のインターネットユーザーの間で「大数据殺熟（ビッグデータによる常連客いじめ）」と呼ばれ、批判の声が高まっていた。

　このような自動意思決定の弊害を緩和するため、個人情報保護法が公布される前に、「電子商取引法」、「消費者権益保護法」及び独占禁止関連の法律においては、消費者の知る権利、公平取引の権利、個人嗜好に関わらない選択肢を付与される権利、市場支配的地位にある事業者に対する差別的待遇の禁止などのルールが設けられていた。個人情報保護法は、これらに加え、個人情報を利用した不公平な取引条件や不合理な差別的待遇をもたらす自動意思決定を禁止することを明らかにした。

　個人情報保護法によると、適法な自動意思決定は、（ア）意思決定の透明性を確保すること、（イ）自動意思決定の結果の公平性、公正性を確保すること、（ウ）個人の権利・利益に重大な影響を及ぼす自動意思決定について個人への説明義務を果たすことといった要件を満たす必要がある。また、自動意思決定を利用した情報のプッシュ及び商業的マーケティングを行う際には、個人に選択肢を付与し、簡便な拒否方法を与えることが義務づけられている。

① 意思決定の透明性を確保すること

　公開・透明の原則は、個人情報を取り扱う際の基本原則であり、個人情報を利用して自動意思決定を行う場合もこの原則が適用される。

　自動意思決定は、通常、大量の個人情報と複雑な計算モデルを使用するため、個人が自動意思決定のプロセスを明確に理解することは非常に困難であり、また、個人情報取扱者が明確な告知を行わない限り、個人情報を利用した個人のプロファイルが個人情報取扱者において作成されている事実やそれ

に基づいて自動意思決定が行われる事実すら知りえない可能性が高い。それゆえ、自動意思決定は透明性の確保が大前提となる。なお、透明性確保の方法に関する具体的規定はなく、細則規定も公布されていないが、全国情報安全標準化技術委員会事務局の 2023 年 8 月 16 日「情報安全技術 個人情報に基づく自動化意思決定安全要求」（意見募集稿）は、明確で読みやすい表現及び合理的な方法によって自動化意思決定処理活動の方法、範囲、ロジック、目的、規則等をユーザーに開示することを推奨しており、一定の参考になる。

② 自動意思決定の結果の公平性、公正性を確保すること

　現在、インターネットサービスの分野では、「大数据殺熟（ビッグデータによる常連客いじめ）」に非難が集まっているが、「消費者権益保護法」は、その 10 条において、消費者には公平な取引を求める権利があり、商品の購入又はサービスの提供を受けるにあたり、品質の保証、合理的な価格、正確な計量などの公平な取引条件を得ることができると定めている。この規定に基づき、個人情報保護法も、価格等の取引条件において個人に対し不合理な差別的待遇を行うことを明確に禁止している。

③ 個人の権利・利益に重大な影響を及ぼす自動意思決定について個人への説明義務を果たすこと及び自動意思決定を唯一の決定方法とすることについて個人に拒否権を与えること

　個人の権利・利益に重大な影響を及ぼす決定とは、「情報安全技術 個人情報に基づく自動化意思決定安全要求」（意見募集稿）における定義によると、個人の法的権利と利益の実現に法的影響を及ぼし、又は他の個人の権利・利益に同様に重大な影響を与える決定をいう。その典型として、教育又は就職の機会の付与に関わる決定、信用付与・貸付又は保険評価に関わる決定、社会福祉資格等公共リソース管理分野の決定、児童・高齢者・労働者などに関わる決定が挙げられている。例えば、自動意思決定により児童福祉や住宅関連福祉の喪失、保険会社による医療費の補償金の支給拒否、入国拒否、市民権不承認等の結果がもたらされる場合、当該決定は個人の権利・利益に重大な影響を与えたといえる。

101

本条は、このような個人の権利・利益に重大な影響を及ぼす決定を自動意思決定で行う場合には、個人への説明の義務が生じ、個人にこれを唯一の決定方法とすることについての拒否権を与えるものとしている。

　また、個人情報保護法55条2号は、個人情報を利用して自動意思決定を実施する際には、個人情報保護影響評価を行うことを求めている。自動意思決定に利用されるアルゴリズムを設計する際には、既述の個人情報保護法に定める基本原則を遵守しなければならない。個人の権利・利益に重大な影響を与える自動意思決定のアルゴリズムについては、今後、専門家による評価が必要となる可能性もある[17]。

　自動意思決定は、情報のプッシュ、商業的マーケティング、消費者向け販売活動において多用されているが、これらのビジネスシーンにおける自動意思決定について、本条は、個人の特徴に特化した情報と特化していない情報を同時に明示すること、個人は自己にとって特徴的なオプションを拒絶する権利を有すること、個人が自己にカスタマイズされた「おすすめ」を拒否した場合には、個人情報取扱者において個人の特徴と関係のない情報だけの明示又はプッシュをしなければならないことを定めている。

(6) 公開された個人情報の取扱い

> 第二十七条　個人情報取扱者は、合理的な範囲において、個人が自ら公開し又はその他既に合法的に公開された個人情報を取り扱うことができる。ただし、個人が明確に拒否したときは、この限りでない。個人情報取扱者が既に公開された個人情報を取り扱い、個人の権利・利益に重大な影響をもたらすときは、本法の規定に従って個人の同意を得なければならない。

① 公開された個人情報

　本条の適用は、個人が自ら公開し、又は他人によって合法的に公開された

17「情報安全技術 個人情報に基づく自動化意思決定安全要求」（意見募集稿）8.2条

個人情報に限定される。

　他人により合法的に公開された個人情報としては、政府機関が法定の職責の履行のために公開した個人情報が挙げられる。例えば、「企業情報公示暫定条例」の下、企業が企業信用情報公示システムを通じて市場監督管理部門に提出した前年度の年次報告が公示されるに伴い、特定企業の株主、発起人の情報が公開される場合や、「人民法院によるインターネットにおける裁判文書の公開に関する最高人民法院の規定」の下、人民法院による裁判文書の公開に伴い、それに記載された当事者の氏名、生年月日、性別、住所などの個人情報が公開される場合である。

　個人情報取扱者が個人から個別の同意を得て公開した個人情報も、他人により合法的に公開された個人情報に該当する。

② 公開された個人情報の取扱規則

　個人が自ら公開し、又はその他既に合法的に公開された個人情報は、個人が明確に拒否をしていない限り、個人情報取扱者において個人の同意なく合理的な範囲で取り扱うことができる。

　「合理的な範囲」について、個人情報保護法に明確な規定はなく、個別に判断するしかない。法律、行政法規に基づき取り扱う場合に合理的範囲と解され、また、個人情報の取扱いが公共の利益に適合し、又は貢献する場合も合理的な範囲と評価される可能性がある。

機微な個人情報の取扱規則

1. 機微な個人情報の取扱いの条件

　機微な個人情報とは、それが漏えいされ又は違法に使用されると、自然人の人格の尊厳が侵害を受けやすく、又は人身、財産の安全が害されやすい個人情報をいう（個人情報保護法28条1項）。

　法律は、機微な個人情報について、一般個人情報よりも厳しい取扱いの要

件を定めている。機微な個人情報を取り扱うには、特定の目的及び十分な必要性があり、かつ、厳格な保護措置が講じられなければならない（個人情報保護法 28 条 2 項）。「特定の目的及び十分な必要性を有する」という要件は、個人情報の取扱いに関する基本原則である目的制限原則及び必要性原則の具現化である。換言すれば、機微な個人情報の取扱者は、個人情報主体たる本人に対し明確かつ合理的な目的を明示的に伝えなければならず、その取扱目的に反し、又は必要以上に機微な個人情報を取り扱ってはならない。

2. 機微な個人情報の取扱いにおける告知・同意

　個別の同意の取得は、機微な個人情報を取り扱う上で重要な要件の一つである。

　一般に、個人情報取扱者が個人情報の取扱目的、取扱方法及び個人情報の種類等の情報を目立つ方法、明瞭かつ理解しやすい方法で個人に対して告知し、個人がこれらの情報を十分に把握した前提の下、自発的、明確に同意を表示することで、個人情報の取扱いが可能となる。

　機微な個人情報を取り扱う場合に、個人情報取扱者は、上記各情報のほか、機微な個人情報を取り扱う必要性及びその取扱いが個人の権利・利益への影響を個人に告知し、個人から個別の同意を得る必要がある（個人情報保護法 30 条）。具体的な対応として、アプリの会員登録の際に掲示するプライバシーポリシーを例に挙げると、プライバシーポリシーにおいて、機微な個人情報の取扱いに関する内容を単独の章節として記載すること、ポップアップでその取扱目的、取扱方法、取り扱う機微な個人情報の範囲、保存期間、取り扱う必要性、個人の権利・利益に対する影響などを個別に提示し説明すること、個人から同意を得る画面においてもこの機微な個人情報の取扱いについては個別の同意ボタンを設け、あるいはポップアップで個別の同意を得ることが考えられる。

第4章　個人情報保護法

3. 未成年者の個人情報の取扱い

　刑法によると 14 歳未満の未成年者は児童に該当することから、その個人情報を取り扱うときは、その父母又はその他後見人の同意を取得し、14 歳未満の未成年者向けの専用の個人情報取扱規則を制定する必要がある（個人情報保護法 31 条）。一方、個人情報安全規範は機微な個人情報の範囲を拡大し、14 歳以下の未成年者の個人情報をもって、機微な個人情報としている。個人情報安全規範は法律ではないが、個人情報の取扱いにおける重要な参考となるため、14 歳以下の未成年者の個人情報も機微な個人情報として扱ったほうが無難である。

4. その他の法律上の制限

　法律、行政法規等は、一部特定の機微な個人情報の取扱いについて制限を加えている。

　例えば、人類遺伝資源情報[18] を収集する場合、事前にその提供者たる個人に、採集の目的・用途、健康に及びうる影響、プライバシー保護措置及び自発的な参加と常時無条件の退出の権利を告知し、人類遺伝資源提供者から書面による同意を得なければならないとされている（人類遺伝資源管理条例 12 条 1 項）。人類遺伝資源情報を中国国外の組織、個人及びこれらが設立し、又は実際に支配する機関に提供又は開放して使用させる場合、中国の公衆の健康、国の安全及び社会公共の利益に危害を与えてはならず、中国の公衆の健康、国の安全及び社会公共の利益に影響を及ぼすおそれがあるときは、国務院科学技術行政部門による安全審査に合格しなければならない（人類遺伝資源管理条例 28 条）。

　また、遺伝子、指紋、声紋、掌紋、耳介、虹彩、顔識別特徴などの個人生体識別情報は、その公開をしてはならず、これらの情報の共有又は譲渡、オ

18「人類遺伝資源管理条例」2 条によると、本条例にいう人類遺伝資源には、人類遺伝資源材料及び人類遺伝資源情報が含まれ、前者は、人体ゲノム、遺伝子などの遺伝物質を含む器官、組織、細胞などの遺伝材料を、後者は、人類遺伝資源材料を利用して生成したデータなどの情報資料をそれぞれ意味する。

105

リジナルの個人生体識別情報（例えば、サンプル、画像など）の保存は原則として禁止されている（個人情報安全規範 6.3 条、9.2 条、9.4 条）。

個人情報主体の権利

個人情報保護法は、個人情報主体が個人情報取扱者に対して有する権利、死者の個人情報の保護（49 条）及び個人による権利行使の保障（50 条）に関する制度を明確化している。個人情報主体の主な権利には、知る権利及び決定権（44 条）、閲覧権、複製権及び移転請求権（45 条）、訂正権及び補充請求権（46 条）、削除請求権（47 条）、個人情報取扱規則に関する説明要求権（48 条）がある。

1. 知る権利、決定権

> 第四十四条　個人は、その個人情報の取扱いについて知る権利、決定権を有し、他人がその個人情報を取り扱うことを制限し又は拒否することができる。ただし、法律、行政法規に別途の規定があるときは、この限りでない。

(1) 知る権利

知る権利とは、個人情報の取扱いがなされた場合、これに関する情報を知り、取得する権利をいう。その情報には、自己のどのような個人情報が、誰によって、どのような目的で、どのような方法で取り扱ったのかが含まれる。知る権利は、決定権、閲覧権、複製権、訂正権、削除請求権その他権利を行使する前提となる基礎的な権利である。

知る権利は、具体的に、①個人情報取扱者が個人情報取扱規則を公開し、取扱目的、取扱方法及び取り扱う個人情報の範囲を明示すること（個人情報保護法 7 条）、②個人情報取扱者が個人の要求に応じてその個人情報取扱規

第4章　個人情報保護法

則に関して説明を行うこと（個人情報保護法48条）などにより保障される。

例外的に、法律又は行政法規に基づいて秘密を保持する必要性がある場合及び個人に告知する必要性がないとされている場合（個人情報保護法18条）や、個人情報主体に告知すると国家機関による法定の職責の履行が妨害される場合（個人情報保護法35条）には、個人への告知義務が免除される。

（2）決定権

決定権とは、他人による自己の個人情報の取扱いに同意し、これを制限し、又は拒否する権利をいう。自己の個人情報の他人による取扱行為に対する同意権については、本章六2を参照。自己の個人情報の他人による取扱いを拒否する権利が主に想定されるケースは、個人情報取扱者が必要な範囲を超えて個人情報を取り扱う場合や、個別同意を前提とする個人情報の取扱行為に対して包括的同意又はバンドル式同意を求めてきた場合などであって、個人情報主体は、このような違法な取扱行為を拒否することができる。個人情報保護法16条によると、個人情報取扱者は、製品又はサービスの提供に特定の個人情報を取り扱う必要がある場合を除き、個人がその個人情報の取扱いに同意せず、又は同意を撤回したことを理由として製品・サービスの提供を拒否してはならないとされている。

2. 閲覧、複製、移転の請求権

第四十五条　個人は、個人情報取扱者からその個人情報の閲覧、複製を行うことができる。ただし、本法第十八条第一項、第三十五条に定める事情があるときは、この限りでない。

個人がその個人情報の閲覧、複製を請求したときは、個人情報取扱者は、速やかに提供しなければならない。

個人が個人情報をその指定する個人情報取扱者に移転することを請求し、国家ネットワーク情報部門が定める条件に適合するときは、個人情報取扱者は、移転の手段を提供しなければならない。

(1) 閲覧権、複製権

　中国民法典は、「自然人は、法律の定めるところにより、情報取扱者に自己の個人情報の閲覧又は複製を求めることができる。」と定めている。個人は、個人情報の閲覧権、複製権を有することで、個人情報取扱者による自己の個人情報の取扱状況をより正確に把握することができ、それゆえに個人情報の訂正権、削除権の行使も容易となり、個人情報に対する管理及び個人情報の権利・利益の保護の向上につながる。もっとも、知る権利と同じく、法律、行政法規が秘密の保持を要するものと定めている場合（個人情報保護法18条）や、個人情報主体に告知すると国家機関による法定の職責の履行を妨害することとなる場合（個人情報保護法35条）には、閲覧権及び複製権を行使しえない。

(2) 移転請求権

　個人情報保護法45条3項によると、移転請求権には、これを行使する個人情報主体、移転請求に応ずるべき義務者たる個人情報取扱者、移転を受ける立場となる個人情報主体が指定した他の個人情報取扱者、これら三者が関わる。個人情報保護法は、この権利を行使するための具体的要件や方法を明らかにしていないが、「ネットワークデータ安全管理条例」25条は、個人情報移転請求に対応する一定の義務を明示している。同条によると、ネットワークデータ取扱者は、以下の条件を満たす移転請求について、個人情報主体による指定を受けた他のネットワークデータ取扱者が個人情報にアクセスし、個人情報を取得するためのルートを提供しなければならない。

(a) 請求者の真実の身元を確認しうること
(b) 移転請求の対象が、請求者において提供に同意し、又は契約に基づいて収集された個人情報であること
(c) 個人情報の移転が技術的な実行可能性を有すること
(d) 個人情報の移転が他人の適法な権利・利益を害しないこと

　さらに同条2項によると、個人情報移転の請求の回数等が明らかに合理的

第4章　個人情報保護法

な範囲を超えるときは、ネットワークデータ取扱者は、個人情報移転のコストに基づいて、必要な費用を徴収することができる。

3. 訂正補充請求権

> **第四十六条**　個人がその個人情報について不正確又は不完全であることを発見したときは、個人情報取扱者に訂正、補充を請求することができる。
> 　個人がその個人情報の訂正、補充を請求したときは、個人情報取扱者は、その個人情報について確認し、速やかに訂正、補充をしなければならない。

サイバーセキュリティ法43条及び民法1037条1項は、いずれも個人による訂正請求権を定めており、さらに個人情報保護法は、訂正権に加えて補充請求権も導入している。当該権利の行使に関する方法について、個人情報保護法に具体的な定めはないが、個人情報安全規範は、個人情報取扱者が個人情報主体に対してこれらの権利行使の手段・方法を提供すると定めている。

表4-6：個人情報の訂正権等に関する個人情報安全規範の規定

条項	項目	規定内容
個人情報の訂正（個人情報安全規範8.1条）	個人情報取扱者の義務	個人情報管理者は、その保有する個人情報について個人情報主体が自己の情報の誤り又は不備を発見したときは、当該主体に対し、訂正又は補充請求の手段を提供しなければならない。
個人情報主体の請求への対応（個人情報安全規範8.7条b))	訂正権・補充請求権の実現方法	インタラクティブ・ページ（ウェブサイト、モバイル・インターネット・アプリケーション、クライアント・ソフトウェアなど）を使用して製品又はサービスを提供する場合においては、便利なインタラクティブ・ページを提供して、個人情報主体が自らアクセス、訂正、削除、同意の撤回、アカウントの取消しなどの権利をオンラインで行使するための機能又はオプションを提供することが望まれる。

109

4. 削除請求権

> **第四十七条** 次に定める事情のいずれかがある場合には、個人情報取扱者は、自発的に個人情報を削除しなければならない。個人情報取扱者が削除しないときは、個人は、削除を請求することができる。
>
> （一）取扱目的が既に実現され、実現することができず又は取扱目的の実現に必要ではなくなったこと。
>
> （二）個人情報取扱者が製品若しくはサービスの提供を停止し又は保存期間が既に満了したこと。
>
> （三）個人が同意を撤回したこと。
>
> （四）個人情報取扱者が法律、行政法規に違反し又は合意に違反して個人情報を取り扱ったこと。
>
> （五）その他法律、行政法規が定める事情。
>
> 　法律、行政法規に定める保存期間が満了していないとき、又は個人情報の削除が技術的に実現困難なときは、個人情報取扱者は、保存及び必要な安全保護措置の実施を除き、それ以外の取扱いを停止しなければならない。

　サイバーセキュリティ法43条及び民法典1037条2項は、個人情報取扱者が法令又は契約違反行為をしたときは、個人情報主体において個人情報の削除を請求しうると定めている。個人情報保護法47条は、これ以外に、取扱目的の実現又はその実現不能、個人情報取扱者による製品・サービスの提供の停止、個人情報の保存期間の満了、個人情報取扱いに対する同意の撤回など、削除請求権を行使しうる事由を追加した。また、個人情報安全規範には、個人情報削除請求権を行使しうる事由について表4-7のような詳細な定めがあり、実務運用の参考となる。

第 4 章　個人情報保護法

表 4-7：個人情報削除請求権に関する個人情報安全規範の規定

条項	項目	規定内容
個人情報の削除（個人情報安全規範 8.3 条）	法令違反、契約違反に伴う個人情報取扱者の個人情報削除等の対応義務	a) 個人情報管理者は、個人情報主体から削除の要求があったときは、次の状況に応じて個人情報を速やかに削除する。 　i) 個人情報管理者が法令に違反して個人情報を収集又は利用している場合 　ii) 個人情報主体との契約に違反して個人情報を収集又は利用した場合 b) 個人情報管理者は、法令又は個人情報主体との契約に違反して、個人情報を第三者と共有し、又は移転し、個人情報主体から削除を要請されたときは、直ちに共有又は移転の行為を停止し、第三者に適時削除を通知する。 c) 個人情報管理者は、法令又は個人情報主体との契約に違反して個人情報を公開し、個人情報主体から削除を要求されたときは、直ちに公開行為を停止し、該当する情報の削除を要求する通知を当該受領者に発行する。
個人情報主体による同意の取消し（個人情報安全規範 8.4 条）	個人情報主体による同意取消しに伴う個人情報取扱者の個人情報削除等の対応義務	a) 個人情報管理者は、個人情報主体に対し、個人情報の収集、使用に関する授権・同意を撤回する方法を提供しなければならない。授権・同意の撤回後、個人情報管理者は、個人情報の取扱いを継続することができない。 b) 個人情報管理者は、個人情報主体がその個人情報に基づく広告宣伝のプッシュ配信を拒否する権利を保障しなければならない。
個人情報主体によるアカウントの取消し（個人情報安全規範 8.5 条）	アカウント取消しに伴う個人情報取扱者の個人情報削除等の対応義務	a) 登録アカウントにより製品又は役務を提供する個人情報管理者は、個人情報主体に対し、簡便にアカウントを取り消す方法を提供しなければならない。 b) アカウントの取消しの要請を受け、人手による処理を要するときは、承諾した期間内（15 日以内）に対応しなければならない。 c) アカウントの取消しにつき、身分の確認を要し、個人情報の再開示を要請するときは、登録時より多い情報の提供を求めてはならない。 d) アカウントの取消しにつき、不合理な条件又は別途個人情報主体の義務を増やすこととなる要求をしてはならない。 e) アカウントの取消過程において個人の機微な個人情報を収集して身分の確認を行う必要がある

111

とき、機微な個人情報を収集した後の処理措置を明示しなければならない。

f）個人情報主体がアカウントを取り消した後、速やかに個人情報の削除又は匿名化処理をしなければならない。法律法規に基づき個人情報を保存しておく必要がある場合、これを日常業務に用いてはならない。

5. 個人情報取扱規則に関する説明要求権

第四十八条　個人は、個人情報取扱者に対しその個人情報取扱規則について解釈、説明を要求する権利を有する。

個人情報保護法 7 条は、個人情報取扱者に個人情報処理規則の開示を義務づけており、これに対応して、同法 48 条は、個人情報主体が個人情報取扱者に対し、個人情報取扱規則に関する説明を要求する権利を明確化している。この権利は、告知及び同意の規則を徹底する上で必要不可欠な権利といえる。

個人情報保護法 24 条 3 項は、「自動意思決定の方法により個人の権利・利益に重大な影響をもたらす決定を行うとき、個人は、個人情報取扱者に対して説明を求めることができ、かつ、個人情報取扱者が自動意思決定の方法のみによって決定を行うことを拒否することができる。」としているが、自動意思決定方式について説明を要求するこの権利も、本条に定める権利の一環としてとらえられる。

6. 死者の個人情報の保護

第四十九条　自然人が死亡したときは、その近親者は、自己の合法、正当な利益のため、死者の関連する個人情報について本章に定める閲覧、複製、訂正、削除等の権利を行使することができる。ただし、死者の生前に別途の取決めがあるときは、この限りでない。

デジタル時代において、ライフスタイルはオフラインからオンラインに移行する傾向が強くなり、よってデジタルアカウントの開設数も年々大幅に増加している。デジタルライフの浸透に伴い、インターネットには大量の個人情報、プライバシーに関する情報が流れており、死者の個人情報、プライバシーに関する情報が処理されないまま流れているケースも多く、このような死者の情報を適法に取り扱う方法が問題となっている。これを受け、個人情報保護法49条は、死者の個人情報の保護に関するルールを明確化した。

本条は、死者に関する個人情報の閲覧、複製、訂正、削除等の権利をその近親者に与える新たな規定であるが、近親者は、これらの行為を無条件で行いうるのではなく、あくまで「自己の合法かつ正当な利益のため」という目的がなければならない。例えば、遺産相続のため遺族が死者の銀行口座の照会を行う場合などが挙げられる。

本条のただし書は、さらに死者の生前の意思を尊重するための規定を設けている。例えば、死者が遺言において、自己のソーシャルアプリ内の個人情報の閲覧、複製等を禁じた場合、死者の生前の意思が尊重され、近親者であってもそれを行うことはできないと解される。

7. 個人による権利行使の保障

> 第五十条　個人情報取扱者は、個人からの権利行使の申請の受理及び取扱いに関する簡便な制度を構築しなければならない。個人による権利行使の請求を拒否するときは、理由を説明しなければならない。
> 　個人情報取扱者が個人による権利行使の請求を拒否したときは、個人は、法に基づいて人民法院に訴訟を提起することができる。

個人情報保護法50条は、個人情報主体が個人情報取扱者に対して権利を行使するための申請を行った場合における個人情報取扱者の受理・対応の義務及び個人情報取扱者が個人情報主体の権利行使の請求を拒否した場合における説明義務のほか、個人情報主体の提訴権について定めている。

サイバーセキュリティ法49条1項は、ネットワーク運営者は、ネットワーク情報の安全に関する苦情申立て、通報制度を確立し、苦情申立て、通報の方法等の情報を公表し、苦情申立て、通報を速やかに受理し、処理しなければならないと定めている。個人情報保護法のこの規定は、サイバーセキュリティ法の当該規定に呼応して、個人情報取扱いの分野における事業者の対応義務を明確化したものである。

九 個人情報取扱者の義務

1. 個人情報取扱者の義務

個人情報保護法は、個人情報取扱者はその個人情報の取扱活動について責任を負い、必要な措置を講ずることで、個人情報の安全性を保障しなければならないと規定している。

(1) コンプライアンス保障義務

第五十一条　個人情報取扱者は、個人情報の取扱目的、取扱方法、個人情報の種類及び個人の権利・利益に対する影響、存在する可能性のある安全リスク等に基づいて、次に定める措置を講じ、個人情報取扱活動が法律、行政法規の規定に適合することを確保し、かつ、無権限アクセス及び個人情報の漏えい、改ざん、紛失を防止しなければならない。
（一）内部管理制度及び操作規程を制定すること。
（二）個人情報に対する分類管理を行うこと。
（三）相応の暗号化、非識別化等の安全技術措置を講ずること。
（四）個人情報取扱いの操作権限を合理的に確定し、かつ、従業員に対して定期的に安全教育及び訓練を行うこと。
（五）個人情報安全事件発生時の緊急対応策を策定し、実施すること。
（六）その他法律、行政法規が定める措置。

第 4 章　個人情報保護法

　個人情報の安全を保障する義務に関して、民法典 1038 条 2 項は、情報取扱者は、技術措置及びその他必要措置を講じて、その収集・保管する個人情報の安全を確保しなければならず、情報漏えい、改ざんと紛失を防止しなければならないと定めている。サイバーセキュリティ法 42 条 2 項にも、同旨の規定がある。個人情報保護法 51 条は、社内制度の整備、個人情報の分類管理、技術的な安全措置、応急対応などの面から個人情報取扱者のコンプライアンス保障義務の具体的要求を定めている。

　以下においては、このコンプライアンス保障義務について、個人情報安全規範、「ISO/IEC 27701:2019 セキュリティ技術―情報マネジメントのための ISO/IEC 27001 及び ISO/IEC 27002 への拡張―要求事項及び指針」[19] などを踏まえ詳述する。

① 内部管理制度及び操作規定の制定

　個人情報取扱者は、法律、行政法規等に定められたコンプライアンス義務を内部管理制度に反映する必要がある。その内容としては、内部管理組織、職責、管理方法、評価制度と責任追及、内部のデータや個人情報の完全性の管理、分類管理、個人情報影響評価、個人情報主体の権利請求、従業員の個人情報保護、コンプライアンス監査、個人情報の収集、保存、加工、伝送、提供、公開、削除など個人情報の全ライフサイクルにおける取扱いのルールなどが含まれる。

　企業の内部管理制度及び操作規定に関して、一部の業界には独自の特殊規定が存在する。例えば、「個人金融情報保護技術規範」(JR/T 0171-2020) 7.2.1 条によると、金融業者は、個人金融情報保護制度体系を確立しなければならず、その制度体系は、金融業者自身、その業務委託先及び外部パートナーをカバーするものであって、従業員と外部提携先に対しても周知されることが必要であるとされている。また、同規範は、個人金融情報保護管理規定、日常管理と操作手順、外部委託先と外部提携先の管理、内部及び外部の検査と監督体制、応急処置の手順と応急案なども含まれる必要があると定めている。

---

19 ISO/IEC 27701:2019Security techniques -- Extension to ISO/IEC 27001 and ISO/IEC 27002 for privacy information management -- Requirements and guidelines

業界によって個人情報の取扱いの状況も異なることから、具体的な内部管理制度及び操作規定は、各自の個人情報取扱いの目的、処理方式、個人情報の種類、個人への影響及び潜在的なリスクに基づいて業界及び自社の特徴に相応しい内容とする必要がある。

② 個人情報に対する分類管理の実行

個人情報に対する分類管理義務について、具体的にどのように分類すべきかに関する明確な定めはない。個人情報保護法によると、最低でも一般個人情報と機微な個人情報に分類して管理を行う必要がある。

個人情報安全規範は、個人情報の分類にあたり、個人基本資料、個人身分情報、個人生体識別情報、ネット身元識別情報、個人生理機能健康情報、個人教育職業情報、個人財産情報、個人通信情報、連絡先情報、個人ネット閲覧記録、個人重要設備情報、個人位置情報その他情報と区分している。また、「個人金融情報保護技術規範」（JR/T 0171-2020）は、個人金融情報の分類をC1類（主に金融業機関の内部で使用される個人金融情報であり、例えばアカウント開設日、開設された支店機構などが含まれる。）、C2類（主に個人金融情報主体を識別しうる身分情報と金融状況に関する個人金融情報のほか、金融商品とサービスに利用されるコア情報であり、例えばアカウント名、支払アカウント番号、取引情報などが含まれる。）及びC3類（主にユーザー識別情報であり、例えばキャッシュカードのチップ情報、カード認証コード、カードの有効期間、カードのパスワード、オンライン決済取引パスワードなどが含まれる。）の3つとし、それぞれに対応した保護措置を実行しなければならないと定めている。

③ 暗号化、非識別化等の安全技術措置の採用

暗号化や非識別化などの安全技術措置は、個人情報保護の必須措置である。暗号化の具体的措置について、「GB/T 39786-2021 情報安全技術 情報システム暗号応用基本要求」など暗号化に関する国家標準の詳細な内容が参考となる。

個人情報保護法73条3号によれば、非識別化とは、個人情報に対して処

第 4 章　個人情報保護法

理を加えて付加的な情報に依拠しない状況下では特定の自然人の識別ができ
ないようにするプロセスをいう。2019 年 8 月公布、2020 年 3 月施行の国家
推奨標準「GB/T 37964-2019 情報安全技術 個人情報非識別化指針」は、個
人情報非識別化の定義、目標、原則、影響、手順と人員管理、常用技術など
の詳細な紹介を行っている。

④ 個人情報取扱いの操作権限の合理的な確定並びに従業員に対する安全教
　育及び訓練の定期的な実行

　　個人情報取扱の操作権限について、個人情報安全規範には下表のとおり、
具体的な規定が存在する。

表 4-8：個人情報取扱の操作権限に関する個人情報安全規範の規定

条項	規定内容
個人情報アクセス制限措置（個人情報安全規範 7.1 条）	a) 個人情報へのアクセスを許可された者について、職務に必要な最小限の個人情報にのみアクセスすることができ、かつ職務を遂行するために必要な最小限のデータ操作権のみとなるよう、最小限の権限によるアクセス制御措置を講じること b) 個人情報の一括変更、コピー、ダウンロードなどの重要な操作について、内部承認プロセスを設定すること c) セキュリティ管理者、データ操作者、監査人それぞれの役割を設定すること d) 業務上の必要性から、特定の担当者に本来の権限を超えて個人情報の取扱いを認める必要がある場合は、個人情報保護責任者又は個人情報保護作業機関の承認を得なければならず、かつ、それを記録すること e) 機微な個人情報へのアクセスや修正等の操作については、役割権限管理制度に基づいて、ビジネスプロセスの必要性に応じて運用上の権限を発動すること。例えば、顧客から苦情申立てを受けた場合、初めて苦情処理担当者は個人情報主体の関連情報にアクセスできるようにすること。
個人情報の表示制限（個人情報安全規範 7.2 条）	個人情報の管理者は、インターフェース（ディスプレイ画面、紙媒体など）を通じて個人情報を表示する場合、表示中の個人情報の漏えいのリスクを低減するために、表示する個人情報の非識別化などの措置をとること。例えば、個人情報を表示する場合、権限のない社内関係者や個人情報主体以外の者による個人情報への不正なアクセスを防止すること。

117

また、個人情報取扱者は、従業員に対して安全教育及び訓練を定期的に実行しなければならない。個人情報安全規範 11.6 条には、下表のとおり、具体的に規定が設けられている。

表 4-9：従業員教育訓練に関する個人情報安全規範の規定

条項	規定内容
人員管理と教育（個人情報安全規範 11.6 条）	a) 個人情報を取り扱う役職者と機密保持契約を締結し、機密性の高い個人情報に重要なアクセス権を有する者については、その犯罪歴、誠実さなどのバックグラウンドを調査すること。 b) 個人情報の取扱いに関わる社内の様々な役職のセキュリティ責任を明らかにし、セキュリティ事件に対する処罰制度を確立すること。 c) 個人情報を取り扱う役職者に対しては、その役職を退任し、又は雇用契約が終了した後も、守秘義務の履行を求めること。 d) 個人情報にアクセスする可能性のある外部サービス要員が遵守すべき個人情報安全要件を規定し、これらの者と機密保持契約を締結し、監督を行うこと。 e) 個人情報保護に関する指針や要求事項を従業員に提供するために、適切な社内体制と方針を確立すること。 f) 定期的に（少なくとも年 1 回）、又は個人情報保護方針に重大な変更があったときは、個人情報を取り扱う役職者に対して、個人情報保護に関する専門的な教育及び評価を行い、個人情報保護方針及び関連する手順を熟知していることを確認すること。

⑤ 個人情報安全事件発生時の緊急対応策の策定及び実施

　個人情報保護法 51 条 5 号により、個人情報取扱者は個人情報安全事件発生時の緊急対応策の構築が義務づけられている。

　個人情報安全規範 10 条は、下表のとおり、個人情報安全事件発生時の緊急対応策の具体的内容を定めている。

表 4-10：個人情報安全事件発生時の緊急対応策の具体的内容

条項	規定内容
個人情報安全事件発生時の緊急対応措置と報	a) 個人情報安全事件発生時緊急対応案の作成 b) 定期的に（少なくとも年 1 回）内部人員を組織して緊急対応の教育と訓練を行い、相応のポジションにおける職責と緊急対応措置・対策及び規程を把握させること

告（個人情報安全規範10.1 条）	c) 個人情報安全事件発生後、緊急対応案に従って、事件の記録、影響の評価、上級機関への報告、個人情報漏洩事件が個人情報主体に重大な危害を及ぼす可能性がある場合には、個人情報主体への告知、などの処置を講じること。
	d) 法律法規の変更状況に基づき、また事件の処置状況を踏まえて、随時緊急対応案をアップデートすること

（2）個人情報保護責任者

> **第五十二条**　個人情報の取扱いが国家ネットワーク情報部門の定めた数量に達する個人情報取扱者は、個人情報保護責任者を指定して、個人情報取扱活動及び講じた保護措置等に対する監督の責任を負わせなければならない。
>
> 　個人情報取扱者は、個人情報保護責任者の連絡先を公開するとともに、個人情報保護職責履行部門に個人情報保護責任者の氏名、連絡先等を届け出なければならない。

　個人情報保護法に基づき、国家ネットワーク情報部門において定めた数量に達する個人情報取扱者は個人情報保護責任者を設置する義務を負う。この「国家ネットワーク情報部門において定めた数量」に関する明確な法律規定はないが、個人情報保護法の公布前に施行されていた個人情報安全規範11.1 条（c）は、個人情報取扱者が以下のいずれかの事由に該当するときは、専属の個人情報保護責任者を設置すべきと定めている。

（ⅰ）個人情報の取扱いを主要業務とし、その作業員の人数が 200 名を超える場合

（ⅱ）100 万人分を超える個人情報を取り扱い、又は 12 か月以内に 100万人分を超える個人情報を取り扱うことが予定される場合

（ⅲ）10 万人分を超える機微な個人情報を取り扱う場合

　個人情報保護責任者の氏名、連絡方法等の情報は、当局への届出が必要となる。個人情報安全規範の下、個人情報保護責任者は、個人情報保護に関する相応の専門知識と管理経験を有する責任者であることが求められている。

この個人情報保護責任者について、外部の専門家や兼務者を採用しうるか否か疑問となるが、法律の規定や個人情報安全規範からすると、社内の専属者であることが必要と解するべきと思われる。

　個人情報保護法66条は、個人情報保護義務を履行しなかった個人情報取扱者の直接責任を負う主管者及びその他の直接責任者たる個人に対しても過料、役員・高級管理職及び個人情報保護責任者への就任禁止といった罰則を定めていることから、個人情報保護責任者は、個人情報保護義務という職責の履行だけでなく、その不履行には法的責任も伴うことに注意しなければならない。

(3) 外国企業の専門機関の設立又は代表者の指定

第五十三条　本法第三条第二項に定める中華人民共和国国外の個人情報取扱者は、中華人民共和国国内に専門機関を設立し又は代表者を指定して、個人情報の保護に関する事務の処理について責任を負わせなければならず、個人情報保護職責履行部門に当該機関の名称又は代表者の氏名、連絡先等を届け出なければならない。

　本条は、中国国外の個人情報取扱者に対する規制であるため、個人情報保護法の適用対象となる外国企業は、特に注意を要する。本章「二　個人情報保護法の適用範囲」では、中国国外において中国国内の自然人の個人情報を取り扱う場合であって、個人情報保護法の域外適用の対象となる以下の三つのケースについて論じた。これらいずれかに該当する外国企業は、本条に基づき、中国国内において専門機関の設置や代表者の指定などの義務を負う。

（ⅰ）中国国内の自然人への製品又はサービスの提供を目的とすること。

（ⅱ）中国国内の自然人の行為の分析、評価を行うこと。

（ⅲ）その他法律、行政法規が定める事情。

　この指定代表について、国内に子会社・代表事務所といった拠点がない場

合には、中国国内居住の自然人、中国国内の弁護士など外部の者を指定しうると解される。

（4）個人情報保護影響評価

第五十五条　次に定める事情のいずれかがあるときは、個人情報取扱者は、個人情報保護影響評価を事前に行い、かつ、取扱いの状況を記録しなければならない。
（一）機微な個人情報の取扱い。
（二）個人情報を利用した自動意思決定の実施。
（三）個人情報取扱いの委託、他の個人情報取扱者への個人情報の提供、個人情報の公開。
（四）個人情報の国外への提供。
（五）その他個人の権利・利益に重大な影響を及ぼす個人情報取扱活動。

第五十六条　個人情報保護影響評価は、次に定める内容を含むものでなければならない。
（一）個人情報の取扱目的、取扱方法等が合法、正当かつ必要か否か。
（二）個人の権利・利益に対する影響及び安全リスク。
（三）講じられた保護措置が合法かつ有効で、リスクの程度に適応しているか否か。
　個人情報保護影響評価の報告書及び取扱状況の記録は、少なくとも3年間保存しなければならない。

　個人情報保護影響評価は、個人の権利・利益に重大な影響がある個人情報の取扱活動を行う前に履行すべき法的義務であるが、個人情報取扱者が自ら、又は外部の専門家に委託して行う自主評価である。実務上、個人情報を収集した後に、第三者に委託してさらなる処理加工を行い、取引先や外部の提携業者と共有し、海外本社その他関連会社への越境移転を行うことなどがあり、また、オンラインサービス業界においては、AIなどアルゴリズムを用いて

個人情報を使用した自動意思決定を行うことも一般化している。このように、ほとんどの個人情報の取扱活動について個人情報保護影響評価の履行が求められており、この評価は、個人情報を保護し、取扱活動の安全性を維持する上で事業者にとって重要かつ不可欠な作業となっている。

　個人情報保護影響評価について、2021 年 6 月 1 日施行の国家推薦標準である「GB/T 39335-2020 情報安全技術　個人情報安全影響評価指針」（以下「個人情報安全評価指針」という。）は、評価を必要とする典型的なケース、評価方法とプロセスについて詳細な説明を行っている。

　その基本的プロセスは、次のとおりである。

① 関連法令及び国家標準等の要求の把握

　法律その他各種法令及び国家標準・業界標準について整理を行い、関係法令及び政策レベルで個人情報保護影響評価に対する要求を正確に理解する。個人情報保護法のほか、個人情報安全規範、個人情報安全評価指針、各越境移転に関する法令、地方政府及び業界主管部門の規定や政策文書にも、評価内容、プロセス、評価方法などに関する定めがある。

② 評価作業チームの構成

　法務部、コンプライアンス部又は情報安全担当部署による指揮の下、外部の法律又は IT 専門家の助言も取り入れながら評価作業専門チームを組織する。このチームは、評価対象たる事業者の各部門の干渉を受けないように独立性を備える必要があるほか、個人情報、データ関連の法令規定又は情報システムの技術特徴と運営ロジックについて専門知識と経験を有することが求められる。

③ 個人情報保護影響評価の作業

i)　現状把握

　関係部署担当へのインタビュー、関連書面資料のレビュー、システムテストといった作業を通じて、個人情報の取扱状況、保護措置及びその実行状態に関する調査を行い、現状を把握する。

ii） 評価必要性と評価範囲の検討

　個人情報を取り扱う各業務シーンの内容及び事業者が達成しようとするデータ安全目標に基づき、個人情報保護影響評価の必要性と評価範囲を検討する。

iii） 法令等要求との比較検討とリスク評価

　個人情報及びデータの取扱い、安全保護に関係する各種法令、政策、国家標準、業界標準に基づき、自社による個人情報取扱活動の現状がこれらの関連規定及び標準と異なる内容とその程度、個人情報を危険にさらす可能性とその程度、個人の権利・利益への影響の内容とその程度などについて詳細な分析・検討を行い、安全リスクの総合評価及び講ずるべき改善措置を検討して安全評価報告を作成する。

iv） リスクへの対応処置

　評価結果に基づき、リスク解消の緊迫性及びリスクの程度に鑑みて、直ちに処置、期限付処置、影響の度合い及びコストを勘案しての処置といった対応と改善を行う。リスクの処置及び改善措置の実行状況に対する再評価などを実施してフォローアップを行う。

　注意を要するのは、個人情報保護法 55 条に定める各事由に対しては、これら個人情報を取り扱う活動の開始前に個人情報保護影響評価を行わなければならないことである。それゆえ、活動を開始した後に評価作業を行うと、法律違反となる。また、個人情報保護影響評価報告書と個人情報取扱記録については、少なくとも 3 年間の保存が義務づけられている。

（5）個人情報の漏えい、改ざん、紛失の発生時の通知・救済措置

> **第五十七条**　個人情報の漏えい、改ざん、紛失が発生し又はそのおそれがあるときは、個人情報取扱者は、速やかに救済措置を講ずるとともに、個人情報保護職責履行部門及び個人に通知しなければならない。この通知は、次に定める事項を含むものでなければならない。
>
> （一）個人情報の漏えい、改ざん、紛失が発生し又はそのおそれがある情報の種類、原因及び発生しうる損害。

（二）個人情報取扱者が講じた救済措置及び個人が講ずることのできる損害軽減措置。

（三）個人情報取扱者の連絡先。

　個人情報取扱者が措置を講じて、情報の漏えい、改ざん、紛失による損害を効果的に回避することができるときは、個人情報取扱者は、個人への通知をしないことができる。個人情報保護管理部門は、損害発生のおそれがあると判断したときは、個人情報取扱者に個人への通知を要求することができる。

第六十四条　個人情報保護職責履行部門は、その職責の履行中において、個人情報取扱活動に比較的大きなリスクの存在又は個人情報安全事件の発生を発見したときは、定められた権限及び手続に従って、当該個人情報取扱者の法定代表者若しくは主要責任者に対する事情聴取を行うこと、又は個人情報取扱者に対して専門機関に委託しその個人情報取扱活動のコンプライアンス監査を実施するよう要求することができる。個人情報取扱者は、要求に従って措置を講じ、是正を行い、潜在的な危険を除去しなければならない。

　個人情報保護職責履行部門は、その職責の履行中において、違法な個人情報の取扱いが犯罪を構成する疑いがあることを発見したときは、公安機関に速やかに移送してその法に基づく対処に委ねなければならない。

　本条は、インシデント発生時における個人情報取扱者の規制当局への報告義務や個人への通知義務を定めている。

① 規制当局への報告義務

　事業者の操作の誤り、設備の欠陥、サーバー攻撃などデータ漏えいの事由には様々なものがあり、漏えいデータも個人情報又は個人情報以外の業務データである可能性があり、データ漏えいの規模・範囲及び影響の程度もそ

れぞれ異なるが、事業者として漏えいの事実を規制当局に報告するか否かの判断は、実に難しい問題となりうる。特に個人情報保護法64条が示すように、規制当局への報告後においては、データ取扱いのコンプライアンス状況について監査を命じられる可能性があるため、事業者にとっては事態のコントロールができなくなるおそれもある。

　個人情報保護法によると、個人情報の漏えい事件において、漏えいの原因、範囲、影響の程度等にかかわらず、規制当局への報告は法的義務であると解され、この報告義務不履行の場合には、個人情報保護義務への違反として処罰されることとなる。事業者としては、この個人情報保護義務への違反の罰則や違法リスクを勘案しながら判断する必要がある。機微な個人情報を大量に取り扱う特殊業界（例えば金融業）の事業者や多くの個人情報（特に100万人分を超える個人情報や10万人分を超える機微な個人情報）を取り扱う企業であるほど、データ漏えい事件発生時の報告不履行による法的リスクも高くなることから、普段のデータ処理の適法性と安全性及びインシデント対応措置の整備に注意するとともに、個人情報保護影響評価といった自主評価も的確に行い、非常時の対応に備えることが望まれる。

② 個人への通知義務

　個人情報取扱者が措置を講じて情報の漏えい、改ざん又は紛失による損害を効果的に回避しうるときは、個人情報取扱者は、個人への通知をしないことができ、個人情報保護職責履行部門が損害の発生のおそれを認めたときは、個人情報取扱者に個人への通知を要求することができる。

　個人情報保護法は、個人情報の漏えいが発生した場合の個人への通知義務について、規制当局への報告義務に比べて柔軟な対応を認め、関連措置により損害の効果的回避が可能なことを前提に通知しないこともできるとしている。ただし、最終的な決定権は個人情報取扱者ではなく、規制当局にあり、規制当局が個人への通知が必要と判断したときは、これに従うことが求められる。

　実務上、サイバー攻撃による漏えい事件で、個別通知のコストが高い場合には、個人情報取扱者が自ら攻撃事件を公表するといった方法で個人への通

知が行われることがある。小規模な漏えい事件の場合には、事業者のレピュテーションへの影響などを考慮して個人への個別通知を行うこともある。

(6) 重要インターネットプラットフォームサービスを提供する個人情報取扱者の特別義務

第五十八条　重要なインターネットプラットフォームサービスを提供し、ユーザー数が莫大で、業務類型が複雑な個人情報取扱者は、次に定める義務を履行しなければならない。

（一）国の規定に従って個人情報保護コンプライアンス制度体系を構築し、健全化し、主に外部の人員により構成される独立の機関を設立して、個人情報保護の状況に対する監督を行うこと。

（二）公開、公平及び公正の原則を遵守し、プラットフォーム規則を制定し、プラットフォーム内の製品又はサービスの提供者の個人情報取扱いの規範及び個人情報保護の義務を明確化すること。

（三）法律、行政法規に著しく違反して個人情報を取り扱うプラットフォーム内の製品又はサービスの提供者に対してサービスの提供を停止すること。

（四）個人情報保護の社会的責任に関する報告を定期的に発して社会的な監督を受けること。

① 適用対象

　本条は、重要なインターネットプラットフォームサービスを提供し莫大なユーザー数を抱える個人情報取扱者のコンプライアンス義務を定めるものである。これについては、「重要なインターネットプラットフォームサービス」、「莫大なユーザー数」及び「複雑な業務類型」という三つの要件をすべて充足する必要があると解される。

　どの程度の規模・重要性・複雑性を要するかに関して、法律レベルの明確な規定は存在しないが、「ネットワークデータ安全管理条例」には「大規模ネットワークプラットフォーム」という概念が存在し、同条例の定義によると、「大

規模ネットワークプラットフォーム」とは、登録ユーザーが5000万人以上
又は月間アクティブユーザーが1000万人以上であって、業務類型が複雑で、
ネットワークデータ取扱活動が国の安全、経済の運営、国の経済及び人民の
生活等に重要な影響のあるネットワークプラットフォームをいうとされてい
る。

② コンプライアンス義務

　本条は、外部者により構成される個人情報監督機構の設置、AIなどのア
ルゴリズムを利用して不公平な取引を招く可能性の程度という懸念からの公
開、公平及び公正な規則規範の制定、プラットフォーム内の業者への監督責
任の履行と違反者に対する適切な処置、社会的責任の遂行と社会からの監督
の受忍など、重要インターネットプラットフォームサービスを提供する個人
情報取扱者ならではのコンプライアンス義務を定めている。

　「ネットワークデータ安全管理条例」では、個人情報の保護との関連で、
大規模ネットワークプラットフォームサービス提供者に対し、さらに以下の
規制が定められている。

表4-11：大規模ネットワークプラットフォームサービス提供者に対する規制

条項	規定内容
自動意思決定におけるユーザー権利の保護義務（42条）	ネットワークプラットフォームサービス提供者が自動意思決定の方式により個人に情報のプッシュを行うときは、理解が容易で、アクセス及び操作に便利なパーソナライズされた推奨の停止の選択肢を設け、ユーザーに対し、プッシュ情報の受信を拒否し、その個人の特徴に対するユーザーラベルを削除する等の機能を提供しなければならない。
大規模ネットワークプラットフォームサービス提供者の社会責任報告義務（44条）	大規模ネットワークプラットフォームサービス提供者は、年度ごとに、個人情報保護の社会的な責任に関する報告書を公表しなければならず、報告の内容は、個人情報保護の措置及び効果、個人からの権利行使の申立ての受理に関する状況、主に外部の者により構成される個人情報保護監督機関の職務遂行の状況等を含み、これに限らない。
大規模ネットワークプ	大規模ネットワークプラットフォームサービス提供者は、ネットワークデータ、アルゴリズム、プラットフォーム規則等を利用して次に定める活

ラットフォー	動を行ってはならない。
ムサービス 提供者の不 公正な行為 の禁止（46 条）	（一）誤導、詐欺、脅迫等の方法による、ユーザーがプラットフォーム上で生成したネットワークデータの取扱い。 （二）ユーザーがプラットフォーム上で生成したネットワークデータにアクセスし、使用することに対する正当な理由のない制限。 （三）ユーザーに対する不合理な差別的待遇の実施、ユーザーの適法な権利・利益に対する侵害。 （四）その他法律、行政法規が禁止する活動。

　プラットフォームサービスを提供する事業者は、上記各種義務のほか、独占禁止法、電子商取引法、AI技術及びビッグデータの開発と利用に関する諸規制にも注意しつつ、適法な運営に留意する必要がある。

個人情報保護義務違反による法的責任

　個人情報の違法な取扱い及び個人情報保護義務への違反には、個人情報主体による民事責任の追及、規制当局による行政罰及び情状が重い場合における刑事責任追及の可能性がある。

1. 民事責任

> 第六十九条　個人情報の取扱いが個人情報の権利・利益を侵害して損害を発生させ、個人情報取扱者が自己の無過失を証明することができなかったときは、損害賠償等の権利侵害責任を負わなければならない。
>
> 　前項に定める損害賠償責任は、個人がこれにより受けた損害又は個人情報取扱者がこれにより取得した利益に基づいて確定する。個人がこれにより受けた損害及び個人情報取扱者がこれにより取得した利益の確定が困難なときは、実際の状況に基づいて賠償額を確定する。

　個人情報の権利・利益について、中国民法典は、「人格権」の編に詳細な

第4章　個人情報保護法

規定を定めており、それに対する侵害は、不法行為法の一種として整理されている（民法典 111 条、995 条、1032 条～ 1039 条、1182 条）。民法典の不法行為法による責任の一般原則によると、個人情報の権利・利益が侵害された場合、個人情報主体たる個人は、侵害者に対して侵害行為の停止、妨害の排除、危険の除去、影響の除去、名誉回復、謝罪、損害賠償といった請求を行いうると解される（同法 995 条）。

（1）過失推定主義

　不法行為の成立要件の一つである過失要件は、個人情報保護法に基づき、過失推定主義が採用されている。過失推定とは、過失要件の存在を推定するもので、証明責任を侵害側に移転させる効果があり、権利・利益を侵害された被害者の証明責任を軽減するものである。

　個人情報取扱者は、自己の無過失を証明できない場合、自らに過失があるものと推定される。

　ただし、個人情報主体は、侵害行為の存在、損害の発生、損害の発生と侵害行為との因果関係といった他の不法行為の構成要件について証明責任を負う。

（2）損害賠償の範囲

　被害者が実際に被った損害又は個人情報取扱者がこれによって得た利益に基づいて賠償額を計算する。この方法で賠償額が確定できない場合に、実際の状況に応じて賠償額を確定する。損害賠償の範囲については、民法典も同様の方針を定めており（民法典 1182 条）、個人情報保護法のこの規定は、民法典の方針を継承したものである。この損害賠償範囲の規定からわかるように、個人情報に対する不法行為による損害賠償責任は、実損を補填することのみを目的とする。

2.　個人情報の民事公益訴訟制度

第七十条　個人情報取扱者が本法の規定に違反して個人情報を取り扱

129

> い、多数の個人の権利・利益を侵害したときは、人民検察院、法律が定
> める消費者組織及び国家ネットワーク情報部門が確定した組織は、法に
> 基づいて人民法院に訴訟を提起することができる。

　「検察院による公益訴訟案件の法律適用に関する若干の問題についての解釈」によると、民事公益訴訟とは、個人情報取扱者の違法行為によって多数の個人の権利・利益を侵害され、社会公共利益の損害に至った場合において、人民検察院などの公的機関が、民事訴訟法に基づき、侵害者の民事責任を追及する制度である。この民事公益訴訟は、消費者の権利・利益の侵害、環境汚染等による権利侵害等の分野で広く採用されていたが、個人情報保護法に基づき個人情報保護法の分野における適用が明らかになった。

　注意を要するのは、民事公益訴訟は、被害を受けた個人が私益のために個別に民事訴訟を提起し侵害者の民事責任を追及することを妨げず、民事私益訴訟と並行する制度である。また、これまでの民事公益の裁判例をみても、民事公益訴訟の判決で認められた損害賠償金も決して被害者たる各個人には分配されず、国庫か消費者団体基金その他公益基金に入金されるのが一般的である[20]。

(1)「多数」とは

　司法実務からみると、多くのケースで、裁判官は被告が多数の消費者の適法な権利・利益を侵害したかどうかを判断する際、被害者の人数を定量化していない。消費者保護に関係する民事公益訴訟のケースを参考にした場合、裁判官は一般的に、消費者の分布状況、実際の被害者数、特定しえない潜在的な被害者の存在など、様々な要素を総合的に考慮し、被告が多数に上り特定されない人々の適法な権利・利益に対する侵害の有無を抽象的に判断する傾向がある。

---

20 陳璋剣・呉艶"消費類民事公益訴訟の賠償金の管理及び使用の規範化"中華人民共和国最高人民検察院公式ホームページ 2021 年 7 月 8 日（参照：2025 年 1 月 17 日）

（2）「社会公共利益」の侵害

「検察院による公益訴訟事件の法律適用に関する若干の問題についての解釈」14条によると、検察院が民事公益訴訟を提起する際には、侵害者の違法行為により社会公共利益が侵害されたことに対する初期的な証拠を提供しなければならない。また、同18条によると、人民法院としては、検察院の請求事項に限定されず、その請求事項が社会公共利益の保護に足りないと判断したときは、釈明により差止め、原状回復といった請求への変更・追加をすることができるとされている。

（3）個人情報保護の公益訴訟を提起する適格主体

人民検察院、消費者団体、国家ネットワーク情報部門が指定する組織が個人情報の民事公益訴訟を提起する適格主体とされている。

個人情報の民事公益訴訟の導入後、中国全国の多数の省級人民代表大会常務委員会により検察院の公益訴訟職務の強化に関する決定が採択され、各省の検察機関において積極的に展開されるようになった。もっとも、民事公益訴訟は、直接被害者への救済となるわけではなく、損害賠償といった民事責任の追及があっても個人の実損が補填されるわけではないため、行政罰の役割と競合するのではないかとの議論が存在する。個人情報の民事公益訴訟については、今後の動向が注目される。

3. 行政処罰

第六十六条　本法の規定に違反して個人情報を取り扱い、又は個人情報の取扱いに際して本法に定める個人情報保護の義務を履行していない場合には、個人情報保護職責履行部門において是正を命じ、警告を発し、違法所得を没収し、個人情報を違法に取り扱ったアプリケーションプログラムに対してサービス提供の停止又は終了を命じる。是正を拒んだときは、百万元以下の過料を併科する。直接責任を負う主管者及びその他の直接責任者に対しては、一万元以上十万元以下の過料に処する。

前項に定める違法行為があり、情状が重大なときは、省級以上の個人情報保護職責履行部門において是正を命じ、違法所得を没収するとともに五千万元以下又は前年度売上高の百分の五以下の過料を併科するほか、関連業務の停止又は営業停止を命じ、関連主管部門に通知して関連業務許可又は営業許可の取消しを要請することができる。直接責任を負う主管者及びその他の直接責任者に対しては、十万元以上百万元以下の過料に処するほか、その者の一定期間における関連企業の董事、監事、高級管理職及び個人情報保護責任者への就任を禁止する旨を決定することができる。

　本条は、個人情報取扱者が個人情報を違法に取り扱い、法に基づいて必要な安全保護措置を取らなかったために負うべき行政責任を規定している。是正命令、警告、違法所得の没収、過料、関連業務の停止、営業停止、営業許可証の取消しを含め、多種の行政処罰の総合的な運用が重視されている。本条2項は、情状が重大な場合には過料を加重するものとし、5000万元以下又は前年度の売上高の5％以下のいずれかを選択して処罰できると定めている。

　本条の罰則からわかるように、重大な個人情報保護違反行為に対しては厳罰となることがあり、企業の経営継続に大きなダメージを与える可能性もある。

　規制当局は2022年7月21日、2021年7月2日から約1年にわたるサイバーセキュリティ審査の末、中国配車アプリ最大手である「滴滴出行（DiDi）」などを運営する滴滴全球股份有限公司を80.26億人民元の過料に処すと発表した。同社の董事長兼CEO及び総裁の両名に対しても、それぞれ100万人民元の過料に処するものとした。処罰の理由は、DiDiが「サイバーセキュリティ法」、「データ安全法」又は「個人情報保護法」に違反して、スマホ内のスクリーンショットや顔認証に関わる個人情報を違法に取得し、国の重要情報インフラ及びデータの安全に深刻なリスク、潜在的な危険をもたらす運営行為を行ったというものである。DiDiに対する行政処罰は、違法行為の

性質、継続期間、それによる危害の程度、違法行為の対象となる個人情報の規模、違法な個人情報取扱いの状況などから情状が重大と認定されたが、処罰金額は DiDi の 2021 年度の総売上高の約 4.6％を占める。これは、個人情報保護法に定める高額処罰の典型的な事例といえる。

4. ブラックリスト公示制度

> **第六十七条** 本法に定める違法行為があったときは、関連する法律、行政法規の規定に従って信用記録に記入するとともに、公示する。

　違法行為を行った事業者への懲罰及び公示手段として、ブラックリスト制度を導入する例は多い。例えば、「消費者権益保護法」56 条 2 項によれば、「経営者が法律に定められた違法行為を行った場合、法律に基づいて処罰されるほか、処罰を行う機関は信用記録に記入し、社会に公開しなければならない」とされており、「サイバーセキュリティ法」71 条は、同法に規定される違法行為に対して信用記録に記入し公示すると定めている。「電子商取引法」86 条にも、電子商取引経営者の違法行為について「信用記録に記録し、公示する」という規定がある。

　中国ではオンラインサービス会社の乱立が目立ち、個人情報の違法な取扱い問題はアプリサービス分野で最も突出している。これを踏まえ、工業情報化部においては、定期、不定期にアプリサービスの運営者に対して取締りを行い、ブラックリストの公表を行っている。このような信用懲戒制度は、ネットワーク上の拡散効果によって一定の抑止力を有すると評価することができる。

5. 刑事責任

> **刑法　第二百五十三条の一（公民個人情報侵害罪）** 国の規定に違反し、公民の個人情報を他人に販売し、又は提供し、情状が重い者は、三年以下の有期懲役又は拘留に処し、罰金を併科し、又は罰金を単科する。情状が特別に重い者は、三年以上七年以下の懲役及び罰金を併科する。
>
> 　国の規定に違反し、職責の履行中又はサービスの提供中に取得した公民の個人情報を他人に販売し、又は提供した者は、前項の規定に準じて重く処罰する。
>
> 　窃取又はその他の方法により公民の個人情報を違法に取得した者は、第一項の規定により処罰する。
>
> 　単位[21] が前三項の罪を犯した場合には、単位に罰金を科し、かつその直接に責任を負う主管者及びその他の直接責任者は当該各項の規定により処罰する。

(1)「情状が重い」の要件

「最高人民法院及び最高人民検察院による公民の個人情報侵害刑事事件の法律適用に関する若干の問題についての解釈」によると、個人情報の違法行為があるものの、以下のとおり情状が重い悪質な違法者に限り刑事責任が追及される（5条1項）。

① 行動履歴情報を他人に販売又は提供し、他人により犯罪に利用した場合
② 他人が公民の個人情報を利用して罪を犯すことを知り又は知るべきであるにもかかわらず、これを他人に販売し又は提供すること
③ 50件を超える行動履歴情報、通信内容、信用情報、財産情報等を不正に取得し、販売し、又は提供する行為

---

21 中国の社会生活の中で、一般に人々が所属する企業、公的機関、団体などあらゆる組織体を「単位」と呼んでいる。

④個人の人身や財産の安全に影響を及ぼす可能性のある宿泊情報、通信記録、生理機能健康情報、取引情報など公民の個人情報を 500 件以上違法に取得し、販売し、提供する行為

⑤前第 3 号及び第 4 号に定めるもの以外の公民の個人情報を 5,000 件以上不正に取得し、販売し、又は提供する行為

⑥数量が前第 3 号から第 5 号までに定める基準に達していないが、その割合の合計が当該数量基準に達していること

⑦ 5,000 元を超える違法所得があること

⑧職務の遂行又はサービスの提供過程で取得した公民の個人情報を他人に販売し、又は提供する場合であって、その数量又は金額が前第 3 号から第 7 号までに定める基準の 2 分の 1 以上となる場合

⑨公民の個人情報を侵害し、2 年以内に刑事罰又は行政処分を受けたにもかかわらず、再び公民の個人情報を違法に取得し、販売し、又は提供した者

⑩その他重大な事情

（2）コンプライアンス整備に基づく不起訴制度

これは、一定の条件を満たす企業犯罪事件について、検察院が主導してコンプライアンス管理体制の整備・改善を企業側に促し、一定期間の監督を経て検査に合格すれば犯罪者たる企業を不起訴とする制度である。不起訴制度は、最高人民検察院が上海市浦東新区、金山区、広東省深セン市南山区その他の六つの地域で試験的に開始し徐々に全国展開された[22]。不起訴処分となった事例をみると、基本的には懲役 3 年以下の軽微な事件である。

不起訴制度は法律によりその正当性が認められたわけではなく、検察院及び各規制当局の共同政策の下で実施される制度であるため、その法的正当性をめぐっては激しい議論がなされているが、侵害された法益が企業側のコンプライアンス体制の構築により修復されており、予防法務に実益があるなど

---

22 李暁琤 "企業コンプライアンス不起訴の中国における実践" KING & WOOD MALLESONS 法律事務所公式ホームページ 2022 年 1 月 13 日（参照：2025 年 1 月 17 日）

の理由から、その存在価値を認める意見もある[23]。不起訴制度の具体的運用については、今後の動向について注視する必要がある。

---

23 "『中法評』と陳瑞華の対話：企業コンプライアンス不起訴の八大争議問題" 北京大学法学院 2021 年 8 月 26 日（参照：2025 年 1 月 17 日）

第 5 章

データ・個人情報の越境移転

一　データの越境移転の概説

1. 越境移転の定義

　データ三法に越境移転についての定義はなく、データ越境移転安全評価申請指針（第二版）（以下「データ移転評価指針」という。）によると、データ越境移転には次の三つが含まれる。なお、中国大陸から香港特別行政区、マカオ特別行政区及び中国台湾地区へのデータの移転も越境移転に該当する。

① データ取扱者が中国国内の事業運営において収集し、生成したデータを中国国外に伝送すること（図5-1、図5-2）
② データ取扱者がその収集し、生成したデータを中国国内に保存し、中国国外の機構、組織又は個人がこれに対してアクセス、取得、ダウンロード又はエクスポートを行いうること（図5-3）
③ 個人情報保護法第3条第2項の状況[1]に該当し、中国国外において中国国内の自然人の個人情報を取り扱うことその他のデータを取り扱う活動

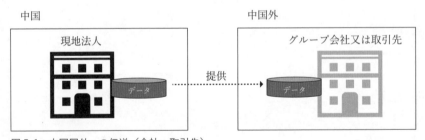

図5-1：中国国外への伝送（会社・取引先）

---

[1] 個人情報保護法第3条第2項
　中華人民共和国国外において中華人民共和国国内の自然人の個人情報を取り扱う活動も、次に定める事情のいずれかがあるときは、本法を適用する。
　（一）中国国内の自然人への製品又はサービスの提供を目的とすること。
　（二）中国国内の自然人の行為の分析、評価を行うこと。
　（三）その他法律、行政法規が定める事情。

第 5 章　データ・個人情報の越境移転

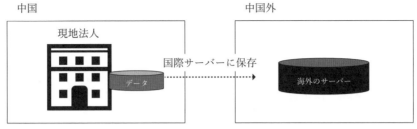

図 5-2：中国国外への伝送（サーバー）

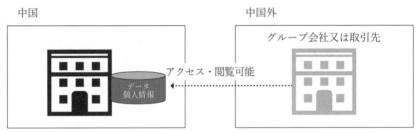

図 5-3：中国国外からのアクセス・閲覧

　データ移転評価指針の規定から明らかなように、中国では、中国国内で収集されたデータを海外のサーバーに保存するだけでも越境移転に該当し、中国国外の他の機構、組織又は個人が当該データへのアクセス権限を有するか否かは問われない。データ越境移転に対する広範囲の定義は、中国から海外へのデータ移転を必要とする事業を大きく制約する要因となりうる。そこで、一部クラウドサービスのサプライヤーは、データ越境移転のコンプライアンスリスクを回避するため、中国現地にデータセンターを設立し、データの現地化を図ろうとする。中国政府が 2024 年に打ち出した緩和策である「付加価値電気通信事業の対外開放をさらに拡大することの試行に関する工業情報化部の通知」[2]（工信部通信函〔2024〕107 号、以下「試行通知」という。）によると、北京・上海・海南・深センの指定された試験区[3]（以下総じて「試験区」という。）におけるデータセンター業務への外資参入制限を完全に撤廃し、

2　2024 年 4 月 8 日公布、同日施行。

3　すなわち北京サービス産業開放拡大総合模範区、上海自由貿易試験区臨港新区及び社会主義近代化先導区、海南自由貿易港、深セン中国特色社会主義先駆模範区、これら 4 つの試験区である。

139

外国資本による完全独資でのデータセンターの設立・運営が可能となった。これは、中国でデータセンターを設立する要望が強い諸外国企業にとって朗報となる。

2. データ越境移転関係の法令一覧

データ・個人情報の越境移転に関する法体系の全体像をまとめると下表のようになる。

表 5-1：データ・個人情報の越境移転に関する主要な法令等

分類	制定者	法令等の名称	施行日等
法律	全国人民代表大会常務委員会	サイバーセキュリティ法	2017 年 6 月 1 日施行
		データ安全法	2021 年 9 月 1 日施行
		個人情報保護法	2021 年 11 月 1 日施行
条例	国務院	ネットワークデータ安全管理条例	2025 年 1 月 1 日施行
部門規章その他部門の規範性文書	国家インターネット情報弁公室	データ越境移転安全評価弁法	2022 年 9 月 1 日施行
		データ越境移転安全評価申請指針（第二版）	2024 年 3 月 22 日施行
		個人情報越境移転標準契約弁法	2023 年 6 月 1 日施行
		個人情報越境移転標準契約届出指針（第二版）	2024 年 3 月 22 日施行
	国家市場監督管理総局、国家インターネット情報弁公室	個人情報保護認証の実施に関する公告	2022 年 11 月 4 日施行
	国家インターネット情報弁公室	データ越境流動の促進及び規範化に関する規定	2024 年 3 月 22 日施行
国家標準、指針等	全国サイバーセキュリティ標準化技術委員会	サイバーセキュリティ標準実践指針—個人情報越境取扱活動安全認証規範 V2.0	2022 年 12 月 16 日公布
	全国サイバーセキュリティ標準化技術委員会	情報安全技術 個人情報越境移転認証要求（意見募集稿）	2023 年 3 月 16 日公布

「データ越境流動の促進及び規範化に関する規定」6条によれば、自由貿易試験区は、越境移転安全評価の申請、越境移転標準契約の締結及び個人情報保護認証の取得を必要とするデータのネガティブリストを自ら制定することができ、自由貿易試験区内のデータ取扱者がネガティブリスト外のデータを国外に提供する場合には、これら越境移転安全評価の申請など3つの要求をいずれも免除することができると定めている。

当該規定を受け、地方の各自由貿易試験区においては、中央の法律法規に定める基本原則を遵守しつつ、独自のデータ越境移転政策を実施する動きが見られ、例えば北京自由貿易試験区と天津自由貿易試験区は、自区内でのみ適用されるデータのネガティブリストを公布している。逆に、上海自由貿易試験区臨港新片区では、データの一般リストが公布され、同区の「ICV、生物医薬、パブリック・エクイティ分野のデータ越境移転の一般データリスト（試行）」によると、重要情報インフラ運営者（CIIO）以外の同区内の企業は、一般データリストに掲載された一般データについて、区に対する登記・届出を行えば、原則として自由に越境移転を行うことが可能となる。中国では現在22の自由貿易試験区が設けられているが、データ越境移転をめぐり今後も多くの自由貿易試験区が独自の政策を打ち出すと予想される。

現行法上、データ越境移転関連制度は重要データ、個人情報を中心に整備されていることから、以下においては、重要データ、個人情報の越境移転のルールについて解説する。

二 | 重要データの越境移転安全評価

データ安全法31条、データ越境移転安全評価弁法4条によれば、重要データは原則として中国国内で保存しなければならず、業務上越境移転の必要がある場合、国家ネットワーク情報部門に越境移転安全評価（以下「国家安全評価」という。）を申請しなければならない。

1. 国家安全評価における審査要点

データ越境移転安全評価弁法5条の下、国家安全評価は、次に掲げる方面から、データ越境移転が国の安全、公共の利益、個人又は組織の合法的な権利・利益にもたらしうるリスクを評価する。

- データ越境移転の目的、範囲、方法等の合法性・正当性・必要性
- 国外受領者の所在国又は地域におけるデータ安全保護政策・法令及びサイバーセキュリティ環境が越境移転データの安全に与える影響、国外受領者のデータ保護水準が中国の法律、行政法規の規定及び強制的国家標準の要求に達しているか否か
- 越境移転データの規模、範囲、種類、機微性の程度、越境移転時及び越境移転後において改ざん、破壊、漏えい、紛失、移転又は違法な取得、違法な利用等がなされるリスク
- データの安全及び個人情報の権利・利益が十分かつ有効に保障されうるか否か
- データ取扱者が国外受領者と締結しようとする法的文書においてデータの安全保護に関する責任・義務が十分に定められているか否か
- 中国の法律、行政法規、部門規則の遵守に関する状況
- その他国家ネットワーク情報部門が評価を要するものと認めた事項

2. 国家安全評価のプロセス

データ越境移転安全評価弁法及びデータ越境移転安全評価申請指針（第二版）に定める国家安全評価のプロセスをまとめると下図のようになる。

第 5 章　データ・個人情報の越境移転

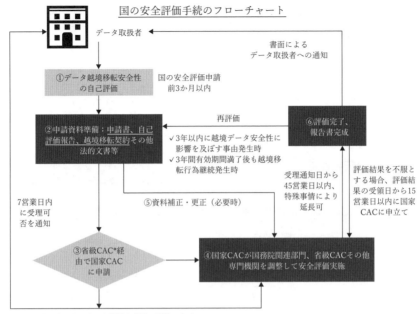

図 5-4　国家安全評価のフローチャート [4]

3. 国家安全評価の提出書類

　国家安全評価の申請は、省級ネットワーク情報部門に次の書類を提出して行い、その形式審査に合格すると国家インターネット情報弁公室に移送され実質審査を受けることとなる。申請書類は、原則としてデータ越境移転申請システム（URL：https://sjcj.cac.gov.cn）を通じて提出するが、重要情報インフラ運営者（CIIO）又は当該システムを通じた国家安全評価の申請に適さない者は、省級ネットワーク情報部門に次の申請書類及びその電子版データを送付する。

①安全評価申請書（誓約書及び申請表を含む）

---
[4] 寧宣鳳・呉涵・姚敏侶「「データ越境移転安全評価弁法」の解説」KING & WOOD MALLESONS 法律事務所公式ホームページ 2022 年 7 月 7 日（参照：2025 年 1 月 17 日）

143

②越境移転リスク自己評価報告（安全評価申請日前 3 か月以内に完成したものに限る）

③データ取扱者が国外受領者と締結する予定のデータ越境移転関連契約その他法的効力を有する文書

④データ取扱者及びその担当者の身分を証明する書類（統一社会信用コード証書、法定代表者の身分証明書類、担当者の身分証明書類、担当者への委任状）

⑤その他証明書類

4. 国家安全評価結果の有効期間、再申請が必要な事由

国家安全評価結果の有効期間は評価結果の発行日から 3 年である。有効期間が満了し、データ国外移転活動を継続して行う必要がある場合は、データ処理者は有効期間満了の 60 営業日前までに国家安全評価を再申請しなければならない。

また、データ越境移転安全評価弁法 14 条によると、国家安全評価結果の有効期間において、次に掲げるいずれかの事由が発生した場合、国家安全評価の再申請が必要となる。

・国外にデータを提供する目的、方法、範囲、種類及び国外受領者がデータを取り扱う用途、方法に変化が生じ、越境移転のデータの安全に影響を及ぼす場合、又は個人情報及び重要データの国外での保存期限が延長される場合

・国外受領者の所在する国・地域のデータ安全保護の政策・法規とサイバーセキュリティ環境の変化、及びその他の不可抗力、データ取扱者又は国外受領者の実質的支配者の変化、データ取扱者と国外受領者の法的文書の変更等により、越境移転データの安全性に影響を及ぼす場合

・越境移転データの安全性に影響を及ぼすその他の状況が発生した場合

第 5 章　データ・個人情報の越境移転

5. 国家安全評価の実務運用状況

　これまでの国家安全評価の申請事例[5]は、小売り、自動車、航空、金融、IT 関係、医療・医薬品、物流、通信といった業種に集中している。これらの業界は、ユーザー数と取り扱うデータ量が膨大で、これには機微な個人情報や重要データも含まれるため、その越境移転には国家安全評価が必要となる可能性が高い。

　しかし、国家安全評価による越境移転はハードルが高く、決して容易に利用できる制度ではないため、現時点で、国家安全評価の問い合わせ件数、申請数に比して国家安全評価の合格件数は極めて少ない。

6. 国家安全評価実施前の越境移転リスク自己評価

　国家安全評価を申請する 3 か月前までに、データ取扱者は、越境移転のリスク及び対策について自己評価を行い、その評価報告書を申請書類として審査当局に提出しなければならない。「データ越境移転安全評価申請指針（第二版）」の付属文書 4 の「データ越境移転自己評価報告書雛形」によると、この自己評価報告書には一般に次の項目の記載が求められる。

(1) 自己評価業務の実施状況

　自己評価の開始及び終了時間、自己評価の手配状況、実施過程、実施方法等の内容を含む自己評価の実施状況を簡潔に記載すること。

(2) 越境移転活動全体の状況
① データ取扱者の基本状況

　（a）持分構造及び実質的支配者、国内外投資の状況等を含む基本状況の概要

　（b）組織構造及びデータ安全管理機関に関する情報

---

5 “29 の企業がデータ越境移転安全評価の申請に成功”データ山東 WeChat 公式アカウント 2023 年 12 月 17 日（参照：2025 年 1 月 17 日）

(c) 全体の業務及びデータ資産の状況

(d) 国内外投資の状況

② 越境移転を予定するデータの状況

(a) データ越境移転と関わる業務、データ資産等の状況

(b) データ越境移転の目的、範囲、方法、国外受領者がデータを取り扱う目的、範囲、方法、並びにその合法性、正当性、必要性に関する説明

(c) 申請業務シーンに応じて対応する越境移転データ項目を整理し、データの内容、越境移転の必要性等を逐一説明すること。

(d) 越境移転データを国内で保存するシステムプラットフォーム、データセンター（クラウドサービスを含む。）等の状況、データ越境移転の通信リンクに関する状況、越境移転後の保存先となるシステムプラットフォーム、データセンター等

(e) データ越境移転後さらに国外の他の受領者への提供に関する説明

(f) 個人情報と関わるときは、当年の越境移転数量を人数ベースで統計し、今後3年間の越境移転の数量を予測すること。

③ データ取扱者のデータ安全保護能力の状況

(a) 管理組織体系及び制度確立の状況、全プロセスの管理、分類分級、緊急対応処理、リスク評価、個人情報の権利・利益保護等の制度及びその実施状況を含むデータ安全管理能力

(b) データの収集、保存、使用、加工、伝送、提供、公開、削除等の全プロセスでとられる安全技術措置等を含む個人情報の安全技術能力

(c) データ安全リスク評価、データ安全認証、データ安全検査・評価、データ安全コンプライアンス監査、サイバーセキュリティ等級保護評価等の実施状況、データ安全保護措置の有効性の証明

(d) データ安全及びサイバーセキュリティ関連法令の遵守状況

④ 国外受領者の状況

(a) 国外受領者の基本状況

第5章　データ・個人情報の越境移転

（b）国外受領者がデータを取り扱う目的、方法等

（c）国外受領者が責任・義務を履行する管理及び技術措置、能力等

⑤ **越境移転にかかる契約書その他法的文書に定めるデータ安全保護の責任及び義務に関する内容**

（a）データ越境移転の目的、方法、データの範囲、国外受領者がデータを取り扱う目的、方法等。

（b）データの国外における保存場所、期限、及び保存期限が到来し、定められた目的が達成され、又は法的文書が終了した後における越境移転データの取扱措置。

（c）国外受領者が越境移転データを他の組織、個人に再移転することの制限要求。

（d）国外受領者が、その実質的支配権若しくは経営範囲の実質的な変化、又はその所在する国、地域のデータ安全保護政策・法令及びサイバーセキュリティ環境の変化、その他不可抗力の事情が生じたためにデータの安全を保障することが困難となった場合に講じなければならない安全措置。

（e）法的文書に定めるデータ安全保護義務に違反した場合における救済措置、違約責任及び紛争解決の方法。

（f）越境移転データに改ざん、破壊、漏えい、紛失、移転又は違法取得、違法利用が行われた場合において、緊急措置を適切に講ずることに関する要求並びに個人が自己の個人情報の権利・利益の維持を保障する手段及び方法。

⑥ **その他データ取扱者において説明が必要と認める状況**

データ越境移転に対して業界主管部門の特別な承認又は許可が必要か否か、その承認又は許可の進捗状況について説明することができる。

147

(3) 越境移転活動のリスク等の影響に対する評価の結論

データ越境移転安全評価弁法に定める審査要点に照らし、データ越境移転リスク自己評価の状況を説明し、自己評価により判明した問題及び是正状況を重点的に説明すること。リスク評価の状況及び相応の是正状況を勘案して、申請予定のデータ越境移転活動のリスクに対し客観的な自己評価の結論を下し、そのような自己評価の結論に至った理由を説明すること。

三 個人情報の越境移転の要件

1. 個人情報の越境移転の要件の概説

個人情報の越境移転を行うためには、個人情報保護法に基づき、次の要件を充足しなければならない。

①個人への告知及び原則として個別の同意を取得すること
②個人情報保護影響評価を実施すること

データ流動の促進及び規範化に関する規定5条及びネットワークデータ安全管理条例35条によると、次のいずれかのケースに該当する個人情報（重要データを除く）の越境移転は、これら①及び②の要件さえ充足すれば、個人情報の越境移転を行うことができる。

▶ 越境ショッピング、越境配達、越境送金、越境支払、越境口座開設、航空券・ホテルの予約、ビザ手続、受験サービス等、個人を一方の当事者とする契約の締結、履行のために、国外に個人情報を提供する必要性が確かにある場合
▶ 法に基づいて制定された労働規則や法に基づいて締結された集団契約に従って越境人事管理を行うため、国外に従業員の個人情報を提供する必要性が確かにある場合

第 5 章　データ・個人情報の越境移転

> ▶　法定の職責又は法的義務を履行するため、国外に個人情報を提供する
> 必要性が確かにある場合
> ▶　緊急の状況下において、自然人の生命・健康及び財産の安全を保護す
> るために、国外に個人情報を提供する必要性が確かにある場合
> ▶　重要情報インフラ運営者以外のデータ取扱者が当年 1 月 1 日から国
> 外に提供する個人情報（機微な個人情報を含まない）が累計で 10 万
> 人分未満である場合

「データ越境流動の促進及び規範化に関する規定」7 条によると、個人情
報の越境移転が次のいずれかのケースに該当する場合には、国家安全評価に
合格しなければならない。国家安全評価の審査プロセス等は、本章「二　重
要データの越境移転安全評価」を参照。

> ・重要情報インフラ運営者が国外に個人情報を提供すること（重要情報イ
> ンフラ運営者については、本章二の「2.　重要情報インフラ運営者のサ
> イバーセキュリティ義務の特則」を参照。）。
> ・重要情報インフラ運営者以外のデータ取扱者が当年の 1 月 1 日から累
> 計して 100 万人分以上の個人情報（機微個人情報を含まない）若しく
> は 1 万人分以上の機微な個人情報を国外に提供すること。

「データ越境流動の促進及び規範化に関する規定」8 条によると、これら
二つのケースを除いた個人情報の越境移転は、専門機関が行う個人情報保護
認証を受け、又は国家ネットワーク情報部門が定める標準契約に従って国外
受領者と締結した契約を省級ネットワーク情報部門に届け出なければならな
い。

個人情報の越境移転に必要な各種要件をまとめると、次図のとおりとなる。

149

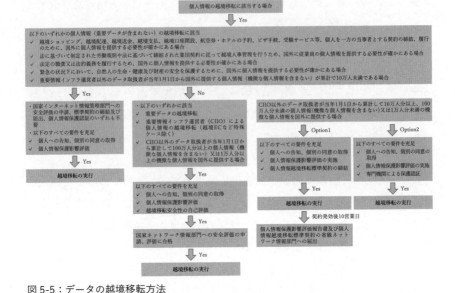

図 5-5：データの越境移転方法

　以下、個人情報を越境移転する方法や各要件について詳細に解説する。

2. 諸要件の詳説

(1) 個人への告知及び個別の同意の取得

　個人情報取扱者は、個人に対し、国外受領者の名称又は氏名、連絡先、取扱目的、取扱方法、個人情報の種類及び個人が国外受領者に対し個人情報保護法の定める権利を行使する方法及び手続等の事項を告知し、かつ、個人情報の越境移転について個人の個別の同意を得なければならない（個人情報保護法 39 条）。

(2) 個人情報保護影響評価

　「個人情報越境移転標準契約届出指針（第二版）」の付属文書 5「個人情報保護影響評価報告書雛形」によると、越境移転のシーンにおいて、個人情報保護影響評価報告書には、一般に次の項目の記載が求められる。

第 5 章　データ・個人情報の越境移転

① 越境移転活動全体の状況

（i）個人情報取扱者の基本状況

（a）持分構造、実質的支配者、国内外投資の状況、組織構造、個人情報
保護機関に関する情報等を含む基本状況

（b）全体の業務及びその取り扱う個人情報の状況

（c）越境移転を予定する個人情報の状況

▶ 個人情報越境移転と関わる業務、個人情報の収集・使用、情報システ
ム等の状況

▶ 個人情報取扱者及び国外受領者が個人情報を取り扱う目的、範囲、
方法、並びにその合法性、正当性、必要性

▶ 越境移転を予定する個人情報の規模、範囲、種類、機微の程度、**機
微な個人情報の取扱いの状況**

▶ 越境移転を予定する個人情報を国内で保存するシステムプラット
フォーム、データセンター等の状況、個人情報越境移転の通信リン
クに関する状況、越境移転後の保存を計画するシステムプラット
フォーム、データセンター等

▶ 個人情報越境移転後に国外の他の受領者に提供する状況

（d）個人情報保護関連法令の遵守の状況

（ii）国外受領者の状況

（a）国外受領者の基本状況

（b）国外受領者が個人情報を取り扱う目的、方法等

（c）国外受領者が責任・義務を履行する管理及び技術措置、能力等

（iii）その他個人情報取扱者において説明が必要と認める状況

② 予定する越境移転活動の影響評価の状況及び結論

個人情報保護影響評価の状況及び相応の是正状況を勘案して、個人情報越
境移転活動の影響に対し客観的な評価結論を下し、そのような評価結論に
至った理由及び論拠を十分に説明すること。

151

（3）個人情報越境移転標準契約に基づく個人情報の越境移転

2023 年 6 月 1 日から施行された「個人情報越境移転標準契約弁法」6 条・8 条の下、個人情報越境移転標準契約に従って国外受領者とデータ移転契約を締結することにより個人情報を越境移転する場合には、次の点に注意しなければならない。

・「個人情報越境移転標準契約」（以下「標準契約」という。）に厳格に従って契約を締結すること。標準契約にない条項を追加することは可能だが、標準契約に抵触する内容を定めてはならないこと。
・標準契約に基づく契約の発効後初めて個人情報の越境移転の実行が可能であること。
・契約の発効日から 10 営業日以内に、その契約書及び個人情報保護影響評価報告書をもって省級ネットワーク情報部門への届出手続を行うこと。
・契約の有効期間内に次のいずれかの事由が発生したときは、個人情報取扱者は、個人情報保護影響評価をやり直し、標準契約に従って契約の補充又は再締結を行い、届出手続を行うこと。
　・国外に個人情報を提供する目的、範囲、種類、機微の程度、方法、保存場所若しくは国外受領者が個人情報を取り扱う目的、方法に変化が生じ、又は個人情報の国外保存の期間が延長されたこと。
　・国外受領者の所在国又は地域における個人情報保護に関する政策・法規に変化が生じ、個人情報主体の権利・利益に影響が及びうること。
　・その他個人情報の権利・利益に影響を与えうる事情。

「個人情報越境移転標準契約届出指針（第二版）」の付属文書 4「個人情報越境移転標準契約」に基づいて標準契約書の内容を概観すると、次のようになる。

① 標準契約の条項一覧及びその主な内容
　第 1 条　　定義
　第 2 条　　個人情報取扱者の義務

第5章　データ・個人情報の越境移転

第3条	国外受領者の義務
第4条	国外受領者の所在国又は地域の個人情報保護に関する政策・法規による本契約の履行に対する影響
第5条	個人情報主体の権利
第6条	救済
第7条	契約解除
第8条	違約責任
第9条	その他
付録1	個人情報越境移転に関する説明
付録2	その他双方が合意した条項（必要がある場合）

② 標準契約の主な内容

第1条　定義

個人情報、機微な個人情報、個人情報主体、個人情報取扱者、国外受領者、監督管理機関、関連法律法規などの定義

第2条　個人情報取扱者（越境移転者）の義務

表5-2：第2条各号の要旨

	要旨
第1号	越境移転する個人情報は、取扱目的の実現に必要な最小範囲に限定すること。
第2号、第3号	個人情報の越境移転について個人に告知し、個別同意が必要な場合はそれを取得すること。
第4号	個人情報主体に対し、同人が契約の第三受益者たる地位を有することを告知すること。個人情報主体は、30日以内に明確に拒絶しない限り、契約に基づいて第三受益者の権利を有すること。
第5号	国外受領者は必要な技術措置及び管理措置を講じて契約上の義務を履行することを確保するため合理的な努力を尽くすこと。
第6号	国外受領者の要請に応じて関係法律の規定及び技術標準の写しを提供すること。
第7号	監督管理機関による調査に協力すること。

153

第8号	個人情報保護影響評価義務を履行すること。
第9号	個人情報主体の要請に応じて契約の写しを提供すること（契約内容の理解に支障を来さない範囲で契約に含まれた商業秘密等を処理のうえ、その写しを提供することが可能）
第10号	契約における義務履行について立証責任を負うこと。
第11号	監督管理機関に標準契約3条11号に定める情報（国外受領者が契約義務を遵守していることに関する必要な情報、国外受領者のデータファイルに対する確認又は国外受領者のデータ取扱活動に対するコンプライアンス監査に関する情報及びその監査結果）を提供すること。

第3条　国外受領者の義務

表5-3：第3条各号の要旨

要旨	
第1号	標準契約付録1に従って個人情報を取り扱うこと、越境移転データは取扱目的の実現に必要な最小範囲に限定すること。
第2号	個人情報取扱者の委託を受けて個人情報を取り扱う場合、個人情報取扱者と合意した取扱目的、取扱方法などを逸脱してはならないこと。
第3号	個人情報主体の要請に応じて契約の副本を提供すること（契約内容の理解に支障を来さない範囲で契約に含まれた商業秘密等を処理のうえ、その写しを提供することが可能）。
第4号	個人の権利・利益への影響を最小限にする方法で個人情報を取り扱うこと。
第5号	保存期間は取扱い目的の実現に必要な最短期間とし、保存期間満了後に個人情報（及びすべてのバックアップ）を削除すること。委託による取扱いの場合には、委託契約が未発効、無効、取消となる又は終了したときには、受託者において個人情報取扱者に返還し、又は削除し、かつ、個人情報取扱者に書面により説明すること。個人情報の削除が技術上困難な場合には、保存及び必要な安全保護措置の採用以外の取扱いを停止すること。
第6号	個人情報安全保護措置（定期検査、秘密保持、アクセス権限設定）を講ずること。
第7号	個人情報漏えい等のインシデント発生時の措置を講ずること。 a. 救済措置及び個人情報主体に対する悪影響の軽減措置 b. 個人情報取扱者への即時通知及び関連法律法規に基づく中国当局への報告 c. 関連法律法規に基づく個人情報主体への通知（データの取扱いの委託の場合は委託者たる個人情報取扱者が通知） d. データ改ざん、損壊、漏えい、紛失、違法な利用、無権限の提供又はアクセスの事実、救済措置のログの作成

第 8 号	中国国外の第三者への再移転を行いうる要件 a. 確実な業務上の必要性 b. 個人情報主体への告知 c. 個人情報主体の同意が必要な場合におけるその個別の同意の取得 d. 再移転先との契約締結、個人情報主体の要請に基づく契約の写しの提供（契約内容の理解に支障を来たさない範囲で契約に含まれた商業秘密等を処理のうえ、その写しを提供することが可能） e. 再移転先の個人情報保護水準の保証、個人情報主体の権利が侵害された場合における責任の負担
第 9 号、 第 10 号	受託者が個人情報の取扱いを第三者に再委託する場合には委託者の同意を取得し、再受託者に対する監督管理を行い、国外受領者が個人情報の自動化決定を行う場合にはその公平性、公正性、透明性等を保証すること。
第 11 号	契約義務を遵守していることに関する必要な情報を個人情報取扱者に提供することに同意すること、個人情報取扱者にデータファイル等の情報を開示し、個人情報取扱者によるコンプライアンス監査に協力すること。
第 12 号	個人情報取扱記録を作成し（3 年以上の保存）、関連法令に基づいて監督管理機関に提出すること。
第 13 号	標準契約の実施を監督する過程で行われる監督管理機関の調査に協力すること（監督管理機関の行う質問への回答、検査への協力、措置・決定への服従、必要な措置を講じたことを証する書面の提出など）。

　上記第 8 号によれば、国外受領者が個人情報の提供を受けた後、それをさらに第三者に提供する場合において、国外受領者とその再移転先たる第三者との契約が標準契約に従うことまでは要求されていない。しかし、再移転について、個人情報主体に告知するとともに個別の同意を取得すること、第三者による個人情報の取扱いが中国の法律法規に定める個人情報保護の水準を下回らないこと、個人情報主体の要請に応じて当該契約の副本を提供することなどが要求される。

第 4 条　国外受領者の所在国又は地域の個人情報保護に関する政策・法規による本契約の履行に対する影響

表 5-4：第 4 条各号の要旨

	要旨
第 1 号	個人情報取扱者及び国外受領者は、本契約の締結時に合理的な注意義務を尽くしており、国外受領者が所在する国又は地域において、国外受領者による契約義務の履行に影響を及ぼす個人情報保護に関する政策・法規を発見しなかったことを保証すること。

第 2 号	第 1 項に定める保証を行うにあたり、既に次の状況を踏まえて評価を行っていること。
	a. 個人情報越境移転の具体的な状況
	  国外受領者におけるデータ安全を脅かすインシデント発生の有無及びそれに対する即時有効な措置実施の有無、受領者の所在する国又は地域の公共機関からの個人情報提供に関する要請の有無及びそれに対する対応状況など。
	b. 受領者の所在する国又は地域の個人情報保護に関する政策・法規
	  i. 現行の個人情報保護法律法規及び普遍的に適用される標準の状況
	  ii. 世界的又は地域的な個人情報保護関連組織への加入状況及び行った拘束力のある国際的誓約の状況
	  iii. 当該国又は地域において個人情報保護のために実行されている制度（例えば、個人情報保護の監督・法執行機関、司法機関などの有無）
	c. 国外受領者の安全管理制度及び技術措置の保障能力

第 3 号	国外受領者は前項の評価に際して最大限の努力をもって必要な情報を個人情報取扱者に提供すること
第 4 号	双方は評価の過程・結果を記録すること。
第 5 号	国外受領者はその所在する国又は地域の個人情報保護に関する政策・法規の変更により契約履行ができなくなった場合、直ちに個人情報取扱者に通知すること。
第 6 号	国外受領者は所在する国又は地域の政府部門、司法機関から個人情報の提供を要求された場合、直ちに個人情報取扱者に通知すること。

第 5 条　個人情報主体の権利

表 5-5：第 5 条各号の要旨

	要旨
第 1 号	個人情報主体は、自己の個人情報の取扱いについて知る権利、決定権、他者による自己の個人情報取扱いを制限し拒否する権利、自己の個人情報について調査・閲覧、複製、是正、補填、削除を求める権利、個人情報取扱規則について説明を求める権利などを有する。

第5章　データ・個人情報の越境移転

第2号	個人情報主体は、前号の権利を実現するため、個人情報取扱者に対し適切な措置を講じるよう要請し、又は国外受領者に対し直接に要請することができる。個人情報取扱者において実現し得ないときは、国外受領者にその実現に協力するよう通知し、要求しなければならない。
第3号	国外受領者は、個人情報取扱者の通知に従い、又は個人情報主体の要請に基づき、合理的な期間において個人情報主体が関連法律法規に基づいて有する権利を実現しなければならない。
第4号	国外受領者は、個人情報主体の要請を拒否する場合、その拒否の理由、監督管理機関への苦情申立て、司法救済請求の方法を告知しなければならない。
第5号	個人情報主体は、直接に、本契約の一部条項に基づき個人情報取扱者若しくは国外受領者又はその双方に対して請求を行うことができる。

第6条　救済

表5-6：第6条の要旨

要旨	
第1号	国外受領者は、個人情報取扱いに関する問い合わせ又は苦情申立てに対応する担当者1名を設けなければならない。
第3号、第5号	契約の当事者と個人情報主体との紛争が友好的に解決されず、個人情報主体が第三受益者としての権利を行使するとき、国外受領者は、個人情報主体が次の方法で権利を保護することを受け入れる。 a. 監督管理機関への苦情申立て b. 中国の裁判所への訴訟提起（管轄は中国民事訴訟法に従う。）

第9条　その他

　準拠法は中国法であり（第2項）、紛争解決方法は仲裁（「外国仲裁判断の承認及び執行に関する条約」の加盟国の仲裁機構を選択可能）又は中国の裁判所のいずれかとする（第4項）。

付録1　個人情報越境移転に関する説明

　取扱いの目的・方法、越境移転する個人情報の量、個人情報の種類、機微な個人情報の種類、国外移転先が中国国外の第三者に再移転する場合におけるその第三者、伝送の方法、越境移転後の保存の期間・場所その他必要な事

項を記載する。

付録2　その他双方が合意した条項（必要がある場合）

　標準契約書に明確な規定はないが、越境移転の具体的状況を踏まえ、例えば、以下の内容の追加が考えられる。
・個人情報の取扱いに際して、個人情報取扱者と国外受領者との間に委受託関係又は共同取扱者の関係がある場合におけるその法律関係の明確化
・個人情報の越境移転をするための個人情報保護影響評価及び移転手続の履行、国外受領者に対するコンプライアンス監査を履行するための国外受領者の協力義務及び費用負担
・支配権の変化、経営範囲の重大な変化、所在する国・地域のデータ関連の法律法規及び政策に重大な変化が生じた場合における対応措置・安全措置
・国外受領者が中国外の第三者に個人情報を再移転する場合における詳細な遵守事項
・契約違反した場合における違約責任（個人情報主体・契約遵守側への損害賠償など）

③ グループ会社間の標準契約締結スキームの実務検討

　中国国内外に多数の子会社及び関連会社を有するグローバル企業の場合、中国と海外の関連企業間で様々なデータの越境移転が行われることがあり、移転の実態に即した形でそれぞれ標準契約を締結するか、それとも統括会社を通じて一本の契約に集約するかが検討事項となる。実務上、以下のパターンの締結スキームが検討されている。

▶　スキーム1：データ移転元となる中国国内の子会社や関連会社が自ら国外受領者と標準契約を締結し、個人情報保護影響評価を行い、当局への届出を行うこと。

　　このスキームは、データ越境移転の実態と適合するが、中国国内の

158

第 5 章　データ・個人情報の越境移転

子会社及び関連会社がそれぞれ個人情報越境移転手続を行わなければ
ならないため、グループ全体としての作業コストが高い。

▶　スキーム 2：統括会社が中国国内子会社及び関連会社から委託を受け、
　　これらの総合代理人として国外受領者と標準契約を締結し、個人情報
　　保護影響評価を行い、当局への届出をすること。

　このスキームでは、標準契約の締結と移転手続に関する作業が統括会社で
完結されることにより効率化が図られる。しかし、標準契約の当事者とデー
タの実際の移転者が異なるため、その実行の可否が実務上長らく議論されて
いた。2023 年 6 月 2 日、北京市インターネット情報弁公室は標準契約届出
手引を公布し、複数の法人が同一の統括会社（中国語：集団公司）の傘下に
ある場合には、この統括会社を標準契約の締結者及び届出人として認めると
の方針を初めて示した。その後、江蘇省、河北省、湖南省、遼寧省、江西省、
山西省、河南省等でも、各省のインターネット情報弁公室により同旨の意見
が公表された。
　一方、統括会社を総合代理人としてまとめて国外受領者との標準契約を締
結し、届出を行うスキームが認められた場合でも、残される課題は少なくな
い。
　まず、実務上、中国の地方の主管当局が、この一括締約及び届出スキーム
の実行に対して特定の条件や制限を設けるケースが多数見受けられる。例え
ば、一括締約及び届出のスキームは、それぞれの国内移転者における個人情
報越境移転のシナリオや目的、その情報システム、国外受領者などが同じで
ある場合に限り利用可能とする当局が存在する一方、国内移転者及び国外受
領者がいずれも同じグループに属していれば足りるという、より柔軟な立場
をとる当局もある。
　次に、一括締約及び届出のスキームを実行するにあたり、越境移転された
個人情報の量を計算する方法も論点となる。それぞれの国内移転者に越境移
転された個人情報の総計が要求された場合において、合算後の情報量がデー
タ越境移転の国家安全評価の閾値（一般的個人情報の場合は 100 万人分、

159

機微な個人情報の場合は1万人分）に達したときは、データ越境移転の前提として必要な手続が、標準契約の締結及び届出から国家安全評価への合格へと厳格化することが懸念される。

さらに、一括締約及び届出のスキームの実行可能性や適用条件は、地方の主管当局の方針や見解によって大きく異なることが考えられ、総合代理人が所在する地方の主管当局が一括締約及び届出のスキームを認めてその申請を受理した場合であっても、被代理人たる国内移転者の主管当局が依然として国内移転者の所在地における届出の履行を要求する可能性が排除されない。

このような状況の下、一括締約及び届出のスキームに関する実務対応については、引き続き今後の法規制や実務運用の動向を注視し、主管当局に対してケースバイケースで事前の確認を行うことが推奨される。

④ 標準契約及び個人情報保護影響評価報告書の届出手続

個人情報越境移転標準契約弁法の施行にあわせ、国家インターネット情報弁公室は、2024年3月22日に「個人情報越境移転標準契約届出指針（第二版）」（以下「標準契約届出指針」という。）を公布した。標準契約届出指針の公布を受け、多くの地方のネットワーク情報部門がその地方における個人情報取扱者に適用される届出手続の手引を公布している。

標準契約の届出に際しては、国外受領者と締結した契約のみならず、個人情報取扱者の誓約書、当該移転のために行った個人情報保護影響評価の報告書の提出が求められる。

標準契約届出指針に定める届出手順は右図のとおりである。個人情報の越境移転は、標準契約の発効後であれば実行可能であるが、届出手続の違法が発見された場合には、越境移転の完了が不利益をもたらすため、できれば届出の完了後に越境移転を実行するのが無難であろう。

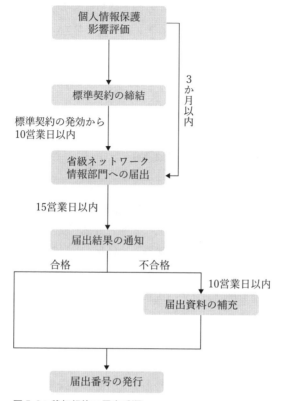

図 5-6：移転契約の届出手順

　個人情報取扱者は、データ越境移転申請システム（URL：https://sjcj.cac.gov.cn）を通じて次の文書を所在地の省級ネットワーク情報部門に提出しなければならない。

（a）統一社会信用コード証明書（写しに会社印を押印）
（b）法定代表者の身分証明書（写しに会社印を押印）
（c）担当者の身分証明書（写しに会社印を押印）
（d）担当者の授権委託書（原本）（ひな形あり）
（e）誓約書（原本）：この内容としては、越境移転する個人情報の収集、使用に際しての適法性、届出文書の真実性、完全性、正確性、有効性についての誓約、また、国家安全評価義務を回避するために移転対象となるデータを分割するといった手段をとっていないことについての誓約、

ネットワーク情報部門が実施する個人情報越境移転標準契約の届出業務に必要な協力及び対応を行うことについての誓約、個人情報保護影響評価は届出日前3か月以内に完了しており、かつ、届出日までに重大な変化が生じていないことについての誓約が含まれる。

(f) 標準契約（原本）

(g) 個人情報保護影響評価報告書（原本）

（4）個人情報保護認証に基づく越境移転

① 概説

　個人情報保護認証は、個人情報の収集、保存、使用、第三者への提供、加工、取扱いの委託、共有、越境移転など個人情報の取扱行為全般をその対象とするが、いずれかの個人情報取扱行為に特化した認証も可能であると解される。例えば、2025年1月3日には、個人情報の越境移転活動に対する保護認証制度の整備を目的として、国家インターネット情報弁公室が「個人情報越境移転個人情報保護認証弁法」（意見募集稿）を公布している。

　現在、個人情報保護認証の具体的作業の根拠となる法規としては、国家市場監督管理総局、国家インターネット情報弁公室が公布し、2022年11月4日に施行された「個人情報保護認証の実施に関する公告」及び「個人情報保護認証実施規則」のほか、全国サイバーセキュリティ標準化技術委員会が2022年12月16日に公布した「サイバーセキュリティ標準実践指針―個人情報越境取扱活動安全認証規範 V2.0」（TC260-PG-20222A、以下「個人情報越境認証規範」という。）が挙げられる。

　以下、これらの関連法規に基づき、個人情報保護認証の方法、プロセス等について説明する。

② 認証の主体

　グループ企業間において個人情報の越境移転を行う場合には、中国国内の個人情報取扱者が認証の申請を行う。

　また、個人情報越境認証規範によると、個人情報保護法が域外適用される場合における中国国外の個人情報取扱者は、個人情報保護法53条に基づき

中国国内において設置した専門機構又は指定代表者が認証の申請をする。

③ 認証機関

　現行の法律法規に認証機関に関する具体的な定めはないが、実務上、個人情報保護認証を担当している機関は、国家市場監督管理総局所属機構の中国サイバーセキュリティ審査認証及び市場監督ビッグデータセンター（China Cybersecurity Review, Certification and Market Regulation Big Data Center、以下「CCRC」という。）であり、今後、国家インターネット情報弁公室及び国家市場監督管理総局による審査・確認の上、さらに多くの機関にその権限が与えられると考えられる。

④ 認証の際の提出書類

　CCRC がその公式サイトで公開した「個人情報保護認証申請表」によると、次の書類の提出が求められる。

- ▶　申請者の営業許可証 / 法人証書の写し
- ▶　自己評価表及び関連証拠
- ▶　認証対象となる業務のプロセス、データのフローチャート図及びその説明
- ▶　組織機構図又は各機構の役割に関する説明
- ▶　申請者のデータ目録
- ▶　適用性表明
- ▶　その他必要な文書

⑤ 認証の基準

　個人情報保護認証実施規則によると、個人情報の越境移転は、「情報安全技術　個人情報安全規範」及び「個人情報越境認証規範」に定める要求を満たす必要がある。認証規範は、法的拘束力を有する文書ではないが、個人情報越境移転の認証基準に特化した技術文書であって、認証機関が個人情報の越境移転活動に対する認証を行う際の技術判断の根拠として重要な意義を有する。

（ⅰ）遵守すべき基本原則 [6]

　個人情報越境認証規範は、個人情報の取扱いに際しては、個人情報保護法
5 条に定める合法、正当、必要及び信義誠実の原則、6 条に定める目的制限
及び最小化原則、第 7 条に定める公開・透明の原則、8 条に定める個人情報
の品質保証の原則を遵守することを要求している。

　また、個人情報取扱者と国外受領者による個人情報の越境移転活動におけ
る個人情報の保護が個人情報保護法に定める保護と同等であることを求める
同等保護原則、国外受領者が個人情報主体の権利・利益を侵害した場合に国
内の機関（個人情報越境移転関連当事者のうち国内側の一つ又は複数の当事
者、又は国外受領者が国内に設置した機構）において責任を負担できるよう
にする責任明確化の原則、及び個人情報保護認証は当事者の自主申請による
とする自主認証原則の遵守が要求されている。

（ⅱ）認証の基本要求

　個人情報越境認証規範によると、個人情報の越境移転に対する認証に際し
ては、当事者が以下の基本要求を満たすか否かがチェックされる。

▶　法的拘束力ある文書を締結すること

6　「個人情報越境移転個人情報保護認証弁法」（意見募集稿）10 条によると、個人情報の越境移転に対する保
　護認証の評価基準は、次のとおりである。
　(1) 個人情報越境移転の目的、範囲、方法等の合法性、正当性、必要性
　(2) 国外の個人情報取扱者、国外受領者が所在する国又は地域の個人情報保護政策及び法律並びにネット
　　　ワーク及びデータのセキュリティ環境が越境移転された個人情報の安全性に与える影響
　(3) 国外の個人情報取扱者、国外受領者の個人情報保護水準が中国の法律、行政法規及び強制的な国家標
　　　準の要求に適合しているかどうか
　(4) 個人情報取扱者と国外受領者との間で締結された法的効力を有する契約が個人情報保護義務を定めて
　　　いるかどうか
　(5) 個人情報取扱者、国外受領者の組織構造、管理体制、技術的措置がデータのセキュリティ及び個人情
　　　報の権利・利益を十分に保護しうるかどうか
　(6) その他専門認証機構が個人情報保護認証に関する基準に基づき評価が必要と判断した事項

第5章　データ・個人情報の越境移転

　個人情報越境認証規範によると、国内の移転者と国外受領者との間で法的
拘束力のある文書を締結する必要がある。

▶　組織管理体制を整備すること

　個人情報越境認証規範によると、個人情報取扱者と国外受領者は、それぞ
れの個人情報保護責任者を指定し、個人情報保護組織を設立しなければなら
ない。また、個人情報保護責任者と個人情報保護組織の役割は下表のとおり
規定されている。

表5-7：個人情報保護責任者と個人情報保護組織の役割

個人情報保護責任者	個人情報保護組織
個人情報保護作業の主要な目的、基本要求、作業任務、保護措置を明確にすること。	個人情報越境移転計画を策定し、実施すること。
個人情報保護作業のために利用可能な人員、経済支援、現物支援を確保すること。	個人情報保護影響評価の実施を統括すること。
関係者による個人情報保護作業を指導、支援し、その作業が目標に達成することを確保すること。	約定した個人情報越境移転取扱ルールに従って個人情報を取り扱い、個人情報の権利・利益の保護を監督すること
個人情報保護作業状況を主要責任者に報告し、個人情報保護作業の継続的な改善を進めること。	約定された目的、範囲、方法により個人情報を取り扱うよう有効な措置をとり、個人情報保護義務を履行し、個人情報の安全を保障すること。
	定期的なコンプライアンス監査を行うこと。
	個人からの請求及びクレームを受け付けた後これを処理すること。
	認証機関からの継続的な監督を受けること（質問への回答、検査への協力）。

▶　個人情報越境取扱規程を整備し遵守すること

　個人情報越境認証規範によると、個人情報取扱者と国外受領者は、以下の
内容を含む同一の個人情報越境取扱規程を整備し、遵守しなければならない。

165

- ✓ 越境処理される個人情報の基本状況（個人情報の数量、範囲、種類、機微の程度を含む。）
- ✓ 個人情報の越境処理の目的、方法、範囲
- ✓ 個人情報の国外保存の開始及び終了の時点、期間満了後の処置
- ✓ 越境移転の対象となる個人情報が移転の際に経由する国又は地区
- ✓ 個人情報主体の権利・利益を保障するために必要なリソース及び措置
- ✓ 個人情報の安全インシデント発生時の賠償、処理規程

▶ 個人情報保護影響評価を行うこと

　個人情報保護法に定めるとおり、認証による個人情報の越境移転の場面においても、個人情報保護影響評価を行う必要がある。

▶ 個人情報取扱者と国外受領者は個人の権利を保護し、それぞれの責任義務を履行すること

⑥ 認証のプロセス

　個人情報保護認証実施規則によると、CCRC で行う個人情報越境移転の認証のプロセスは以下のとおりである。

第 5 章　データ・個人情報の越境移転

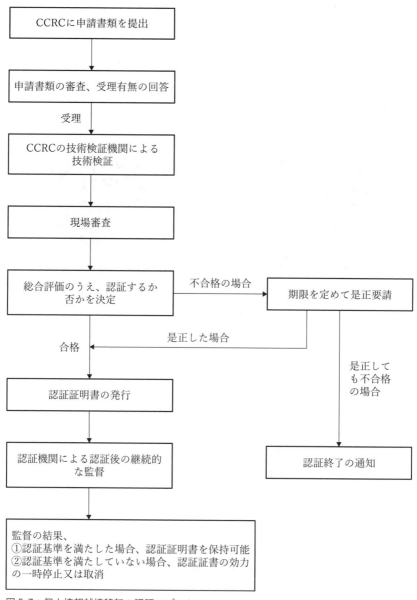

図 5-7：個人情報越境移転の認証のプロセス

⑦ 認証マーク

　個人情報保護認証実施規則によると、個人情報保護認証に合格した場合にこれを証するものとして発給されるマークは、以下の二種類がある。一つは、個人情報の収集、使用及び取扱に用いられ、データ越境移転を含まない場合の認証マーク（下図5-8左のマーク）、もう一つは、データ越境移転専用の認証マーク（下図5-8右のマーク）である。

不包含跨境数据转移的认证标记

跨境数据转移专用的认证标记

図5-8：認証マークの図式（注：ABCDの部分には、認証機関（CCRCなど）の名称が記される。）

⑧ 認証の有効期間

　個人情報保護認証実施規則によると、認証の有効期間は3年であり、認証申請者は、認証期間3年の満了日前6か月以内に、認証延長の申請を行う必要がある。認証の有効期間内において、認証を受けた個人情報取扱者の名称、登録住所、認証の要求、認証の範囲等に変化が生じたときは、変更申請を行う必要がある。

四　特定の場面・業界におけるデータ越境移転の条件

　一部業界においては、その業界独自のデータ越境移転規制が定められている。例えば、金融・医療・自動車等の各業界には、下表のような規制が存在する。

第 5 章　データ・個人情報の越境移転

表 5-8：金融、医療、自動車業界のデータ越境移転の規制（抜粋）

業界	制定者	法令等の名称	施行日等	制限内容
金融	全国人民代表大会常務委員会	銀行業監督管理法（修正草案意見募集稿）	2022 年 11 月 11 日公布	銀行業金融機構は原則として業務活動に関する書類、資料、データを無断で国外に提供してはならない。
	中国人民銀行	個人金融情報保護技術規範（JR/T 0171-2020）	2020 年 2 月 13 日施行	個人の金融情報は原則として中国国内に保存する必要がある。業務上越境移転が必要な場合、越境移転安全評価を行う必要がある。
	元中国銀行業監督管理委員会（現国家金融監督管理総局）等 4 部門	インターネット融資情報仲介機関業務活動管理暫定弁法	2016 年 8 月 17 日施行	中国国内で収集した貸主及び借主の情報の保存、取扱い及び分析は、中国国内で行わなければならない。法令に別段の規定がない限り、インターネット融資情報の仲介機関は、国内の貸主及び借主の情報を国外に提供してはならない。
	中国証券監督管理委員会等 4 部門	国内企業の国外における証券の発行及び上場にかかわる秘密保持及びファイル管理業務の強化に関する規定	2023 年 3 月 31 日施行	国内企業の国外における証券発行、上場のために関連サービスを提供する証券会社、証券サービス機構において作成された業務書類の原稿は、中国国内で保存しなければならない。越境移転が必要な場合、国の関連規定に基づき許可を申請しなければならない。
	元中国保険監督管理委員会（現国家金融監督管理総局）	保険会社開業検収指針	2011 年 7 月 1 日施行	業務データ、財務データ等の重要なデータは、中国国内に保存するとともに、独立のデータ保存デバイス並びに相応の安全保護及び他の場所でのバックアップ措置を有しなければならない。
	全国人民代表大会常務委員会	先物及びデリバティブ法	2022 年 8 月 1 日施行	国務院先物監督管理機構及び国務院関連主管部門の承認がない限り、いかなる企業及び個人も、国外の監督管理機構に対し先物業務活動に関する文書及び資料を許可なく提供してはならない。

169

	国務院	信用調査業管理条例	2013 年 3 月 15 日施行	信用調査機構は中国国内で収集したデータの整理、保存及び加工を中国国内で行い、国外の組織又は個人へ情報提供するときは、関係法令を遵守しなければならない。
	中国人民銀行	信用調査業務管理弁法	2022 年 1 月 1 日施行	信用調査機構は、中国国内において信用調査業務及びその関連活動を行い、収集した企業の信用情報及び個人の信用情報を中国国内に保存しなければならない。 信用調査機構は、中国国外に個人の信用情報を提供する場合、関係法令の規定を遵守し、中国国外の情報利用者に企業信用情報検索にかかる商品及びサービスを提供するとき、当該情報利用者の身分、信用情報の用途について必要な審査を行い、越境貿易、投融資などの合理的な用途に利用されることを確保し、国家安全に危害を加えてはならない。
医療	元国家衛生及び計画生育委員会（現国家衛生健康委員会）	人口健康情報管理弁法（試行）	2014 年 5 月 5 日施行	人口健康情報を中国国外のサーバーに保存してはならず、中国国外のサーバーへの管理委託、中国国外のサーバーをリースしてはならない。
	国務院	人類遺伝資源管理条例	2024 年 5 月 1 日施行	中国人類遺伝資源材料の越境提供は国務院衛生健康主管部門の許可が必要である。 中国人類遺伝資源情報の越境提供は国務院衛生健康主管部門での届出、情報のバックアップが必要であり、うち、中国公衆の健康、国家安全及び社会の公共利益に影響を与えうる人類遺伝資源情報については国務院衛生健康主管部門の安全審査に合格しなければならない。 人類遺伝資源管理条例実施細則によれば、下記人類遺伝資源情報の越境提供は国務院衛生健康主管部門による安全審査が必要である。 ① 重要遺伝家系の人類遺伝資源情報 ② 特定地区の人類遺伝資源情報 ③ 500 人を超えるエクソームシークエンシング、ゲノムシークエンシング情報資源

第 5 章　データ・個人情報の越境移転

				④　その他中国の公衆の健康、国の安全及び社会の公共利益に影響を与えうる場合
	国家衛生健康委員会	国家健康医療ビッグデータの標準、安全及びサービスに関する管理弁法	2018 年7 月 12 日施行	健康医療ビッグデータは中国国内のサーバーに保存するのが原則である。業務上国外への提供が必要な場合、安全評価による審査が必要である。
	全国サイバーセキュリティ標準化技術委員会	情報安全技術健康医療データ安全指針（GB/T 39725-2020）	2021 年7 月 1 日施行	▶　学術研究のため国外に健康医療データを提供する必要がある場合、必要となる非識別化処理を行った後、（社内の）データ安全委員会の承認を経て 250 個以内の非秘密の重要データではない健康医療データを提供することができる。そうではない場合、当局による許可を取得することが望ましい。 ▶　国家秘密、重要データ及び国外への提供が禁止され又は制限されるデータに該当しないデータについて、個人の同意及び（社内の）データ安全委員会の承認を取得してから、国外に個人健康医療データを提供することができるが、データの数量は合計で 250 個以内に抑えることが望ましい。そうではない場合、当局による許可を取得することが望ましい。
自動車	国務院	測絵 [7] 成果管理条例	2006 年9 月 1 日施行	測絵会社は、国家秘密と関わる測絵成果を、関連主管部門の許可がない限り対外提供してはならない。
	自然資源部	インテリジェント・コネクテッド・ビークルの発展の促進及び測絵地理情報の安全の維持に関する通知	2022 年8 月 25 日施行	空間座標、映像、点群及びその属性等の測絵情報・地理情報を国外に伝送し、又は伝送を計画するときは、法に基づいて対外提供の許可又は地図審査の手続等を行わなければならない。

7　測絵は、中国語の「測絵」を直訳した表現であるが、測量・地図製作のことを指す。

	自然資源部	インテリジェント・コネクテッド・ビークルにかかわる測絵地理情報安全管理の強化に関する通知	2024 年 7 月 26 日施行	インテリジェント・コネクテッド・ビークルの採取、収集した、ナビゲーション関連活動及び地図作成、更新に用いられる地理情報データは、ナビゲーション電子地図作成の測絵資格を持っている企業に直接伝送する必要があり、他の企業や個人がアクセスすることができない。 地理情報データは中国国内に保存されなければならず、使用される保存設備、ネットワーク及びクラウドサービスは、国による安全及び秘密保持の要求に適合しなければならない。地理情報データの国外への提供を申請するには、国外提供の承認手続又は地図の審査手続を厳格に履行し、データ越境移転安全評価等の関連規定を遵守しなければならない。
	国家インターネット情報弁公室等五部門	自動車データ安全管理若干規定（試行）	2021 年 10 月 1 日施行	重要データを取り扱っている自動車データ取扱者（重要データを中国国外に提供した者を含む）は、毎年 12 月 15 日前に年度自動車データ安全管理状況（重要データを中国国外に提供した場合、当該越境移転の状況を含む）を省級ネットワーク情報部門及び関連部門に報告しなければならない。
	全国サイバーセキュリティ標準化技術委員会	自動車採集データの処理についての安全指針	2021 年 10 月 8 日公布	車外データ、コックピットデータ、位置軌跡データの越境移転を行ってはならない。運行データについては、その越境移転が必要な場合、国家ネットワーク情報部門の行うデータ越境移転安全評価に合格しなければならない。
	交通運送部等六部門	タクシーオンライン予約経営サービス管理暫定弁法（2022 年 改正）	2022 年 11 月 30 日施行	タクシーオンライン予約サービスのプラットフォームの運営会社は収集した個人情報及び生成した業務データを中国国内に保存・使用し、保存期間は少なくとも 2 年でなければならない。当該個人情報及びデータを外に流出してはならない。
その他	中国気象局、国家安全部、国家秘密保持局	渉外気象探査及び資料管理弁法	2022 年 8 月 1 日施行	いかなる組織及び個人も、許可を得ずに外国組織又は個人に気象探査場所及び気象資料を提供してはならない。 国家機関及び国家秘密に関わる企業は、国家秘密に関わる気象資料を外国組織又は個人に提供してはならず、他の組織及び個人

				は、国家秘密に関わる気象資料を外国組織又は個人に提供してはならない。 国家秘密に関わる気象資料は公表してはならない。
国家能源局	風力発電開発建設管理暫定弁法	2011 年 8 月 25 日施行		プロジェクト会社は、送電網配電及び情報管理の要求に基づいて、送電網配電機構及び再生可能エネルギー情報管理機構に対し運転情報を伝送し報告しなければならない。許可がない限り、リアルタイムの事業運転データを国外に伝送してはならず、プロジェクト制御システムを公共インターネットに直接に接続してはならない。
国務院	中華人民共和国陸上石油資源対外共同採掘条例（2013年改正）	2013 年 7 月 18 日施行		本条例第 18 条に定める各種石油関連作業のデータ、記録、見本、証書その他オリジナル資料について、その所有権は、中国側の石油会社に属する。 前項に定めるデータ、記録、見本、証書その他オリジナル資料の使用、譲渡、贈与、交換、売却、発表及び中華人民共和国国外への輸送、伝送は、国の関連規定に従って行わなければならない。

第 6 章

データ三法の理解と
運用に役立つ Q&A

1. サイバーセキュリティ法

Q 1-1 ネットワーク運営者とはどのような者か。サイバーセキュリティ法が適用されるネットワーク運営者にはどのような者が含まれるか。ネットワークの安全管理責任者はどのように決定されるか。

A サイバーセキュリティ法76条によると、「ネットワーク運営者」は、「ネットワーク」の所有者、管理者及びネットワークサービス提供者を指すと定められている。

まず、同条によると、「ネットワーク」とは、コンピュータ又はその他情報端末及び関連設備により構成され、一定の規則及びプログラムに従って情報の収集、保存、伝送、交換、処理を行うシステムを指す。多くの企業は、「ネットワーク」と「インターネット」の概念を混同し、インターネットを通じてビジネスを行っている企業のみがネットワーク運営者であると考えているが、これは誤解である。上記ネットワークの定義によると、コンピュータを含む複数の情報端末により情報を取り扱うシステムが構築された場合、これがネットワークに該当すると考えられる。典型的な情報システムとしては、企業のホームページ、オフィス自動化システム（OAシステム）、クラウドコンピューティングプラットフォームシステム、インターネット・オブ・シングズ（IoT）、産業制御システム、さらにはモバイルインターネット技術を採用したシステムなどが挙げられる。それゆえ、一般企業でも、OAシステム、又は社内サーバー、業務用コンピュータなどにより構築される情報システムがあれば、当該情報システムの所有者又は管理者である企業がネットワーク運営者に該当し、「サイバーセキュリティ法」の適用を受ける。

なお、サイバーセキュリティ法が適用されるネットワーク運営者の該当例として表6-1を参照されたい。

第 6 章　データ三法の理解と運用に役立つ Q&A

表 6-1：ネットワーク運営者の該当例

ネットワーク運営者の類別	説明
ネットワーク所有者又はネットワーク管理者	①　キャリア企業：チャイナ・モバイル、チャイナ・ユニコム、チャイナ・テレコムなど ②　政府機関：市場監督管理局（各種行政サービスシステムを保有・運用）など ③　事業体：情報システムを有する学校、病院など ④　企業：情報システムを有する一般企業、産業制御システムを保有・運用する工場
ネットワークサービス提供者	①　インターネットプラットフォーム企業：アリババ、テンセントなど ②　インターネットを通じてサービスを提供する企業：物販アプリその他 B2C サイトを有する企業など ③　ネットワーク製品・サービス提供者：ネットワークセキュリティ関連の製品又はサービスの提供者、ネットワーク用ソフトウエア又はハードウエアの提供者など

　ネットワークの安全管理責任者は、実務上、ネットワークに関する安全制度の実施、安全事件の対応のため、ネットワーク運営者の組織内の人員や資金その他のリソースを調達する権限を有する者でなければならない。それゆえ、会社の場合、社長が責任者となるのが一般的である。

　なお、会社の社長は、サイバーセキュリティの専門家ではなく、具体的な技術事項を把握していない場合が多いため、実務上、社内の IT 担当者が実際の責任者として、サイバーセキュリティに関する対応チームを結成し、具体的な安全事項に対応することになる。

177

Q 1-2 重要情報インフラと重要情報インフラ運営者とはどのようなものか。実務においてどのように判断されるか。

A 「重要情報インフラ安全保護条例」[1] 2条によれば、重要情報インフラとは、公共通信と情報サービス、エネルギー、交通、水利、金融、公共サービス、電子行政サービス、国防科学技術工業など重要な業界や分野におけるネットワーク施設及び情報システムであって、これに破壊、機能の喪失、又はデータ漏えいが発生した場合、国の安全、経済・国民生活、公共利益に重大な危害をもたらす可能性があるもの（Critical Information Infrastructure）を指す。

同条例9条によると、特定業界及び特定領域の関連部門は、その業界及び領域に関する重要情報インフラの認定規則を制定し、国務院公安部に届出を行うとされている。重要情報インフラへの該当性に関する認定規則を制定する際には、主に以下の要素が考慮される。

① ネットワーク施設及び情報システムの本業界及び本領域の重要な核心業務に対する重要性の程度
② ネットワーク施設及び情報システムが破壊された場合にもたらされうる危害の程度
③ 他の業界や領域への関連性・影響

重要情報インフラ運営者について、現時点においては具体的な認定規則が公布されておらず、公開名簿も存在しない。実務上、関連の監督管理部門が重要情報インフラに該当する業者に対して個別に告知を行うことになっているため、その告知があったかどうかにより判断される。

---

1 2021年7月30日公布、同年9月1日施行。

第 6 章　データ三法の理解と運用に役立つ Q&A

Q 1-3 外国企業又は中国の外資企業が重要情報インフラ運営者と取引を
する際にはどのようなことに注意すべきか。

A 　重要情報インフラの具体的な認定規則は公表されていないた
め、他の企業が自らの取引先が重要情報インフラ運営者に該当す
るかどうかを判断することは困難である。そのため、取引先が重
要情報インフラ運営者に該当するかどうかについて、事前に相手
方に確認を行い、該当しないのであれば取引契約において相手方
にその旨の表明及び保証をさせることが望まれる。これによって、
無意識に重要情報インフラ運営者からセンシティブなデータを取
得する法的リスクを低減することができる。

　重要情報インフラ運営者は、重要情報インフラを保護するため、
様々な特殊義務を負うことが定められている。そこで、外国企業
又は中国の外資企業は、重要情報インフラ運営者と取引する場合、
下記事項に注意する必要がある。

1．重要情報インフラ運営者から受け取るデータの保護

　重要情報インフラの重要性に鑑みると、重要情報インフラの位
置情報、サプライチェーン、顧客、インフラ施設の運用データな
ど運営に関する情報は、重要データひいては国家秘密に該当する
可能性がある。外国企業又は中国の外資企業が、取引において重
要情報インフラ運営者のデータに触れることがある場合、上記種
類のデータが含まれているか否か、データの利用、第三者への提
供、越境移転などの取扱いに対して特殊な規制が存在するか否か
につき、取引先に確認することが望まれる。

　特に、外資企業の場合、国外のグループ会社とデータを共有す
るケースがよく見受けられる。重要情報インフラから受領した
データに対するアクセスの権限を国外のグループ会社に開放する
ことは、当該データの越境移転とみなされるため、移転側となる
外資企業は、越境移転の安全評価の要否などを含めて関連の法規

179

制を慎重に確認すべきである。しかるべき手続を経ないままデータを外国企業と共有することは、データの違法な移転となり、そのデータが重要データや国家秘密に関わる場合にはスパイ行為、国家秘密に関する犯罪行為につながる危険性さえある。

2．ネットワーク製品又はサービス提供に関連する義務

　重要情報インフラ運営者がネットワーク製品・サービスを購入するにあたって、その製品又はサービスが国家安全に影響しうる場合、国家インターネット情報弁公室が行うサイバーセキュリティ審査に合格しなければならない。重要情報インフラ運営者に対しネットワーク製品・サービスを提供する際、重要情報インフラ運営者は、その製品又はサービスの安全性を証明するために技術資料、ソースコードなど商業秘密を含む情報の開示を求める可能性がある。また、重要情報インフラ運営者は、自己の法的義務に関する事項について、ネットワーク製品・サービスの提供者にその義務及び責任を転嫁するため、何らかの誓約や保証をさせることが考えられる。

　したがって、重要情報インフラ運営者にネットワーク製品・サービスを提供する場合、情報提供の必要性と情報提供の範囲、契約で課される諸義務の合理性について、ケースバイケースで検討することが重要となる。

Q 1-4 サイバーセキュリティ等級保護状態の検査・評価はどのように実施すべきか。

A 　サイバーセキュリティ等級保護状態の検査・評価（中国語：網絡安全等級保護測評）とは、資格を有する評価機関において、サイバーセキュリティ等級保護に関する管理規範と技術標準に基づいて、等級保護対象のサイバーセキュリティ状況を検査、評価す

180

る活動を指す。サイバーセキュリティ等級が第3級以上と判断された場合、毎年1回の等級保護状態の検査・評価を行い、それに合格することが、ネットワーク運営者の義務とされている。この検査・評価を依頼された評価機関は中国公安部の認証を受けたものでなければならない。中国サイバーセキュリティ等級保護サイト（https://www.djbh.net/）において、評価機関（中国語：网络安全等级保护测评机构服务认证获证机构）の名簿が定期的に公表されている。

　サイバーセキュリティ等級保護状態の検査・評価において、評価機関は、ネットワーク運営者のサイバーセキュリティ保護状況を全面的に審査し、各審査項目につき合格状況を判断のうえ、具体的保護能力の総合得点をつけることとなる。不合格と判断された審査項目がある場合、又は総合得点が70点未満の場合は、是正が必要となる。すべての審査項目に合格し、かつ総合得点が70点以上の場合、サイバーセキュリティ等級評価に合格したことになるが、安全リスクを低減するため、指摘された問題点及び是正意見が付された項目については、相応の対策を講じ、保護能力を向上させなければならない。

Q 1-5 情報システムの破壊、データ漏えい等の事件の発生時、ネットワーク運営者は、法律上どのような義務を負うか。

A 　情報システムの破壊、データ漏えい等の事件が発生した場合には、サイバーセキュリティ法、データ安全法及び個人情報保護法等に基づき、被害の拡大防止、監督管理部門への報告、ユーザーへの通知といった行動をとることが義務づけられている。

181

1．直ちに対応策を講じる義務

まず、被害の拡大を防止する措置が必要となる。例えばサーバーの一時停止、セキュリティ脆弱性の点検・修復、データへのアクセスの切断、漏えいしたデータが他のプラットフォームで流布されている場合におけるその運営事業者への削除の要請などが挙げられる。

再発防止策としては、技術面及び管理面におけるデータ漏えい原因の特定、防止措置の点検及び脆弱点の改善のほか、事件発生後の迅速な対応を可能とする緊急処置マニュアルの見直し及び模擬訓練、責任者及び担当者を明確化する組織機構の整備又は見直し、担当者の教育等も不可欠である。

また、事件発生後においては、内部調査、監督管理部門への報告、監督管理部門の査察調査及び利害関係者との紛争などに備え、事件発生の原因、漏えいデータの状況、技術及び管理面におけるサイバーセキュリティ保障措置の整備状況、対応措置の状況、被害状況等について迅速に情報を整理し、証拠を収集することが極めて重要である。

2．監督管理部門への報告義務

サイバーセキュリティ法 25 条及びデータ安全法 29 条は、サイバーセキュリティを害する事件及びデータ安全を脅かす事件が発生した場合におけるネットワーク運営者の関連主管部門への報告義務を定めている。また、個人情報保護法 57 条は、個人情報の漏えい、改ざん、紛失が発生し又はそのおそれがある場合における個人情報取扱者の個人情報保護管理部門への通知義務を定めている。

これらの報告及び通知が求められるのは、監督管理部門において事業者が適切な救済措置を実施しているか否かを適時に監督し、かつ、被害の規模と程度を把握するためである。事件が国又は公共利益に影響を及ぼす程度に至ったときは、事業者は、政府

又は公共機関による相応の対策・措置に協力しなければならない。

　情報漏えい等の事件が発生したものの、ユーザー等への影響又は損害がほとんどない場合でも監督管理部門への報告義務が発生するのかという疑問が生ずるが、これについては国家標準の規定が一定の参考となる。

　国家推薦標準である「GB/T 22239-2019 情報安全技術 サイバーセキュリティ等級保護基本要求」は、ネットワーク運営者の情報システムのサイバーセキュリティ等級を1級から5級に分け、いずれの等級の運営者にも、安全事件発生時における安全管理部門への速やかな報告を推奨している。また、システムの等級ごとに、報告及び処置の手順、現場処理、事件報告、修復作業の範囲及び方法、担当者の職責等をそれぞれ明確化することを求めている。もっとも、あくまで国家推薦標準にすぎないため、これらの実行は企業側のケースバイケースの裁量に委ねられていると解される。情報漏えいの具体的状況と原因からみて、ユーザー等に影響又は損害を与えるおそれが極めて小さいときは、監督管理部門への報告をしなくとも現実的なコンプライアンスリスクは低いといえる。ユーザー等に対する影響又は損害の程度を判断し難い場合は、監督管理部門への報告又は事前相談を行ったほうが無難であろう。

3．公安局への報告義務

　情報システムへの侵入又はデータの漏えいは、犯罪又は治安管理に危害を及ぼす事件に伴って発生するケースが多い。

　刑法253条の1、285条及び286条によると、データの漏えいと関連する犯罪には、個人情報侵害罪、コンピュータ情報システム不法侵入罪、コンピュータ情報システムデータ不法取得罪、コンピュータ情報システム不法制御罪、コンピュータ情報システム破壊罪等がある。

他方、中華人民共和国治安管理処罰法[2] 29 条は、データ漏えいと関連する種々の治安管理違法行為を定めている。これらの違法行為は、その情状又は影響が刑事訴追の基準に達しない場合には、治安管理に危害を及ぼす違法行為として処理される。「コンピュータ情報システム安全保護条例」[3] 14 条によると、データ漏えい事件が発生したとき、事業者は、24 時間以内に現地の県レベル以上の公安機関に報告しなければならない。情報漏えい等事件は、犯罪や治安侵害行為と関わることがあり、事業者は、事件発生後 24 時間以内に公安機関に報告しなければならない。

4．ユーザーへの通知義務

サイバーセキュリティ法 42 条 2 項及びデータ安全法 29 条は、個人情報の漏えい、毀損、紛失をはじめとする事件が発生した場合におけるユーザーへの速やかな告知義務を定めている。また、個人情報保護法 57 条によると、個人情報の漏えい、改ざん若しくは紛失が発生し又はそのおそれがある場合、個人情報取扱者は個人への通知をしなければならず（ただし、個人情報取扱者が措置を講じて、情報の漏えい、改ざん、紛失による損害を効果的に回避することができる場合を除く。）、個人情報保護管理部門は、損害発生のおそれがあると判断したときは、個人情報取扱者に個人への通知を要求することができる。

具体的な通知内容については、次のように定めている。

(1)　個人情報の漏えい、改ざん、紛失が発生し又はそのおそれがある情報の種類、原因及び発生しうる損害

(2)　個人情報取扱者が講じた救済措置及び個人が講ずることのできる損害軽減措置

(3)　個人情報取扱者の連絡先

2　2012 年 10 月 26 日改正、2013 年 1 月 1 日施行。

3　2011 年 1 月 8 日改正、同日施行。

ユーザーに対する通知は、メール、手紙、電話又はプッシュ通知のほか、各ユーザーへの通知が実際に困難である場合には、公示その他合理的かつ有効な方法によって行うことが考えられる。

Q 1-6 外資企業が中国でデータセンターを設立することは可能か。どのように設立するか。

A 　近年、データの越境移転に対する中国政府の規制が強化される中、中国で大量のデータを取り扱う必要がある企業においては、中国での事業を存続させ、ビックデータに基づく新技術や新サービスの開発を継続させるため、中国に単独のデータセンターを設立するニーズが著しく高まってきている。

　これまで、外資の中国 IDC 等付加価値電気通信事業への進出は、外商投資のネガティブリスト上出資比率が 50％を超えてはならないという制限が存在したが、中国政府は 2024 年にさらなる開放政策を打ち出した。「付加価値電気通信事業の対外開放をさらに拡大することの試行に関する工業情報化部の通知」[4]（工信部通信函〔2024〕107 号、以下「試行通知」という。）によって、北京・上海・海南・深センの指定された試験区[5]（以下総じて「試験区」という。）では、データセンター業務への外資参入制限が完全に撤廃され、外国資本が完全独資でインターネットデータセンターを設立し、運営することが可能となった。

　以下では、外国企業が中国でデータセンターを設立する際に取得すべき許認可、最新の動向、データセンター建設過程における

4　2024 年 4 月 8 日公布、同日施行。

5　すなわち北京サービス産業開放拡大総合模範区、上海自由貿易試験区臨港新区及び社会主義近代化先導区、海南自由貿易港、深セン中国特色社会主義先駆模範区、これら 4 つの試験区である。

省エネ審査その他注意点について説明する。

1．データセンター業務の概念と取得すべき許認可

2015 年版「電気通信事業分類目録」の説明によると、データセンター業務を行うためには、B11 の付加価値電気通信事業の許可（IDC 許可）を取得する必要がある。この IDC 許可は、インターネットリソース協力サービス業務（Internet Resource Collaboration, IRC）を内包している。

一般に、クラウドサービスの IaaS（Infrastructure as a Service）や PaaS（Platform as a Service）サービスを提供するクラウドサービスプロバイダーは、IDC 許可を取得する必要がある。しかし、電気通信事業に直接的に関係しないデータセンター用の不動産の提供、電力供給、消防・監視・冷却・安全防止などの設備の賃貸や関連サービスの提供等の業務については IDC 許可を取得する必要がない。

IDC 許可の申請先は、複数の省・自治区・直轄市に跨って事業を行う場合は、工業情報化部となり、同部の許可を得る必要がある。特定の省・自治区・直轄市内で事業を行う場合は、各省・自治区・直轄市の通信管理局に申請し、その許可を受ける必要がある。

なお、「試験通知」によると、試験区における外資企業による IDC 許可の申請については、工業情報化部の審査の上、電気通信業務経営試験許可を取得する必要がある。その際、工業情報化部は、「電気通信業務経営許可管理弁法」、「外商投資電気通信企業管理規定」などの法律法規に基づき、申請ごとに個別審査を行うこととなる。

２．外国企業が IDC 業務ライセンスを取得するための要件

「電気通信業務経営許可管理弁法」[6] 及び「外国投資電気通信企業管理規定」[7] に基づく設立要件は以下のとおりである。

(1) 運営者が法に基づいて設立された企業であること
(2) 業務活動に適応した資金と専門人材を有していること
(3) ユーザーに長期的なサービスを提供する信用又は能力を有していること
(4) 省・自治区・直轄市内で営業する場合における登録資本の最低限度は 100 万元人民元、全国又は省・自治区・直轄市を跨って営業する場合における登録資本の最低限度は 1000 万元人民元となること
(5) 必要な施設、設備及び技術方案を有していること
(6) 企業及びその主要投資者、主要経営管理者が電気通信事業の失信者名簿に掲載されていないこと

３．データセンター建設時の省エネルギー審査制度と炭素排出要件

「固定資産投資プロジェクト省エネルギー審査方法」[8] 3 条、17 条によると、固定資産の投資プロジェクトにおいて、その建設単位は、着工前に省エネルギー審査機関から省エネルギー審査意見を取得する必要があり、当該固定資産施設が生産に投じられ、又は使用される前に、省エネルギー報告書に基づいて省エネルギー審査意見の実施状況を検査しなければならない。

工業情報化部が公表した「グリーンデータセンター建設強化に

6　2017 年 7 月 3 日公布、同年 9 月 1 日施行。

7　2022 年 3 月 29 日公布、同年 5 月 1 日施行。

8　2023 年 3 月 28 日公布、同年 6 月 1 日施行。

関する指導意見」[9] では、2022年までにデータセンターの平均エネルギー消費を国際的な先進レベルに引き上げ、新規の大型・超大型データセンターの電力使用効率（PUE値）が1.4未満になるよう努めるとされている。

したがって、データセンタープロジェクトに投資する際、投資者は、建設単位が省エネルギー審査意見を取得しているか（特にPUE値が基準を満たすかどうか）、検査及び検査報告の届出が行われているかを確認し、地方政府のエネルギー利用に関する特別な政策や手続に留意する必要がある。

さらに、データセンターの高エネルギー消費の特性により、データセンターの運営会社は高排出単位に該当する可能性がある。したがって、データセンターへの投資にあたり、投資者は、IDC運営会社の所在地の炭素排出規制への適合性も確認する必要がある。

4．その他

データセンタープロジェクトの開発・建設は、一般的な不動産開発プロジェクトと類似する点もある。具体的には、土地使用権の取得、プロジェクトの立上げ及び届出、環境影響評価、土地利用及び工事計画、電力供給機関との電力契約の手配、施工許可、竣工検査などの手続が必要となる。これらの各手続や作業におけるリスクの点検とヘッジにも留意する必要がある。

9　2019年1月21日公布、同日施行。

第 6 章　データ三法の理解と運用に役立つ Q&A

２．データ安全法

Q 2-1 個人情報が重要データに該当する可能性はあるか。個人情報が重要データに該当する場合、その取扱いにはどのような注意点があるか。

A 　ネットワークデータ安全管理条例 62 条 4 号によると、重要データとは、特定の分野、特定の集団、特定の地域と関わり、又は一定の精度及び規模に達し、改ざん、破壊、漏えい又は違法な取得、違法な利用がなされると（以下「データの漏えい等」という。）国の安全、経済の運行、社会の安定、公共の健康及び安全を直接に害するおそれのあるデータを指す。国家推薦標準たる「GB/T 43697-2024 データ安全技術 データ分類分級規則」（以下「データ分類分級規則」という。）は、その漏えい等が発生した場合に、国の安全に対する一般的な危害、経済の運営・社会秩序・公共の利益に対する重大な危害になると認められるデータが「重要データ」であると示している。個人情報も、その規模によっては重要データに該当する可能性がある。データ分類分級規則によれば、データの漏えい等が、大規模な個人又は組織の権利・利益に影響を与えることとなるときは、国の安全、経済の運営、社会秩序又は公共の利益に対する影響と評価される可能性がある。

　したがって、データの漏えい等の発生により、個別の組織や個人だけに影響が及ぶのではなく、大量の個人情報や大量の個人情報からの派生データ（大量の個人情報の分析により得られた民族の特徴を反映したデータ等）の漏えい等につながり、被害を受ける人数が膨大で、被害の程度も深刻であるケースでは、重要データの漏えいと判断される可能性がある。具体的にどの規模の個人情報が重要データに該当しうるかに関する明確な規定はないが、

189

データ越境移転に対する規制で示された基準が一定の参考になる。重要情報インフラ運営者に該当しない普通のデータ取扱者が当年の1月1日から累計して100万人以上の個人情報（機微な個人情報を含まない。）若しくは1万人以上の機微な個人情報を越境移転する場合、重要データの越境移転と同じく、原則として国家ネットワーク情報部門への安全評価の申請が必要となる。よって、この規模の個人情報の集合体は、重要データであると解される可能性が高い。

　個人情報が重要データに該当する場合には、その取扱いに際して、個人情報に関する法規制及び重要データに関する法規制双方の対象とされるため、注意を要する。

Q 2-2 重要データと国家秘密、情報又は反スパイ法に定める「その他国の安全又は利益と関連するデータ」はどのように区別されるか。

A 　「重要データ」、「国家秘密」、「情報」、「国の安全及び利益に関連するデータ」、これらは、中国の国家安全に関係するデータ類型についての用語である。これらのデータ相互の関係と違いについて、現在の法律法規は必ずしも明確に規定しているわけではないが、その明確化は、時には一般的な行政罰の対象になる違法行為と犯罪行為、ひいてはスパイ行為など国の安全を脅かす行為を区別する上で重要な意義を有する。そのため、これらのデータの属性を正確に把握することは、企業のデータコンプライアンスにおける重要な課題である。次表は、これらの用語を用いた法律におけるそれぞれの定義、保護対象、識別方法や実務上の解説をまとめたものである。

第 6 章　データ三法の理解と運用に役立つ Q&A

表 6-2：重要データ、国家秘密、情報、国の安全及び利益に関連するデータの定義、保護
　　　　対象、識別方法

	重要データ	国家秘密	情報（中国語：情報）	国の安全及び利益に関連するデータ
定義	特定の分野、特定の集団、特定の地域と関わり、又は一定の精度及び規模に達し、改ざん、破壊、漏えい又は違法な取得、違法な利用がなされると国の安全、経済の運行、社会の安定、公共の健康及び安全を直接に害するおそれのあるデータ。 重要データのうち、「核心データ」とは、領域、集団、区域に対する網羅度がより高く、又はより高い精度、より大きな規模、又は一定の深さに達しており、違法な利用又は共有が行われた場合に政治的安全に直接的な影響を与えうるデータをいう。 （ネットワーク	国の安全及び利益と関わり、法定の手続に従って確定され、一定の期間において一定の範囲の者のみが知る事項をいう（国家秘密保護法 2 条）。	国の安全及び利益と関わり、公開されておらず、又は関連規定により公開してはならないものとされている事項（「国外のため国の秘密又は情報の窃取、偵察、買取又は違法な提供事件の審理における具体的な法律適用の若干の問題に関する最高人民法院の解釈」）。	これは「反スパイ法」上用いられた用語であるが、同法に明確な定義はなく、国家安全法、国家秘密保護法、サイバーセキュリティ法、データ安全法、重要情報インフラ施設安全保護条例などの法律、行政法規に基づく解釈に委ねられている。 全国人民代表大会常務委員会の法制工作委員会の刑法室担当官の解説 [10] によると、「反スパイ法」にいう「国の安全及び利益に関連するデータ」とは、主に、「データ安全法 21 条 2 項に定められた、より厳格な管理制度の下で保護されるデータ、すなわち国の安全、国民経済の命脈、重要な国民生活、重大な公共の利益等に関連するデータである国家核心データをいう」とのことである。

---

10 王愛立 "法治建設を強化し新時代の反スパイ工作を保障する―反スパイ法の改正の主要背景及び内容" 人
　民網公式ホームページ 2023 年 7 月 7 日（参照：2025 年 1 月 18 日）

	データ安全管理条例 62 条 4 号、データ分類分級規則）			
保護対象	国の安全、経済の運行、社会の安定、公共の健康及び安全等（核心データの場合には政治的安全に直接に影響が及ぶほどの法益を含む。）	国の安全及び利益	国の安全及び利益	核心データの保護対象と共通：国の安全、国民経済の命脈、重要な国民生活、重大な公共の利益等であって政治的安全に直接に影響が及ぶほどの法益
識別方法	データ分類分級規則において重要データ及び核心データの抽象的な識別方法が定められている。今後、業界の主管部門及び地方政府において、その業界、地域で適用される重要データが次第に公布され明確になることが予想される。 現時点で、自動車業界において、「自動車データ安全管理若干規定（試行）」[11]により自動車データ分野の重要データの概念及び範囲が明確になっている。	国家秘密の秘密等級と具体的範囲は、国家秘密保護行政管理部門が単独で、又は中央の関係国家機関と共同して定める。 一部の業界又は分野（測量製図、電力、建築、医薬等）の主管部門は当該業界又は分野における国家秘密目録を公表している。測量製図分野を例として、中国人民共和国自然資源部と中国国家秘密保護局は「測絵地理情報管理業務における国家秘密範囲に関する規定」[12]を公布し、同規定に「測絵地理情報管理業務における国家秘密目録」が付されているが、当該目録には測絵地理情報	情報は、国家秘密として確定されていないものの、国の安全と利益に関わり、未公開又は関連規定により公開すべきではない事項である。 「未公開」とは、組織内部の資料で対外的に公開されていないことをいう。例えば、秘密レベルは明記されていないが、「内部使用、持出厳禁」等の文字が記載された文書、統計資料、電話帳等が該当する。	現時点では、データ分類分級規則に基づき、核心データの漏えい等が発生した場合における影響の範囲・程度といった抽象的な識別方法に頼らざるを得ない。

11 2021 年 8 月 16 日公布、同年 10 月 11 日施行。

12 2020 年 6 月 18 日公布、同年 7 月 1 日施行。

第 6 章　データ三法の理解と運用に役立つ Q&A

一部地方の自由貿易試験区（北京、天津等）においては、「データ越境移転管理リスト（ネガティブリスト）」を公布し、国家安全評価を受けないと越境移転が禁止されるデータの範囲を公表している。この種のデータは重要データに該当すると解される。	分野における 26 項目の国家秘密及びその秘密等級が規定されている。なお、国家秘密が含まれる媒体は、「国家秘密」の旨の明記を要する。	「公開禁止」とは、関連規定により公開すべきでない事項をいう。例えば関連部門の規定がある「文化大革命」に関する資料は情報として国外への提供等をしてはならないとされる[13]。	

Q 2-3　データ安全リスク評価はどのように行うか。

A　　データ安全法 30 条によれば、重要データ取扱者は、規定に従ってそのデータ取扱活動に対するリスク評価を定期的に行うとともに、関連主管部門に対しリスク評価報告をしなければならない。リスク評価報告は、取り扱った重要データの種類、数量、データ取扱活動の実行状況、直面したデータ安全リスク及びその対応措置等を含むものでなければならない。また、ネットワークデータ安全管理条例 33 条 2 項にはネットワークデータのうち重要データの取扱いについての安全リスク評価報告に含まれるべき内容に関する詳細な規定があるが、これについては第 3 章五「重要データ取扱いの特則」を参照。

---

13 人民法院出版社編『最高人民法院の司法解釈の解読：指導性事例を含む。刑事巻（上）』（人民法院出版社、2019 年）。

193

現時点では、重要データの安全リスク評価の実施方法について
さらに詳細に定めているものはなく、工業情報化分野のデータで
あれば、2024 年 5 月 10 日公布の「工業情報化分野のデータ安
全リスク評価実施細則（試行）」が参考になる。同細則によると、
データ安全リスク評価は、主に①評価の準備、②評価の実施、③
評価報告書の作成といったプロセスで行われる。

① 　評価の準備
　自ら又は適格の第三者評価機関に委託して評価を行う。評価の
プロセスにおいて、少なくとも組織管理、業務運営、技術保障、
安全コンプライアンスなどの人員が含まれる専門評価チームを立
ち上げ、詳細な評価プランを作成し、技術評価ツールを準備する
必要がある。

② 　評価の実施
　評価にあたり、下記内容を重点的に評価する必要がある。
 a. データ取扱目的、方法、範囲が適法、正当、必要であるか
　　否か
 b. データ安全管理制度、プロセス・戦略の制定及び実施状況
 c. データ安全の組織構造、職務の割当て及び責務の遂行状況
 d. データ安全技術保護能力の構築及び適用状況
 e. データ取扱活動の関係担当者が、データ安全関連の政策及
　　び法令に精通しているかどうか、データ安全の知識及びス
　　キルを有しているかどうか、データ安全関連の教育とト
　　レーニングを受けているかどうか。
 f. データの改ざん、破壊、漏えい、紛失、違法な取得、違法な
　　使用等のセキュリティインシデントが発生した場合に国の
　　安全、公共の利益に与える影響の範囲及び程度等のリスク。
 g. データの提供、委託者処理、移転等を行う場合におけるデー
　　タ収集者又は受託者の安全保障能力、責任義務の定め及び

第 6 章　データ三法の理解と運用に役立つ Q&A

履行状況。

h. 法令に基づきデータ越境移転安全評価を申請する必要がある場合におけるデータ越境移転安全評価の要求に従う履行の状況。

③　評価報告書の作成

評価報告書には、データ取扱者の基本情報、評価チームの基本状況、重要データの種類と数、データ取扱活動の状況、データ安全リスク評価の環境、データ取扱活動の分析、コンプライアンス評価、安全リスクの分析、評価の結論と対策などが含まれる。評価結果の有効期間は、評価報告書の初回発行日から 1 年である。

また、データ取扱者は、評価完了後 10 営業日以内に、現地の監督管理部門に評価報告書を提出しなければならない。

Q 2-4 当社は各部署がどのようなデータを取り扱っているか把握していないが、その確認の作業はどのように行えばよいか。

A

企業はビジネスの拡大とますます進化する情報化に伴い、多種多様で膨大なデータを蓄積していくことになる。しかし、実際に企業が各業務部門のデータ処理状況を完全に把握することは難しく、コンプライアンス意識を欠く部署においては、不適切なデータ処理が行われることもある。同時に、企業がデータ資産の価値を最大限に引き出すためには、企業全体でデータ資産の整理を行い、データ資産の全体像を明確にする必要がある。

データ資産の整理とは、企業や組織内部のデータリソースを全面的に審査し、整理することで、データ資産を識別、分類、評価、記録するプロセスをいう。このプロセスは、組織が自らのデータ資産の価値、リスク、コンプライアンス要求を適切に理解し、データ管理と利用を最適化することに役立つ。以下はデータ資産の整

195

理の一般的な流れである。

準備段階：データ資産整理の目的と範囲を定め、専任のデータ資産整理チームを結成する。データ資産整理は IT 業務との関わりが多いため、IT 部門の主導で行うことを検討する。また、データ資産整理作業は社内の複数部門に関わるため、各業務部門も関連する責任者を選定し、IT 部門と協力する必要がある。

データの識別：各業務部門が組織内のすべてのデータソースとそれぞれのデータの種類を識別し、データ資産整理表を作成する。これにより、データの出所、形式、保存場所を特定する。

データの分類：担当部門や外部の専門家が各部門から提出されたデータ資産整理表を統合し、データの種類、用途、重要性に応じて分類する。一般的な分類方法としては、業務分野、データの機密性、データのライフサイクルなどに応じた分類がある。

データ品質評価とコンプライアンス評価：データ分類の過程で、コンプライアンスリスクを低減するために、データの品質と正確性を評価し、データ取扱いの合法性も評価する。

データマッピング：会社のデータ取扱いの実情やビジネスニーズに応じて、データマッピング表を作成し、データの流れとデータ間の関係を示す。データマッピング表は、データが組織内でどのように流れているかを把握するのに役立ち、後のデータ資産利用時にはデータのクレンジングやデータ製品の作成が容易になる。

企業のビジネスは継続的に変化しているため、内部制度を構築し、業務部門に対して新しいデータ取扱いが発生した際にはそのデータ処理状況を積極的に取りまとめ、報告することを求め、定期的にデータ資産の再整理を行う必要がある。

第 6 章　データ三法の理解と運用に役立つ Q&A

Q 2-5 データの取引（有償譲渡）を行うことはできるか。データ資産の価値はどのように評価するか。

A　個人情報の匿名化、国家秘密・情報・重要データその他センシティブなデータについてはクレンジング処理を行い、「一般データ」化したデータであって、当該データに対し処分の権限を有する者による行為であれば、原則として当該データを譲渡対象とすることができる。

データ資産評価とは、評価基準日における特定の目的下のデータ資産の価値評価と算定を指すが、この特定の目的には、データ資産の貸借対照表に組み込んだ後の減価測定、M&A の合併におけるデータ資産の振分け、データ資産の取引、侵害の損害賠償、質権設定、出資、信用増加、証券化、ファイナンスイノベーション等が含まれる[14]。

2023 年 9 月 8 日、国務院財政部の指導の下、中国資産評価協会は「データ資産評価指導意見」を公布し、データ資産の評価実務についての指針を示した。その 19 条によると、データ資産の価値を評価する方法には、収益法、コスト法、市場法これら三つの基本的な方法のほか、その派生的な方法がある。

データ資産評価を行う際には、資産評価の一般的なプロセスを遵守する必要がある。このプロセスには、資産評価機関と資産評価専門家が関与する。中国資産評価協会が制定した「資産評価実施準則―資産評価手続」[15] によると、資産評価の主な手続は次のとおりである。

・資産評価の基本事項の明確化

明らかにすべき事項には、委託者、資産権利保有者及び委託者以外の資産評価報告書の使用者、評価目的、評価対象及び評価範

---

14 上海データ取引所・ビックデータ流通及び取引技術国家工事実験室『データ資産入表 100 問』（経済管理出版社、第 1 版、2024 年）128 頁。

15 2018 年 10 月 29 日公布、2019 年 1 月 1 日施行。

囲、価値類型、評価基準日、資産評価項目と関わる承認を要する
経済行為の承認状況、資産評価報告書の使用範囲、資産評価報告
書の提出期限及び方法、評価サービス費用及び支払方法、資産評
価機関及び資産評価者への協力事項などが含まれる。

・業務委託契約の締結
・資産評価計画の策定
・評価現場調査の実施
・評価資料の収集と整理
・評価根拠と評価結果の作成
・評価報告書の作成
・評価作業記録、資料の整理集約と保存

　注意を要するのは、データ資産は国有資産に該当するケースが
あり、その際の資産評価は国有資産の評価の規則に従う必要があ
ることである。

Q 2-6　持続的に収益をもたらすデータを資産化して貸借対照表に組み込
むことはできるか。

A　　国務院財政部が公布した「企業データリソースに関する会計処
理暫定規定」[16]（以下「暫定規定」という。）の施行に伴い、デー
タリソース[17]を資産化処理して貸借対照表に組み込むことが可能
となった。実務上、固定資産が少なく、代わりに豊富なデータリ
ソースを持つ IT 系企業が、資金調達が困難となったためデータ

---

16 2023 年 8 月 1 日公布、2024 年 1 月 1 日施行。

17　データに関しては、データリソース、データ資源、データ資産、データ要素など様々な用語が混在して
いるが、それぞれの意味は以下のとおりである。
　データリソース（又はデータ資源）：オリジナルデータが取扱いの実践活動を経て一定の潜在的価値を
備えたもの。
　データ資産：ある組織によって合法的に保有・管理され、電磁的記録又はその他の方式で記録され、計
量及び取引の対象とすることができ、直接又は間接的に経済的利益や社会的利益をもたらすもの。暫定規
定の施行後、データ資産は会計上資産の要件を満たすべきと解される。

第 6 章　データ三法の理解と運用に役立つ Q&A

リソースの活用方法を模索したところ、データ資産を担保として
融資を受けたり、データ取引所でデータ資産を売却したりする方
法を取ることができた。

　暫定規定によれば、データリソースを資産化処理して貸借対照
表に組み込む方法は、無形資産として貸借対照表に組み込むこと、
又はデータ商品になった棚卸資産として貸借対照表に組み込むこ
と、これら 2 つがある。棚卸資産として取り込む場合には、そ
の短期的価値が注目され、無形資産として取り込む場合は、その
長期的価値が注目される。

　そこで、データリソースを資産化して貸借対照表に組み込む前
提として、まず、データコンプライアンスをチェックしてオリジ
ナルデータの取得その他取扱いの合法性及びデータリソースの権
利を確認する必要がある。データコンプライアンスチェックは、
主にデータ収集・データ加工・データ管理の適法性に着目し、多
くの場合、サイバーセキュリティ法、データ安全法、個人情報保
護法で確立されたデータ取扱いの方針、規則に基づき判断を行う。
企業がデータに関連する電気通信業務を展開していれば、関連法
令に従い許認可を取得しているか否かもチェックされる。データ
リソースの権利の確認については、実務上、省レベルの知的財産
局におけるデータ知的財産権登録制度を活用することも考えられ
る。例えば、「北京市データ知的財産権登録管理弁法（試行）」に
よると、データ保有者又はデータ取扱者は、法令の規定又は契約
に基づき収集され、一定のルール又はアルゴリズムにより処理さ
れた商業的価値及び知的成果の属性を有する未公開状態のデータ
集合体について、データ知的財産権の登録を行うことができる。
こうして取得したデータ知的財産権登録証書は、データの所有と

　データ要素：経済学の「生産要素」（Production Factor）を語源として「データ生産要素」を略した用語。
経済学における生産要素の判断基準を満たし、データが生産要素として企業の生産経営活動と関わり、重
要な働きを発揮するもの。
〔上海データ取引所・ビッグデータ流通及び取引技術国家工事実験室『データ資産入表 100 問』（経済管理
出版社、第 1 版、2024 年）1 頁、96 頁〕

利用権の初期証明として利用することができ、当該証明の保有によってデータに対する合法な加工権、収益権が保証される。

しかし、当該登録証明書は、確定された最終の権利帰属を意味するものではない点に注意を要する。また、貸借対照表に組み込むデータリソースは、会計基準に定める資産の要件を確実に充足するものでなければならない。

また、データリソースを貸借対照表に組み込む前に、相応の資産評価を行うことの必要性も問題となる。これについて、資産評価はデータ資産を貸借対照表に組み込む必須の要件ではないとされているが、データ資産が取引の対象になる場合や出資の対象物となるなど特殊なケースにおいては、取引価格や出資額の確定のため資産評価が必要になると解される。

Q 2-7 重要データを構成する可能性のあるデータの越境移転にはどのように対応すべきか。

A 「データ越境流動の促進及び規範化に関する規定」7 条 2 項によれば、データ取扱者が重要データを国外に提供する場合、所在地の省レベルのネットワーク情報部門を通じて国家ネットワーク情報部門に対しデータ越境移転安全評価を申請しなければならない。

重要データの識別について、データ安全法は、国がデータ分類分級保護制度を確立し、重要データ目録を策定し、重要データの保護を強化するものとし、また、各地区、各部門がデータ分類分級保護制度に従って、その地区、部門及び関連する産業、分野の重要データの具体的な目録を策定し、その目録に掲げられたデータに対して重点的な保護を行わなければならないと定めている。現時点において、一部業界（自動車分野等）及び一部地域（天津市自由貿易試験区、北京市自由貿易試験区等）を除き、重要デー

タの目録を公表している業界・地域はまだ少なく、各業界、分野の重要データの目録はまだ策定の過程にある。そのため、実務上、企業は自社が重要データ取扱者に該当するか否かについて判断しにくい状況にあった。この問題に関して、同規定2条は、予定されているデータが関連部門や地域から重要データとして通知又は公表されていない場合、データ取扱者はそれを重要データとして扱い、安全評価の申請をする必要はないと明らかにしている。

　注意すべき点は、航空、金融、バイオ医薬品などの重要な業界においては、業務運営中に国家安全、公共利益、個人又は組織の合法的権益に重大な影響を与えるが、重要データとして明確に定義されていない機微なデータの取扱いが多いということである。このようなデータが後に関連する地域や業界の主管部門から重要データとして通知又は公表された場合、該当するデータ取扱者は重要データの越境移転安全評価を実施しなければならなくなり、これにより本来の業務が成り立たなくなることが懸念される。よって、同規定の上記重要データに関係する規定を鵜呑みにせず、自社が取り扱うデータの性質を踏まえ、専門家のアドバイスを受けながら重要データに該当しないと確定可能なデータとその可能性があるデータとの仕分けを慎重に行い、それぞれ異なった対策（重要データに該当する可能性のあるデータを保存する情報システムを中国国内のデータセンターに配置するなど）を講じておくことが望まれる。2024年3月1日に公布された「GB/T 43697-2024 データ安全技術 データ分類分級規則」は、一般論として重要データを識別する基本的方法を示しており、これは企業が自ら重要データを識別する際に一定の参考になる。重要データの定義、識別方法については本書第3章の四の説明も参照されたい。

　企業はこのように自ら進んでその取り扱うデータから重要データを識別する作業を行うことにより、将来的な対応に不意を突かれ、あるいはデータ移転への依存度の高い事業の存続が困難となることを避けることができる。

Q 2-8 ChatGPT を用いたアプリケーション開発の過程でデータを利用
することになるが、どのような注意点又はコンプライアンス上の
要求があるか。

A ChatGPT は中国大陸でそれを展開するためのライセンスを取
得していないため、実務上、中国国内の開発者が ChatGPT を用
いたアプリケーションを開発、運用するためには、国際専用回線
等を使って ChatGPT にアプローチすることになる。以下におい
ては、ChatGPT サービス等を利用した開発活動について注意点
を論じる。

1．サイバーセキュリティ等に関する義務

中国国内のアプリケーション運営者は、ネットワークサービス
提供者に該当するため、サイバーセキュリティ保障義務（サイバー
セキュリティ等級保護履行義務、サイバーセキュリティ・インシ
デント対応義務、インターネット実名制実施義務、ネットワーク
製品・サービス安全保障義務、コンテンツ安全管理義務など）、デー
タ安全保障義務（データ分類分級保護、データの全ライフサイク
ルにおける安全管理義務、データ安全事件への対応義務、重要デー
タ取扱時の安全リスク評価義務など）、個人情報の保護義務（個
人情報取扱いの諸原則の遵守、告知と同意取得義務、個人情報権
利の保障など）を履行する必要がある。

2．データ越境移転規制を遵守する義務

中国国内の開発者が ChatGPT サービス等を利用した設問型の
アプリケーションの開発については、以下のパターンが考えられ
る。ユーザーがアプリケーションのインターフェイスに質問を入
力し、当該質問が開発者設計のアプリケーションとバックシステ
ムの設定により ChatGPT サービス等の運営者のシステムに送信
され、ChatGPT サービス等のアルゴリズムを利用して回答案を

第 6 章　データ三法の理解と運用に役立つ Q&A

生成し、それが中国国内の開発者の運営するアプリケーションに
送信され、そのまま又はさらに中国国内の開発者の運営するアプ
リケーションのアルゴリズムによる加工を経てインターフェイス
に表示される。その過程においては、ユーザーの個人情報その他
中国国内の各種データ・情報の越境移転が行われる可能性が想定
される。この場合、個人情報及びその他のデータの越境移転に関
する各種法規制とデータ取扱ルールに準拠して行う必要がある。
これには、個人情報の越境移転及び ChatGPT サービス等及びア
プリケーションによる処理などの取扱活動について、個人への告
知、個人の個別同意の取得、開発者社内における個人情報保護影
響評価、ChatGPT サービス等の運営者との標準契約の締結及び
届出、ひいてはデータの機微性を踏まえたデータ越境移転安全評
価などが必要となる可能性がある。ChatGPT を利用した作業は
瞬時の完了が予想されるため、実際に上記のような煩雑な作業を
行うことは現実的でない。それゆえ、プライバシーポリシー、サー
ビス利用時・会員加入時の告知及び同意書などをもって個人の同
意体制を整えておき、ChatGPT サービス等の運営者などの規約
を確認して中国の越境移転規制に則った対応が可能か確認する必
要がある。また、秘密保持の観点から、無料の ChatGPT ではな
く、有料サービスによる秘密保持体制の下で開発及びアプリケー
ションの運営を行うことが望まれる。

3．アルゴリズム届出等の義務

　ChatGPT サービス等を用いて開発されたアプリケーションは、
生成 AI 関連のサービス類型に該当し、同分野の許認可に注意す
る必要がある。世論属性又は社会動員能力を有するディープラー
ニングによる合成サービスのプロバイダー及び生成 AI サービス
提供者は、「インターネット情報サービスにかかるアルゴリズム
によるレコメンデーション管理規定」に基づき、国家又は省レベ
ルのネットワーク情報部門にそのアルゴリズムについて届出、変

203

更、届出抹消手続を行う必要があり、また、「生成 AI サービス管理暫定弁法」（2023 年 8 月 15 日施行）により、その情報サービス及び新技術の合法性、安全措置の有効性、リスクマネージメントの有効性について評価を行う必要がある。

4．倫理審査を受ける義務

　科学技術倫理審査弁法（試行）（2023 年 12 月 1 日施行）によると、開発されたアプリケーションが、個人情報・個人データ等を利用する科学技術活動であり、又は人と直接関連しないが、生命の健康安全、生態環境、公的秩序、持続可能な開発（Sustainable Development）等倫理的リスク・挑戦をもたらす機微な分野に関わる場合、社内で設けられた科技倫理（審査）委員会（関連する科学技術の専門知識を有する同業の専門家、倫理や法律などの専門分野の専門家で構成され、異なる性別及び外部の委員を含める必要がある。）による倫理審査を受ける必要がある。特に、世論・社会動員能力を有するアルゴリズムモデル、アプリケーション及びシステムがこのような領域に関係する場合には、社内の初期的な倫理審査のうえ、所在地主管部門の専門家による再審査を受け、その承認取得から 30 日以内に国家科技倫理管理情報登録プラットフォームで登録をしなければならない。Chat GPT サービス等を用いてアプリケーションを開発する場合には、この倫理審査義務を負う可能性への注意が必要となる。

5．知的財産保護及び不正競争防止法上の義務

　ChatGPT サービス等を用いて開発を行う場合、他人の知的財産権の尊重、商業秘密の保護・維持、独占・不正競争行為の防止など事業活動で注意すべき一般的なコンプライアンスにも注意しなければならない。特に ChatGPT サービス運営者の提供した AI モデル及びそのデータソースの適法性、生成した回答内容の適法性の確認に留意する必要がある。

第6章　データ三法の理解と運用に役立つQ&A

3．個人情報保護法

Q 3-1　「個人に関する情報」が個人情報に該当するか否かはどのように
判断されるか。その具体的な判断基準は何か。

A　　　個人情報保護法4条1項の「個人情報」の定義を踏まえると、
個人情報への該当性の判断には、「識別ルート」と「関連ルート」
という2つのアプローチがある。

　　「識別ルート」とは、特定の情報から、又は当該情報を他の情
報と組み合わせて、特定の自然人を識別できる場合、当該情報は
個人情報に該当するというアプローチである。例えば、氏名、生
年月日、住所、メールアドレス、携帯番号、旅券番号、運転免許
証番号、指紋、顔情報等の生体識別情報などは、当該情報をもっ
て又は他の情報と組み合わせて特定の個人の識別が可能であるた
め個人情報に該当する。

　　また、「関連ルート」とは、既に識別され又は他の情報との組
合せにより識別可能な特定の自然人に関する情報は個人情報に該
当するというアプローチである。例えば、特定の自然人の通話時
間、通話履歴、ウェブサイト閲覧履歴、アプリケーションの利用
履歴、位置情報、スマホにある連絡簿、WeChat友人リストな
どが、当該自然人の個人情報に該当する。この関連ルートのアプ
ローチが存在するため、個人に関する情報の保有者が当該情報を
もって直接に特定の個人を識別できなくても、この個人に関する
情報は個人情報に該当する可能性がある。

　　日本法には「個人関連情報」という概念が存在し、「個人関連
情報」と「個人情報」に対する規制のロジックは異なるが、中国
法はそのような区別をしていないのが特徴である。言い換えると、
中国法における個人情報の範囲は相当広い。個人に関する情報が
個人情報に該当しないとの誤った判断をすると、個人に関する情

205

報の取扱いが違法行為になってしまうリスクがあるため留意され
たい。

Q 3-2 個人情報とプライバシーの違いは何か。

A 　民法典 1032 条によれば、自然人はプライバシー権を有し、い
かなる組織又は個人も、詮索、侵入、漏えい、公表によって他人
のプライバシー権を侵害してはならない。同条によると、プライ
バシーとは自然人の私生活の平和と他人に知られたくない私的空
間、私的活動及び私的秘密情報をいう。

　個人情報とは、電子的若しくはその他の方法によって記録され
た既に識別され又は識別可能な自然人に関する各種の情報をい
い、匿名化処理後の情報を含まない（個人情報保護法 4 条 1 項）。

　プライバシーと個人情報とは、そのいずれも権利主体が自然人
であり、権利客体にプライベート情報を含む点で共通する。例え
ば、個人の電話番号、住所、移動記録など他人に知られたくない
プライベート情報は、個人情報に該当すると同時に、プライバシー
にも該当する。

　他方、プライバシーと個人情報とは、次の点で明確に異なる。

　第一に、個人情報には、センシティブな個人情報であってプラ
イバシーに該当するもの（個人の性的傾向、行動履歴、健康情報
等）もあれば、プライバシーと関連せず、単なる個人情報（氏名、
性別等）にとどまるものもある。

　第二に、プライバシーは、他人に知られないようにするための
保護がその根底をなすのに対し、個人情報は、個人に不利な影響
が及ばない範囲で他人への開示・共有などを通じそれを取り扱う
ことに意味がある。すなわち、個人情報にはその流動性が推奨さ
れる一面がある一方、プライバシー権はその情報の遮断を要する。

　第三に、個人情報は集合してデータ化され、現代社会のビジネ

スで利用されることがあり、特に個人情報をもとに形成された
ビックデータについては、それによる巨大なビジネスチャンスと
商業価値の創出が実証されているが、プライバシーは、それへの
内偵さえ許されない。プライバシーを本人以外の者が集積して
データ化することは社会通念上許されず、データ化したプライバ
シーの利用は、公序良俗への違反や本人の権利の侵害となるリス
クがある。

　個人情報に関する権利の保護方式は、プライバシー権の保護方
式と異なる。民法1034条3項は、「個人情報のうちプライベー
ト情報には、プライバシー権に関する規定を適用し、規定がない
ときは、個人情報の保護に関する規定を適用する。」と定めている。
プライバシー権の保護は、主に民法典及びその司法解釈等に基づ
き行われる。民法典1165条1項は、不法行為に基づく損害賠償
責任の帰責の基本原則を過失責任としており、よってプライバ
シーの権利侵害については過失責任が適用される。個人情報に対
する保護は、個人情報保護に関する法律のほか、刑法に基づく保
護も可能である。また、個人情報保護法69条1項の下、個人情
報に関する権利・利益を侵害する不法行為の損害賠償責任につい
ては、過失責任が推定され、侵害者が自己の無過失を証明しない
限り、過失があるものと推定される。

Q 3-3 個人情報は匿名化処理をされた情報を含まないと定められている
が、匿名化とは何か。

A 　「匿名化」とは、個人情報が処理を経て、特定の自然人を識別
することができなくなり、かつ、復元することもできなくなる過
程を指す（個人情報保護法73条1項4号）。これと類似して、「GB/
T 35273-2020 情報安全技術 個人情報安全規範」においても、
匿名化とは、個人情報に対して個人情報主体の識別又はそれとの

関連づけができないようにし、元の情報に復元できないように技術的処理を施すプロセスを指すものと定義されている。

　個人情報の匿名化の後に形成された情報は、もはや個人情報に該当しないため（個人情報保護法4条）、その利用にあたり、個人情報の取扱いに対して適用される各種コンプライアンス義務を負うことはない。そのため、技術的手段により個人情報を匿名化処理して再利用することは、実務上、重要な情報利用の方法となっている。

　注意を要するのは、個人情報保護法、個人情報安全規範のいずれも、匿名化処理をされた情報の復元不可を強調していることである。匿名化処理後に形成された情報から、他の技術的手段や方法を用いて再び個人情報主体を単独で識別できる場合、又は他の情報と組み合わせて再び個人情報主体を識別できる場合、その情報は依然として個人情報に該当し、その収集、保存、使用などを行う際には、個人情報保護法に定める取扱いの要件、規則を遵守しなければならない。

　データの解析技術が日々進歩して行く今の時代において、オリジナルデータへの復元を完全に不可能とする技術による匿名化を追求することは現実的に難しい。参考までに、中国情報通信研究院及び北京市国際ビックデータ取引所が2023年11月に共同で発表した「データクリーニング、非特定化、匿名化業務規程（試行）」は、匿名化処理について、完璧で絶対的な匿名化状態を求めることはなく、オリジナルデータによる個人の識別可能性を当局及び企業の受け入れるレベルまで低減し、個人を識別するために必要な時間や費用が不合理な程度に高められていれば、復元不可と認めるものと定めている。

第 6 章　データ三法の理解と運用に役立つ Q&A

Q 3-4　匿名化と非識別化はどのように異なるか。非識別化処理を行った個人情報の第三者との共有は可能か。

A　個人情報保護法は、匿名化処理を通じて、もはや特定の自然人を識別することができない情報については、個人情報としては取り扱わないものとしている。匿名化と同様に個人情報に一定の処理を加える処理方法として非識別化がある。

個人情報保護法における非識別化とは、個人情報が処理を経て、付加的な情報に依拠しない状況下では特定の自然人を識別することができないものとされる過程をいう（個人情報保護法 73 条 3 号）。

両者の本質的な違いは、個人情報が匿名化されて形成される情報はもはや個人情報ではないが、非識別化されて形成される情報は依然として個人情報であるという点である。

表 6-3：匿名化と非識別化の相違

	当該情報のみによる特定の自然人の識別	追加情報の補助による特定の自然人の識別	処理後の情報の個人情報への復元可能性	個人情報への該当性
匿名化（anonymization）	不能	不能	不能	該当しない
非識別化（de-identification）	不能	可能	可能	該当

表 6-3 のとおり、非識別化は、情報の属性を変更することなく、技術的な措置により、情報と個人との関連づけの程度を低下させるプロセスである。個人情報保護法によると、個人情報が非識別化されて形成される情報は、追加情報の助けを借りて特定の自然人の識別に利用することができ、個人情報保護法上の個人情報の定義における「識別可能な自然人に関する各種の情報」（同法 4 条）に該当する。

209

個人情報の非識別化について、国家推薦標準である「GB/T 37964-2019 情報安全技術 個人情報非識別化指針」（以下「非識別化ガイドライン」という。）が 2019 年 8 月に公布され、2020 年 3 月から施行されている。「非識別化ガイドライン」は個人情報の非識別化の定義、目標、原則、影響、手順と人員管理、常用技術やモデルを定めている。

　個人情報が非識別化されて形成される情報は、他の追加情報の補助があれば特定の自然人の識別が可能であるため、依然として個人情報に該当する。よって、非識別化と匿名化は全く異なる処理プロセスになる。

　他の追加情報に依拠しなければ特定の自然人を識別できない点で、非識別化は、個人情報の侵害リスクや仮に侵害された場合の損害リスクを相対的に下げる効果があり、個人情報取扱者が個人情報の取得、加工等を行うにあたって採るべき安全技術措置の一つとなる（同法 51 条 3 号）。

Q 3-5 個人情報の取扱いに際して個人情報主体に提示する告知は、どのような内容でなければならないか。

A

　個人情報取扱者は、個人情報の取扱いを行う前に個人に対する告知義務を履行しなければならない。告知及び同意取得の方式には、プライバシーポリシーなどの個人情報取扱規則を不特定多数の個人情報主体に一般告知したうえ個人情報取扱規則への包括同意を取得するパターンと、特定の個人情報の取得について特定の「告知・同意書」の書面（又は情報告知と同意取得機能を有するポップアップ画面）を提示し、その特定の個人情報の取扱いに関する事項を個人情報主体に告知したうえ、当該取扱いに対して個人情報主体の個別の同意を取得するパターンがある。

　告知すべき内容について、個人情報取扱者は、個人情報の取扱

いを行う前に、目立つ方法により、明瞭かつ理解しやすい表現を用いて、個人に対し、次に定める事項を真実、正確かつ完全に告知しなければならない。

（1）個人情報取扱者の名称又は氏名及び連絡先

（2）個人情報の取扱目的、取扱方法、取り扱う個人情報の種類、保存期間

（3）個人が本法に定める権利を行使する方法及び手続

（4）その他法律、行政法規が告知すべきであると定める事項

　前項に定める事項に変更が生じたときは、その変更の部分を個人に告知しなければならない。

（個人情報保護法 17 条 1 項・2 項）

　以下参考までに、中国の B2C の EC プラットフォームである淘宝（https://world.taobao.com/）が、アカウント作成機能の実行のために必要な個人情報を取り扱う場合における告知内容を抜粋して紹介する。淘宝のアカウント登録の画面では、下図のように「プライバシーポリシーをはじめとした規約を読み、同意した」とのボタンがあり、そのようなチェックボックスを選択し、「確認」ボタンをクリックすると登録に進む形式がとられている。

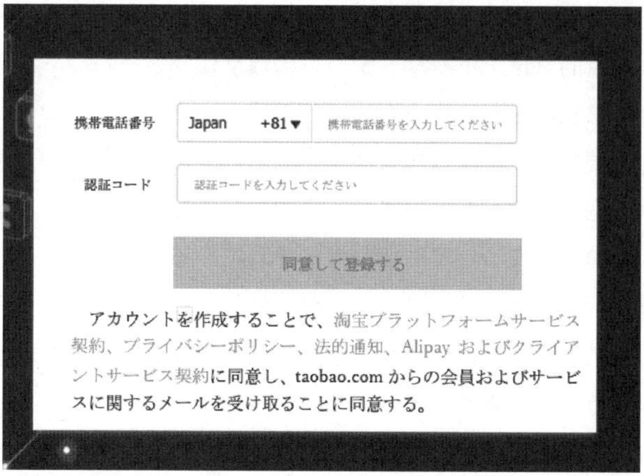

図 6-1：淘宝のプライバシーポリシー表示画面の一部（抜粋）

上記画面で「プライバシーポリシー」にハイパーリンクが設けられ、これをクリックすると、プライバシーポリシーの全文が表示される。ポリシー第2条の「情報の収集と使用」において、「淘宝プラットフォームアカウントサービス」に関する個人情報収集について次の内容を定めている。

　「当社は、お客様の淘宝プラットフォームアカウントに基づいてサービスを提供する。淘宝プラットフォームアカウント（「淘宝プラットフォームアカウント」又は「淘宝アカウント」ともいう。）を作成するには、少なくともお客様の**携帯電話番号、使用するユーザー名、パスワード**を当社に提供する必要がある。これらの情報の提供を拒否した場合、淘宝プラットフォームアカウントの登録ができず、閲覧及び検索サービスのみの利用に限られる。……ニックネーム、性別、アバターは、お客様自身で設定することができ、これらはレビュー、共有、その他のインタラクティブな場面で公開される。生年月日に関する情報は、お客様自身で設定することができ、淘宝は、お客様の生年月日情報に基づいて、誕生日に関連した特典を表示することがある。この種の情報は、必須ではない個人情報であり、前述の情報を提供しなくても、淘宝プラットフォームサービスの利用には影響しない。」

　このように、収集する個人情報の種類、当該個人情報を収集する目的又はアプリケーションの機能はプライバシーポリシーに詳細に定められているが、特定の目的、アプリケーションの機能を実現するために収集が必須となる個人情報と個人が任意に提供する個人情報とが区分され、必須な個人情報が提供されなかった場合の影響についても明らかにされている。

　個人情報の第三者への提供、中国国外への提供など特殊な取扱活動においては、さらに追加すべき告知事項があり、具体的には表 6-4 のとおりである。

第 6 章　データ三法の理解と運用に役立つ Q&A

表 6-4：個人情報の取扱行為に共通して個人に告知すべき事項

法令条項	個人情報取扱行為	告知すべき事項
個人情報保護法 22 条	合併、分割、解散、破産宣告等の事由による第三者への個人情報の移転	受領者の名称又は氏名、連絡先。受領者が受領後に個人情報の取扱目的、取扱方法を変更する場合には変更後の取扱目的、取扱方法
同法 23 条	他の個人情報取扱者に対する個人情報の提供	受領者の名称又は氏名、連絡先、受領者による個人情報の取扱目的、取扱方法及びその個人情報の種類。受領者が受領後に個人情報の取扱目的・取扱方法を変更する場合には変更後の取扱目的・取扱方法
同法 30 条	機微な個人情報の取扱い	機微な個人情報を取り扱う必要性及び個人の権利・利益に与える影響
同法 39 条	中国国外への個人情報の提供	国外受領者の名称又は氏名、連絡先、国外受領者による個人情報の取扱目的、取扱方法及びその個人情報の種類、個人が国外の受領者に対して本法に定める権利を行使する方法及び手続

Q **3-6** 個別の同意はどのようなものか。実務において、個別の同意をどのような方法で取得すればよいか。

A 「個別の同意」とは、ある事項のみを対象とする単独の同意であり、別の事項に対する同意が混在していないものと解される。その反対概念としては、「包括的同意」又は「バンドル式同意」が挙げられる。

　特定の個人情報の取扱いについて「個別の同意」の取得を要件とするのは、個人情報取扱者が包括的同意やバンドル式同意を採用して個人から明確かつ十分な同意を取得しないまま個人情報を取り扱うことを防止し、個人が特定の個人情報の取扱いに対して自由意思をもって明確かつ十分な同意を行うことを確保することにその目的がある。

　個人情報保護法が定める「個別の同意」の取得を要件とする個

213

人情報の取扱活動には、他の個人情報取扱者への個人情報の提供
（同法23条）、個人情報の公開（同法25条）、公共の場所におい
て収集した個人の画像、個人の身元識別の設備を設置して収集し
た身元識別情報の公共安全の維持以外の目的への使用（同法26
条）、機微な個人情報の取扱い（同法29条）、中国国外への個人
情報の提供（同法39条）などが含まれる。また、最高人民法院
の「顔認証技術を用いた個人情報の処理に係る民事事件の審理に
おける法律適用の若干の問題に関する最高人民法院の規定」
（2021年8月1日施行）4条2号によると、情報取扱者が自然
人に対し、他の許可とバンドルするなどの方式によってその顔情
報の取扱いに関する同意を求めた場合には、裁判で同意を取得済
みと主張しても、人民法院はこれを認めないとしている。

　実務上、「個別の同意」を取得する方法は、商業・業務機能等
に応じ、「個別の同意」が必要な事項を書面・ポップアップウィ
ンドウ、項目ごとのチェックボックスなどを利用して個人に告知
したうえ、個人が該当項目にチェックし、又は書面に同意の署名
を行うことなどが挙げられる。例えば、国家税務総局の「電子税
務局」アプリケーションは、顔認証による実名認証の機能により
個人の顔情報など機微な個人情報を収集するにあたり、当該アプ
リケーションのインターフェイスにおいて顔情報の収集に関する
情報を「個人情報保護告知同意書」「顔認証サービス契約」の形
で個人に提示したうえ、その「個別の同意」を得る方式を採用し
ているが、これは個別の同意の取得の一例になる。

第6章　データ三法の理解と運用に役立つQ&A

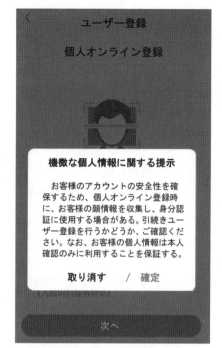

図6-2：（例）国家税務総局の「電子税務局」アプリケーションにおける顔認証実名認証時のインターフェイス（上海市向け）

Q 3-7 個人情報の取扱いについて個人の同意を不要とする法的事由は、実務上具体的にどのように運用されているか。

A　　1．個人を一方の当事者とする契約の締結、履行のために必要であること

　「個人を一方の当事者とする契約の締結、履行のために必要であること」とは、個人情報取扱者及び個人がいずれも契約の当事者であり、かつ、契約を締結し、又は契約上の義務を履行するために個人情報取扱活動が必要であることを意味する。

　実務上典型的なケースは、電子商取引契約の締結、履行のための個人情報の取扱いである。個人情報取扱者たるオンラインストアは、顧客の注文を受けた後にその顧客に商品を配送するため、

215

荷受人の名前、配送先住所及び連絡先などの個人情報を収集する。
また、顧客が銀行振込又はクレジットカードによる支払を選択し
た場合、オンラインストアは、顧客の口座番号やクレジットカー
ド番号、カード保持者氏名などの情報を収集する。上記個人情報
の収集は、電子商取引契約を締結し、履行するために必要である
と解される。他方、オンラインストア又は EC プラットフォーム
運営者が顧客の性別、年齢、消費能力、消費習慣、個人嗜好等の
情報を収集し、これらの情報をターゲティング広告の配信に用い
る場合には、電子商取引契約の締結と履行のために必要と認めら
れず、別途個人に当該広告目的で個人情報を使用することを告知
し、個人から個別の同意を取得しなければならない。

２．法に基づいて制定された労働規則及び法に基づいて締結され た集団契約に従って人的資源管理を行うために必要であること

　労働人事の管理を行うために従業員の個人情報を収集し、取り
扱うことは、会社の正当な目的とはいえ、これが「法に基づいて
制定された労働規則」及び「法に基づいて締結された集団契約」
に従って管理を行う場合に限って個人の同意の取得が不要とな
る。

　「法に基づいて制定された労働規則」について、中国「労働契
約法」４条は、法により労働規則制度を確立し、整備する使用者
の義務を明確に定めている。同法によると、使用者が労働報酬、
勤務時間、休憩・休暇、労働安全衛生、保険・福利、従業員研修、
労働紀律及び労働ノルマ管理等労働者の切実な利益に直接関わる
規則制度又は重要事項を制定し、改正し、又は決定する場合は、
従業員代表大会における、又は全従業員との討論を経て方案及び
意見を提出し、労働組合又は従業員代表との平等な協議を経て確
定しなければならない。規則制度及び重要事項決定の実施過程で、
労働組合又は従業員が不適切であると考える場合、使用者にそれ
を提起し、協議のうえ改正・改善することができる。また、使用

者は、労働者の切実な利益に直接関わる規則制度及び重要事項の決定を公示し、又は労働者に告知しなければならない。

「法に基づいて締結された集団契約」について、中国「労働法」33条及び「労働契約法」51条によれば、企業の従業員側と使用者は、平等な協議により労働報酬、勤務時間、休憩・休暇、労働安全衛生、保険・福利等の事項について集団契約を締結することができる。集団契約の草案は従業員代表大会又は全従業員に提出し、討議を経た上で採択しなければならない。集団契約は労働組合が企業の従業員側を代表して使用者と締結する契約である。労働組合を確立していない使用者については、上級労働組合の指導により、労働者の推薦する代表が使用者と締結する。

上記プロセスと方法で制定された労働規則や締結された集団契約に基づき行われる従業員の個人情報の取扱いは、個人の同意を要しない。

3. 法定の職責又は法定の義務の履行のために必要であること

法定の職責とは、立法機関、行政機関、司法機関その他の国家機関が法律法規に基づき有する権限及び履行すべき義務を指す。例えば、中国「刑事訴訟法」132条1項によると、捜査員は、被害者又は被疑者の一定の特徴、傷害状況又は生理機能健康状態を確認するため、その身体を検査することができ、指紋情報を採取し、血液、尿等の検体を採取することができる。したがって、公安機関又は検察機関の捜査員が捜査のために個人の生体識別情報を強制的に収集することは、法定の職責を果たすものであると解される。また、中国「出入国管理法」7条は、「国務院の承認を経て、公安部及び外交部は、出入国管理上の必要性に応じて、出入国者の指紋など生体識別情報の保存について定めることができる」と定めている。

法定の義務とは、民事主体たる自然人、法人及びその他の団体が法律法規に基づき負う義務を指す。例えば、中国「社会保険法」

33 条によると、「従業員は労働災害保険に加入しなければならず、その労働災害保険料は使用者が納付し、従業員は納付しない」と定められているため、企業は、従業員のための労働災害保険への加入という法定義務を履行するために、従業員の関連する個人情報を収集しなければならない。また、金融分野において、「反マネーロンダリング法」3 条は、金融機関に対して顧客身元識別制度、顧客身分資料及び取引記録の保管制度を確立・整備することを要求している。これらはいずれも法的義務を履行するための個人情報の取扱いに該当し、個人の同意の取得は不要であると解される。

4．突発的な公共衛生事件に対応するため、又は緊急の状況下において自然人の生命、健康及び財産の安全を保護するために必要であること

　突発的な公共衛生事件とは、突然発生し、公衆衛生に重大な損害を与え、又は与える可能性のある大規模な感染症、原因不明の集団感染症、重大な食中毒や職業性中毒その他公衆衛生に深刻な影響を与える事件を指すものである（「突発的公共衛生事件緊急条例」2 条）。例えば、「伝染病予防治療法」12 条によると、中国領域内でのすべての組織及び個人は、疾病予防・管理機関、医療機関による感染症の調査、検査、サンプル収集、隔離治療などの予防・管理措置を受け入れ、関連する情報を誠実に提供しなければならない。「感染症情報報告管理規範」（2015 年版）の付属文書である「感染症報告カード」によると、患者の氏名、性別、生年月日、有効な証明書番号、職場、住所、連絡先、職業、病型などの情報が感染症情報の報告内容に含まれるべき情報となっている。

　「緊急の状況下において自然人の生命、健康及び財産の安全を保護するために必要であること」に関して、典型的ケースとして、病院が急性疾患のある患者を収容し、患者の身元を確認してその家族に連絡するために患者の個人情報を取り扱う場合や、通信事

業者が電信詐欺の発生を防止するために被害者の個人情報を取り扱う場合が挙げられる。

5．公共の利益のために報道、世論監督等の行為を行い、合理的な範囲において個人情報を取り扱うこと

中国「民法典」999条によれば、公共の利益のために報道や世論監督等の行為を行う場合、民事主体の氏名、名称、肖像、個人情報などを合理的に使用することができる。したがって、一般民衆向けに突発事件について報道するため、合理的な範囲で被害者の肖像等を用いる場合や、犯罪事件等の報道のため、被疑者の氏名、肖像その他合理的範囲内で同人の個人情報を用いる場合がこの事由に該当すると考えられる。

注意すべき点として、この事由が適用されるには、報道、世論監督等の行為が「公共の利益」のために行われなければならない。公共の利益に関係なく、娯楽のための報道や、個人の不道徳又は違法な行為に対する世論監督を目的とする場合には適用されない。

6．個人情報保護法の規定に従い合理的な範囲において、個人が自ら公開し又はその他既に合法的に公開された個人情報を取り扱うこと

「合理的な範囲」という要件について、明確な規定はなく、個別ケースごとに判断するしかない。法律、行政法規に基づき取り扱う場合や個人情報の取扱いが公共の利益に適合し、又は公共の利益に貢献する場合、合理的な範囲と評価される。

もっとも、公開された個人情報の取扱いに際しては、個人情報主体の重大な利益を侵害しないよう注意する必要がある。例えば、「情報ネットワークを利用した人身権侵害民事紛争事件の審理における法律の適用に関する最高人民法院の若干の規定」9条によると、ネットユーザーやネットサービス提供者による公開個人情

報の利用時には、以下の状況があってはならない。

（a）ネットユーザーやネットサービス提供者が公開元の情報と異なる内容を公開すること。

（b）ネットユーザーやネットサービス提供者が侮辱的な内容や誹謗中傷的な情報を追加し、不適切なタイトルを付し、情報を増減し、構造を調整し、又は順序を変更して、誤解を招くこと。

（c）公開元の情報が既に訂正されているにもかかわらず、ネットユーザーが訂正を拒否し、又はネットサービス提供者が訂正を行わないこと。

（d）公開元の情報が既に訂正されているにもかかわらず、ネットユーザーやネットサービス提供者が訂正前の情報を引き続き公開すること。

7．その他法律、行政法規が定める事由

これはバスケット条項として定められた事由である。デジタルエコノミーの時代において、個人情報取扱いのシーンはますます多様化している。個人情報保護法において、個人の同意を得ず個人情報を取り扱うことができる法定事由をすべて網羅的に列挙することはできないことから、このような事由が定められた。注意を要するのは、その他の事由といっても、必ず法律又は行政法規に定められた事由でなければならない点である。特定の行政部門や地方政府の規定・政策に個人の同意を不要とする旨の規定が存在しても、ここに定める事由としては認められない。

Q 3-8 プライバシーポリシーとは何か。それにはどのような内容を含めなければならないか。

A プライバシーポリシー（Privacy Policy）は、インターネット

第 6 章　データ三法の理解と運用に役立つ Q&A

ウェブサイトにおいて、個人情報を収集するか、収集した個人情報をどう扱うかなどについて、サイトの管理者が定めた規範であり、個人情報保護方針などともいう[18]。

　個人情報保護法 17 条 3 項は、個人情報取扱者において、個人情報取扱規則を制定する方法で個人情報の取扱いに関する諸事項を告知するときは、その取扱規則を公開しなければならず、かつ、その容易な閲覧と保存を可能にしなければならないと定めている。「GB/T 35273-2020 情報安全技術 個人情報安全規範」5.5 条は、この「個人情報取扱規則」に類似する概念として「個人情報保護ポリシー」を定めており、個人情報管理者に対して、個人情報保護ポリシーを制定して、取り扱う個人情報の種類、方法、目的などについて明確に規定することを要求している。

　「プライバシーポリシー」、「個人情報取扱規則」及び「個人情報保護ポリシー」は、その名称は異なるものの、実務上の効用としては、いずれも個人情報を取り扱う際のルールを個人に明示し、その明示されたルールに従って個人情報を取り扱うよう企業側を拘束することに意義があると思われる。よって、プライバシーポリシーは、個人情報取扱者の個人への告知義務を履行する手段として、また個人との個人情報の取扱いに関する合意事項として位置づけることは可能であり、告知義務の履行手段として利用されている場合には、個人情報保護法の規制に服する必要があると解される。

　個人情報保護法 17 条 1 項は、個人情報取扱者においては、個人情報の取扱いを行う前に、目立つ方法により、明瞭かつ理解しやすい表現を用いて、個人に対し、個人情報取扱者の名称又は氏名及び連絡先、個人情報の取扱目的、取扱方法、取り扱う個人情報の種類、保存期間、個人が同法に定める権利を行使する方法及び手続といった事項を真実、正確かつ完全に告知しなければなら

---

18 出典：フリー百科事典『ウィキペディア（Wikipedia）』

221

ないと定めている。よって、プライバシーポリシーが告知義務の
履行手段として利用される場合は、少なくとも上記の各種内容を
含むものでなければならない。

　実務上、プライバシーポリシーは、①プライバシーポリシーの
目的、②用語の定義、③適用範囲、④個人情報収集の範囲と方式、
⑤個人情報の保存、⑥ Cookie 及び類似技術の利用、⑦個人情報
の利用、⑧個人情報の共有、譲渡と公開、⑨個人情報主体の権利、
⑩個人情報の安全保障、⑪個人情報の管理、⑫未成年に関する条
項、⑬プライバシーポリシーの変更、⑭紛争解決、⑮連絡窓口等
により構成されることが多い。

　プライバシーポリシーの個人への告知機能に着目して、その制
定ルールを定めた業界規程も存在する。例えば、「アプリケーショ
ンによる違法な個人情報の収集及び使用行為の認定方法」（以下
「認定方法」という。）によると、プライバシーポリシーへのアク
セス又はその閲覧が困難となることを避けるため、アプリケー
ション運営者は、少なくとも次の 2 点を確保しなければならない。

(ア)　個人情報主体がアプリケーションのメインインターフェイ
　　スに入ってからプライバシーポリシーにアクセスするまでの操
　　作は 4 回のクリックを超えてはならないこと

(イ)　プライバシーポリシーの文字は、フォントのサイズが過小
　　である、色が薄すぎる、不明瞭である、簡体字の中国語版が提
　　供されないといった状況が存在してはならないこと

　プライバシーポリシーを作成する際には、このような問題につ
いても注意する必要がある。

第 6 章　データ三法の理解と運用に役立つ Q&A

Q 3-9 Cookie は個人情報に該当するか。ウェブサイトで Cookie の設定を行う際にはどのような法律規定を遵守しなければならないか。

A 　Cookie とは、Web サイトや Web サーバーにアクセスした人の情報を、ブラウザに一時的に保存するための小さなデータファイルである。

「GB/T 35273-2020 情報安全技術 個人情報安全規範」付録 A は、個人情報の種類について、IP アドレス、ログを通じて保存された個人情報主体の操作記録（ウェブサイト閲覧記録、ソフトウェア使用記録、クリック記録、ブックマークリスト等）を含む個人のインターネット履歴が含まれると定めている。個人情報が広範囲で定められている個人情報保護法の下、Cookie は個人情報に該当すると解される。

Cookie は、ユーザーによる特定サービスの利用が必要な Cookie と特定サービスの利用に必要ではない Cookie（例えば、サービスの向上やパーソナライズが可能な Cookie）に分けられ、Cookie により個人情報を収集する場合に個人から同意を取得することの必要性がたびたび問題となっている。

1．特定サービスの利用に必要な Cookie により個人情報を収集する場合、個人情報保護法 13 条 1 項 2 号（個人を一方の当事者とする契約の締結、履行のために必要であること）又は 3 号（法定の職責又は法定の義務の履行のために必要であること）に該当し、個人の同意を取得する必要はないと解される。ただし、プライバシーポリシー、クッキーポリシー、ポップアップウィンドウなどの方法により個人への告知は行わなければならない。

223

2．特定サービスの利用に必要でない Cookie により個人情報を収集する場合、プライバシーポリシー、クッキーポリシー、ポップアップウィンドウなどの方法による告知だけでなく、個人の同意を取得する必要がある。

また、第三者が Cookie を設置する場合も、それが特定サービスの利用に必要な Cookie であれば個人への告知が必要となり、特定サービスの利用に必要ではない Cookie である場合、個人に告知のうえ、個人情報の第三者との共有について個別の同意を取得する必要がある。

したがって、実務上、必要的 Cookie と選択的 Cookie に分けて、告知又はこれと同意若しくは個別の同意といった措置について検討しなければならない。

Q 3-10 個人情報主体は、権利の侵害を受けたとき精神的損害賠償の請求ができるか。

A 　個人情報保護法に精神的損害賠償について明確な規定はないが、民法典 1183 条 1 項は「自然人の人身的権利・利益を侵害し、これにより自然人に重大な精神的損害をもたらした場合、被侵害者は、精神的損害賠償を請求する権利を有する」と定めている。個人情報について侵害を受けた場合には、この民法典に基づき精神的損害賠償を請求することができる。

民法典の規定によると、精神的損害賠償の請求は、「重大な」精神的損害を受けた場合に認められる。「民事権利侵害事件における精神的損害賠償の確定に係る若干の問題に関する最高人民法院の解釈」（2001 年版）8 条 1 項は、「精神的損害が生じた場合であっても、重大な結果が生じていない限り、精神的損害賠償は一般的に認められない。人民法院は、状況に応じて加害者に対して、侵害の差止め、名誉の回復、影響の除去、謝罪を命ずること

ができる」と定めている。「重大な精神的損害」、「重大な結果」における「重大」の意義に関する明確な規定又は解釈は存在しないが、精神的損害賠償を否定した一部裁判例によると、損害の状況、精神的苦痛の重大性及び損害の持続性、これら三つの側面から判断され、侵害によって、①被害者の日常生活や仕事、社会的関係に著しい不利益をもたらし、②社会通念上、被害者が耐えがたい精神的・肉体的苦痛を受け、③その苦痛がある程度持続している場合にのみ、精神的損害賠償責任が成立するとされている[19]。

精神的損害の重大性は、賠償を請求する被害者側にその立証責任があるため、これを具体的に証明できない限り、その請求が認められることは困難である[20]。

個人情報の侵害について精神的損害賠償を請求した事例はまだ少ないが、その請求が認められた事例は存在する。例えば、加害者が被害者の住所等の個人情報をネットで拡散したため、被害者がネット上でいじめを受け、重大な精神的ストレスと損害を被ったとして精神的損害賠償を請求した事例[21]、加害者が被害者たる大学生の同意なくその個人情報を社会保険料の納付等に利用し、これにより被害者の就職活動に支障が生じ精神的苦痛を受けたとして精神的損害賠償を請求した事例[22]で、いずれも精神的損害の賠償が認められている。

このように、個人情報に係る権利・利益が侵害され重大な精神的損害を受けた場合には、精神的損害賠償を請求することができる。前出の最高人民法院の解釈9条によると、精神的損害賠償には、障害の結果が発生した場合における障害賠償金、死亡の結

---

19 (2023) 京 03 民終 8666 号、(2022) 甘 12 民終 1101 号

20 (2023) 京 03 民終 8666 号、(2022) 甘 12 民終 1101 号、(2023) 魯 1502 民初 10896 号

21 (2022) 渝 0117 民初 3906 号

22 (2022) 魯 1603 民初 404 号

果が発生した場合における死亡賠償金、その他の損害が発生した場合における慰労金といった形式が存在する。また、同解釈 10 条によると、その賠償額の算定にあたっては、①加害者の過失の程度（法律に別段の定めがある場合を除く）、②加害行為の手段、状況、方法などの具体的事情、③加害行為によって生じた結果、④加害者の利益取得の状況、⑤加害者の経済力、⑥訴訟を受理した裁判所所在地の平均生活水準等の要素が考慮される。

Q 3-11 ユーザーの個人情報の取引（有償譲渡）を行うことはできるか。

A 　個人情報保護法 10 条によれば、個人情報を違法に収集、使用、加工、伝送する行為、個人情報を違法に売買、提供、公開する行為、国の安全、公共の利益を害する個人情報取扱活動は、いずれも合法性を欠く行為として相応の責任を追及され、場合によって、犯罪行為に該当する可能性もある。中国「刑法」253 条の 1 は、国の規定に違反して、公民の個人情報を他人に販売し、又は提供し、情状が重い者については、3 年以下の懲役刑若しくは拘留及び罰金を併科し、又は罰金を単科し、情状が特別に重い者については、3 年以上 7 年以下の懲役及び罰金を併科すると定めている。また、法人がこれらの罪を犯したときは、法人が罰金に処されるとともに、その直接責任を負う者その他直接責任者が当該各規定により罰せられると定めている。

　一方、すべての個人情報の他者への移転行為が違法行為となるわけではない。個人情報保護法は、個人に対して取扱目的、取扱方法、取り扱う個人情報の種類、保存期間等の情報を告知し、個人からの個別の同意を取得し、個人情報保護影響評価、その他関連法律法規に基づき必要となる措置・手続を行った場合には、個人情報の第三者との共有、第三者への譲渡を認めるものとしている。また、合併、分割、解散、破産宣告等の理由により個人情報

第6章　データ三法の理解と運用に役立つ Q&A

の移転を行う場合についても、相応の制度を設けている。

　このように、個人情報保護法に則って行われる個人情報の各種移転行為は売買行為に該当せず、適法な目的の下で行われる取扱行為として認められている。

Q 3-12 個人情報保護法は、どのような場合に域外適用されるか。

A

１．域外適用の有無

　個人情報保護法の適用範囲について、同法3条は次のように定めている。

　「中華人民共和国国内において自然人の個人情報を取り扱う活動に、本法を適用する。

　中華人民共和国国外において中華人民共和国国内の自然人の個人情報を取り扱う活動も、次に定める事情のいずれかがあるときは、本法を適用する。

　（一）中国国内の自然人への製品又はサービスの提供を目的とすること。

　（二）中国国内の自然人の行為の分析、評価を行うこと。

　（三）その他法律、行政法規が定める事情。」

　この規定に基づき、個人情報保護法は、原則として中国国内における個人情報の取扱行為に適用されるため属地主義が採用されており、例外的に域外適用があると解される。

２．域外適用の実例

　域外適用は、典型的には、中国国内の自然人向けの営業、マーケティング、販売活動を行うために中国国内の自然人の個人情報を取り扱う場面が考えられる。

227

・中国人の個人情報の継続使用の場面

　日本国内に居住する者が、中国人留学生向けのサービス提供のためにその個人情報を収集し、当該留学生の卒業・帰国後、保有する同人のメールアドレス等を用いて WEB マーケティング（トラッキング）を行う場合、中国国内の自然人の行為を分析、評価する行為に該当すると解され、個人情報保護法の域外適用を受ける可能性がある。

・中国向け越境 EC の場面

　某外国会社たる A 社は、中国向けの製品サイトを運営しており、同サイト通じて製品を販売するために、ユーザー名、メールアドレス、会員 ID、パスワードその他ショッピング関連の種々の個人情報を収集している。同製品サイトでは、中国語で製品紹介が表示され、決済は中国人民元で可能であり、銀聯、WeChat Pay、Alipay など中国で一般化した決済手段も使える。

　このケースで、A 社が運営する製品サイトは、その使用文字、決済通貨、決済手段などの特徴からして、中国ユーザー向けに製品販売を行うことを目的とするため、その中国ユーザーの個人情報の取扱行為に対しては個人情報保護法が域外適用される[23]。

　製品について中国語が表示されず、人民元決済がされていない場合であっても、例えばビジネスレポート等において中国市場への取組みに関する記事を発表し、中国顧客からの問合せを受け、又は取得した個人情報を中国代理店に開示して中国市場の開拓等に利用するときは、依然として「中国国内の自然人への製品又はサービスの提供を目的とすること」に該当すると解され、個人情報保護法が適用される可能性がある。

---

23 程嘯『個人情報保護法理解及び適用』（中国法制出版社、2021 年）53 頁。

第 6 章　データ三法の理解と運用に役立つ Q&A

Q 3-13 従業員の携帯、パソコン上の記録や監視カメラを使った監視は、従業員の個人情報の違法な収集に該当するか。

A 　中国民法典によれば、自然人はプライバシー権を有し（1032条 1 項）、法律の定め又は権利者の明示的同意がない限り、いかなる団体及び個人も、他人の私的活動を撮影し、覗き、盗聴し、若しくは公表すること（1033 条 1 項 3 号）又は他人の私的情報を処理すること（同 5 号）はできないと定めている。従業員の携帯電話やパソコン上の活動の記録、監視カメラによる監視は、慎重に行わないと従業員のプライバシー権を侵害する恐れがある。

　会社が行う監視活動がどのような場合に正当、合法とされるかについて明確な法的規定や解釈は存在しないが、監視活動の合法性又は監視活動によって収集された証拠の合法性に関するこれまでの一部裁判例[24]を参考にすると、本人から別途同意を取得した場合のほか、以下の要件をすべて満たす場合も、会社の正当な業務管理行為と認められ、プライバシーの侵害に該当しない可能性が高い。

（1）携帯電話、パソコンなど監視に用いる物品が業務用の会社支給品であること

（2）監視対象となる従業員の行為は、可能な限りプライベートでも使われる SNS の通信記録、ショッピング記録など私的活動ではなく、業務処理に関係性のある行為（会社の特定の情報システムや秘密ファイルへのアクセスの有無、業務用メールの内容など）に限定すること

（3）監視・モニタリングに情報漏えい防止、従業員の勤務態度の管理、業務進捗の管理など正当な目的があること

---

24 (2019) 魯 06 民終 7145 号、(2021) 浙 0481 民初 5360 号、(2021) 京 0105 民初 17774 号、(2023) 粤 20 民終 540 号

従業員の行動の監視・モニタリングは、従業員のプライバシーにかかわらない場合であっても、従業員の情報システム、ネットでの活動履歴を追跡し収集する行為であるため、個人情報の収集に該当し、個人情報の違法な取扱いにならないよう以下の点に注意する必要がある。

①会社による従業員の個人情報の収集は職場の管理にとどまり、ほかの目的での収集は避けること

②収集は目的を実現するための最小の範囲に限定すること

③情報を収集する範囲、目的、取扱いのルール及び方法等を従業員に事前に告知すること

④個人情報を収集し、取り扱う前に、従業員の明示的同意を取得すること

⑤収集された従業員の個人情報について適切な保護措置を講じること

　従業員の行動の監視・モニタリングは、個人のプライバシー権と個人情報に密接な関係を有するため、その導入は労働契約法4条に従い社内の民主的手続を経る必要がある（Q4-7参照）。これに基づき、従業員の行動に対して監視・モニタリングの実施、その実施範囲と実施方法などの情報について、従業員に周知し、社内の民主的協議プロセスを経て、異論がある従業員に対しては丁寧に説明を行い、理解を得ることなどの措置が必要となる。

Q 3-14 従業員の不正行為を調査するため、本人に知らせずその個人情報を収集することは可能か。

A　個人情報保護法は、個人情報取扱いの適法性の根拠として、個人の同意の取得のほか、個人の同意が不要となる7つの法的事由を定めている（同法13条、前出Q3-7参照）。会社が従業員の不正行為を調査することを個人情報の取扱いの法的事由とする

明確な規定は存在しない。もっとも、立法の趣旨及び実務から、従業員の不正行為を調査するため本人に知らせず個人情報を収集することを、上記法的事由の一つである「法令に基づき策定された就業規則に基づく人事労務管理の実施」の一環と解する余地はある。

　一般的な理解では、従業員に対する不正行為調査も職務評価に分類することができ、不正行為の発見・検証・防止を目的とした企業の内部調査は、企業が実施する人事考課に関連する業務の一環とされるため、この規定が個人情報取扱いの合法性の根拠となりうる。個人情報保護法の立法に携わった全国人民代表大会常務委員会法制工作委員会立法企画室主任（当時）楊合慶氏[25] による解説でも、「雇用契約の締結、職務評価、退職後の競業避止義務の管理等の場面において、使用者及び労働者が労働者の個人情報を取り扱うことは合理的かつ必要なことであり、本人の同意を得ることが困難な場合もある。そこで、本法は、人事管理実施の必要性を個人情報の取扱いの合法性の根拠としている」[26] と説明されており、従業員の不正行為を調査するため本人に知らせずその個人情報を収集することには正当性があると考えられる。

　しかし、個人情報取扱事業者の従業員個人に対する告知義務に注意を要する。個人情報取扱者は、個人情報の取扱いを行う前に、目立つ方法により、明瞭かつ理解しやすい表現を用いて、個人に対し、次に定める事項を真実、正確かつ完全に告知しなければならない（個人情報保護法 17 条 1 項）。

(1) 個人情報取扱者の名称又は氏名及び連絡先
(2) 個人情報の取扱目的、取扱方法、取り扱う個人情報の種類、保存期間
(3) 個人が本法に定める権利を行使する方法及び手続

---

25 全国人大常委会法制工作委員会は、中国立法府にあたる全国人大常委会の常設事務機関で、楊合慶氏は法制工作委員会の立法企画室主任（当時）である。

26 楊合慶主編『中華人民共和国個人情報保護法解説』（2022 年、法律出版社）46 頁。

（4）その他法律、行政法規が告知すべきであると定める事項

　また、同条 3 項によると、個人情報取扱者が個人情報取扱規則を制定する方法で第 1 項に定める事項を告知するときは、取扱規則は公開されなければならず、かつ、容易に閲覧及び保存することができるものでなければならない（「個人情報保護法」17条 3 項）。個人情報保護法に基づき、告知義務が免除されるのは、主としては、法律、行政法規上守秘義務を負う場合や告知を要しない事由の定めがある場合などである（「個人情報保護法」18 条）。例えば、国家の機関が法律上の職務を遂行するために個人情報を取り扱うにあたり告知をするとその職務の遂行に支障が及ぶ場合、合理的な範囲内で公衆に開示された個人情報を取り扱う場合などが挙げられる [27]。

　このように、個人情報保護法及び関連解説によると、社内の不正調査は告知義務免除の範囲に含まれないため、理論上、従業員への告知が必要と解される。しかし、従業員の不正行為を調査する前に個人に告知を行うことは、逆に不正調査の妨害になりうる。この現実的課題については、将来の法改正又は司法解釈に期待したいところであるが、当面のリスク低減策として、個人情報保護に関する中国の法規定を最大限に遵守すべく、従業員との民主的協議を経て従業員規則その他社内規程等を見直し、社内調査に関する個人情報の取扱いについての特則を設けるなどの措置を講じることが望まれる。

---

27 楊合慶主編『中華人民共和国個人情報保護法解説』（2022 年、法律出版社）66 頁。

第6章　データ三法の理解と運用に役立つQ&A

Q 3-15 個人情報保護法は、日本企業が中国からの観光客や留学生の個人情報を収集・保存する行為に適用されるか。日本企業は、これらの者が中国に帰国後もその個人情報の保存を続けられるか。

A 　まず、個人情報保護法4条2項によると、個人情報の収集、保存、使用、加工、伝送、提供、公開、削除等は個人情報の取扱いに該当する。そのため、個人情報保護法は個人情報の保存行為にも適用される。

　また、同法3条によると、個人情報保護法は原則として、中国国内において国内の自然人の個人情報を取り扱う活動に適用される。中国国外において中国国内の自然人の個人情報を取り扱う活動については、次に定める事情のいずれかがあるとき、個人情報保護法が「域外適用」される。

　（1）中国国内の自然人への製品又はサービスの提供を目的とすること

　（2）中国国内の自然人の行為の分析、評価を行うこと

　（3）その他法律、行政法規が定める事情

　したがって、日本企業が日本国内において来日した中国観光客や留学生の個人情報を収集・保存する場合、これらの事情のいずれにも該当しないため、中国の個人情報保護法は適用されない。

　その一方で、当該日本企業が保存している個人情報に対して上記（1）～（3）に記載のように本来の収集目的を超えてさらに使用、加工、第三者への伝送、第三者への提供、公開、削除等を行う場合（個人情報を使って帰国後のショッピング活動のトラッキング、消費動向の分析又はターゲティングマーケティングを実施することなど）、その新たな取扱行為には中国の個人情報保護法が適用される。

233

Q 3-16 アプリケーションにおいて会員ユーザーの個人情報を収集する時にはどのようなことに注意すべきか。

A　　個人情報取扱者は、個人情報の取扱いを行う前に、目立つ方法により、明瞭かつ理解しやすい表現を用いて、個人に対し、個人情報取扱者の名称又は氏名及び連絡先、個人情報の取扱目的、取扱方法、取り扱う個人情報の種類、保存期間、個人が本法に定める権利を行使する方法及び手続といった事項を真実、正確かつ完全に告知しなければならないと定めている（個人情報17条1項）。

　アプリケーションにおいて、個人情報主体に対する告知の義務は、通常、個人情報取扱規則又はプライバシーポリシー、個別同意が必要な事項については個別のポップアップウィンドウの表示によって履行される。実務上、個人情報取扱規則又はプライバシーポリシーの合法性は、監督管理部門により注視されやすい。例えば、個人情報保護法17条3項は、個人情報取扱者が個人情報取扱規則を制定する方法で必要な事項を告知するときは、取扱規則が公開されなければならず、かつ、容易に閲覧及び保存できるものでなければならないことを明らかにしている。

　また、Q3-8で論じたように、「アプリケーションによる違法な個人情報の収集及び使用行為の認定方法」（以下「認定方法」という。）によると、個人がプライバシーポリシーへのアクセス又はその閲覧が困難となることを避けるために、アプリケーション運営者は、プライバシーポリシーにアクセスするまでの操作回数やプライバシーポリシーの文字フォント、言語などについて、個人に配慮した方法をとらなければならない。

　さらに、「モバイルインターネットアプリケーション（App）による個人情報の収集・使用に関する自己評価指針」によると、ユーザーの利用習慣に応じて、各業務機能別に収集された個人情報について、その収集及び使用の目的、個人情報の種類、収集及び使用の方法を逐一説明し、説明においては「など、例えば」と

いった曖昧な表現を避けることが求められる。さらに同指針によると、プライバシーポリシーにより告知を行う際には、ポリシーの閲覧及び保存が容易にできるようにすること、ポリシーの読みやすさ（フォントのサイズ・色及び列幅の工夫、簡体字使用、標準的な表現の使用など）に注意する必要がある。

　個人への告知義務を履行した後においては、個人の同意を取得し、又は同意を取得しなくても個人情報の取り扱いができる法的根拠を備える必要がある。アプリケーションの各業務機能を実行する際に個人情報を取り扱うことに対しては、一般的に個人から直接同意を取得するパターンとなる。具体的には、個人が初めてアプリを使用する際にポップアップウィンドウを表示させてプライバシーポリシーを閲読させ、同意を要する項目へのチェックを求める方法が考えられる。しかし、個人に同意を求める際には、初期設定において同意にチェックを入れ、あるいは登録をもって同意したものとみなすなどのように、個人による包括的同意や黙示で処理することを避けるべきである。特にプライバシーポリシーは文量が膨大となるケースが多く、ユーザーがすべての項目を理解した上で同意するのは実に困難である。そのため、少なくとも個別同意が必要な項目については、別途個別に通知して個別の同意を取得する手当をしておくことが必要となる。

　場合によっては、個人からの同意取得が困難なこともあるが、そのような場合には、個人情報保護法13条1項2号に定める「個人を一方の当事者とする契約の締結、履行のために必要であること」など個人情報を取り扱うための他の法的事由を備える必要がある。

Q 3-17 会員ユーザーにターゲティング広告のためのメール又はショートメッセージを送信する際、どのようなことに注意すべきか。

A ターゲティング広告は、個人のウェブでの操作記録を追跡し、保存したうえ、自動意思決定により送信されるパターンが多い。そのため、ターゲティング広告のためのメール、ショートメッセージを送信する際には、まずそれに使われた Cookie が正当に収集されたか、自動意思決定に関する個人情報保護法の規制に違反しないかという二点に注意する必要がある。

ターゲティング広告のための Cookie は、一般的にはユーザーに対する特定の商品・サービスの提供に必要となる個人情報とされず、その収集には個人への明確な告知及びその収集についての個別の同意の取得が必要となる。

自動意思決定については、個人情報保護法 24 条の下、意思決定の透明性及び結果の公平性、公正性を保証しなければならず、個人に対し、取引価格等の取引条件において不合理な差別的待遇を行ってはならない。また、個人的特徴に向けられたものではない選択肢を同時に提供し、又は個人に対し簡便な拒否方法を提供しなければならない。自動意思決定の方法により個人の権利・利益に重大な影響をもたらす決定を行うとき、個人は、個人情報取扱者に対して説明を求めることができ、かつ、個人情報取扱者が自動意思決定の方法のみによって決定を行うことを拒否することができる。この自動意思決定については第四章の六、5（5）を参照。

236

第 6 章　データ三法の理解と運用に役立つ Q&A

4．データ越境

Q 4-1 重要データの越境移転は可能か。その必要があるとき、どのような法律上の手続が必要となるか。

A　データ越境移転を行う前に、移転対象のデータに対して、データマッピングを行い、重要データ、その他機微なデータ、個人情報、機微な個人情報などの選別を行い、それぞれのデータに適用する移転規制について正確に把握する必要がある。重要データへの該当性については、本書の第 3 章「五、重要データ取扱いの特則」を参考。

　重要データは、原則として、データの越境移転リスクに関する自己評価のうえ、国家ネットワーク情報管理部門にデータ越境移転安全評価を行うことを申請し、同評価に合格して初めて越境移転することが可能である。一部の特殊業界（測量製図、金融、医療健康などの業界）では、データの越境移転についてさらに特別なルールが設けられている。例えば、測絵[28] データについて、管轄当局である自然資源部の通知[29] では、空間座標、映像、点群及びその属性といった測絵データを国外に提供し、又はその予定がある場合には対外提供のための許可を取得することを明確に要求している。測絵データが重要データに該当する場合、国家ネットワーク情報管理部門の安全評価だけでなく、自然資源管理当局の許可も必要となる。また、一部の自由貿易区においては、越境移転データについてネガティブリスト（天津自由貿易試験区、北京自由貿易試験区等）、ポジティブリスト（上海自由貿易試験区臨

---

28 この「測絵」とは、中国語の「測絵」を直訳した用語であり、測量・地図作製を意味する。

29「インテリジェント・コネクテッド・ビークルの発展の促進及び測絵地理情報の安全の維持に関する通知」（自然資源部公布、2022 年 8 月 25 日施行）

237

港新片区等）といった形で管理が行われ、越境移転可能なデータと不可能なデータとの区別が比較的明確になっている。重要データへの該当性については、まずこのように業界、地域別に特殊規定が存在するかどうか確認し、特殊規定のない業界、地域の場合には、データ分類分級のロジック、重要データの属性を理解し、専門家のアドバイスを受けつつマッピング作業を行うことになる。

　データ越境移転の安全評価の基本的な流れとして、データ越境移転のリスクに関する自己評価を行って自己評価報告その他必要な申請書類を作成し、省級ネットワーク情報部門を経由して国家ネットワーク情報部門にデータ越境移転安全評価を申請する必要がある。安全評価の詳しい内容及びプロセスについては、本書第5章の「二　重要データの越境移転安全評価」を参照。

　なお、安全評価の手続はハードルが高く、現時点では、利用困難と言わざるを得ない。当局の担当官の人数、審査マニュアルなど制度面でまだ整備されておらず、熟練度も低いことから、作業効率は低く所要期間が極めて長い。そのため、少なくとも現時点においては、重要データの越境移転は基本的に行わず国内保存を前提としたプランを検討するのが現実的である。

Q 4-2 個人情報の越境移転の規模によって越境移転の手続が異なるようだが、越境移転の個人情報の量はどのように計算されるか。

A 　国家インターネット情報弁公室が2024年3月22日に公布・施行した「データ越境流動の促進及び規範化に関する規定」に対する記者会見では、データ越境移転に安全評価が必要となる「1月1日より国外に100万人分以上の個人情報（機微な個人情報を含まない。）又は1万人分以上の機微な個人情報」について、どのようにその量を計算するかという質問に対し、「越境移転の

個人情報の量を計算する際に、計算期間はその年の1月1日からデータ越境移転安全評価の申請日までとし、数量は自然人を単位として重複を除いた統計結果を基準とする。」との回答がなされた。

　ただし、下記のいずれかに該当するときは、累計数量に算入しないとのことである。

(1)　国際貿易、越境輸送、学術連携、クロスボーダー生産製造・マーケティングなどの活動において収集・生成されたデータ（個人情報や重要データを含まない。）を国外に提供する場合

(2)　データ取扱者が国外で収集・生成した個人情報を国内で処理した後に国外に提供し、かつ、その処理の過程で国内の個人情報や重要データを導入しない場合

(3)　データ取扱者による国外への個人情報（重要データを含まない。）の提供は、（ⅰ）個人が一方の当事者となる契約（例：越境ショッピング、越境配送、越境送金、越境決済、越境口座開設、航空券・ホテル予約、ビザ手続、試験サービスなど）を締結・履行するために必要な場合、（ⅱ）法により制定された労働規則や適法に締結された集団契約に従って越境人事管理を行うために必要な場合、（ⅲ）緊急時に自然人の生命、健康、財産の安全を保護するために必要な場合のうちいずれかを満たした場合

(4)　自由貿易試験区内のデータ処理者がネガティブリスト以外のデータを国外に提供する場合

Q 4-3 データの越境移転において、中国国外の受領者も中国のデータ法令の規定を遵守しなければならないか。違反した場合には、中国の関連法令により処罰されるのか。

A

　個人情報保護法3条1項によると、個人情報保護法は原則として、中国国内において自然人の個人情報を取り扱う活動に適用される。

　ただし、同条2項の下、中国国外において国内の自然人の個人情報を取り扱う活動も、次の事情のいずれかがあるときは、個人情報保護法が適用される。

(1)　中国国内の自然人への製品又はサービスの提供を目的とすること

(2)　中国国内の自然人の行為の分析、評価を行うこと

(3)　その他法律、行政法規が定める事情

　さらに、個人情報保護法53条は、中国国外の個人情報取扱者に対し、中国国内に専門機関を設立し、又は代表者を指定して、個人情報保護に関する事務の処理について責任を負わせなければならず、個人情報保護職責履行部門に当該機関の名称又は代表者の氏名、連絡先等を届け出なければならないと定めている。そのため、中国国外の個人情報取扱者に対しても、個人情報保護法の罰則の適用があると解される。よって、中国国外の個人情報取扱者が中国国内に財産があり、個人情報取扱者の違法な取扱行為が過料などに処される場合、当該財産は当局の行政処罰の執行対象となりうる。

　また、個人情報の越境移転のケースで、個人情報保護法38条3項に基づき、個人情報取扱者は、国外の受領者が個人情報保護法に定める基準に従って個人情報を適切に取り扱うことを保証するため、必要な措置を講じる義務を負う。それゆえ、国外の受領者は、たとえ個人情報保護法3条2項の域外適用の対象でなくとも、個人情報の越境移転の受領者として間接的に個人情報保護

第 6 章　データ三法の理解と運用に役立つ Q&A

法の制約を受ける。

　データの越境移転において、中国当局はデータの流出や違法な処理を防止するために監視や取締りを強化しており、違反行為が発覚した場合には厳正な措置をとられることが予想される。外国の組織、個人が、中国の公民の個人情報の権利・利益を侵害し又は中国の国家安全、公共利益に危害を与える個人情報取扱活動に従事しているときは、国家ネットワーク情報部門は、個人情報提供制限又は禁止リストにこれを掲げ、公告に付するとともに、当該国外の組織、個人に対する個人情報の提供を制限し又は禁止する等の措置を講ずることができる（個人情報保護法 42 条）。また、この場合、外国企業又は外国の個人は、データ安全法 2 条、ネットワークデータ安全管理条例 2 条 3 項に基づき責任追及の対象にもなりうる。

Q 4-4　標準契約を締結して個人情報の越境移転を行うときに標準契約さえあれば移転可能か。個人情報保護影響評価は必要か。どのような注意点があるか。

A　　　個人情報取扱者は、個人情報の越境移転を含め、個人の権利・利益に重大な影響を及ぼす個人情報取扱活動を行うときは、個人情報保護影響評価を事前に行い、かつ、取扱いの状況を記録しなければならない（個人情報保護法 55 条）。

　個人情報を越境移転する場合であって、個人情報越境移転標準契約に基づき越境移転するときも個人情報保護影響評価を行う義務は免除されない。また、個人情報越境移転標準契約をネットワーク情報部門に届け出る際には、個人情報保護影響評価報告書も提出する必要がある。よって、個人情報保護影響評価は単なる社内対応事項ではなく当局への対応義務でもある。「個人情報越境移転標準契約届出指針（第 2 版）」の付録 3 では、個人情報保護影

241

響評価を、個人情報越境移転標準契約の登録日の 3 か月前まで
に完了し、登録日までに重大な変更がないことが要求されてい
る。

　個人情報保護影響評価報告書を準備する際には、個人情報保護
法 56 条、「GB/T 39335-2020 情報安全技術 個人情報安全影響
評価指針」、及び「個人情報越境移転標準契約弁法」や「個人情
報越境移転標準契約届出指針（第 2 版）」の関連内容を参考にす
ることが推奨される。

　「個人情報越境移転標準契約届出指針（第 2 版）」の付録 5「個
人情報保護影響評価報告書（テンプレート）」には、個人情報越
境移転標準契約の届出用個人情報保護影響評価報告書の詳細な内
容が規定されている。その詳細については第 5 章の三、2 を参照。

Q 4-5 多数の中国現地法人の間におけるデータのやり取りが日本のキャ
リアが提供する専用回線等を利用し日本のデータセンターを経由
して行う場合、データの越境移転に該当するか。

A 　結論からいえば、中国から外国へのデータ保存行為が存在せず、
かつ、外国からの当該データへのアクセスが不可能である場合、
越境移転には該当しない。

　データ三法は、データ越境移転の定義を定めていないが、デー
タ越境移転安全評価申請指針（第二版）は、データ越境移転行為
として次の二つを定めている。

① 　データ取扱者が中国国内の事業運営において収集し、生成し
　たデータを中国国外に伝送し、保存すること

② 　データ取扱者がその収集し、生成したデータを中国国内に保
　存し、中国国外の機構、組織又は個人がこれに対してアクセス、
　取得、ダウンロード又はエクスポートを行いうること

　上記によれば、中国現地法人の間におけるデータのやり取りが

外国を経由する場合、外国での保存行為の有無、又は外国からデータへのアクセス・閲覧可能性によって結論が変わる。中国現地法人のデータを外国に保存し、又は外国から当該データへのアクセス・閲覧ができる場合、越境移転に該当する。この場合、個人情報・データの越境移転に必要な措置・手続の履行がある。注意を要するのは、単に保存行為があるだけで、日本の本社、関連会社その他中国国外の者のアクセス権限がない場合であっても、越境移転に該当することである。

　参考までに、次のようなケースは、データ越境移転とならない。

①　中国国外の事業運営において収集し、生成した個人情報又はデータを、何らの変更・加工も加えることなく単に中国を経由して中国国外に移転する場合

②　中国国外の事業運営において収集し、生成した個人情報又はデータを、中国国内で保存し、加工処理を行った後、その加工処理中に中国国内の事業運営において収集し、生成した他の個人情報又はデータとの関わりが生ずることなく（データのクリーニング、ラベリングといった加工のみの場合。）、中国国外に移転する場合

Q 4-6 **多国籍企業の人材管理において、データ越境移転にはどんなシナリオがあるか。**

A　「データ越境流動の促進及び規範化に関する規定」の実施に対応するために、国家インターネット情報弁公室は「データ越境移転安全評価申請指針（第2版）」及び「個人情報越境標準契約届出指針（第2版）」（以下「第2版実務ガイド」という。）を発表した。

　第2版実務ガイドによると、以下の状況がデータ越境移転行為に該当する。

1. データ取扱者が中国国内の事業運営において収集し、生成したデータを国外に転送する場合。

2. データ取扱者が収集、生成したデータが中国国内に保存されているが、中国国外の機構、組織又は個人がそのデータに対してアクセス、取得、ダウンロード、エクスポートを行いうる場合。

3. 個人情報保護法 3 条 2 項の状況に該当する場合（すなわち、中国国外において中国内の自然人の個人情報を取り扱う活動が、①中国国内の自然人への製品又はサービスの提供を目的とすること、②中国国内の自然人の行為の分析、評価を行うこと、③その他法律、行政法規が定める事情、これらいずれかの事情を有する場合）。

これらのデータ越境の定義を踏まえ、また実務経験に基づいて、多国籍企業の人材管理の過程でデータ越境に関わる可能性のある典型的なシナリオは以下のとおりである。

1. 中国国内のグループ企業が国外の受領者に従業員データを転送する場合。

2. 中国国外の受領者がグローバル人材管理システム（サーバーやクラウドが中国国外に配置されている。）を通じて自ら中国国内の従業員のデータを収集する場合。

3. 中国国内のグループ企業が中国国内システムに従業員データをアップロードし、中国国外の受領者がその中国国内システムに保存された従業員データにリモートアクセスする場合。

4. 中国国内のグループ企業が中国国内システムに従業員データをアップロードし、中国国外の受領者の従業員が中国に出張したときその中国国内システムに保存された従業員データにアクセスする場合。

これらのシナリオでは、データが中国から中国国外へ移動することになるため、越境移転措置を講じる必要がある。

第6章　データ三法の理解と運用に役立つ Q&A

Q 4-7　従業員の個人情報の国外移転は無条件で免除されるのか。

A　「データ越境流動の促進及び規範化に関する規定」は、「越境人材管理」に関連する免除の要件を定めている。すなわち、同規定の5条1項2号によると、「法に基づいて制定された労働規則制度及び法に基づいて締結された集団契約に基づき越境人材管理を実施し、従業員の個人情報を国外に提供する必要がある場合」、安全評価の申請、標準契約の締結及び認証の保護という3つの国外移転前の手続（以下「前置手続」と総称する。）が免除される。多国籍企業がこの免除を受ける際には、以下の点に注意する必要がある。

1.「法に基づいて制定された」労働規則制度、「法に基づいて締結された」集団契約とは何か。

「法に基づいて制定された」労働規則制度とは、法に基づいて民主的な討論と協議を経て制定された労働規則制度を指す。労働契約法4条によると、使用者は、労働規則制度を法に基づいて確立し、直接労働者の切実な利益に関わる規則制度又は重要事項を制定し、改正し、又は決定する場合は、従業員代表大会における、又は全従業員との討論を経て方案及び意見を提出し、労働組合又は従業員代表と平等な協議を経て確定しなければならず、また、直接労働者の切実な利益に関わる規則制度や重要事項の決定を公示し、又は労働者に通知することを要する。

「法に基づいて締結された」集団契約とは、草案が従業員代表大会や全従業員との討論を経て承認され、契約締結後に労働行政部門に報告されて有効となった集団契約を指す。労働契約法によれば、企業が従業員との集団契約の締結を希望する場合、まず草案を従業員代表大会や全従業員の討論に付して承認を受け、契約締結後に労働行政部門に報告しなければならない。労

245

働行政部門が集団契約の書面を受け取ってから 15 日以内に異議がない場合、その集団契約は有効となる。

２．企業は労働規則制度と集団契約の両方を同時に備える必要はあるか。

労働法の実務では、大部分の企業は集団契約を締結していない。企業が労働規則制度と集団契約の両方を同時に備えている必要があると解釈すると、過剰に厳格であり、データの流動を促進するという同規定の立法趣旨に適合しないこととなる。

この免除を受けようとする企業は、法に基づいて制定した労働規則制度又は法に基づいて締結した集団契約のいずれか一方を備えていればよいと考えられる。

３．「従業員」の範囲はどのように理解すればよいか。

インターン、派遣労働者、アウトソーシング労働者、派遣社員などの非正規従業員の個人情報の国外移転も、この人材管理の免除適用が可能と考える。しかし、面接候補者、退職者、従業員の関係者（例：家族、緊急連絡先）など、企業と労働関係を結んでいない者は、免除規定の適用範囲に含まれない。

４．国外に提供する「必要がある」とはどの程度の必要性か。

企業が個人情報を国外に提供する「必要がある」か否かは、具体的な業務運営や法的要件に基づき判断される。企業がその個人情報を国外に提供することが業務運営に不可欠である場合、その必要性が認められるであろう。しかし、この「必要性」の判断は、法的リスクを回避するために慎重に行われるべきである。

第 6 章　データ三法の理解と運用に役立つ Q&A

Q 4-8 中国現地法人は、その取引先の名刺やメールにおける個人情報を、本人の同意を得ることなく中国国外の親会社と共有しうるか。

A 　個人情報保護法及び「GB/T 35273-2020 情報安全技術 個人情報安全規範」の付録 A における個人情報の例示によれば、個人の氏名、電話番号、メールアドレス、職業、役職、勤務先などはすべて個人情報に該当する。また、個人情報保護法 39 条によれば、越境移転に関して、個人情報取扱者は、個人に対し、国外受領者の名称又は氏名、連絡先、取扱目的、取扱方法、個人情報の種類のほか、個人が国外受領者に対し個人情報保護法の定める権利を行使する方法及び手続等を告知し、かつ、個人情報の越境について個人からの個別の同意を得なければならない。したがって、取引先の名刺やメール内の個人情報を収集し、これらの情報を国外の親会社と共有する場合は、原則として、上記の個人情報の越境移転に関する規制を受けることになり、取引先の担当者個人の個別の同意を得る必要があると解される。特に、メールには、取引先の連絡先ではなく、第三者の個人情報（特に機微な個人情報）が含まれる場合もあるため、その場合、理論上、第三者たる個人の個別の同意も必要となると解される。

　ただし、個人情報保護法 13 条 1 項 2 号によれば、個人情報は、個人を一方の当事者とする契約の締結、履行のために必要である場合には、本人の同意を得ることなく取り扱うことができる。ビジネスの実態を踏まえ、契約の締結に伴い、取引先の担当者が自ら提供した個人情報（担当者の氏名、職位、メールアドレス等）については、本人の個別の同意を得なくても、その契約目的内での取扱い、ひいては越境移転ができると考えられる。なお、実務上、コンプライアンスリスクを避けるため、個人情報保護に関する条項を取引契約に事前に追加し、又は企業グループとしての外部向けプライバシーポリシーを制定し、取引先も視野に入れて、個人情報の収集、処理、越境移転などについて事前に取り決めて

247

おくことが望まれる。

また、ビジネス商談などで対面の名刺交換が行われた場合は、商談に参加した個人が自主的に相手方に個人情報を提供していることから、通常、ビジネス常識範囲での利用については、個人の同意の取得が完了していると理解される。名刺に含まれる個人情報は、氏名、職務上のメールアドレス、電話などであって、その性質からみれば、他人に知られたくないプライバシーや機微な個人情報が含まれることはなく、むしろ多大な宣伝効果を求めるのが名刺提供者の本心であることから、本人が特別な注意をしていない以上、越境移転は可能と解するのが合理的である。

Q 4-9 臨床試験データの越境移転は可能か。

A 　臨床試験データには、様々な種類のデータや情報が含まれる可能性があるが、通常、試験対象者に関する情報（性別、年齢、既往歴、健康診断記録等）、試験実施者に関する情報（実施者の氏名又は名称、実施者の責任者の情報等）、試験対象物に関する情報（試験医薬品の成分、安全性や有効性に関する研究データ等）、試験に関する情報（試験の計画、試験方法等）が含まれる。これらの情報には、一般的な個人情報や一般的なデータのほか、機微な個人情報又は重要データに該当する情報もあるため、越境移転をしようとする際には、その区分に応じ、関連法令に従い法的手続を履行する必要がある。

1．一般的な個人情報及びデータの越境移転
　臨床試験データのうち、一般的な個人情報に関しては、個人情報保護法の要求に従い、個人に告知し及び個別の同意を取得し、個人情報保護影響評価を実施したうえで、越境移転を実施することができる。他方、一般的なデータに関しては、越境移

第6章　データ三法の理解と運用に役立つQ&A

転に求められる特段の法的手続はないため、原則として自由に移転することができる。

　なお、第Ⅰ期、第Ⅱ期、第Ⅲ期等複数回の臨床試験を行いサンプル数が多くなる場合、又は複数の医療機関で試験を行い取得したデータを一つの医療機関に集中したうえ越境移転を行う場合があるが、この場合には越境移転される個人情報の規模に注意する必要がある。「データ越境流動の促進及び規範化に関する規定」によると、同年1月1日から国外に提供する個人情報（機微な個人情報を含まない。）が累計で10万人分以上、100万人分未満である場合には、専門機関が行う個人情報保護認証又は標準契約に従った国外の受領者との契約の締結とその届出、これらのいずれかの手続を行う必要があり、同年1月1日から国外に提供する個人情報（機微な個人情報を含まない。）が累計で100万人分以上である場合には、国家ネットワーク情報部門が行う国家安全評価に合格する必要がある。

2．機微な個人情報の越境移転

　臨床試験データのうち、試験対象者の既往歴、健康診断記録、入院記録、医師指示書、手術及び麻酔記録、看護記録、投薬記録、薬物・食物アレルギー情報等は機微な個人情報に該当する。これらの個人情報の越境移転をしようとする際に、一般的な個人情報に関する各要求を満たすことに加え、1年間に国外に提供する機微な個人情報が1万人分未満であれば、専門機関が行う個人情報保護認証又は標準契約に従った国外の受領者との契約の締結とその届出のうちいずれか一つを履行しなければならず、1年間に国外に提供する機微な個人情報が累計で1万人分以上であれば、国家ネットワーク情報部門が行う国家安全評価に合格しなければならない（データ越境流動の促進及び規範化に関する規定7条、8条）。

249

3．重要データの越境移転

　臨床試験データにおける重要データに関し、法令上明確な定義はないものの、国家推薦標準である「GB/T 43697-2024 データ安全技術 データ分類分級規則」の付録 G によれば、国家又は地域の集団的な生理機能健康状態を反映し、疾病の伝播と予防、関連する食品・医薬品の安全性に関係するデータ（健康医療資源、大量の人口の診療と健康管理、防疫、健康擁護、特定医薬品の実験、食品安全性のトレサビリティのデータ等）は、重要データに該当する。この規定自体やや抽象的であるが、具体的運用においては、地方及び各主管部門の規定、政策を確認する必要がある。

　データ安全法 31 条、データ越境移転安全評価弁法 4 条によれば、重要データは原則として中国国内で保存しなければならず、業務上越境移転の必要がある場合、国家ネットワーク情報部門が行う国家安全評価に合格しなければならない。

4．遺伝子データ等遺伝資源関連データの越境移転

　健康医療データのうち、遺伝子データなど遺伝資源関連のデータは、最も機微性が高いデータとされている。

　「人類遺伝資源管理条例」及び「人類遺伝資源管理条例実施細則」によれば、人類遺伝資源は、「人類遺伝資源材料（人体ゲノム、遺伝子、その他の遺伝物質を含む臓器、組織、細胞などの遺伝材料を指す）」と「人類遺伝資源情報（人類遺伝資源材料から生じるデータなどの情報資料を指す）」を含む。

　臨床試験データに人類遺伝資源情報も含まれる場合であって、当該臨床試験データが中国国外の組織又は国外の組織若しくは個人が設立し、若しくはこれらが実質的に支配する機構により中国の人類遺伝資源を利用して行う科学研究活動に利用されるときは、中国の科学研究機関、大学、医療機関、企業と提携する形で行わなければならず、人類遺伝資源情報を中国国外

の組織等に提供し、又は使用権を付与する際には、国務院衛生健康主管部門に対して届出を行い、情報のバックデータを提出する必要がある。また、このような提供又は使用権の付与が中国の公衆の健康、国家安全と社会公共利益に影響を与えうるときは、国務院衛生健康主管部門による安全審査に合格しなければならない。

5．重要情報インフラ運営者による越境移転

　臨床試験データに係る関係者（研究所、製薬会社、医療機関、CRO等）のうち、データ移転者に該当する者が重要情報インフラ運営者に属するかどうかにも注意する必要がある。データ移転者が重要情報インフラ運営者に該当する場合、理論上、一人分の個人情報の越境移転であっても、国家ネットワーク情報部門が行う安全評価に合格しなければならない。

　2023年1月、北京ネットワーク情報部門は、データ安全法等の新法令が施行された後、全国初の国家安全評価による臨床試験データの越境移転を承認した。これは、首都医科大学附属北京友誼病院とオランダのアムステルダム大学医学センターとの研究開発共同プロジェクトによる臨床試験データの越境事例となる。ただし、国家安全評価による越境移転はハードルが高く、決して容易に利用できる制度ではない。そのため、一部地方においては、より柔軟に臨床試験データの越境移転を実現するための模索が行われている。

6．自由貿易試験区による越境移転特別政策の模索

　上海自由貿易試験区臨港新片区は、2024年5月17日に生物医薬などのいくつかの分野のデータ越境移転の一般データリストを公布し、上海自由貿易試験区又は臨港新片区に登録されかつ臨港新片区でデータ越境移転活動を行う重要情報インフラ運営者に該当しない事業者による越境移転であって、その移転

規模が 1 月 1 日からの 1 年間で 10 万人分を満たないことを前
提に、臨港新片区への届出のみで越境移転を行いうるものとし、
国家安全評価又は標準契約の締結と届出は不要となった[30]。例
えば個人識別符号を削除した基本的個人情報（試験対象者の鑑
定選別コード、年齢、性別等）、試験対象者の生理機能健康情報、
（選抜基準、投薬記録等）は、この種の一般データとして扱わ
れている。

Q 4-10 中国国外の裁判所に証拠を提出する際には、データ越境移転の手
続をしなければならないか。

A 外国の裁判所に係属する民商事案件において、当事者が裁判所
に中国の個人情報を含むデータを証拠として提出する場合、デー
タ安全法及び個人情報保護法により、データ及び個人情報の域外
移転に該当しうる。

データ安全法 36 条は、「中華人民共和国の主管機関は、関連
する法律及び中華人民共和国が締結し又は参加する国際条約、協
定に基づいて、又は平等互恵の原則に照らして、外国の司法又は
法執行機関からのデータ提供に関する要請に対処する。中華人民
共和国の主管機関の許可を得ることなく、国内の組織、個人は、
外国の司法又は法執行機関に対して中華人民共和国国内に保存さ
れたデータを提供してはならない。」と定めている。また、個人
情報保護法 41 条も、「中華人民共和国の主管機関は、関連する
法律及び中華人民共和国が締結し又は参加する国際条約、協定に
基づいて、又は平等互恵の原則に照らして、国内に保存された個

---

[30] 標準契約の締結は不要になるが、臨港新片区が公布した操作指針によると、国外受領者と締結しようとす
るデータ越境移転に関する契約書またはそのほか法的効力を有する書類を提出する必要がある。なお、臨
港新片区への届出の有効期限が届出の成功日から 1 年であり、延長しようとする場合、期間満了日の 2 か
月前までに延期手続きを履行しなければならない。

人情報の提供に関する外国の司法又は法執行機関からの要請に対処する。個人情報取扱者は、中華人民共和国の主管機関の許可を得ることなく、外国の司法又は法執行機関に対して中華人民共和国国内に保存された個人情報を提供してはならない。」と規定している。

　さらに、司法部は 2022 年 6 月、「国際民事・商事事件における司法共助に関するよくある質問」（以下「Q＆A2022」という。）を公表し、「中国の当事者は、国内にある証拠資料を自発的に外国の司法機関に提出できるか」との質問に対して、「中国国内にある関連資料で国外に持ち出す必要があるものは、民事訴訟法、データ安全法、個人情報保護法の関連規定を遵守しなければならない」と回答している（「Q＆A2022」第 8 問）。また、「データ及び情報は、どの部門を通じて国外移転が許可されるべきか」との質問に対しては、「データ安全法及び個人情報保護法によれば、データ及び情報を国外に提供する必要がある場合、国家ネットワーク情報部門の安全評価及び認証の後に初めて、国外に提出しなければならない。 国家間の司法共助に関わる場合、中国国内の組織及び個人は、中華人民共和国の権限ある当局の許可がない限り、中国国内に保存されているデータや個人情報を外国の司法機関や法執行機関に提供してはならない」と回答している（「Q＆A2022」第 9 問）。この回答からすると、個人又は企業が係属する外国の訴訟への対応のために証拠を提出する場合には、データ安全法、個人情報保護法に定めるデータ越境移転のルールに従って処理し、国際司法共助の問題に関わる場合には主管機関の承認を経て処理するとの方針が明確になったようである。

　もっとも、この質問と回答は、「Q＆A2022」の修正版たる「Q＆A2023」では削除されており、その削除の理由も明らかではなく、当事者が自己の係属する事件のために国外に証拠を提出することについての当局の方針は曖昧となっている。さらに、「Q＆A2022」の回答は、法令には該当しないため、その方針に従っ

た場合は、一定のコンプライアンスリスクを負う可能性も残る。

　当局の方針がはっきりしない現状において、国外の紛争への迅速な対応と中国のコンプライアンスリスクとのバランスを考慮して、実務上、中国企業が中国国外で訴訟に係属し、外国の司法機関に証拠を提出するために個人情報等のデータを含む証拠を国外に提供する場合には、データ安全法及び個人情報保護法の規定に従ってそれを行うことが推奨される。特に、「データ越境移転安全評価弁法」4条に規定する状況に該当する場合には、国家ネットワーク情報部門の安全評価が必要であることに注意を要する。

Q 4-11 中国国外の会社が模倣品による権利侵害に関する情報を中国から取得するにあたり、被疑者たる個人又は法人の代表者の氏名その他個人情報がそれに含まれる場合、個人情報越境移転のための同意を本人から取得しなければならないか。

A 　個人情報保護法27条は、「個人情報取扱者は、合理的な範囲において、個人が自ら公開し又はその他既に合法的に公開された個人情報を取り扱うことができる。ただし、個人が明確に拒否したときは、この限りでない。個人情報取扱者が既に公開された個人情報を取り扱い、個人の権利・利益に重大な影響をもたらすときは、本法の規定に従って個人の同意を得なければならない」と定めている。

　この規定から、中国の企業信用情報公示システムを通じて取得可能な公開情報である被疑法人の代表者、株主、取締役の氏名等の個人情報や、被疑者個人がソーシャルプラットフォーム上で自ら公開した学歴、職歴等の個人情報については、個人が明確に拒否し、又は個人の権利・利益に重大な影響がある場合でない限り、個人情報取扱者において個人の同意なく合理的な範囲で取り扱うことができるため、個人情報越境移転のための同意取得も不要と

解される。

　個人情報越境移転の目的について、自社製品への侵害防止策を検討するための個人情報の取扱い、中国で行政当局への通報や裁判対応をするための個人情報の収集は、合理的な範囲と解することができる。

　一方、公開されていない個人情報を模倣品侵害事件への対応のために取り扱う場合、現行法上、個人の同意を不要とする法的事由に該当せず、その越境移転は、個人の同意を取得する必要がある。しかし、侵害事件の被疑者である相手方からの同意取得は不可能と予想されるため、個人情報越境移転の際には、匿名化の対応を行うか、中国現地で対応チームを組織して対応することが望まれる。

　なお、個人情報の保護が法的な義務であるとしても、その個人情報が重要データ、国家秘密といった機微性の高い情報でない限り、侵害事件の対応、中国における行政当局への通報、裁判の対応といった合理的な目的のための取り扱いは社会通念上も許される。たとえこの種の個人情報の取扱いの合法性をめぐって裁判になったとしても、それが違法な取扱いとされる現実的リスクは低いと考えられる。

Q 4-12 中国現地法人の従業員が出国検査で、外国への持出禁止データが含まれるとしてパソコンのハードウェアを没収されたが、このような事件について、会社としてはどのように対応すべきか。

A　　税関法（2021 年改正）6 条 1 項 3 号は、税関は、「出入国する輸送用機器、貨物、品物に関連する契約書、インボイス、帳簿、送り状、記録、書類、業務連絡、録音・録画及びその他の資料を調査・複製する職権を有する。これらのうち、本法又はその他の関連法律、行政法規に違反した輸送用機器、貨物、品物に関連するものを押収することができる」と定めている。

255

この規定に基づき、税関は、輸出禁止技術の輸出や輸出制限技術の無許可輸出を防止し、その他法律、行政法規により国外への持出しが禁止された物品、資料、情報などの流出を防止するため、パソコン、携帯などの電子機器を調査することができ、違法の疑いがある場合にはその押収も可能である。

　出国検査でパソコンやメモリなどの端末が押収されたが、税関が主管する事件でない場合、持込みデータ、コンテンツ及び事件の性質に対する精査のため関係主管部門に移送し、調査を要請することとなる。行政処罰の疑いが存在する場合には、関係主管部門による正式な事件の受理、取調べ、行政措置、行政処罰といったプロセスで処理が進められる。

　企業側においては、このような状況に遭遇した場合、まずは自社従業員が持ち込んだ端末に、中国の国家秘密、情報その他国家安全や公共の利益に影響する可能性のあるデータ、重要データその他越境移転が禁止又は厳格に制限されるデータが含まれないか社内調査を行うべきである。当局による取調べに対しては、証拠の隠ぺいなどがないよう注意しつつ、専門家の指導、意見を受けながら冷静に対応することが望まれる。

　なお、従業員のコンプライアンス意識の不足による事件発生に備えて、会社として、以下の予防策を講じることが推奨される。

①　社内研修教育、模擬訓練を行うこと

　会社及び中国現地法人は、管理職及び駐在員に対して中国の国家安全及びデータの越境移転に関する法律知識と事件への対応に関する研修を定期的に行い、管理職及び駐在員の安全意識と対応能力を向上させることが望まれる。行政当局の査察などで調査への協力を求められた際に冷静な対応ができるよう、模擬訓練を実施するのもよい。

第6章　データ三法の理解と運用に役立つQ&A

②　データ管理を強化すること

　国家秘密、情報、核心データ、重要データは、国家安全、公共利益等と深く関わるため、その越境移転が禁止され、又は厳しく制限されている。会社は、専門家のアドバイスを受けながら、取扱データに対してマッピングを行い、データの機微性を区分した管理を行うべきである。特にインフラ、行政サービス、金融、マクロ経済、医療医薬、資源、測絵等の領域の技術情報とデータ、国有企業、公的機関を取引先・提携先として形成されたデータについては、重要データに該当する可能性があるためより慎重な管理が必要となる。

Q 4-13 中国現地法人のデータコンプライアンス制度を整備する過程で、従業員が遵守すべきデータ保護義務については、具体的にどのような措置を講ずるべきか。

A　　データ三法は、社内のサイバーセキュリティ管理、データ保護制度の整備（安全教育・トレーニング、定期的なリスク評価や監査、セキュリティインシデントへの対応・報告など）を企業の義務としている。それゆえ、企業は、日常の業務遂行において、従業員にサイバーセキュリティ、データ安全及び個人情報保護に係る義務の履行を徹底させるため、その監督を行う必要がある。

　企業が従業員によるこれらの義務履行を確保するには、次の措置を講ずることが考えられる。

①　サイバーセキュリティ、データ安全管理及び個人情報保護に関する社内規則を整備し、当該社内規則を従業員に周知すること。

②　従業員に対する社内教育及び研修訓練を定期的に実施すること。従業員に対して関連法令、社内規則、実務の知識に関す

257

る研修を行い、従業員の習得状況を確認し、教育研修及び確認結果を記録すること。

③ 技術的安全措置を講ずること。従業員のパソコン、企業のサーバー、情報システム、特定データなどへのアクセス権限の設定と日常のセキュリティ管理を行うこと。従業員の社外ネットワークへのアクセスや社外へのデータ送信については、サイバーセキュリティと秘密保持に必要な注意喚起を行い、場合によっては、当該アクセス、データ送信を一定範囲で制限すること。

④ 従業員の企業情報、企業データの漏えい行為又はその疑いがある行為に対して、企業に社内調査の権限があることを従業員に告知し、同意を取得しておくことで、従業員のネットワーク使用状況を確認し、その際に従業員の個人情報を使用する仕組みを整えること。

⑤ 企業の重要なデータを専任の部署又は担当者において保管すること。従業員が当該重要データにアクセスする必要がある場合、申請のうえ、社内の承認手続を経て初めてアクセスできる体制を整え、その従業員による申請書類、社内承認書類に関する記録を残すこと。場合によっては、従業員が重要なデータにアクセスする前に、個別の秘密保持承諾書に署名又は押印させること。

⑥ 社内の独立部署、第三者評価機関によるデータ保護状況の定期的な評価及び評価結果に基づく改善を行うこと。

Q 4-14 外国会社が中国の合弁会社からその経営管理に関するデータを取得する際には、どのようなことに注意すべきか。

A 　外国企業は、中国市場の開拓、中国現地で遭遇した難題の解決、土地や特殊なライセンスの取得など様々な目的から、中国の現地

第 6 章　データ三法の理解と運用に役立つ Q&A

企業、特に国有企業と合弁の形で現地法人を設立するパターンが
多い。このような合弁による経営中において、中国側の何らかの
情報（その経営状況、経営陣に関する事情、顧客や重要な仕入先、
製品の技術レベルなど）が外国企業に直接に、又は合弁企業に派
遣された駐在員を通じて間接的に伝わることが起こりうるが、そ
れは合弁企業ではなく中国側パートナーに関する情報であるた
め、越境移転が制限される情報が外国企業に伝わるケースも考え
られる。特に中国側が国有企業、中国国有資産監督管理委員会の
管理下にある中央企業やその系列の企業の場合には、重要データ
又はさらに機微性の高い情報が伝わる可能性が排除されないた
め、データ三法だけでなく、国家安全法、反スパイ法なども踏ま
えた徹底的な情報管理が必要となる。外国への開示が禁止され、
又は開示が適切でない可能性のある情報については、ファイア
ウォールによる管理体制を整えることが望まれる。

　合弁企業の中国側パートナーに対しては、重要情報インフラ運
営者に該当するかどうか、国有企業に該当するかどうか、国有企
業に該当する場合には中央企業、地方企業、これらの系列企業の
うちいずれのレベルなのか正確に把握してデータコンプライアン
スリスクの程度を判断し、中国側又は中国側から派遣された管理
者からのメール、議事録、報告などの様々な形式の共有情報につ
いてはアクセス権限に問題がない職員が事前にチェックするな
ど、中国側にもコンプライアンス意識を高める措置を講じさせる
ことが望まれる。

Q 4-15 中国法人を買収するために法務デューデリジェンスを行うにあ
たっては、どのようなことに注意すべきか。

A　　　**1．デューデリジェンスにおける個人情報取扱いの注意点**
　M&A に際し、売主又は対象会社は、デューデリジェンスへの

259

対応のため個人情報を買主及びそのアドバイザー（以下買主とそのアドバイザーを合わせて「買収側」という。）に提供せざるを得ないケースがある。これらの行為も、個人情報保護法に定める諸規則によって規制されており、デューデリジェンスだからといって例外ではない。よって、デューデリジェンスの各プロセスにおいて、その特性に応じた注意が必要となる。例えば、次のシナリオが考えられる。

(a) 買収側が直接に個人情報主体と接触する場合

買収側はデューデリジェンスを実施する過程で、創業者や中核社員に対し、直接の面談やリモートでのインタビュー、書面での質問応答などの形式で多くの接触機会を持つ。この過程で、創業者や中核社員が自己の個人情報を提供した場合、それは個人情報主体が自発的に提供したとみなされる。

しかし、関連情報が買収側の外国の担当者や外国のアドバイザーに提供される場合、それは個人情報の越境移転に該当し、対象の個人に対して越境移転の目的や受領者による個人情報取扱いの目的、方法などの情報を明確に告知すべきである。

また、このような状況で収集された個人情報は、デューデリジェンスの結果の整理と報告、取引リスクの分析、取引条件の整理、企業評価などデューデリジェンス本来の目的に使用すべきである。

(b) 買収側が直接に個人情報主体と接触しない場合

対象会社の役職員の個人情報（氏名、職歴、勤続年数、職位と給与水準、株式インセンティブの資格、過去の業績など）を買収側に提供する場合、買収側は、当該個人情報を受領することの合法性を確保するため、一定のリスク管理措置を講じることが望まれる。例えば、個人情報の買収側への開示についてすでに関係役職員への告知とその同意取得義務を履行している旨の誓約書を、

第 6 章　データ三法の理解と運用に役立つ Q&A

開示側から取得することなどが検討に値する。

(c)　デューデリジェンスにおけるその他注意点
　①　個人情報取扱いの「最小化原則」の遵守
　　　買収側は、個人情報取扱いの「最小化原則」に基づき、デュー
　　デリジェンスの過程で収集する個人情報が本当に必要な情報で
　　あるか慎重に考慮すべきである。特に前出（b）のように買収
　　側が対象会社の従業員に直接に接触しないまま収集する個人情
　　報について、「最小化原則」の遵守は一層重要となる。
　　　買収側が対象会社の従業員を引き受ける際のコスト、引き受
　　ける従業員の範囲を特定するために、各従業員の職位、勤続年
　　数、年齢、給与水準などの情報の開示を求めることがあるが、
　　従業員の氏名、連絡先の開示はせず、職位、勤続年数、年齢、
　　給与水準といった情報は従業員ごとではなく一定の幅を集計し
　　て開示することで十分な場合がある。また、特定の個人を識別
　　することなく、又は関連づけることもない集計データ（現在の
　　オプション発行の総数、権利確定の総数、上位数名の従業員の
　　給与総額など）の開示要求は、買収目的からして合理的な範囲
　　であると解される。

　②　越境移転に関する規制の遵守
　　　通常、次の 2 種類の越境移転が考えられる。
　・対象会社が個人情報取扱者として、個人情報を国外に提供す
　　る場合
　　　買収側の実行チームが国外にあり、対象会社が個人情報を直
　　接その実行チームに提供する場合、又は国外のサーバーにある
　　バーチャルルームに保存する場合は、対象会社による個人情報
　　の越境移転に該当する。このとき、対象会社は、個人情報の越
　　境移転に関するコンプライアンス要求を満たさなければならな
　　い。

261

・買収側が、個人情報処理者として、個人情報を国外に提供する場合

　買収側の実行チームが国内と国外の両方にあり、対象会社が個人情報を買収側の国内チームに提供し、その国内チームがさらに個人情報を開示資料の一部として国外のチームに提供する場合、買収側が個人情報の越境移転者となる。よって買収側は、個人情報の越境移転に関するコンプライアンス要求を満たさなければならない。

2．データコンプライアンスのデューデリジェンス

　企業のデータ資産のコンプライアンスは、M&A 取引において重要な関心事となりつつある。特にデータ資産の価値評価や、貸借対照表に資産として計上することも実務上可能とされている中、データ資産の価値が資産総額に占める割合が高い場合や、データ資産が企業の経営にとって重要性が高い場合に、データコンプライアンス問題の重要性が増している。

　違法なデータソースから入手することや違法な取扱活動が背景にあることなど、重大なコンプライアンス問題を抱えるデータ資産は、企業価値のバリエーション、買収側へのデータ移転の合法性をめぐって諸問題が生じ、M&A 取引のプロセスやストラクチャーにも影響を及ぼす。したがって、データ資産の比重が高い対象会社に対するデューデリジェンスにおいては、保有するデータのコンプライアンス状況に対するデューデリジェンスも重視すべきである。

①　対象会社のデータコンプライアンスのデューデリジェンスを重視する理由

　巨大な規模のデータを取り扱う業種の企業が対象となる場合に特に留意すべきであるが、深刻なデータコンプライアンス問題を抱える企業は当局のサイバーセキュリティ審査を受ける可

第6章　データ三法の理解と運用に役立つQ&A

能性があり、その違法性や発生した損害によっては巨額の過料、損害賠償請求を受けるリスクがある。例えば、サイバーセキュリティ法違反で行政処罰を受ける場合、会社に対する過料の上限は、1000万元又は前年度売上高の100分の5に達し、情状が重大なときは、営業停止の命令、さらには営業許可の取消し、直接責任を負う主管者及びその他直接責任者に対しては過料、重要な職位への就任禁止といった行政決定もありうる。さらには刑事責任（情報ネットワークセキュリティ管理義務履行拒否罪、公民個人情報侵害罪など）が追及されるケースもある。

② データコンプライアンス・デューデリジェンスの内容

データコンプライアンスのデューデリジェンスで注目すべきポイントは、以下のとおりである。

・データの収集・保存・使用・加工・伝送・提供・公開・削除等を含む全ライフサイクルにおける取扱行為の適法性

・データの不法な窃取、漏えい、濫用、改ざん、破壊などを防止し、サイバーセキュリティやデータコンプライアンスを確保するためのコンプライアンス体制の整備状況

・サイバーセキュリティ事件や個人情報漏えい事件発生のリスク、重大な訴訟、監督管理当局からの調査、行政処罰を受けるリスクの有無

Q 4-16 個人情報以外のデータの違法な越境移転のため処罰された事例はあるか。

A 　個人情報以外のデータの違法な越境移転行為が処罰された事例は、公表事例としては非常に少ない。個人情報以外のデータの越境移転の違法行為は、国家安全に危害をもたらすほどの違法性を持つケースがあり、特別な注意を要する。

263

以下においては、国外の諜報サービス機関への情報の提供行為として刑事罰に処された事例及び人類移転資源の違法な越境として行政罰に処された事例を紹介する。

1．高速鉄道データの違法な越境移転事例

【事実関係】

　2020 年 9 月から上海の某情報技術会社（以下「X 社」という。）は、某外国企業の依頼を受け、電子設備を購入したうえ、IoT、データ通信情報、GSM-R を含む中国高速鉄道信号データを収集し、当該データ収集設備へのリモートログインを認める形により同外国企業との間で中国鉄道信号データを共有した。X 社が当該電子設備を通じて 1 か月間で収集した信号データの量は 500GB に上り、このデータ収集行為は半年近く継続されていたことが判明した。X 社が外国企業のために収集し、外国に提供されたデータは、機微な鉄道 GSM-R データ（高速鉄道列車の運行管理・制御のためのデータ）であり、同社はデータ安全法及び無線通信管理条例違反の疑いで捜査を受けた。国家秘密管理当局の鑑定により、対象データは国の安全と利益と関わる「情報」であるとの結果が示され、上海市国家安全局は 2021 年 12 月 31 日、国外のために情報を偵察し、違法に提供する罪（刑法 111 条）を犯したとして、X 社の法定代表者、販売責任者及び販売担当者の 3 名を逮捕した。

【違反法令】

刑法 111 条

【国外のために国家秘密・情報を窃取し、偵察し、買収し、違法に提供する罪】

　国外の機関、組織、人員のために、国家秘密又は情報を窃取し、偵察し、買収し、違法に提供したときは、5 年以上 10 年

以下の有期懲役に処する。情状が特に重大なときは、10年以上の有期懲役又は無期懲役とする。情状が軽微なときは、5年以下の有期懲役、拘留、保護観察又は政治的権利のはく奪に処する。

【解説】

高速鉄道信号データの通信が妨害やサイバー攻撃を受け、違法に利用されると、無線通信が遮断され、高速鉄道の運行に悪影響が及び、高速鉄道の運営に対する重大な脅威となる。また、当該データが第三者によって大量に取得され、解析されると、高速鉄道の他の内部データの漏えいや違法利用につながる危険性もある。高速鉄道は、国の重要インフラであり、高速鉄道のネットワーク・通信施設は重要情報インフラと認定される。それゆえ、国家秘密管理当局は、本件対象データの重要性、これらの漏えい、違法利用が行われた場合の危険性に鑑みて、「情報」[31]に該当するとの鑑定結果を示した。また、調査により、本件におけるデータの国外受領者は、外国の諜報機関や国防軍事関係機関、政府部門からの依頼が多いコンサルティング会社であることが判明している。

データ属性に関する鑑定結果及び国外受領者の属性に鑑みて、本件は一般データをめぐる違法行為ではなく、国家安全に関係する犯罪行為として処理された。

本件は、データを「情報」として認定した初の事例として大きく注目された。この「情報」とは、英語のinformationに相当する伝達・通知される何らかの情報を指すものではなく、「国外のため国の秘密又は情報の窃取、偵察、買取又は違法な提供を行う事件の審理における具体的な法律適用の若干の問題に関する最高人民法院の解釈」に基づき、国の安全及び利益と

---

31 前出 Q2-2 の解説を参照。

関わり、公開されておらず、又は関連規定により公開してはならない事項を指す。

近年、中国の国家安全部は、測絵データをはじめとする機微性の高いデータの越境移転に対する監督を強化している。その公式サイトは、「国外の組織が業務提携の形式で、国内の測絵会社に委託して、我が国のオリジナルの測絵データを収集し、国家安全に脅威をもたらしていること」に警戒するように呼びかけている。中国で独資又は現地企業との合弁、業務提携等の方式により、自動運転技術の開発、電気通信業務などの事業を行っている外資企業は、データの取得方法及び受領データのクレンジング作業、越境移転に対し、特別なリスク管理を行うことが強く推奨される。

2．中国人類遺伝資源の違法な国外提供（越境移転）事件

【事実関係】

深センの某遺伝子技術開発会社と某病院は、中国人女性の単相抑鬱症に関する大規模症例対照研究を行うため、インターネットを通じ、イギリスの某大学の研究機関に対して中国の一部の人類遺伝資源情報を許可なく伝送した。中国科学技術部は、2015 年 9 月 7 日、人類遺伝資源管理暫定弁法 21 条、行政処罰法の関連規定に基づき、同社と同院に対する行政罰として、研究活動の停止、研究活動において越境移転を行っていない遺伝資源材料及び関連研究データの廃棄、人類遺伝資源に関する国際協力の停止などを命じた。

【違反法令】

人類遺伝資源管理暫定弁法 21 条

我が国の企業及び個人が本弁法の規定に違反し、許可を得ずに無断で人類遺伝材料の携帯、郵送、運送によりその輸出、越

第 6 章　データ三法の理解と運用に役立つ Q&A

境提供をした場合、税関において、携帯、郵送、運送をされた
その人類遺伝資源材料を没収し、情状の軽重に応じて行政処罰
ないし司法機関への移送の処分を行い、許可を得ずに無断で外
国の機関又は個人に人類遺伝資源材料を提供した場合、提供さ
れた人類遺伝材料資源を没収し、かつ過料を課し、情状が重大
な場合には、行政処罰ないし法的責任の追及をする。

【解説】

　本件違法行為について、当局は当時の法令である人類遺伝資
源管理暫定弁法及び行政処罰法に基づき、人類遺伝資源材料の
国外提供に限って軽い行政罰とした。

　2019 年、人類遺伝資源管理条例が制定され、2024 年に同
条例は改正されたが、本件のような違法行為は、同条例により
さらに厳しく罰せられる可能性がある。同条例の下、人類遺伝
資源情報の国外提供については、原則として国務院衛生健康主
管部門に届け出ることが、国家安全や社会公共利益に影響する
おそれがある場合には同部門が行う安全審査に合格することが
義務づけられている（28 条）。これに違反した場合には、50
万人民元以上 100 万人民元以下（届出義務違反の場合）又は
50 万人民元以上 500 万人民元以下（安全審査義務違反の場合）
の過料、違法所得が 100 万人民元以上の場合には、違法所得
の 5 倍以上 10 倍以下の過料に処される可能性がある（36 条
1 項 4 号、39 条 1 項 4 号）。

　また、重要データ識別指針分類分級規則においては、重要デー
タの識別要素として、「国家又は地域の集団的生理機能健康状
態、民族的特徴、遺伝情報等状況を反映した基礎データ。例え
ば、人類遺伝健康医療資源情報」が例示されており、人類遺伝
資源情報は重要データとなる可能性が高い。重要データの越境
移転に対しては、さらに国家ネットワーク情報部門の安全評価
を受ける必要があり、この手続をしないまま違法に越境提供し

た場合、データ安全法その他国家安全関連法令に違反するおそれもあることに注意を要する。

Q 4-17 外国企業が中国の自然人の個人情報を中国国外で取り扱う際に、個人情報保護法に従う必要があるか。また、実際の紛争事例はあるか。

A 　個人情報保護法3条2項により、外国企業が中国国内の自然人の個人情報を中国国外において取り扱う場合、同法の域外適用の可能性がある。

　2023年9月、広州インターネット裁判所は、外国企業が中国国内の個人情報を中国国外で取り扱うこと及び第三国にさらに越境移転することに関する紛争（〔2022年粤0192民初6486号〕）に対する中国初の判決を公表した。この事例は、外国企業が中国の個人情報を越境処理する際の重要な参考になる。

一、案件の事実

　原告の左氏は2021年に某中国企業（被告1）が運営するWechatアプリから被告1の親会社である某フランス企業（被告2）が発行する会員カードを購入し、そのカードで会員割引を利用して被告2が提供するホテル宿泊サービスを利用できるようになった。2022年、原告は被告2が運営するアプリにログインし、提示された「お客様の個人情報保護に関する方針」にチェックを入れた後、ミャンマーのホテルを予約し、その際に氏名、国籍、電話番号、メールアドレス、クレジットカード番号などの個人情報を入力した。その後、原告は、被告2の「お客様の個人情報保護に関する方針」から、国外の複数の国と地域における被告2のブランドで運営されるホテルや外部のビジネスパートナーにも会員の個人情報が転送されることを知った。

原告は、被告らに対し、原告の個人情報を受領する全受領者の情報（受領者の氏名、連絡先、取扱目的、取扱方法、個人情報の種類）の開示、被告両名及び個人情報の受領者の設備からの原告の個人情報に係る全データの削除、公開メディアでの謝罪、経済的損害賠償などを被告らに求めた。

二、判決の要点

1. 個人情報保護法の域外適用

被告2は外国法人であり、本件は渉外事件に該当する。個人情報保護法3条2項1号の規定の下、本件における被告2の個人情報取扱行為は、「中国国内の自然人への製品又はサービスの提供を目的とすること」に該当するため、個人情報保護法の域外適用が可能と解される。また、審理中に各当事者は本件に対する中国法の適用に合意していた。

2. 訴訟適格性

本件請求について訴訟は可能か否かが争点の一つとなった。個人情報保護法50条は、「個人情報取扱者は、個人からの権利行使の申請の受理及び取扱いに関する簡便な制度を構築しなければならない。個人による権利行使の請求を拒否するときは、理由を説明しなければならない。個人情報取扱者が個人による権利行使の請求を拒否したときは、個人は、法に基づいて人民法院に訴訟を提起することができる」と定める。これに基づき、被告らは、原告が個人情報取扱者たる被告らに対し、先行して権利の主張をしていないため、本件請求は行いえないと主張した。

これに対し、裁判所は、個人情報の知る権利と決定権は個人情報に係る権利のうち最も重要な権利であると判断したうえ、原告

の主張は被告らの違法な個人情報の取扱い行為を訴える主張であるため、これは知る権利や決定権の侵害に対する主張であり、このように知る権利や決定権が侵害された場合は民法典120条、995条、1167条に基づき、直接に侵害者に対して損害賠償請求を行うことができるとした。逆に、単に個人情報の閲覧権や複製権といった権能的・補助的な権利の侵害を訴える請求の場合は、個人情報保護法50条2項に基づき判断されるとした。

3. 個人情報取扱者の告知義務

被告らが原告その他消費者側に提示する「お客様の個人情報保護に関する方針」の同意画面について、裁判所は、「ユーザーや消費者にとって包括的で一括的な通知であり、一般的な告知に該当する。方針は約2万字に及び、個人情報の国外共有先の範囲については、複数の国のグループ会社内の人員や部門、ビジネスパートナー、マーケティング部門などが含まれていると表現されているが、関与者や地域の範囲が明確でなく、個人情報がどこに送られ、どのように取り扱われるかが明示されていない。このため、個人情報保護法第7条及び第17条の関連規定に適合しておらず、公開と透明性の原則を満たしていない。ユーザーや消費者が明瞭かつ理解しやすい表現で、通知内容を真実、正確かつ完全に理解しうる状態に至っていない」と判断した。

4. 同意と個別同意の取得

裁判所は、「現在の中国における個人情報保護及び個人情報の取扱いの現状を考慮した場合、ユーザー（消費者）が各モバイルアプリの表示するプライバシーポリシーに対して「同意」ボタンをクリックしたとしても、それが必ずしも法的な「同意」の効力を有するとは限らない。」としたうえ、「後続の個人情報取扱行為

第 6 章　データ三法の理解と運用に役立つ Q&A

が強化された告知同意を必要とする場合、プライバシーポリシー
のチェックマークをクリックするだけでは「同意」の法的効力は
発生しない。逆に、強化された告知同意が不要であれば、「同意」
の法的効力を有する」と判断した。

　個人情報保護法 39 条によれば、個人情報を国外に提供する場
合、個人の個別の同意を取得する必要がある。裁判所は、「GB/
T 42574-2023 情報安全技術 個人情報取扱における告知と同意
の実施指針」（以下「告知同意指針」という。）[32] に照らし、原告
が「お客様の個人情報保護に関する方針」にチェックを入れた行
為について、その後の各グループ会社やビジネスパートナーへの
越境移転行為に対する法的に有効な個別の同意とは認められない
と判示した。

5．契約の履行に必要な範囲での個人情報の取扱い

　被告 2 は、その個人情報取扱いの合法性は個人情報保護法 13
条 1 項 2 号の「契約の締結、履行のために必要であること」に
基づくものであり、個人の同意又は個別の同意を取得する必要は
ないと主張した。

　これに対し、裁判所は、「原告が被告 2 の運営するアプリを通
じてミャンマーのホテルを予約し、両者の間にホテル予約契約が
成立したことで、被告 2 が原告の個人情報をミャンマーのホテ
ルやフランスの本社にある中央予約システムに伝送することは、
管理運営のために正当かつ必要である」と認めた一方、被告 2
が営業宣伝のため個人情報を伝送する正当性と必要性に関する証
拠を提出していないことを確認したうえ、「営業宣伝の目的で個
人情報を伝送する行為は契約履行に必要な範囲を超えている」と
判断した。

---

32 製品又はサービスに対する個人情報保護ポリシーに対するクリックや同意のチェックは、特定の個人情報
処理活動に対する個別の同意とはならない（9.3.1 条注 7）

なお、裁判所は、契約履行に必要な範囲での個人情報の取扱いについて、個人情報保護法 13 条 1 項 2 号に定める個人の同意の取得を不要とする場合に該当するため、個人の同意又は個別の同意の取得は不要であることを明らかにした。

6. 賠償額について

原告の金銭的賠償請求には、経済的損害 5 万元及び休業損害 9,600 元の賠償請求、弁護士費用 2 人分 9,600 元及び翻訳費用 2,500 元の補償請求が含まれ、その合計額は 71,700 元である。

個人情報保護法 69 条 2 項は、損害賠償の責任は、「個人がこれにより受けた損害又は個人情報取扱者がこれにより取得した利益に基づいて確定」し、「個人がこれにより受けた損害又は個人情報取扱者がこれにより取得した利益の確定が困難なときは、実際の状況に基づいて賠償額を確定する」と定めている。

裁判所は、本件で原告の損害を判断する際の具体的なロジックを示していないが、「原告が請求する費用の妥当性と必要性、過失の程度、損害の結果、個人情報の具体的な使用方法、量、範囲、程度などを考慮して」2 万元の損害賠償を認めた。

7. 本件の示唆

本件はツアーリズムといった典型的な個人情報の越境処理行為が問題となった事件であるが、当事者間で準拠法について合意があったほか、裁判所も、この種の事件について中国の個人情報保護法 3 条 2 項の「域外適用」が可能である旨を示している。

本件判決は、越境ビジネスで、個人情報保護法 13 条 1 項 2 号に基づき個人の同意がなくとも個人情報の取扱いが可能となるのは、個人と越境サービスにかかる契約履行に必要な範囲に限られ、

第6章　データ三法の理解と運用に役立つQ&A

別途の証拠がない限り、営業宣伝の目的での個人情報の取扱いには個人の同意の取得が必要であることを示している。

また、プライバシーポリシーによる告知は一般告知であり、個人がプライバシーポリシーにチェックを入れて個人情報の提供に同意したとしても、これは包括的な同意にすぎないため、個別の同意を必要とする越境行為にまで同意の効力が及ばないことも示された。

このように、本件判決は、準拠法、契約履行のために必要な個人情報取扱いの範囲、告知と同意などの諸点において全面的な解釈を行っており、中国向け越境ビジネスのために個人情報の越境移転を常時行い、本件と類似したトラブルに遭遇しうる外資企業にとって、参考的価値が極めて高い判決として評価することができる。

5．その他

Q 5-1　データ三法は中国国外の企業に適用されるか。データ三法には中国国外の企業に対してどのような処罰規定が定められているか。

A　サイバーセキュリティ法は、中国国内におけるネットワークの構築、運営、維持及び使用並びにサイバーセキュリティの監督管理を適用対象とすると明確に規定しており（2条）、したがって、外国企業は、中国国内に設立した駐在員事務所や支店などの拠点を通じて中国国内でネットワークを保有し、使用することがない限り、同法が適用されることはない。ただし、外国企業が中国国内の重要情報インフラに対して攻撃、侵入、妨害、破壊等を行って深刻な結果を発生させたときは、同法に基づき法的責任が追及されるほか、財産の凍結その他必要な制裁措置を受ける可能性が

273

あることに注意を要する（75 条）。

　データ安全法も、立法技術的には、サイバーセキュリティ法と同様のロジックを採用している。すなわち、データ安全法は、中国国内で行われるデータ取扱活動及びその安全監督管理に適用されるため（2 条 1 項）、外国企業が中国の駐在員事務所、支店などの拠点を通じてデータの取扱活動を中国国内で行わない限り、同法は適用されない。ただし、外国企業が中国国外で中国の国の安全、公共の利益又は公民、組織の合法的な権利・利益に損害を与えるデータ取扱活動を行った場合には、同法に基づき法的責任が追及されることとなる（2 条 2 項）。

　個人情報保護法は、域外適用の条項を設け、外国企業が中国国外で中国国内の自然人の個人情報を取り扱い、それが以下のいずれかの事情に該当する場合にはその適用があるものと定めている（3 条 2 項）。

(1)　中国国内の自然人への製品又はサービスの提供を目的とすること

(2)　中国国内の自然人の行為の分析、評価を行うこと

(3)　その他法律、行政法規が定める事情

　この域外適用の規定によると、中国の自然人向けの越境ビジネスで中国の自然人の個人情報を取り扱う行為、中国の自然人に対してその消費動向の分析評価を目的にターゲット広告やアンケートを行って個人情報を取り扱う行為が域外提供の典型的なケースとなる。この域外適用の対象となる外国企業は、中国国内に専門機関を設立し又は代表者を指定して、個人情報の保護に関する事務の処理について責任を負わなければならず、個人情報保護職責履行部門に当該機関の名称又は代表者の氏名、連絡先等を届け出なければならない（53 条）。

　また、この域外適用に当てはまらないとしても、中国では、国外への個人情報の提供について、10 万人分以上の個人情報を提供する場合、機微な個人情報を提供する場合、重要情報インフラ

274

第 6 章　データ三法の理解と運用に役立つ Q&A

運営者が個人情報を国外に提供する場合などにおいては、越境側
と国外の個人情報受領者との間で標準契約に則って個人情報移転
契約を締結することが求められ、同契約は、国外の受領者におい
て遵守すべき権利義務を中国の関連法令に定める内容と適合する
ように定められなければならず、国外の受領者による個人情報保
護のレベルは中国のそれと同等以上でなければならない。この意
味で、国外の受領者も、間接的ながら個人情報保護法の規制を受
けると解される。

Q 5-2 **在中外資企業はデータ三法コンプライアンス体系をどのように確
立しなければならないか。**

A　　データ三法に基づいて、サイバーセキュリティ及び個人情報を
含むデータ取扱いの適法性と安全性を確保するコンプライアンス
体制を構築するには、まず、これら三法の関係を正確に理解する
必要がある。

　サイバーセキュリティ法は、サイバースペースの安全及びサイ
バースペースで行われる個人情報等の取扱いの安全を維持するた
めの基本原則及び当局の監督管理の役割を明らかにした基本法で
ある。データ安全法は、データの分類分級制度を基本軸として、
データ特に重要データの安全保護義務を明確にし、国家安全保障
に立脚して、データの越境移転、国外司法機関へのデータの提供、
輸出規制品目データの移転に対する規制、データに関する他国の
差別措置への対応といった基本方針を定めており、データセキュ
リティに関する基本法と位置づけられる。サイバーセキュリティ
法とデータ安全法のいずれも行政機関による監督管理に依拠した
秩序維持の目的性が強く、どちらかというと公法に属すると理解
される。個人情報保護法は、個人情報保護の基本方針、取扱いの
ルール、個人の権利・利益の保護、個人情報取扱者の保護義務、

275

当局の監督管理権限について詳細な規定を定め、私法と公法双方の特徴を有する。

このように、データ三法はそれぞれの規制分野を有し、独特の特徴を有するが、いずれか二つ又は三つすべての法律による規制が同時に及ぶ分野がそれぞれあり、図 6-3 のような構造が形成されている。

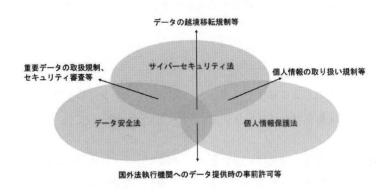

図 6-3：データ三法の関係図

データ三法に基づいてコンプライアンス体制を構築するには、まず、下表 6-5 のようにそれぞれの法律が定める主要な制度を把握することが望まれる。

表 6-5：中国データ三法の施行日、立法趣旨、主要な制度

	サイバーセキュリティ法	データ安全法	個人情報保護法
施行日	2017 年 6 月 1 日	2021 年 9 月 1 日	2021 年 11 月 1 日
立法趣旨	サイバー空間における安全保障、セキュリティ及びガバナンスに関する基本的ルールを規定	国によるデータセキュリティ管理の枠組みとデータ特に重要データの取扱いに関する基本的ルールを規定	個人情報保護の基本原則、個人情報取扱いの全ライフサイクルにおけるルール、個人情報をめぐる個人の権利などを規定

主要な制度	等級保護制度に基づくサイバーセキュリティ義務	データ分類分級制度、重要データ目録制度	個人情報・機微な個人情報の分類
	重要情報インフラ運営者のサイバーセキュリティ義務、ネットワーク運営者のコンテンツ管理義務と個人情報保護義務	重要データ保護義務（取扱いのリスク評価制度、安全責任者の設置義務等）	個人情報取扱いのルール（告知及び同意取得等）等、収集・共同管理・取扱いの委託・第三者提供に関するルール、個人情報取扱行為に対する個人の権利、個人情報取扱者の義務（個人情報保護影響評価等）
	サイバーセキュリティ事件への対応義務	データ安全事件への対応義務	個人情報漏えい等の事件発生時の当局報告及び本人への通知義務
	サイバーセキュリティ審査制度	データ安全審査制度	－
	重要情報インフラ運営者の重要データ・個人情報の国内保存義務、越境移転の規制	重要データの国内保存義務、越境移転の規制、国外法執行機関等へのデータ提供時の許可制度、輸出規制品目に該当するデータの移転規制	個人情報の越境移転の規制、国外法執行機関等への個人情報提供時の許可制度
	－	投資、貿易等の分野のデータの開発及び利用技術等に関し中国に差別的な措置をとる国・地域への対抗措置	個人情報保護に関し中国に差別的な措置をとる国・地域への対抗措置
	－	－	外国の事業者・個人のブラックリスト制度（リスト掲載者への個人情報の提供を制限・禁止）

　このようにデータ三法の基本構造を確認した上、中国に進出した日系企業がコンプライアンス体制を構築するための主要な事項について説明する。

1. 自社が保有し、使用する情報システムの状況、情報システム安全措置、取り扱うデータの種類、データ保存及び漏えい防止等のための安全措置の現状について精密なチェックを行い、自

社の状況の基礎的な確認作業を行う。

2. 前出 1 の作業結果に基づき、サイバーセキュリティ保護等級の評価を行い、自社が属する保護等級を把握し、当該保護等級の企業が遵守すべきサイバーセキュリティ義務を正確に把握する。

3. 前出 1 の作業結果に基づき、各種のデータ取扱いのコンプライアンス遵守状況について比較検討を行い、取扱いに違法があればその概要、データ漏えい等の安全上リスク、保護措置の欠陥などについて正確に把握する。

4. 弁護士、IT 等の分野の専門家も起用しながら、コンプライアンス体制を構築する。具体的には以下の面での整備が望まれる。

① ネットワーク安全責任者、重要データを取り扱う場合にはデータ安全責任者、国家ネットワーク情報部門が定める数量の個人情報を取り扱う企業である場合には個人情報保護責任者といった専任の者を設けること。

② データ・個人情報の取扱いに関するマニュアル及びプライバシーポリシーなどの社内規程を整備し、個人情報保護及びデータコンプライアンスに関する従業員向けの教育研修を適時に実施すること。

③ セキュリティ対策の不備や個人情報の漏えいなどのインシデントへの対応体制を構築するとともに、データの取扱いの安全性や安全措置について適時に評価及び見直しを行うこと。

④ 原材料・設備の購入から製品の生産・納入及びサービスの提供に至る全過程で、データの収集、加工、伝送、共有、越境移転等の取扱いが行われる可能性があるため、製品・サービスの全ライフサイクルにおいてコンプライアンス管理を徹底すること。

全域、全時間帯及び全プロセスを一貫するサイバーセキュリティ及びデータコンプライアンス体系を確立し、特にデー

タの越境移転、重要データ及び機微な個人情報の取扱いについては特別な規制が存在するため慎重に対応すること。

⑤　第三者からの仕入れ、第三者へのデータ取扱いの委託・データ伝送などの場面において、第三者のセキュリティの状況によっては予期せぬリスクに直面することがあるため、第三者との契約において、当該第三者のサイバーセキュリティ、データセキュリティなどの義務を明確化すること。さらにデータ取扱いの委託や越境移転を行う際には、事前に専門家を起用して相手方に対するデータ関連のデューデリジェンスを行うこと。

　仕入先が重要情報インフラ運営者に該当するかについて事前に慎重なチェックを行い、国家秘密や情報、重要データなどを無意識に取得することがないよう情報の受領には格別な注意を行い、契約などにおいてできる限り相手方の情報開示義務及び自社側の免責条項を定めること。

⑥　サイバーセキュリティ保護等級の評価・公安機関への届出、当局が要求する安全評価義務や報告・届出義務、個人情報保護影響の自主評価など、当局による監督管理の対象となりやすいデータ三法上の義務については漏れなく履行すること。

　以上は、データ三法による各規制の要点を押さえつつコンプライアンス体制の構築に必要な内容を概括的に整理したものであるが、これだけの作業でも相当のコストを要し、社内の人員だけでの対応は難しいと考えられるため、積極的に外部の専門家を起用することが望まれる。

Q 5-3 在中外資企業は、データ三法以外に、安全保障の観点からどのような法令に注意すべきか。

A 　近年の中国では、総体国家安全観の下、データ三法以外の各種法令の整備も進められている。例えば、国家秘密等の保護をさらに強化する国家秘密保護法と反スパイ法、輸出規制品目に関するデータの国外流出を規制する輸出規制関連法令の改正と規制品目の追加、国家秘密その他の情報の保護に用いる暗号及び商用暗号の使用と管理に関する暗号法、商用暗号管理条例などが挙げられる。

　データ三法とこれら国家安全保障に関連する法律法規とは、競合又は並行して適用される場合がある。例えば、重要情報インフラ運営者と取引を行う過程で無意識に国家秘密に属する情報を取得してしまった場合には、サイバーセキュリティ法、データ安全法のみならず、国家秘密保護法、反スパイ法の観点からも法的リスク・責任関係を検討する必要がある。また、受領した情報が国家秘密や情報といった国家安全保障問題に関わる重要な情報であるか否かについては、データ安全法、同法の下で制定されるデータの分類分級に関する各種規定や国家標準、国家秘密の確定に関する法令など多角的な分析検討が必要となる。データ越境移転規制の場合、当該データの性質によっては、データ三法による規制のみならず、輸出管理法、税関関連法令、人類遺伝資源管理条例等の遵守についても注意する必要がある。このように、データをめぐる法的問題に関しては、データ三法だけでなく、国家安全保障に関する他の法律法規の規制を受ける可能性に気を付けなければならない。在日外資企業の役員、重要な役職にある社員、特に中国において長期にわたり社会活動を積極的に行う外国籍の役職員に対しては、データ三法と国家安全保障に関する中国法の基本的な知識と実務的な注意事項を周知させ、教育や当局の調査に備えた訓練を定期的に行うことが強く推奨される。

280

巻末資料

主要法規の和訳

（中国語 — 日本語対照）

1．中華人民共和国サイバーセキュリティ法
2．中華人民共和国データ安全法
3．中華人民共和国個人情報保護法
4．ネットワークデータ安全管理条例

※日本語訳は、King & Wood Mallesons 法律事務所・外国法共同事業作成

［資料1］　　　　　　　中华人民共和国网络安全法
中華人民共和国サイバーセキュリティ法

（2016 年 11 月 7 日第十二届全国人民代表大会常务委员会第二十四次会议通过）
（2016 年 11 月 7 日第十二期全国人民代表大会常務委員会第二十四回会議において
採択）

第一章　总则
第一章　総則

第一条　为了保障网络安全，维护网络空间主权和国家安全、社会公共利益，保护公民、法人
和其他组织的合法权益，促进经济社会信息化健康发展，制定本法。

第一条　サイバーセキュリティを保障し、サイバー空間の主権並びに国の安全、社会の公共
利益を維持し、公民、法人及びその他組織の合法的な権利・利益を保護し、経済社
会の情報化の健全な発展を促進するため、本法を制定する。

第二条　在中华人民共和国境内建设、运营、维护和使用网络，以及网络安全的监督管理，适
用本法。

第二条　中華人民共和国国内におけるネットワークの構築、運営、維持及び使用並びにサイ
バーセキュリティの監督管理について、本法を適用する。

第三条　国家坚持网络安全与信息化发展并重，遵循积极利用、科学发展、依法管理、确保安
全的方针，推进网络基础设施建设和互联互通，鼓励网络技术创新和应用，支持培养
网络安全人才，建立健全网络安全保障体系，提高网络安全保护能力。

第三条　国は、サイバーセキュリティ及び情報化の発展のいずれも重視することを堅持し、
積極的利用、科学的発展、法による管理、安全確保の方針を遵守し、ネットワーク
インフラの建設及び相互接続を推進し、ネットワーク技術の革新及び応用を奨励し、
サイバーセキュリティの人材育成を支援し、サイバーセキュリティ保障体系を構築、
健全化し、サイバーセキュリティの保護能力を向上させる。

第四条　国家制定并不断完善网络安全战略，明确保障网络安全的基本要求和主要目标，提出
重点领域的网络安全政策、工作任务和措施。

第四条　国は、サイバーセキュリティ戦略を制定し、継続的に改善し、サイバーセキュリティ
保障の基本的な要件及び主要な目標を明確化し、重要分野におけるサイバーセキュ
リティに関する政策、職務上の任務及び措置を提起する。

第五条　国家采取措施，监测、防御、处置来源于中华人民共和国境内外的网络安全风险和威

282

胁，保护关键信息基础设施免受攻击、侵入、干扰和破坏，依法惩治网络违法犯罪活动，维护网络空间安全和秩序。

第五条 国は、措置を講じて中華人民共和国の国内外に由来するサイバーセキュリティのリスク及び脅威を監視し、防御し、処置し、重要情報インフラが攻撃、侵入、妨害及び破壊を免れるため保護し、法によりサイバー犯罪を取り締まり、サイバー空間の安全及び秩序を維持する。

第六条 国家倡导诚实守信、健康文明的网络行为，推动传播社会主义核心价值观，采取措施提高全社会的网络安全意识和水平，形成全社会共同参与促进网络安全的良好环境。

第六条 国は、信義誠実で、健全かつ文明的なネットワーク行為を提唱し、社会主義の核心的価値観の普及を推進し、措置を講じて社会全体のサイバーセキュリティの意識及び水準を向上させ、社会全体がサイバーセキュリティの促進に共同参加する良好な環境を形成する。

第七条 国家积极开展网络空间治理、网络技术研发和标准制定、打击网络违法犯罪等方面的国际交流与合作，推动构建和平、安全、开放、合作的网络空间，建立多边、民主、透明的网络治理体系。

第七条 国は、サイバー空間の統治、ネットワーク技術の研究開発及び標準の制定、サイバー犯罪の規制等における国際的な交流及び協力を積極的に行い、平和で、安全で、開放的で、協力的なサイバー空間の構築を推進し、多面的、民主的で透明なネットワーク統治システムを構築する。

第八条 国家网信部门负责统筹协调网络安全工作和相关监督管理工作。国务院电信主管部门、公安部门和其他有关机关依照本法和有关法律、行政法规的规定，在各自职责范围内负责网络安全保护和监督管理工作。
县级以上地方人民政府有关部门的网络安全保护和监督管理职责，按照国家有关规定确定。

第八条 国家ネットワーク情報部門は、サイバーセキュリティ業務と監督管理業務の統一的な調整に責任を負う。国務院の電信主管部門、公安部門及びその他関連機関は、本法及び関連する法律、行政法規の規定に従い、各自の職責の範囲でサイバーセキュリティ保護業務及び監督管理業務に責任を負う。
県級以上の地方人民政府の関連部門によるサイバーセキュリティの保護及び監督管理の職責は、国の関連規定に従って確定する。

第九条 网络运营者开展经营和服务活动，必须遵守法律、行政法规，尊重社会公德，遵守商业道德，诚实信用，履行网络安全保护义务，接受政府和社会的监督，承担社会责任。

第九条 ネットワーク運営者は、経営及びサービス活動を行うにあたり、法律、行政法規を遵守し、社会道徳を尊重し、商業倫理を遵守し、信義誠実をもって、サイバーセキュ

リティ保護義務を履行し、政府及び社会の監督を受け入れ、社会的責任を果たさなければならない。

第十条 建设、运营网络或者通过网络提供服务，应当依照法律、行政法规的规定和国家标准的强制性要求，采取技术措施和其他必要措施，保障网络安全、稳定运行，有效应对网络安全事件，防范网络违法犯罪活动，维护网络数据的完整性、保密性和可用性。

第十条 ネットワークの構築、運営又はネットワークを通じたサービスの提供にあたっては、法律、行政法規の規定及び国家標準の強制的な要求に基づき、技術的措置及びその他必要な措置を講じて、ネットワークの安全、その安定的な運用を保障し、サイバーセキュリティ事件に効果的に対応し、サイバー犯罪活動を防止し、ネットワークデータの完全性、秘密性及び有用性を維持しなければならない。

第十一条 网络相关行业组织按照章程，加强行业自律，制定网络安全行为规范，指导会员加强网络安全保护，提高网络安全保护水平，促进行业健康发展。

第十一条 ネットワーク関連業界団体は、定款に従い、業界の自律を強化し、サイバーセキュリティの行為規範を制定し、会員によるサイバーセキュリティ保護の強化を指導し、サイバーセキュリティ保護水準を向上させ、業界の健全な発展を促進する。

第十二条 国家保护公民、法人和其他组织依法使用网络的权利，促进网络接入普及，提升网络服务水平，为社会提供安全、便利的网络服务，保障网络信息依法有序自由流动。
任何个人和组织使用网络应当遵守宪法法律，遵守公共秩序，尊重社会公德，不得危害网络安全，不得利用网络从事危害国家安全、荣誉和利益，煽动颠覆国家政权、推翻社会主义制度，煽动分裂国家、破坏国家统一，宣扬恐怖主义、极端主义，宣扬民族仇恨、民族歧视，传播暴力、淫秽色情信息，编造、传播虚假信息扰乱经济秩序和社会秩序，以及侵害他人名誉、隐私、知识产权和其他合法权益等活动。

第十二条 国は、公民、法人及びその他組織が法によりネットワークを使用する権利を保護し、ネットワーク接続の普及を促進し、ネットワークサービスの水準を向上させ、社会に安全で便利なネットワークサービスを提供し、ネットワーク情報の法による秩序ある自由な流動を保障する。
いかなる個人及び組織も、ネットワークを使用するにあたり、憲法、法律を遵守し、公共の秩序を遵守し、社会道徳を尊重しなければならず、サイバーセキュリティを害してはならず、ネットワークを利用して、国家の安全、栄誉及び利益を害し、国の政権の転覆、社会主義制度の打倒を扇動し、国の分裂、国の統一の破壊を扇動し、テロリズム、過激主義を宣揚し、民族的な憎悪、民族的な差別を宣揚し、暴力、わいせつな情報を伝播し、虚偽の情報の捏造、流布によって経済秩序及び社会秩序を撹乱し、他人の名誉、プライバシー、知的財産権及びその他合法的な権利・利益を侵害する等の活動を行ってはならない。

第十三条 国家支持研究开发有利于未成年人健康成长的网络产品和服务，依法惩治利用网络

284

巻末資料

从事危害未成年人身心健康的活动，为未成年人提供安全、健康的网络环境。

第十三条　国は、未成年者の健全な成長に利するネットワーク製品及びサービスの研究開発を支援し、ネットワークを利用して未成年者の心身の健康を害する活動への従事を法により取り締まり、未成年者に安全かつ健全なネットワーク環境を提供する。

第十四条　任何个人和组织有权对危害网络安全的行为向网信、电信、公安等部门举报。收到举报的部门应当及时依法作出处理；不属于本部门职责的，应当及时移送有权处理的部门。

有关部门应当对举报人的相关信息予以保密，保护举报人的合法权益。

第十四条　いかなる個人及び組織も、サイバーセキュリティを害する行為についてネットワーク情報、電気通信、公安等の部門に通報することができる。通報を受けた部門は、速やかに法により処理しなければならない。その部門の職責に属さないときは、処理の権限を有する部門に速やかに移送しなければならない。

関連部門は、通報者に関連する情報を秘密として保持し、通報者の合法的な権利・利益を保護しなければならない。

第二章　网络安全支持与促进
第二章　サイバーセキュリティの支援及び促進

第十五条　国家建立和完善网络安全标准体系。国务院标准化行政主管部门和国务院其他有关部门根据各自的职责，组织制定并适时修订有关网络安全管理以及网络产品、服务和运行安全的国家标准、行业标准。

国家支持企业、研究机构、高等学校、网络相关行业组织参与网络安全国家标准、行业标准的制定。

第十五条　国は、サイバーセキュリティ標準体系の構築及び整備を行う。国務院の標準化行政主管部門及び国務院のその他関連部門は、各自の職責に基づいて、サイバーセキュリティ管理並びにネットワーク製品、サービス及び運用の安全に関する国家標準、業界標準の制定及び適時改正を手配する。

国は、企業、研究機構、高等教育機関、ネットワーク関連業界団体がサイバーセキュリティ国家標準及び業界標準の制定に参加することを支援する。

第十六条　国务院和省、自治区、直辖市人民政府应当统筹规划，加大投入，扶持重点网络安全技术产业和项目，支持网络安全技术的研究开发和应用，推广安全可信的网络产品和服务，保护网络技术知识产权，支持企业、研究机构和高等学校等参与国家网络安全技术创新项目。

第十六条　国務院及び省、自治区、直轄市の人民政府は、統一的に計画を策定し、取組みを強化し、重点的なサイバーセキュリティ技術産業及び事業を援助し、サイバーセキュリティ技術の研究開発及び応用を支援し、安全で信頼しうるネットワーク製品及び

285

サービスの普及を促進し、ネットワーク技術の知的財産権を保護し、企業、研究機構、高等教育機関等による国家サイバーセキュリティ技術革新事業への参加を支援しなければならない。

第十七条 国家推进网络安全社会化服务体系建设，鼓励有关企业、机构开展网络安全认证、检测和风险评估等安全服务。

第十七条 国は、サイバーセキュリティの社会化サービスシステムの構築を推進し、関連する企業、機構がサイバーセキュリティの認証、検査、リスク評価等のセキュリティサービスを実施することを奨励する。

第十八条 国家鼓励开发网络数据安全保护和利用技术，促进公共数据资源开放，推动技术创新和经济社会发展。
国家支持创新网络安全管理方式，运用网络新技术，提升网络安全保护水平。

第十八条 国は、ネットワークデータのセキュリティの保護及び利用技術の開発を奨励し、公共データ資源の開放を促進し、技術の革新及び経済社会の発展を推進する。
国は、サイバーセキュリティ管理方式の革新、ネットワーク新技術の運用、サイバーセキュリティ保護水準の向上を支援する。

第十九条 各级人民政府及其有关部门应当组织开展经常性的网络安全宣传教育，并指导、督促有关单位做好网络安全宣传教育工作。
大众传播媒介应当有针对性地面向社会进行网络安全宣传教育。

第十九条 各級人民政府及びその関連部門は、サイバーセキュリティの経常的な宣伝教育の実施を手配するとともに、関連単位によるサイバーセキュリティ宣伝教育の職務の適切な遂行を指導、督促しなければならない。
マスメディアは、社会に対し、サイバーセキュリティ宣伝教育を適切に行わなければならない。

第二十条 国家支持企业和高等学校、职业学校等教育培训机构开展网络安全相关教育与培训，采取多种方式培养网络安全人才，促进网络安全人才交流。

第二十条 国は、企業及び高等教育機関、職業学校等の教育研修機構によるサイバーセキュリティに関する教育及び研修の実施を支援し、種々の方式を採用してサイバーセキュリティ人材を育成し、サイバーセキュリティ人材の交流を促進する。

卷末資料

第三章　网络运行安全
第三章　ネットワーク運用の安全

第一节　一般规定
第一節　一般規定

第二十一条　国家实行网络安全等级保护制度。网络运营者应当按照网络安全等级保护制度的要求，履行下列安全保护义务，保障网络免受干扰、破坏或者未经授权的访问，防止网络数据泄露或者被窃取、篡改：
（一）制定内部安全管理制度和操作规程，确定网络安全负责人，落实网络安全保护责任；
（二）采取防范计算机病毒和网络攻击、网络侵入等危害网络安全行为的技术措施；
（三）采取监测、记录网络运行状态、网络安全事件的技术措施，并按照规定留存相关的网络日志不少于六个月；
（四）采取数据分类、重要数据备份和加密等措施；
（五）法律、行政法规规定的其他义务。

第二十一条　国は、サイバーセキュリティの等級保護制度を実施する。ネットワーク運営者は、サイバーセキュリティ等級保護制度の要求に従い、次の各号に掲げる安全保護義務を履行して、ネットワークが妨害、破壊又は無権限のアクセスを免れることを保障し、ネットワークデータの漏えい又は窃取、改ざんを防止しなければならない。
（一）内部安全管理制度及び操作規程を制定し、サイバーセキュリティ責任者を確定し、サイバーセキュリティ保護の責任を明確化すること。
（二）コンピューターウイルス及びサイバー攻撃、ネットワーク侵入等のサイバーセキュリティを害する行為を防止する技術的措置を講ずること。
（三）ネットワークの運用状態、サイバーセキュリティ事件を監視し、記録する技術的な措置を講ずるとともに、規定に従って関連するネットワークログを少なくとも六か月保存すること。
（四）データの分類、重要データのバックアップ、暗号化等の措置を講ずること。
（五）その他法律、行政法規に定める義務。

第二十二条　网络产品、服务应当符合相关国家标准的强制性要求。网络产品、服务的提供者不得设置恶意程序；发现其网络产品、服务存在安全缺陷、漏洞等风险时，应当立即采取补救措施，按照规定及时告知用户并向有关主管部门报告。
　　网络产品、服务的提供者应当为其产品、服务持续提供安全维护；在规定或者当事人约定的期限内，不得终止提供安全维护。
　　网络产品、服务具有收集用户信息功能的，其提供者应当向用户明示并取得同意；涉及用户个人信息的，还应当遵守本法和有关法律、行政法规关于个人信息保护的规定。

第二十二条　ネットワーク製品、サービスは、関連する国家標準の強制的な要求に適合しなければならない。ネットワーク製品、サービスの提供者は、悪意のあるプログラムを設置してはならない。そのネットワーク製品、サービスに安全上の欠陥、脆弱性

287

等のリスクが存在することを発見したときは、直ちに救済措置を講じ、規定に従って速やかにユーザーに告知するとともに、関連主管部門に報告しなければならない。ネットワーク製品、サービスの提供者は、その製品、サービスに継続的にセキュリティメンテナンスを提供しなければならない。規定された期間、又は当事者が合意した期間においては、セキュリティメンテナンスの提供を終了してはならない。

ネットワーク製品、サービスがユーザー情報を収集する機能を有するときは、その提供者は、ユーザーにその旨を明示するとともに、同意を得なければならない。ユーザーの個人情報と関わるときは、さらに本法及び関連する法律、行政法規に定める個人情報の保護に関する規定を遵守しなければならない。

第二十三条 网络关键设备和网络安全专用产品应当按照相关国家标准的强制性要求，由具备资格的机构安全认证合格或者安全检测符合要求后，方可销售或者提供。国家网信部门会同国务院有关部门制定、公布网络关键设备和网络安全专用产品目录，并推动安全认证和安全检测结果互认，避免重复认证、检测。

第二十三条 ネットワーク重要設備及びサイバーセキュリティ専用製品は、関連する国家標準の強制的な要求に従わなければならず、資格を有する機構による安全認証に合格し、又は安全検査で要求に適合した後に、販売又は提供をすることができる。国家ネットワーク情報部門は、国務院の関連部門と共同してネットワーク重要設備及びサイバーセキュリティ専用製品の目録を制定、公布するとともに、安全認証及び安全検査の結果の相互承認を推進し、認証、検査の重複を回避する。

第二十四条 网络运营者为用户办理网络接入、域名注册服务，办理固定电话、移动电话等入网手续，或者为用户提供信息发布、即时通讯等服务，在与用户签订协议或者确认提供服务时，应当要求用户提供真实身份信息。用户不提供真实身份信息的，网络运营者不得为其提供相关服务。

国家实施网络可信身份战略，支持研究开发安全、方便的电子身份认证技术，推动不同电子身份认证之间的互认。

第二十四条 ネットワーク運営者がユーザーのためにネットワーク接続、ドメイン名登録サービス、固定電話、携帯電話等のネットワークアクセス手続を行い、又はユーザーに対して情報の公表、インスタントメッセンジャー等のサービスを提供するにあたり、ユーザーと契約を締結し、又はサービスの提供について確認するときは、ユーザーに真実の身分情報の提供を要求しなければならない。ユーザーが真実の身分情報を提供しないときは、ネットワーク運営者は、その者に関連するサービスを提供してはならない。

国は、ネットワーク信用身分戦略を実施し、安全で便利な電子身分認証技術の研究開発を支援し、異なる電子身分認証間の相互承認を推進する。

第二十五条 网络运营者应当制定网络安全事件应急预案，及时处置系统漏洞、计算机病毒、网络攻击、网络侵入等安全风险；在发生危害网络安全的事件时，立即启动应急预案，

巻末資料

采取相应的补救措施，并按照规定向有关主管部门报告。

第二十五条 ネットワーク運営者は、サイバーセキュリティ事件の緊急対応策を制定して、システムの脆弱性、コンピューターウイルス、サイバー攻撃、ネットワーク侵入等のセキュリティリスクを速やかに処理しなければならない。サイバーセキュリティを害する事件が発生したときは、直ちに緊急対応策を発動し、相応の救済措置を講ずるとともに、規定に従って関連主管部門に報告しなければならない。

第二十六条 开展网络安全认证、检测、风险评估等活动，向社会发布系统漏洞、计算机病毒、网络攻击、网络侵入等网络安全信息，应当遵守国家有关规定。

第二十六条 サイバーセキュリティの認証、検査、リスク評価等の活動を行い、社会に対してシステムの脆弱性、コンピューターウイルス、サイバー攻撃、ネットワーク侵入等のサイバーセキュリティ情報を公表するにあたっては、国の関連規定を遵守しなければならない。

第二十七条 任何个人和组织不得从事非法侵入他人网络、干扰他人网络正常功能、窃取网络数据等危害网络安全的活动；不得提供专门用于从事侵入网络、干扰网络正常功能及防护措施、窃取网络数据等危害网络安全活动的程序、工具；明知他人从事危害网络安全的活动的，不得为其提供技术支持、广告推广、支付结算等帮助。

第二十七条 いかなる個人及び組織も、他人のネットワークへの違法な侵入、他人のネットワークの正常な機能の妨害、ネットワークデータの窃取等のサイバーセキュリティを害する活動を行ってはならない。もっぱらネットワークへの侵入、ネットワークの正常な機能及び防御措置の妨害、ネットワークデータの窃取等のサイバーセキュリティを害する活動を行うために用いられるプログラム、ツールを提供してはならない。他人がサイバーセキュリティを害する活動を行うことを知ったときは、その者に対し、技術支援、広告普及、支払決済等の幇助を提供してはならない。

第二十八条 网络运营者应当为公安机关、国家安全机关依法维护国家安全和侦查犯罪的活动提供技术支持和协助。

第二十八条 ネットワーク運営者は、公安機関、国家安全機関が法により行う国の安全の維持及び犯罪捜査の活動に技術支援及び協力を提供しなければならない。

第二十九条 国家支持网络运营者之间在网络安全信息收集、分析、通报和应急处置等方面进行合作，提高网络运营者的安全保障能力。
有关行业组织建立健全本行业的网络安全保护规范和协作机制，加强对网络安全风险的分析评估，定期向会员进行风险警示，支持、协助会员应对网络安全风险。

第二十九条 国は、サイバーセキュリティ情報の収集、分析、通報及び緊急対応処理等におけるネットワーク運営者間の協力を支援し、ネットワーク運営者の安全保障能力を向上させる。

289

関連業界団体は、当該業界のサイバーセキュリティ保護規範及び協力制度を確立、
健全化し、サイバーセキュリティリスクの分析評価を強化し、会員に対して定期的
にリスクに関する注意喚起を行い、会員によるサイバーセキュリティリスクへの対
応を支援し、これに協力する。

第三十条 网信部门和有关部门在履行网络安全保护职责中获取的信息，只能用于维护网络安
全的需要，不得用于其他用途。

第三十条 ネットワーク情報部門及び関連部門がサイバーセキュリティ保護の職責の履行に
おいて取得した情報は、サイバーセキュリティ維持の必要にのみ用いることができ、
他の用途に用いてはならない。

第二节　关键信息基础设施的运行安全
第二節　重要情報インフラの運用の安全

第三十一条 国家对公共通信和信息服务、能源、交通、水利、金融、公共服务、电子政务等
重要行业和领域，以及其他一旦遭到破坏、丧失功能或者数据泄露，可能严重危害国
家安全、国计民生、公共利益的关键信息基础设施，在网络安全等级保护制度的基础
上，实行重点保护。关键信息基础设施的具体范围和安全保护办法由国务院制定。
　　国家鼓励关键信息基础设施以外的网络运营者自愿参与关键信息基础设施保护体系。

第三十一条 国は、公共通信及び情報サービス、エネルギー、交通、水利、金融、公共サー
ビス、電子行政サービス等の重要な産業及び分野、その他機能の破壊、喪失又はデー
タの漏えいに遭遇した場合に国の安全、国民の経済及び生活、公共の利益を深刻に
害するおそれのある重要情報インフラに対し、サイバーセキュリティ等級保護制度
に基づいて、重点的な保護を実施する。重要情報インフラの具体的な範囲及び安全
保護規定は、国務院において制定する。
　　国は、重要情報インフラ以外のネットワーク運営者が自発的に重要情報インフラ保
護システムに参加することを奨励する。

第三十二条 按照国务院规定的职责分工，负责关键信息基础设施安全保护工作的部门分别编
制并组织实施本行业、本领域的关键信息基础设施安全规划，指导和监督关键信息基
础设施运行安全保护工作。

第三十二条 国務院が定める職務分掌に従って重要情報インフラの安全保護の職務に責任を
負う部門は、当該業界、当該分野の重要情報インフラの安全計画を個別に策定して
その実施を手配し、重要情報インフラ運用の安全保護の職務について指導及び監督
を行う。

第三十三条 建设关键信息基础设施应当确保其具有支持业务稳定、持续运行的性能，并保证
安全技术措施同步规划、同步建设、同步使用。

巻末資料

第三十三条 重要情報インフラの建設にあたっては、それが業務の安定的、持続的な運用を支える性能を有することを確保するとともに、安全技術措置との同時計画、同時建設、同時使用を保証しなければならない。

第三十四条 除本法第二十一条的规定外，关键信息基础设施的运营者还应当履行下列安全保护义务：
（一）设置专门安全管理机构和安全管理负责人，并对该负责人和关键岗位的人员进行安全背景审查；
（二）定期对从业人员进行网络安全教育、技术培训和技能考核；
（三）对重要系统和数据库进行容灾备份；
（四）制定网络安全事件应急预案，并定期进行演练；
（五）法律、行政法规规定的其他义务。

第三十四条 本法第二十一条の規定のほか、重要情報インフラ運営者は、次の各号に掲げる安全保護義務を履行しなければならない。
（一）専門の安全管理機構及び安全管理責任者を設置し、その責任者及び重要職務の担当者に対しは安全上の背景の審査を行うこと。
（二）従業員に対してサイバーセキュリティに関する教育、技術研修及び技能考査を定期的に行うこと。
（三）重要なシステム及びデータベースについて耐災害バックアップを行うこと。
（四）サイバーセキュリティ事件への緊急対応策を制定して定期的に訓練を行うこと。
（五）その他法律、行政法規に定める義務

第三十五条 关键信息基础设施的运营者采购网络产品和服务，可能影响国家安全的，应当通过国家网信部门会同国务院有关部门组织的国家安全审查。

第三十五条 重要情報インフラ運営者は、ネットワーク製品及びサービスを調達するにあたり、国の安全に影響を及ぼすおそれがあるときは、国家ネットワーク情報部門が国務院の関連部門と共同して手配する国家安全審査に合格しなければならない。

第三十六条 关键信息基础设施的运营者采购网络产品和服务，应当按照规定与提供者签订安全保密协议，明确安全和保密义务与责任。

第三十六条 重要情報インフラ運営者は、ネットワーク製品及びサービスを調達するにあたり、規定に従って提供者と安全秘密保持契約を締結し、安全及び秘密保持に関する義務及び責任を明確にしなければならない。

第三十七条 关键信息基础设施的运营者在中华人民共和国境内运营中收集和产生的个人信息和重要数据应当在境内存储。
因业务需要，确需向境外提供的，应当按照国家网信部门会同国务院有关部门制定的办法进行安全评估；法律、行政法规另有规定的，依照其规定。

291

第三十七条 重要情報インフラ運営者が中華人民共和国国内における運営において収集及び生成した個人情報及び重要データは、国内で保存しなければならない。

業務上の必要により、確かに国外に提供する必要があるときは、国家ネットワーク情報部門が国務院の関連部門と共同して制定した規定に従って安全評価を行わなければならない。法律、行政法規に別段の定めがあるときは、その規定に従うものとする。

第三十八条 关键信息基础设施的运营者应当自行或者委托网络安全服务机构对其网络的安全性和可能存在的风险每年至少进行一次检测评估，并将检测评估情况和改进措施报送相关负责关键信息基础设施安全保护工作的部门。

第三十八条 重要情報インフラ運営者は、自ら又はサイバーセキュリティサービス機構に委託して、そのネットワークの安全性及び存在するおそれのあるリスクについて毎年少なくとも一回の検査評価を行うとともに、検査評価の状況及び改善措置を、関連する重要情報インフラ安全保護の職務について責任を負う部門に報告しなければならない。

第三十九条 国家网信部门应当统筹协调有关部门对关键信息基础设施的安全保护采取下列措施：

(一) 对关键信息基础设施的安全风险进行抽查检测，提出改进措施，必要时可以委托网络安全服务机构对网络存在的安全风险进行检测评估；

(二) 定期组织关键信息基础设施的运营者进行网络安全应急演练，提高应对网络安全事件的水平和协同配合能力；

(三) 促进有关部门、关键信息基础设施的运营者以及有关研究机构、网络安全服务机构等之间的网络安全信息共享；

(四) 对网络安全事件的应急处置与网络功能的恢复等，提供技术支持和协助。

第三十九条 国家ネットワーク情報部門は、関連部門が重要情報インフラの安全保護に対して次の各号に掲げる措置を講ずることを統一的に調整しなければならない。

(一) 重要情報インフラのセキュリティリスクについて抜取検査を行い、改善措置を提示すること。必要があるときは、サイバーセキュリティサービス機構に委託してネットワークに存在するセキュリティリスクについて検査評価を行うことができる。

(二) 重要情報インフラ運営者によるサイバーセキュリティ緊急対応訓練の実施を定期的に手配し、サイバーセキュリティ事件に対応する水準及び連携協力能力を向上させること。

(三) 関連部門、重要情報インフラ運営者及び関連研究機構、サイバーセキュリティサービス機構等の間におけるサイバーセキュリティ情報の共有を促進すること。

(四) サイバーセキュリティ事件に対する緊急対応処理及びネットワーク機能の回復等について、技術支援及び協力を提供すること。

巻末資料

第四章　网络信息安全
第四章　ネットワーク情報の安全

第四十条　网络运营者应当对其收集的用户信息严格保密，并建立健全用户信息保护制度。

第四十条　ネットワーク運営者は、その収集したユーザー情報を秘密として厳格に保持するとともに、ユーザー情報保護制度を確立、健全化しなければならない。

第四十一条　网络运营者收集、使用个人信息，应当遵循合法、正当、必要的原则，公开收集、使用规则，明示收集、使用信息的目的、方式和范围，并经被收集者同意。
　　网络运营者不得收集与其提供的服务无关的个人信息，不得违反法律、行政法规的规定和双方的约定收集、使用个人信息，并应当依照法律、行政法规的规定和与用户的约定，处理其保存的个人信息。

第四十一条　ネットワーク運営者は、個人情報を収集、使用するにあたり、合法、正当、必要の原則を遵守し、収集、使用の規則を公開し、情報を収集、使用する目的、方法及び範囲を明示するとともに、被収集者の同意を得なければならない。
　　ネットワーク運営者は、その提供するサービスと関連しない個人情報を収集してはならず、法律、行政法規の規定及び双方の合意に違反して個人情報を収集、使用してはならず、法律、行政法規の規定及びユーザーとの合意に従ってその保存する個人情報を取り扱わなければならない。

第四十二条　网络运营者不得泄露、篡改、毁损其收集的个人信息；未经被收集者同意，不得向他人提供个人信息。但是，经过处理无法识别特定个人且不能复原的除外。
　　网络运营者应当采取技术措施和其他必要措施，确保其收集的个人信息安全，防止信息泄露、毁损、丢失。在发生或者可能发生个人信息泄露、毁损、丢失的情况时，应当立即采取补救措施，按照规定及时告知用户并向有关主管部门报告。

第四十二条　ネットワーク運営者は、その収集した個人情報を漏えい、改ざん、毀損してはならない。被収集者の同意を経ずに、他人に個人情報を提供してはならない。ただし、処理を経て、特定の個人を識別すること、かつ、復元することができないときは、この限りでない。
　　ネットワーク運営者は、技術的な措置及びその他必要な措置を講じ、その収集した個人情報の安全を確保し、情報の漏えい、毀損、紛失を防止しなければならない。個人情報の漏えい、破損、紛失が発生し、又は発生するおそれがある状況のときは、直ちに救済措置を講じ、規定に従って速やかにユーザーに告知するとともに、関連主管部門に報告しなければならない。

第四十三条　个人发现网络运营者违反法律、行政法规规定或者双方的约定收集、使用其个人信息的，有权要求网络运营者删除其个人信息；发现网络运营者收集、存储的其个人信息有错误的，有权要求网络运营者予以更正。网络运营者应当采取措施予以删除

293

或者更正。

第四十三条 個人は、ネットワーク運営者が法律、行政法規の規定又は双方の合意に違反して、その個人情報を収集、使用していることを発見したときは、ネットワーク運営者にその個人情報の削除を要求することができる。ネットワーク運営者が収集、保存したその個人情報に誤りがあることを発見したときは、ネットワーク運営者に訂正を要求することができる。ネットワーク運営者は、措置を講じて削除又は訂正をしなければならない。

第四十四条 任何个人和组织不得窃取或者以其他非法方式获取个人信息，不得非法出售或者非法向他人提供个人信息。

第四十四条 いかなる個人及び組織も、個人情報を窃取し、又はその他違法な方法により取得してはならず、個人情報を違法に売却し、又は他人に対し違法に提供してはならない。

第四十五条 依法负有网络安全监督管理职责的部门及其工作人员，必须对在履行职责中知悉的个人信息、隐私和商业秘密严格保密，不得泄露、出售或者非法向他人提供。

第四十五条 法によりサイバーセキュリティの監督管理の職責を負う部門及びその職員は、職責の履行において知り得た個人情報、プライバシー及び営業秘密について厳格に秘密の保持をしなければならず、漏えい、売却又は他人に対する違法な提供をしてはならない。

第四十六条 任何个人和组织应当对其使用网络的行为负责，不得设立用于实施诈骗，传授犯罪方法，制作或者销售违禁物品、管制物品等违法犯罪活动的网站、通讯群组，不得利用网络发布涉及实施诈骗，制作或者销售违禁物品、管制物品以及其他违法犯罪活动的信息。

第四十六条 いかなる個人及び組織も、そのネットワーク使用行為に対して責任を負わなければならず、詐欺の実行、犯罪方法の伝授、禁制品及び規制品の作成又は販売等の犯罪活動の実行に用いるウェブサイト、通信グループを設けてはならず、ネットワークを利用して、詐欺の実行、禁制品及び規制品の作成又は販売、その他犯罪活動に関する情報を公表してはならない。

第四十七条 网络运营者应当加强对其用户发布的信息的管理，发现法律、行政法规禁止发布或者传输的信息的，应当立即停止传输该信息，采取消除等处置措施，防止信息扩散，保存有关记录，并向有关主管部门报告。

第四十七条 ネットワーク運営者は、そのユーザーが公表する情報に対する管理を強化しなければならず、法律、行政法規が公表又は伝送を禁止する情報を発見したときは、直ちにその情報の伝送を停止し、消去等の処理、措置を講じ、情報の拡散を防止し、関連する記録を保存するとともに、関連主管部門に報告しなければならない。

第四十八条 任何个人和组织发送的电子信息、提供的应用软件，不得设置恶意程序，不得含有法律、行政法规禁止发布或者传输的信息。

电子信息发送服务提供者和应用软件下载服务提供者，应当履行安全管理义务，知道其用户有前款规定行为的，应当停止提供服务，采取消除等处置措施，保存有关记录，并向有关主管部门报告。

第四十八条 いかなる個人及び組織が発信する電子情報、提供するアプリケーションソフトウェアにも、悪意のあるプログラムを設置してはならず、法律、行政法規が公表又は伝送を禁止する情報を含めてはならない。

電子情報の発信サービス提供者及びアプリケーションソフトウェアのダウンロードサービス提供者は、安全管理義務を履行しなければならず、そのユーザーに前項に定める行為があることを知ったときは、サービスの提供を停止し、消去等の処理、措置を講じ、関連する記録を保存するとともに、関連部門に報告しなければならない。

第四十九条 网络运营者应当建立网络信息安全投诉、举报制度，公布投诉、举报方式等信息，及时受理并处理有关网络信息安全的投诉和举报。

网络运营者对网信部门和有关部门依法实施的监督检查，应当予以配合。

第四十九条 ネットワーク運営者は、ネットワーク情報の安全に関する苦情申立て、通報制度を確立し、苦情申立て、通報の方法等の情報を公表し、ネットワーク情報の安全に関する苦情申立て、通報を速やかに受理するとともに、処理しなければならない。

ネットワーク運営者は、ネットワーク情報部門及び関連部門が法により実施する監督検査に協力しなければならない。

第五十条 国家网信部门和有关部门依法履行网络信息安全监督管理职责，发现法律、行政法规禁止发布或者传输的信息的，应当要求网络运营者停止传输，采取消除等处置措施，保存有关记录；对来源于中华人民共和国境外的上述信息，应当通知有关机构采取技术措施和其他必要措施阻断传播。

第五十条 国家ネットワーク情報部門及び関連部門は、法によりネットワーク情報安全監督管理の職責を履行し、法律、行政法規が公表又は伝送を禁止する情報を発見したときは、ネットワーク運営者に対し、伝送を停止し、消去等の処理、措置を講じ、関連する記録を保存することを要求しなければならない。中華人民共和国国外に由来するその情報については、関連機構に対し、技術的な措置及びその他必要な措置を講じて伝播を遮断することを通知しなければならない。

第五章　监测预警与应急处置
第五章　監視、事前警告及び緊急対応処理

第五十一条 国家建立网络安全监测预警和信息通报制度。国家网信部门应当统筹协调有关部

門加強網絡安全信息收集、分析和通報工作，按照規定統一發布網絡安全監測預警信息。

第五十一条 国は、サイバーセキュリティ監視、事前警告及び情報通報の制度を確立する。国家ネットワーク情報部門は、関連部門によるサイバーセキュリティ情報の収集、分析及び通報の職務の強化を統一的に調整し、規定に従ってサイバーセキュリティ監視、事前警告情報を統一的に公表しなければならない。

第五十二条 负责关键信息基础设施安全保护工作的部门，应当建立健全本行业、本领域的网络安全监测预警和信息通报制度，并按照规定报送网络安全监测预警信息。

第五十二条 重要情報インフラ安全保護の職務に責任を負う部門は、当該業界、当該分野におけるサイバーセキュリティ監視、事前警告及び情報通報の制度を確立、健全化するとともに、規定に従ってサイバーセキュリティ監視、事前警告情報を報告しなければならない。

第五十三条 国家网信部门协调有关部门建立健全网络安全风险评估和应急工作机制，制定网络安全事件应急预案，并定期组织演练。

负责关键信息基础设施安全保护工作的部门应当制定本行业、本领域的网络安全事件应急预案，并定期组织演练。

网络安全事件应急预案应当按照事件发生后的危害程度、影响范围等因素对网络安全事件进行分级，并规定相应的应急处置措施。

第五十三条 国家ネットワーク情報部門は、関連部門によるサイバーセキュリティリスクの評価及び緊急対応業務体制の確立、健全化を調整し、サイバーセキュリティ事件の緊急対応策を制定するとともに、定期的に訓練を手配する。

重要情報インフラ安全保護の職務に責任を負う部門は、当該業界、当該分野のサイバーセキュリティ事件緊急対応策を制定するとともに、定期的に訓練を手配しなければならない。

サイバーセキュリティ事件の緊急対応策は、事件発生後の危害の程度、影響の範囲等の要素に応じて、サイバーセキュリティ事件の等級分けをするとともに、相応の緊急対応処理措置を規定しなければならない。

第五十四条 网络安全事件发生的风险增大时，省级以上人民政府有关部门应当按照规定的权限和程序，并根据网络安全风险的特点和可能造成的危害，采取下列措施：

(一) 要求有关部门、机构和人员及时收集、报告有关信息，加强对网络安全风险的监测；

(二) 组织有关部门、机构和专业人员，对网络安全风险信息进行分析评估，预测事件发生的可能性、影响范围和危害程度；

(三) 向社会发布网络安全风险预警，发布避免、减轻危害的措施。

第五十四条 サイバーセキュリティ事件の発生するリスクが増大したときは、省級以上の人民政府の関連部門は、定められた権限及び手続に従うとともに、サイバーセキュリ

ティリスクの特徴及び発生するおそれのある危害に基づいて、次の各号に掲げる措置を講じなければならない。

（一）関連部門、機構及び人員に対し、関連する情報の速やかな収集、報告、サイバーセキュリティリスクに対する監視の強化を要求すること。

（二）関連部門、機構及び専門家を動員して、サイバーセキュリティリスク情報に対する分析評価を行い、事件発生の可能性、影響の範囲及び危害の程度を予測すること。

（三）社会に対し、サイバーセキュリティリスクの早期警報を公表し、危害を回避、軽減する措置を公表すること。

第五十五条 发生网络安全事件，应当立即启动网络安全事件应急预案，对网络安全事件进行调查和评估，要求网络运营者采取技术措施和其他必要措施，消除安全隐患，防止危害扩大，并及时向社会发布与公众有关的警示信息。

第五十五条 サイバーセキュリティ事件が発生したときは、直ちにサイバーセキュリティ事件緊急対応策を発動して、サイバーセキュリティ事件に対する調査及び評価を行い、ネットワーク運営者に対し、技術的な措置及びその他必要な措置を講じて、安全上の潜在的な危険を除去し、危害の拡大を防止することを要求するとともに、社会に対し、公衆と関連する事前警告情報を速やかに公表しなければならない。

第五十六条 省级以上人民政府有关部门在履行网络安全监督管理职责中，发现网络存在较大安全风险或者发生安全事件的，可以按照规定的权限和程序对该网络的运营者的法定代表人或者主要负责人进行约谈。网络运营者应当按照要求采取措施，进行整改，消除隐患。

第五十六条 省級以上の人民政府の関連部門は、サイバーセキュリティ監督管理の職責の履行において、ネットワークに比較的大きなセキュリティリスクが存在し、又はセキュリティ事件が発生したことを発見したときは、定められた権限及び手続に従って、そのネットワーク運営者の法定代表者又は主要責任者に事情聴取を行うことができる。ネットワーク運営者は、要求に従って措置を講じ、是正を行い、潜在的な危険を除去しなければならない。

第五十七条 因网络安全事件，发生突发事件或者生产安全事故的，应当依照《中华人民共和国突发事件应对法》、《中华人民共和国安全生产法》等有关法律、行政法规的规定处置。

第五十七条 サイバーセキュリティ事件に起因して突発的な事件又は生産安全事故が発生したときは、「中華人民共和国突発事件対応法」、「中華人民共和国安全生産法」等の関連する法律、行政法規の規定に従って処理しなければならない。

第五十八条 因维护国家安全和社会公共秩序，处置重大突发社会安全事件的需要，经国务院决定或者批准，可以在特定区域对网络通信采取限制等临时措施。

第五十八条 国の安全及び社会の公共秩序を維持するため、社会の安全と関わる重大な突発

297

的事件を処理する必要があるときは、国務院の決定又は許可を経て、特定の地域に
おいてネットワーク通信に対し制限等の臨時措置を講ずることができる。

第六章　法律责任
第六章　法的責任

第五十九条　网络运营者不履行本法第二十一条、第二十五条规定的网络安全保护义务的，由
有关主管部门责令改正，给予警告；拒不改正或者导致危害网络安全等后果的，处
一万元以上十万元以下罚款，对直接负责的主管人员处五千元以上五万元以下罚款。
关键信息基础设施的运营者不履行本法第三十三条、第三十四条、第三十六条、第
三十八条规定的网络安全保护义务的，由有关主管部门责令改正，给予警告；拒不改
正或者导致危害网络安全等后果的，处十万元以上一百万元以下罚款，对直接负责的
主管人员处一万元以上十万元以下罚款。

第五十九条　ネットワーク運営者が本法第二十一条、第二十五条に定めるサイバーセキュリ
ティ保護義務を履行しなかったときは、関連主管部門において是正を命じ、警告を
発する。是正を拒否し、又はサイバーセキュリティを害する等の結果を発生させた
ときは、一万元以上十万元以下の過料に処し、直接責任を負う主管者は、五千元以
上五万元以下の過料に処する。

　　重要情報インフラ運営者が本法第三十三条、第三十四条、第三十六条、第三十八条
に定めるサイバーセキュリティ保護義務を履行しなかったときは、関連主管部門に
おいて是正を命じ、警告を発する。是正を拒否し、又はサイバーセキュリティを害
する等の結果を発生させたときは、十万元以上百万元以下の過料に処し、直接責任
を負う主管者は、一万元以上十万元以下の過料に処する。

第六十条　违反本法第二十二条第一款、第二款和第四十八条第一款规定，有下列行为之一的，
由有关主管部门责令改正，给予警告；拒不改正或者导致危害网络安全等后果的，处
五万元以上五十万元以下罚款，对直接负责的主管人员处一万元以上十万元以下罚款：

（一）设置恶意程序的；

（二）对其产品、服务存在的安全缺陷、漏洞等风险未立即采取补救措施，或者未按照规
定及时告知用户并向有关主管部门报告的；

（三）擅自终止为其产品、服务提供安全维护的。

第六十条　本法第二十二条第一項、第二項及び第四十八条第一項の規定に違反して、次の各
号に掲げる行為のいずれかがあるときは、関連主管部門において是正を命じ、警告
を発する。是正を拒否し、又はサイバーセキュリティを害する等の結果を発生させ
たときは、五万元以上五十万元以下の過料に処し、直接責任を負う主管者は、一万
元以上十万元以下の過料に処する。

（一）悪意のあるプログラムを設置した場合

（二）その製品、サービスに存在する安全上の欠陥、脆弱性等のリスクについて直ちに
救済措置を講じず、又は規定に従って速やかにユーザーへの告知及び関連主管部

門への報告を行わなかった場合

（三）その製品、サービスに対するセキュリティメンテナンスの提供を無断で終了した場合

第六十一条 网络运营者违反本法第二十四条第一款规定，未要求用户提供真实身份信息，或者对不提供真实身份信息的用户提供相关服务的，由有关主管部门责令改正；拒不改正或者情节严重的，处五万元以上五十万元以下罚款，并可以由有关主管部门责令暂停相关业务、停业整顿、关闭网站、吊销相关业务许可证或者吊销营业执照，对直接负责的主管人员和其他直接责任人员处一万元以上十万元以下罚款。

第六十一条 ネットワーク運営者が本法第二十四条第一項の規定に違反して、ユーザーに対し真実の身分情報の提供を要求せず、又は真実の身分情報を提供しないユーザーに対して関連するサービスを提供したときは、関連主管部門において是正を命ずる。是正を拒否し、又は情状が重いときは、五万元以上五十万元以下の過料に処するものとし、あわせて、関連主管部門において関連業務の停止、営業停止、ウェブサイトの閉鎖、関連する業務許可又は営業許可の取消しを命ずることができ、直接責任を負う主管者及びその他直接責任者は、一万元以上十万元以下の過料に処する。

第六十二条 违反本法第二十六条规定，开展网络安全认证、检测、风险评估等活动，或者向社会发布系统漏洞、计算机病毒、网络攻击、网络侵入等网络安全信息的，由有关主管部门责令改正，给予警告；拒不改正或者情节严重的，处一万元以上十万元以下罚款，并可以由有关主管部门责令暂停相关业务、停业整顿、关闭网站、吊销相关业务许可证或者吊销营业执照，对直接负责的主管人员和其他直接责任人员处五千元以上五万元以下罚款。

第六十二条 サイバーセキュリティ認証、検査、リスク評価等の活動を行い、又はシステムの脆弱性、コンピューターウイルス、サイバー攻撃、ネットワーク侵入等のサイバーセキュリティ情報を社会に公表するにあたって本法第二十六条の規定に違反したときは、関連主管部門において是正を命じ、警告を発する。是正を拒否し、又は情状が重いときは、一万元以上十万元以下の過料に処するものとし、あわせて、関連主管部門において関連業務の停止、営業停止、ウェブサイトの閉鎖、関連する業務許可又は営業許可の取消しを命ずることができ、直接責任を負う主管者及びその他直接責任者は、五千元以上五万元以下の過料に処する。

第六十三条 违反本法第二十七条规定，从事危害网络安全的活动，或者提供专门用于从事危害网络安全活动的程序、工具，或者为他人从事危害网络安全的活动提供技术支持、广告推广、支付结算等帮助，尚不构成犯罪的，由公安机关没收违法所得，处五日以下拘留，可以并处五万元以上五十万元以下罚款；情节较重的，处五日以上十五日以下拘留，可以并处十万元以上一百万元以下罚款。

单位有前款行为的，由公安机关没收违法所得，处十万元以上一百万元以下罚款，并对直接负责的主管人员和其他直接责任人员依照前款规定处罚。

违反本法第二十七条规定，受到治安管理处罚的人员，五年内不得从事网络安全管理和网络运营关键岗位的工作；受到刑事处罚的人员，终身不得从事网络安全管理和网络运营关键岗位的工作。

第六十三条 本法第二十七条の規定に違反して、サイバーセキュリティを害する活動を行い、サイバーセキュリティを害する活動を行うためにもっぱら用いられるプログラム、ツールを提供し、又は他人がサイバーセキュリティを害する活動を行うために技術支援、広告宣伝、支払決済等の幇助を提供し、なお犯罪を構成しないときは、公安機関において違法所得を没収し、五日以下の拘留に処するものとし、あわせて、五万元以上五十万元以下の過料に処することができる。情状が比較的重大なときは、五日以上十五日以下の拘留に処するものとし、あわせて、十万元以上百万元以下の過料に処することができる。

単位に前項の行為があるときは、公安機関において違法所得を没収し、十万元以上百万元以下の過料に処するとともに、直接責任を負う主管者その他直接責任者は、前項の規定に従って処罰する。

本法第二十七条の規定に違反して、治安管理処罰を受けた者は、サイバーセキュリティ管理及びネットワーク運営に係る重要な職位の業務を五年間行ってはならない。刑事処罰を受けた者は、サイバーセキュリティ管理及びネットワーク運営に係る重要な職位の業務を終身行ってはならない。

第六十四条 网络运营者、网络产品或者服务的提供者违反本法第二十二条第三款、第四十一条至第四十三条规定，侵害个人信息依法得到保护的权利的，由有关主管部门责令改正，可以根据情节单处或者并处警告、没收违法所得、处违法所得一倍以上十倍以下罚款，没有违法所得的，处一百万元以下罚款，对直接负责的主管人员和其他直接责任人员处一万元以上十万元以下罚款；情节严重的，并可以责令暂停相关业务、停业整顿、关闭网站、吊销相关业务许可证或者吊销营业执照。

违反本法第四十四条规定，窃取或者以其他非法方式获取、非法出售或者非法向他人提供个人信息，尚不构成犯罪的，由公安机关没收违法所得，并处违法所得一倍以上十倍以下罚款，没有违法所得的，处一百万元以下罚款。

第六十四条 ネットワーク運営者、ネットワーク製品又はサービスの提供者が本法第二十二条第三項、第四十一条から第四十三条の規定に違反して、個人情報が法により保護を受ける権利を侵害した場合には、関連主管部門において是正を命ずるものとし、情状に基づいて警告、違法所得の没収、違法所得の一倍以上十倍以下の過料、違法所得がないときは百万元以下の過料を単科又は併科することができ、直接責任を負う主管者及びその他直接の責任者は、一万元以上十万元以下の過料に処する。情状が重いときは、あわせて、関連業務の停止、営業停止、ウェブサイトの閉鎖、関連する業務許可又は営業許可の取消しを命ずることができる。

本法第四十四条の規定に違反して、個人情報を窃取し、若しくはその他違法な方式により取得し、違法に売却し、又は違法に他人に提供し、なお犯罪を構成しないときは、公安機関において違法所得の没収及び違法所得の一倍以上十倍以下の過料、

巻末資料

違法所得がないときは百万元以下の過料を併科する。

第六十五条 关键信息基础设施的运营者违反本法第三十五条规定，使用未经安全审查或者安全审查未通过的网络产品或者服务的，由有关主管部门责令停止使用，处采购金额一倍以上十倍以下罚款；对直接负责的主管人员和其他直接责任人员处一万元以上十万元以下罚款。

第六十五条 重要情報インフラ運営者が本法第三十五条の規定に違反して、安全審査を経ておらず、又は安全審査に合格していないネットワーク製品又はサービスを使用したときは、関連主管部門において使用の停止を命じ、調達金額の一倍以上十倍以下の過料に処する。直接責任を負う主管者及びその他直接責任者は、一万元以上十万元以下の過料に処する。

第六十六条 关键信息基础设施的运营者违反本法第三十七条规定，在境外存储网络数据，或者向境外提供网络数据的，由有关主管部门责令改正，给予警告，没收违法所得，处五万元以上五十万元以下罚款，并可以责令暂停相关业务、停业整顿、关闭网站、吊销相关业务许可证或者吊销营业执照；对直接负责的主管人员和其他直接责任人员处一万元以上十万元以下罚款。

第六十六条 重要情報インフラ運営者が本法第三十七条の規定に違反して、国外においてネットワークデータを保存し、又は国外にネットワークデータを提供したときは、関連主管部門において是正を命じ、警告を発し、違法所得を没収し、五万元以上五十万元以下の過料に処するものとし、あわせて、関連業務の停止、営業停止、ウェブサイトの閉鎖、関連する業務許可又は営業許可の取消しを命ずることができる。直接責任を負う主管者及びその他直接責任者は、一万元以上十万元以下の過料に処する。

第六十七条 违反本法第四十六条规定，设立用于实施违法犯罪活动的网站、通讯群组，或者利用网络发布涉及实施违法犯罪活动的信息，尚不构成犯罪的，由公安机关处五日以下拘留，可以并处一万元以上十万元以下罚款；情节较重的，处五日以上十五日以下拘留，可以并处五万元以上五十万元以下罚款。关闭用于实施违法犯罪活动的网站、通讯群组。
单位有前款行为的，由公安机关处十万元以上五十万元以下罚款，并对直接负责的主管人员和其他直接责任人员依照前款规定处罚。

第六十七条 本法第四十六条の規定に違反して、犯罪活動の実行に用いるウェブサイト、通信グループを設け、又はネットワークを利用して犯罪活動の実行と関わる情報を公表し、なお犯罪を構成しないときは、公安機関において五日以下の拘留に処するものとし、あわせて、一万元以上十万元以下の過料に処することができる。情状が比較的重大なときは、五日以上十五日以下の拘留に処するものとし、あわせて、五万元以上五十万元以下の過料に処することができる。犯罪活動の実行に用いるウェブサイト、通信グループは、これを閉鎖する。

301

単位に前項の行為があるときは、公安機関において十万元以上五十万元以下の過料に処するとともに、直接責任を負う主管者及びその他直接責任者は、前項の規定に従って処罰する。

第六十八条　网络运营者违反本法第四十七条规定，对法律、行政法规禁止发布或者传输的信息未停止传输、采取消除等处置措施、保存有关记录的，由有关主管部门责令改正，给予警告，没收违法所得；拒不改正或者情节严重的，处十万元以上五十万元以下罚款，并可以责令暂停相关业务、停业整顿、关闭网站、吊销相关业务许可证或者吊销营业执照，对直接负责的主管人员和其他直接责任人员处一万元以上十万元以下罚款。电子信息发送服务提供者、应用软件下载服务提供者，不履行本法第四十八条第二款规定的安全管理义务的，依照前款规定处罚。

第六十八条　ネットワーク運営者が本法第四十七条の規定に違反して、法律、行政法規が公表又は伝送を禁止する情報について伝送の停止、消去等の処理、措置、関連する記録の保存をしなかったときは、関連主管部門において是正を命じ、警告を発し、違法所得を没収する。是正を拒否し、又は情状が重いときは、十万元以上五十万元以下の過料に処するものとし、あわせて、関連業務の停止、営業停止、ウェブサイトの閉鎖、関連する業務許可又は営業許可の取消しを命ずることができ、直接責任を負う主管者及びその他直接責任者は、一万元以上十万元以下の過料に処する。
電子情報の発信サービス提供者、アプリケーションソフトウェアのダウンロードサービス提供者が本法第四十八条第二項に定める安全管理義務を履行しなかったときは、前項の規定に従って処罰する。

第六十九条　网络运营者违反本法规定，有下列行为之一的，由有关主管部门责令改正；拒不改正或者情节严重的，处五万元以上五十万元以下罚款，对直接负责的主管人员和其他直接责任人员，处一万元以上十万元以下罚款：
（一）不按照有关部门的要求对法律、行政法规禁止发布或者传输的信息，采取停止传输、消除等处置措施的；
（二）拒绝、阻碍有关部门依法实施的监督检查的；
（三）拒不向公安机关、国家安全机关提供技术支持和协助的。

第六十九条　ネットワーク運営者が本法の規定に違反して、次の各号に掲げる行為のいずれかがあるときは、関連主管部門において是正を命ずる。是正を拒否し、又は情状が重いときは、五万元以上五十万元以下の過料に処し、直接責任を負う主管者及びその他直接責任者は、一万元以上十万元以下の過料に処する。
（一）関連部門の要求に従って法律、行政法規が公表又は伝送を禁止する情報に対し伝送の停止、消去等の処理、措置を講じなかった場合
（二）関連部門が法により実施する監督検査を拒否し、妨害した場合
（三）公安機関、国家安全機関への技術支援及び協力の提供を拒否した場合

第七十条　发布或者传输本法第十二条第二款和其他法律、行政法规禁止发布或者传输的信息

302

的，依照有关法律、行政法规的规定处罚。

第七十条　本法第十二条第二项及びその他法律、行政法规が公表又は伝送を禁止する情報を公表し、又は伝送したときは、関連する法律、行政法規の規定に従って処罰する。

第七十一条　有本法规定的违法行为的，依照有关法律、行政法规的规定记入信用档案，并予以公示。

第七十一条　本法に定める違法行為があるときは、関連する法律、行政法規の規定に従って信用記録に記入するとともに、公示を行う。

第七十二条　国家机关政务网络的运营者不履行本法规定的网络安全保护义务的，由其上级机关或者有关机关责令改正；对直接负责的主管人员和其他直接责任人员依法给予处分。

第七十二条　国家機関の政務ネットワーク運営者が本法に定めるサイバーセキュリティ保護義務を履行しなかったときは、その上級機関又は関連機関において是正を命ずる。直接責任を負う主管者及びその他直接責任者は、法により処分する。

第七十三条　网信部门和有关部门违反本法第三十条规定，将在履行网络安全保护职责中获取的信息用于其他用途的，对直接负责的主管人员和其他直接责任人员依法给予处分。网信部门和有关部门的工作人员玩忽职守、滥用职权、徇私舞弊，尚不构成犯罪的，依法给予处分。

第七十三条　ネットワーク情報部門及び関連部門が本法第三十条の規定に違反して、サイバーセキュリティ保護の職責の履行において取得した情報を他の用途に用いたときは、直接責任を負う主管者及びその他直接責任者を法により処分する。
ネットワーク情報部門及び関連部門の職員が職務怠慢、職権濫用、私利のために不正を行って、なお犯罪を構成しないときは、法により処分する。

第七十四条　违反本法规定，给他人造成损害的，依法承担民事责任。
违反本法规定，构成违反治安管理行为的，依法给予治安管理处罚；构成犯罪的，依法追究刑事责任。

第七十四条　本法の規定に違反して、他人に損害を与えたときは、法により民事責任を負う。
本法の規定に違反して、治安管理違反行為を構成するときは、法により治安管理処罰を行う。犯罪を構成するときは、法により刑事責任を追及する。

第七十五条　境外的机构、组织、个人从事攻击、侵入、干扰、破坏等危害中华人民共和国的关键信息基础设施的活动，造成严重后果的，依法追究法律责任；国务院公安部门和有关部门并可以决定对该机构、组织、个人采取冻结财产或者其他必要的制裁措施。

第七十五条　国外の機構、組織、個人が攻撃、侵入、妨害、破壊等の中華人民共和国の重要情報インフラを害する活動を行って、深刻な結果を発生させたときは、法により法的責任を追及する。あわせて、国務院の公安部門及び関連部門は、その機構、組織、

個人に対し財産の凍結又はその他必要な制裁措置を講ずることを決定することができる。

第七章　附則
第七章　附則

第七十六条　本法下列用语的含义：
- (一) 网络，是指由计算机或者其他信息终端及相关设备组成的按照一定的规则和程序对信息进行收集、存储、传输、交换、处理的系统。
- (二) 网络安全，是指通过采取必要措施，防范对网络的攻击、侵入、干扰、破坏和非法使用以及意外事故，使网络处于稳定可靠运行的状态，以及保障网络数据的完整性、保密性、可用性的能力。
- (三) 网络运营者，是指网络的所有者、管理者和网络服务提供者。
- (四) 网络数据，是指通过网络收集、存储、传输、处理和产生的各种电子数据。
- (五) 个人信息，是指以电子或者其他方式记录的能够单独或者与其他信息结合识别自然人个人身份的各种信息，包括但不限于自然人的姓名、出生日期、身份证件号码、个人生物识别信息、住址、电话号码等。

第七十六条　本法において、次の各号に掲げる用語の意義は、当該各号に定めるところによる。
- (一) ネットワークとは、コンピューター又はその他情報端末及び関連設備により構成され、一定の規則及びプログラムに従って情報の収集、保存、伝送、交換、処理を行うシステムをいう。
- (二) サイバーセキュリティとは、必要な措置を講ずることにより、ネットワークに対する攻撃、不正侵入、妨害、破壊及び違法な使用並びに不測の事故を防止し、ネットワークを安定的かつ確実な運用状態に置き、ネットワークデータの完全性、機密性、使用可能性を保障する能力をいう。
- (三) ネットワーク運営者とは、ネットワークの所有者、管理者及びネットワークサービスの提供者をいう。
- (四) ネットワークデータとは、ネットワークを通じて収集、保存、伝送、処理、生成される各種の電子データをいう。
- (五) 個人情報とは、電子又はその他方法により記録され、単独で、又は他の情報と組み合わせて自然人個人の身分を識別することができる各種の情報をいい、自然人の氏名、生年月日、身分証番号、個人の生体識別情報、住所、電話番号等を含むがこれらに限らない。

第七十七条　存储、处理涉及国家秘密信息的网络的运行安全保护，除应当遵守本法外，还应当遵守保密法律、行政法规的规定。

第七十七条　国家秘密と関わる情報の保存、処理を行うネットワークの運用の安全保護については、本法を遵守しなければならないほか、秘密保持に関する法律、行政法規の

304

規定も遵守しなければならない。

第七十八条 军事网络的安全保护，由中央军事委员会另行规定。

第七十八条 軍事用ネットワークの安全保護については、中央軍事委員会において別途定める。

第七十九条 本法自 2017 年 6 月 1 日起施行。

第七十九条 本法は、2017 年 6 月 1 日から施行する。

［資料 2］　　　　　　**中华人民共和国数据安全法**
　　　　　　　　　　中華人民共和国データ安全法

（2021 年 6 月 10 日第十三届全国人民代表大会常务委员会第二十九次会议通过）
（2021 年 6 月 10 日第十三期全国人民代表大会第二十九回会議において採択）

第一章　总则
第一章　総則

第一条　为了规范数据处理活动，保障数据安全，促进数据开发利用，保护个人、组织的合法
　　　　权益，维护国家主权、安全和发展利益，制定本法。

第一条　データ取扱活動を規範化し、データの安全を保障し、データの開発利用を促進し、
　　　　個人、組織の合法的な権利・利益を保護し、国の主権、安全及び発展の利益を維持
　　　　するため、本法を定める。

第二条　在中华人民共和国境内开展数据处理活动及其安全监管，适用本法。
　　　　在中华人民共和国境外开展数据处理活动，损害中华人民共和国国家安全、公共利益
　　　　或者公民、组织合法权益的，依法追究法律责任。

第二条　中華人民共和国国内で行われるデータ取扱活動及びその安全監督管理に、本法を適
　　　　用する。
　　　　中華人民共和国国外でデータ取扱活動を行い、中華人民共和国の国の安全、公共の
　　　　利益又は公民、組織の合法的な権利・利益に損害を与えたときは、法により法的責
　　　　任を追及する。

第三条　本法所称数据，是指任何以电子或者其他方式对信息的记录。
　　　　数据处理，包括数据的收集、存储、使用、加工、传输、提供、公开等。
　　　　数据安全，是指通过采取必要措施，确保数据处于有效保护和合法利用的状态，以及
　　　　具备保障持续安全状态的能力。

第三条　本法におけるデータとは、電子その他の方式による情報の記録をいう。
　　　　データ取扱いは、データの収集、保存、使用、加工、伝送、提供、公開等を含む。
　　　　データの安全とは、必要な措置を講ずることによって、データが効果的に保護され、
　　　　合法的に利用される状態にあることを保障し、かつ、安全な状態の持続を保障する
　　　　能力を備えることをいう。

第四条　维护数据安全，应当坚持总体国家安全观，建立健全数据安全治理体系，提高数据安
　　　　全保障能力。

第四条　データの安全の維持は、総体国家安全観を堅持し、データの安全の管理体系を構築、

306

健全化し、データの安全の保障能力を向上させるものでなければならない。

第五条 中央国家安全领导机构负责国家数据安全工作的决策和议事协调，研究制定、指导实施国家数据安全战略和有关重大方针政策，统筹协调国家数据安全的重大事项和重要工作，建立国家数据安全工作协调机制。

第五条 中央国家安全指導機構は、国家データ安全職務の意思決定及び議事調整の責任を負い、国家データ安全戦略及び関連する重大な方針政策の研究策定、実施指導をし、国家データ安全の重大事項及び重要職務を統括し、国家データ安全職務調整制度を確立する。

第六条 各地区、各部门对本地区、本部门工作中收集和产生的数据及数据安全负责。
工业、电信、交通、金融、自然资源、卫生健康、教育、科技等主管部门承担本行业、本领域数据安全监管职责。
公安机关、国家安全机关等依照本法和有关法律、行政法规的规定，在各自职责范围内承担数据安全监管职责。
国家网信部门依照本法和有关法律、行政法规的规定，负责统筹协调网络数据安全和相关监管工作。

第六条 各地区、各部門は、その地区、部門の職務において収集及び生成したデータ及びデータの安全について責任を負う。
工業、電気通信、交通、金融、天然資源、衛生健康、教育、科学技術等の主管部門は、その産業、分野のデータ安全監督管理について職責を負う。
公安機関、国家安全機関等は、本法及び関連する法律、行政法規の規定に従って、それぞれの職責の範囲において、データ安全監督管理の職責を負う。
国家ネットワーク情報部門は、本法及び関連する法律、行政法規の規定に従って、ネットデータの安全及び関連する監督管理の職務を統括する責任を負う。

第七条 国家保护个人、组织与数据有关的权益，鼓励数据依法合理有效利用，保障数据依法有序自由流动，促进以数据为关键要素的数字经济发展。

第七条 国は、個人、組織のデータと関連する権利・利益を保護し、法による合理的で有効なデータの利用を奨励し、法による秩序ある自由なデータの流動を保障し、データを重要要素とするデジタル経済の発展を促進する。

第八条 开展数据处理活动，应当遵守法律、法规，尊重社会公德和伦理，遵守商业道德和职业道德，诚实守信，履行数据安全保护义务，承担社会责任，不得危害国家安全、公共利益，不得损害个人、组织的合法权益。

第八条 データ取扱活動においては、法律、法規を遵守し、社会の道徳及び倫理を尊重し、商業道徳及び職業倫理を遵守し、信義誠実をもって、データ安全保護義務を履行し、社会的責任を果たさなければならず、国の安全、公共の利益を害すること、個人、

組織の合法的な権利・利益を害することをしてはならない。

第九条 国家支持开展数据安全知识宣传普及，提高全社会的数据安全保护意识和水平，推动有关部门、行业组织、科研机构、企业、个人等共同参与数据安全保护工作，形成全社会共同维护数据安全和促进发展的良好环境。

第九条 国は、データの安全に関する知識の宣伝普及の展開を支援し、社会全体のデータ安全保護の意識及び水準を向上させ、関連する部門、業界団体、科学研究機構、企業、個人等によるデータの安全を保護する活動への共同参加を推進し、社会全体が共同してデータの安全を維持するとともに発展を促進する良好な環境を形成する。

第十条 相关行业组织按照章程，依法制定数据安全行为规范和团体标准，加强行业自律，指导会员加强数据安全保护，提高数据安全保护水平，促进行业健康发展。

第十条 関連する業界団体は、定款に従って、データ安全行為規範及び団体標準を法により制定し、業界の自律を強化し、会員に対してデータ安全保護の強化を指導し、データ安全保護水準を向上させ、業界の健全な発展を促進する。

第十一条 国家积极开展数据安全治理、数据开发利用等领域的国际交流与合作，参与数据安全相关国际规则和标准的制定，促进数据跨境安全、自由流动。

第十一条 国は、データ安全管理、データ開発利用等の分野における国際的な交流及び協力を積極的に行い、データの安全に関する国際的な規則及び標準の制定に関与し、データの越境移転の安全、自由な流動を促進する。

第十二条 任何个人、组织都有权对违反本法规定的行为向有关主管部门投诉、举报。收到投诉、举报的部门应当及时依法处理。
有关主管部门应当对投诉、举报人的相关信息予以保密，保护投诉、举报人的合法权益。

第十二条 いかなる個人、組織も、本法の規定に違反する行為について、関連する主管部門に苦情申立て、通報をすることができる。苦情申立て、通報を受けた部門は、速やかに法により処理しなければならない。
関連する主管部門は、告発、通報者に関する情報を秘密として保持し、苦情申立者、通報者の合法的な権利・利益を保護しなければならない。

第二章　数据安全与发展
第二章　データの安全及び発展

第十三条 国家统筹发展和安全，坚持以数据开发利用和产业发展促进数据安全，以数据安全保障数据开发利用和产业发展。

第十三条 国は、発展及び安全を統括し、データの開発利用及び産業の発展をもってデータの安全を促進し、データの安全をもってデータの開発利用及び産業の発展を保障す

巻末資料

ることを堅持する。

第十四条　国家实施大数据战略，推进数据基础设施建设，鼓励和支持数据在各行业、各领域的创新应用。

省级以上人民政府应当将数字经济发展纳入本级国民经济和社会发展规划，并根据需要制定数字经济发展规划。

第十四条　国は、ビッグデータ戦略を実施し、データインフラの建設を推進し、各産業、各分野におけるデータの革新的応用を奨励及び支援する。

省級以上の人民政府は、デジタル経済の発展をその行政等級の国民経済及び社会発展計画に組み入れるとともに、必要に応じてデジタル経済発展計画を策定しなければならない。

第十五条　国家支持开发利用数据提升公共服务的智能化水平。提供智能化公共服务，应当充分考虑老年人、残疾人的需求，避免对老年人、残疾人的日常生活造成障碍。

第十五条　国は、データ開発利用による公共サービスのスマート化水準の向上を支援する。スマート化公共サービスの提供については、高齢者、身体障害者の要請を十分に考慮し、高齢者、身体障害者の日常生活における障害の発生を回避しなければならない。

第十六条　国家支持数据开发利用和数据安全技术研究，鼓励数据开发利用和数据安全等领域的技术推广和商业创新，培育、发展数据开发利用和数据安全产品、产业体系。

第十六条　国は、データの開発利用及びデータの安全技術研究を支援し、データの開発利用、データの安全等の分野における技術の普及及びビジネスの革新を奨励し、データ開発利用及びデータ安全製品、産業の体系を育成し、発展させる。

第十七条　国家推进数据开发利用技术和数据安全标准体系建设。国务院标准化行政主管部门和国务院有关部门根据各自的职责，组织制定并适时修订有关数据开发利用技术、产品和数据安全相关标准。国家支持企业、社会团体和教育、科研机构等参与标准制定。

第十七条　国は、データ開発利用技術及びデータ安全標準体系の構築を推進する。国務院の標準化行政主管部門及び国務院の関連部門は、それぞれの職責に基づいて、関連するデータ開発利用技術、製品及びデータ安全関連標準の制定を手配し、かつ適時の改正を行う。国は、企業、社会団体及び教育、科学研究機構等が標準の制定に関与することを支援する。

第十八条　国家促进数据安全检测评估、认证等服务的发展，支持数据安全检测评估、认证等专业机构依法开展服务活动。

国家支持有关部门、行业组织、企业、教育和科研机构、有关专业机构等在数据安全风险评估、防范、处置等方面开展协作。

309

第十八条 国は、データ安全検査評価、認証等のサービスの発展を促進し、データ安全検査評価、認証等の専門機構が法によりサービス活動を行うことを支援する。

国は、関連部門、業界団体、企業、教育及び科学研究機構、関連する専門機構等がデータ安全リスクの評価、防止、処置等において連携することを支援する。

第十九条 国家建立健全数据交易管理制度，规范数据交易行为，培育数据交易市场。

第十九条 国は、データ取引管理制度を確立、健全化し、データ取引行為を規範化し、データ取引市場を育成する。

第二十条 国家支持教育、科研机构和企业等开展数据开发利用技术和数据安全相关教育和培训，采取多种方式培养数据开发利用技术和数据安全专业人才，促进人才交流。

第二十条 国は、教育、科学研究機構、企業等がデータ開発利用技術及びデータ安全に関する教育及び研修を行うことを支援し、多種の方法を用いてデータ開発利用技術及びデータ安全専門人材を養成し、人材交流を促進する。

第三章　数据安全制度
第三章　データ安全制度

第二十一条 国家建立数据分类分级保护制度，根据数据在经济社会发展中的重要程度，以及一旦遭到篡改、破坏、泄露或者非法获取、非法利用，对国家安全、公共利益或者个人、组织合法权益造成的危害程度，对数据实行分类分级保护。国家数据安全工作协调机制统筹协调有关部门制定重要数据目录，加强对重要数据的保护。

关系国家安全、国民经济命脉、重要民生、重大公共利益等数据属于国家核心数据，实行更加严格的管理制度。

各地区、各部门应当按照数据分类分级保护制度，确定本地区、本部门以及相关行业、领域的重要数据具体目录，对列入目录的数据进行重点保护。

第二十一条 国は、データ分類分級保護制度を確立し、経済社会の発展におけるデータの重要性の程度、及びその改ざん、破壊、漏えい又は違法な取得、違法な利用が行われた場合に国の安全、公共の利益又は個人、組織の合法的な権利・利益に生ずる危害の程度に基づいて、データに対し分類分級保護を行う。国家データ安全職務調整制度は、関連部門による重要データ目録の策定、重要データに対する保護の強化を統括する。

国の安全、国民経済の命脈、重要な国民生活、重大な公共の利益等と関わるデータは、国家核心データとし、より厳格な管理制度を実行する。

各地区、各部門は、データ分類分級保護制度に従って、その地区、部門及び関連する産業、分野の重要データの具体的な目録を策定し、その目録に掲げられたデータに対して重点的な保護を行わなければならない。

第二十二条 国家建立集中统一、高效权威的数据安全风险评估、报告、信息共享、监测预警机制。国家数据安全工作协调机制统筹协调有关部门加强数据安全风险信息的获取、分析、研判、预警工作。

第二十二条 国は、データ安全リスク評価、報告、情報共有、監視早期警戒に関する集中統一的で、効率が高く、権威のある制度を確立する。国家データ安全職務調整制度は、関連部門によるデータ安全リスク情報の取得、分析、検討判断、早期警戒の職務の強化を統括する。

第二十三条 国家建立数据安全应急处置机制。发生数据安全事件，有关主管部门应当依法启动应急预案，采取相应的应急处置措施，防止危害扩大，消除安全隐患，并及时向社会发布与公众有关的警示信息。

第二十三条 国は、データ安全緊急対応制度を確立する。データ安全事件が発生したときは、関連する主管部門は、法により緊急対応策を発動し、相応の緊急対応措置を講じて危害の拡大を防止し、潜在的な安全上のリスクを解消するとともに、社会に対して速やかに公衆と関連する早期警戒情報を公表しなければならない。

第二十四条 国家建立数据安全审查制度，对影响或者可能影响国家安全的数据处理活动进行国家安全审查。
依法作出的安全审查决定为最终决定。

第二十四条 国は、データ安全審査制度を確立し、国の安全に影響し又はそのおそれのあるデータ取扱活動に対して国家安全審査を行う。
法により下された安全審査決定は、最終の決定とする。

第二十五条 国家对与维护国家安全和利益、履行国际义务相关的属于管制物项的数据依法实施出口管制。

第二十五条 国は、国の安全及び利益の維持、国際的な義務の履行と関連する管理規制品目に属するデータに対し、法により輸出管理を行う。

第二十六条 任何国家或者地区在与数据和数据开发利用技术等有关的投资、贸易等方面对中华人民共和国采取歧视性的禁止、限制或者其他类似措施的，中华人民共和国可以根据实际情况对该国家或者地区对等采取措施。

第二十六条 いずれかの国又は地域がデータ、データ開発利用技術等と関連する投資、貿易等の分野において中華人民共和国に差別的な禁止、制限又はその他類似する措置を講じたときは、中華人民共和国は、実際の状況に基づいてその国又は地域に対等の措置を講ずることができる。

第四章　数据安全保护义务
第四章　データ安全保護義務

第二十七条　开展数据处理活动应当依照法律、法规的规定，建立健全全流程数据安全管理制度，组织开展数据安全教育培训，采取相应的技术措施和其他必要措施，保障数据安全。利用互联网等信息网络开展数据处理活动，应当在网络安全等级保护制度的基础上，履行上述数据安全保护义务。

　　重要数据的处理者应当明确数据安全负责人和管理机构，落实数据安全保护责任。

第二十七条　データ取扱活動においては、法律、法規の規定に従って、全過程にわたるデータ安全管理制度を確立、健全化し、データ安全に関する教育研修の実施を手配し、相応の技術的措置及びその他必要な措置を講じてデータの安全を保障しなければならない。インターネット等の情報ネットワークを利用したデータ取扱活動においては、サイバーセキュリティ等級保護制度を基礎として、本項前段に定めるデータ安全保護義務を履行しなければならない。

　　重要データ取扱者は、データ安全責任者及び管理機構を明確にし、データ安全保護の責任を果たさなければならない。

第二十八条　开展数据处理活动以及研究开发数据新技术，应当有利于促进经济社会发展，增进人民福祉，符合社会公德和伦理。

第二十八条　データ取扱活動及びデータ新技術の研究開発は、経済社会の発展を促進し、人民の福祉を増進し、社会の道徳及び倫理への適合に利するものでなければならない。

第二十九条　开展数据处理活动应当加强风险监测，发现数据安全缺陷、漏洞等风险时，应当立即采取补救措施；发生数据安全事件时，应当立即采取处置措施，按照规定及时告知用户并向有关主管部门报告。

第二十九条　データ取扱活動においては、リスク監視を強化しなければならず、データの安全上の欠陥、脆弱性等のリスクを発見したときは、直ちに救済措置を講じなければならない。データ安全事件が発生したときは、直ちに対応措置を講じ、規定に従って速やかにユーザーに告知するとともに、関連主管部門に報告しなければならない。

第三十条　重要数据的处理者应当按照规定对其数据处理活动定期开展风险评估，并向有关主管部门报送风险评估报告。

　　风险评估报告应当包括处理的重要数据的种类、数量，开展数据处理活动的情况，面临的数据安全风险及其应对措施等。

第三十条　重要データ取扱者は、規定に従ってそのデータ取扱活動に対するリスク評価を定期的に行うとともに、関連主管部門に対しリスク評価報告をしなければならない。

　　リスク評価報告は、取り扱った重要データの種類、数量、データ取扱活動の実行状況、直面したデータ安全リスク及びその対応措置等を含むものでなければならない。

巻末資料

第三十一条 关键信息基础设施的运营者在中华人民共和国境内运营中收集和产生的重要数据的出境安全管理，适用《中华人民共和国网络安全法》的规定；其他数据处理者在中华人民共和国境内运营中收集和产生的重要数据的出境安全管理办法，由国家网信部门会同国务院有关部门制定。

第三十一条 重要情報インフラ運営者が中華人民共和国国内での運営において収集及び生成した重要データの越境移転に関する安全管理には、中華人民共和国サイバーセキュリティ法の規定を適用する。それ以外のデータ取扱者が中華人民共和国国内での運営において収集及び生成した重要データの越境移転に関する安全管理弁法は、国家ネットワーク情報部門が国務院の関連部門と共同して制定する。

第三十二条 任何组织、个人收集数据，应当采取合法、正当的方式，不得窃取或者以其他非法方式获取数据。
法律、行政法规对收集、使用数据的目的、范围有规定的，应当在法律、行政法规规定的目的和范围内收集、使用数据。

第三十二条 いかなる組織、個人も、データを収集するにあたり、合法、正当な方法を用いなければならず、窃取又はその他違法な方法によってデータを取得してはならない。
法律、行政法規にデータの収集、使用の目的、範囲に関する規定があるときは、その法律、行政法規に定める目的及び範囲においてデータを収集、使用しなければならない。

第三十三条 从事数据交易中介服务的机构提供服务，应当要求数据提供方说明数据来源，审核交易双方的身份，并留存审核、交易记录。

第三十三条 データ取引仲介サービスに従事する機構は、サービスを提供するにあたり、データ提供者にそのデータの由来に関する説明を求め、取引双方の身分を審査するとともに、その審査、取引の記録を保存しなければならない。

第三十四条 法律、行政法规规定提供数据处理相关服务应当取得行政许可的，服务提供者应当依法取得许可。

第三十四条 法律、行政法規がデータ取扱関連サービスの提供について行政許可の取得を要するものと定めているときは、サービス提供者は、法により許可を取得しなければならない。

第三十五条 公安机关、国家安全机关因依法维护国家安全或者侦查犯罪的需要调取数据，应当按照国家有关规定，经过严格的批准手续，依法进行，有关组织、个人应当予以配合。

第三十五条 公安機関、国家安全機関は、法による国の安全の維持又は犯罪の捜査のためにデータの調査、取得が必要となるときは、国の関連規定に従って、厳格な許可手続を経て、法により実行しなければならず、関連する組織、個人は、それに協力しなければならない。

313

第三十六条 中华人民共和国主管机关根据有关法律和中华人民共和国缔结或者参加的国际条约、协定，或者按照平等互惠原则，处理外国司法或者执法机构关于提供数据的请求。非经中华人民共和国主管机关批准，境内的组织、个人不得向外国司法或者执法机构提供存储于中华人民共和国境内的数据。

第三十六条 中華人民共和国の主管機関は、関連する法律及び中華人民共和国が締結し又は参加する国際条約、協定に基づいて、又は平等互恵の原則に照らして、外国の司法又は法執行機関からのデータ提供に関する要請に対処する。中華人民共和国の主管機関の許可を得ることなく、国内の組織、個人は、外国の司法又は法執行機関に対して中華人民共和国国内に保存されたデータを提供してはならない。

第五章　政务数据安全与开放
第五章　政務データの安全及び開放

第三十七条 国家大力推进电子政务建设，提高政务数据的科学性、准确性、时效性，提升运用数据服务经济社会发展的能力。

第三十七条 国は、電子行政サービスの構築を強力に推進し、政務データの科学性、正確性、適時性を高め、データを運用して経済社会の発展に奉仕する能力を向上させる。

第三十八条 国家机关为履行法定职责的需要收集、使用数据，应当在其履行法定职责的范围内依照法律、行政法规规定的条件和程序进行；对在履行职责中知悉的个人隐私、个人信息、商业秘密、保密商务信息等数据应当依法予以保密，不得泄露或者非法向他人提供。

第三十八条 国家機関は、法定の職責を履行する必要のためデータを収集、使用するときは、その履行する法定の職責の範囲において、法律、行政法規が定める要件及び手続に従って行わなければならない。職責の履行において知り得た個人のプライバシー、個人情報、商業秘密、守秘商務情報等のデータについては、法により秘密の保持をしなければならず、漏えい又は他人に対する違法な提供をしてはならない。

第三十九条 国家机关应当依照法律、行政法规的规定，建立健全数据安全管理制度，落实数据安全保护责任，保障政务数据安全。

第三十九条 国家機関は、法律、行政法規の規定に従って、データ安全管理制度を確立、健全化し、データ安全保護責任を果たし、政務データの安全を保障しなければならない。

第四十条 国家机关委托他人建设、维护电子政务系统，存储、加工政务数据，应当经过严格的批准程序，并应当监督受托方履行相应的数据安全保护义务。受托方应当依照法律、法规的规定和合同约定履行数据安全保护义务，不得擅自留存、使用、泄露或者向他人提供政务数据。

第四十条 国家機関は、電子行政サービスシステムの構築、維持、政務データの保存、加工を他人に委託するときは、厳格な許可手続を経るとともに、受託者による相応のデータ安全保護義務の履行を監督しなければならない。受託者は、法律、法規の規定及び契約の合意に従ってデータ安全保護義務を履行しなければならず、許可なく政務データの保存、使用、漏えい又は他人に対する提供をしてはならない。

第四十一条 国家机关应当遵循公正、公平、便民的原则，按照规定及时、准确地公开政务数据。依法不予公开的除外。

第四十一条 国家機関は、公正、公平、人民の利便に資する原則を遵守し、規定に従って速やかかつ正確に政務データを公開しなければならない。ただし、法により公開しない情報は、この限りでない。

第四十二条 国家制定政务数据开放目录，构建统一规范、互联互通、安全可控的政务数据开放平台，推动政务数据开放利用。

第四十二条 国は、政務データ公開目録を策定し、統一的かつ規範的で、相互に連携し、安全で制御可能な政務データ公開プラットフォームを構築し、政務データの利用開放を促進する。

第四十三条 法律、法规授权的具有管理公共事务职能的组织为履行法定职责开展数据处理活动，适用本章规定。

第四十三条 法律、法規により授権された公共事務管理機能を有する組織が法定の職責を履行するために行うデータ取扱活動には、本章の規定を適用する。

第六章　法律责任
第六章　法的責任

第四十四条 有关主管部门在履行数据安全监管职责中，发现数据处理活动存在较大安全风险的，可以按照规定的权限和程序对有关组织、个人进行约谈，并要求有关组织、个人采取措施进行整改，消除隐患。

第四十四条 関連主管部門は、データ安全監督管理に係る職責の履行においてデータ取扱活動に比較的大きな安全リスクが存在することを発見したときは、定められた権限及び手続に従って、関連する組織、個人に対し事情聴取を行うとともに、関連する組織、個人に対し、措置を講じて是正を行い、潜在的な危険を除去することを要求することができる。

第四十五条 开展数据处理活动的组织、个人不履行本法第二十七条、第二十九条、第三十条规定的数据安全保护义务的，由有关主管部门责令改正，给予警告，可以并处五万元以上五十万元以下罚款，对直接负责的主管人员和其他直接责任人员可以处一万元以

315

上十万元以下罚款；拒不改正或者造成大量数据泄露等严重后果的，处五十万元以上二百万元以下罚款，并可以责令暂停相关业务、停业整顿、吊销相关业务许可证或者吊销营业执照，对直接负责的主管人员和其他直接责任人员处五万元以上二十万元以下罚款。

违反国家核心数据管理制度，危害国家主权、安全和发展利益的，由有关主管部门处二百万元以上一千万元以下罚款，并根据情况责令暂停相关业务、停业整顿、吊销相关业务许可证或者吊销营业执照；构成犯罪的，依法追究刑事责任。

第四十五条　データ取扱活動を行う組織、個人が本法第二十七条、第二十九条、第三十条に定めるデータ安全保護義務を履行しなかったときは、関連主管部門において是正を命じ、警告を発するものとし、あわせて、五万元以上五十万元以下の過料に処することができ、直接責任を負う主管者及びその他直接責任者は、一万元以上十万元以下の過料に処する。是正を拒否し、又は大量のデータ漏えい等の深刻な結果を発生させたときは、五十万元以上二百万元以下の過料に処するものとし、あわせて、関連業務の停止、営業停止、関連する業務許可又は営業許可の取消しを命ずることができ、直接責任を負う主管者及びその他直接責任者は、五万元以上二十万元以下の過料に処する。

国家核心データ管理制度に違反して国の主権、安全及び発展の利益を害したときは、関連主管部門において二百万元以上一千万元以下の過料に処するとともに、状況に基づいて関連業務の停止、営業停止、関連する業務許可又は営業許可の取消しを命ずる。犯罪を構成するときは、法により刑事責任を追及する。

第四十六条　违反本法第三十一条规定，向境外提供重要数据的，由有关主管部门责令改正，给予警告，可以并处十万元以上一百万元以下罚款，对直接负责的主管人员和其他直接责任人员可以处一万元以上十万元以下罚款；情节严重的，处一百万元以上一千万元以下罚款，并可以责令暂停相关业务、停业整顿、吊销相关业务许可证或者吊销营业执照，对直接负责的主管人员和其他直接责任人员处十万元以上一百万元以下罚款。

第四十六条　本法第三十一条の規定に違反して国外に重要データを提供したときは、関連主管部門において是正を命じ、警告を発するものとし、あわせて、十万元以上百万元以下の過料に処すること、直接責任を負う主管者及びその他直接責任者を一万元以上十万元以下の過料に処することができる。情状が重いときは、百万元以上一千万元以下の過料に処するものとし、あわせて、関連業務の停止、営業停止、関連する業務許可又は営業許可の取消しを命ずることができ、直接責任を負う主管者及びその他直接責任者は、十万元以上百万元以下の過料に処する。

第四十七条　从事数据交易中介服务的机构未履行本法第三十三条规定的义务的，由有关主管部门责令改正，没收违法所得，处违法所得一倍以上十倍以下罚款，没有违法所得或者违法所得不足十万元的，处十万元以上一百万元以下罚款，并可以责令暂停相关业务、停业整顿、吊销相关业务许可证或者吊销营业执照；对直接负责的主管人员和其他直接责任人员处一万元以上十万元以下罚款。

第四十七条 データ取引仲介サービスに従事する機構が本法第三十三条に定める義務を履行しなかったときは、関連主管部門において是正を命じ、違法所得を没収し、違法所得の一倍以上十倍以下の過料、違法所得がなく、又は違法所得が十万元に満たないときは十万元以上百万元以下の過料に処するものとし、あわせて、関連業務の停止、営業停止、関連する業務許可又は営業許可の取消しを命ずることができる。直接責任を負う主管者及びその他直接責任者は、一万元以上十万元以下の過料に処する。

第四十八条 违反本法第三十五条规定，拒不配合数据调取的，由有关主管部门责令改正，给予警告，并处五万元以上五十万元以下罚款，对直接负责的主管人员和其他直接责任人员处一万元以上十万元以下罚款。

违反本法第三十六条规定，未经主管机关批准向外国司法或者执法机构提供数据的，由有关主管部门给予警告，可以并处十万元以上一百万元以下罚款，对直接负责的主管人员和其他直接责任人员可以处一万元以上十万元以下罚款；造成严重后果的，处一百万元以上五百万元以下罚款，并可以责令暂停相关业务、停业整顿、吊销相关业务许可证或者吊销营业执照，对直接负责的主管人员和其他直接责任人员处五万元以上五十万元以下罚款。

第四十八条 本法第三十五条の規定に違反してデータの調査、取得への協力を拒否したときは、関連主管部門において是正を命じ、警告を発するとともに、五万元以上五十万元以下の過料を併科し、直接責任を負う主管者及びその他直接責任者は、一万元以上十万元以下の過料に処する

本法第三十六条の規定に違反して主管機関の許可を経ずに外国の司法又は法執行機構にデータを提供したときは、関連主管部門において警告を発するものとし、あわせて、十万元以上百万元の過料に処すること、直接責任を負う主管者及びその他直接責任者を一万元以上十万元以下の過料に処することができる。深刻な結果を発生させたときは、百万元以上五百万元以下の過料に処するものとし、あわせて、関連業務の停止、営業停止、関連する業務許可又は営業許可の取消しを命ずることができ、直接責任を負う主管者及びその他直接責任者は、五万元以上五十万元以下の過料に処する。

第四十九条 国家机关不履行本法规定的数据安全保护义务的，对直接负责的主管人员和其他直接责任人员依法给予处分。

第四十九条 国家機関が本法に定めるデータ安全保護義務を履行しなかったときは、直接責任を負う主管者及びその他直接責任者を法により処分する。

第五十条 履行数据安全监管职责的国家工作人员玩忽职守、滥用职权、徇私舞弊的，依法给予处分。

第五十条 データ安全監督管理の職責を履行する国の職員が職務怠慢、職権濫用、私利不正を行ったときは、法により処分する。

第五十一条 窃取或者以其他非法方式获取数据，开展数据处理活动排除、限制竞争，或者损害个人、组织合法权益的，依照有关法律、行政法规的规定处罚。

第五十一条 データを窃取し、若しくはその他違法な方法によりデータを取得し、データ取扱活動を行って競争を排除、制限し、又は個人、組織の合法的な権利・利益を害したときは、関連する法律、行政法規の規定に従って処罰する。

第五十二条 违反本法规定，给他人造成损害的，依法承担民事责任。
违反本法规定，构成违反治安管理行为的，依法给予治安管理处罚；构成犯罪的，依法追究刑事责任。

第五十二条 本法の規定に違反して、他人に損害を与えたときは、法により民事責任を負う。本法の規定に違反して、治安管理違反行為を構成するときは、法により治安管理処罰を行う。犯罪を構成するときは、法により刑事責任を追及する。

第七章　附则
第七章　附則

第五十三条 开展涉及国家秘密的数据处理活动，适用《中华人民共和国保守国家秘密法》等法律、行政法规的规定。
在统计、档案工作中开展数据处理活动，开展涉及个人信息的数据处理活动，还应当遵守有关法律、行政法规的规定。

第五十三条 国家秘密と関わるデータ取扱活動については、「中華人民共和国国家秘密保護法」等の法律、行政法規の規定を適用する。
統計、信用記録の職務においてデータ取扱活動を行い、個人情報に関するデータ取扱活動を行うにあたっては、さらに関連する法律、行政法規の規定を遵守しなければならない。

第五十四条 军事数据安全保护的办法，由中央军事委员会依据本法另行制定。

第五十四条 軍事データ安全保護に関する弁法は、中央軍事委員会において本法に基づき別途定める。

第五十五条 本法自 2021 年 9 月 1 日起施行。

第五十五条 本法は、2021 年 9 月 1 日から施行する。

巻末資料

［資料3］　　　　中华人民共和国个人信息保护法
　　　　　　　　中華人民共和国個人情報保護法

（2021 年 8 月 20 日第十三届全国人民代表大会常务委员会第三十次会议通过）
（2021 年 8 月 20 日第十三期全国人民代表大会第三十回会議において採択）

第一章　总则
第一章　総則

第一条　为了保护个人信息权益，规范个人信息处理活动，促进个人信息合理利用，根据宪法，制定本法。

第一条　個人情報の権利・利益を保護し、個人情報取扱活動を規範化し、個人情報の合理的な利用を促進するため、憲法に基づいて本法を制定する。

第二条　自然人的个人信息受法律保护，任何组织、个人不得侵害自然人的个人信息权益。

第二条　自然人の個人情報は、法律による保護を受け、いかなる組織、個人も、自然人の個人情報の権利・利益を侵害してはならない。

第三条　在中华人民共和国境内处理自然人个人信息的活动，适用本法。
　　　　在中华人民共和国境外处理中华人民共和国境内自然人个人信息的活动，有下列情形之一的，也适用本法：
　　　　（一）以向境内自然人提供产品或者服务为目的；
　　　　（二）分析、评估境内自然人的行为；
　　　　（三）法律、行政法规规定的其他情形。

第三条　中華人民共和国国内において自然人の個人情報を取り扱う活動に、本法を適用する。
　　　　中華人民共和国国外において中華人民共和国国内の自然人の個人情報を取り扱う活動も、次に定める事情のいずれかがあるときは、本法を適用する。
　　　　（一）中国国内の自然人への製品又はサービスの提供を目的とすること。
　　　　（二）中国国内の自然人の行為の分析、評価を行うこと。
　　　　（三）その他法律、行政法規が定める事情。

第四条　个人信息是以电子或者其他方式记录的与已识别或者可识别的自然人有关的各种信息，不包括匿名化处理后的信息。
　　　　个人信息的处理包括个人信息的收集、存储、使用、加工、传输、提供、公开、删除等。

第四条　個人情報とは、電子的若しくはその他の方法によって記録された既に識別され又は識別可能な自然人に関する各種の情報をいい、匿名化処理後の情報を含まない。
　　　　個人情報の取扱いは、個人情報の収集、保存、使用、加工、伝送、提供、公開、削

319

除等を含む。

第五条 处理个人信息应当遵循合法、正当、必要和诚信原则，不得通过误导、欺诈、胁迫等方式处理个人信息。

第五条 個人情報の取扱いは、合法、正当、必要及び信義誠実の原則を遵守しなければならず、誤導、詐欺、脅迫等の方法により個人情報を取り扱ってはならない。

第六条 处理个人信息应当具有明确、合理的目的，并应当与处理目的直接相关，采取对个人权益影响最小的方式。
收集个人信息，应当限于实现处理目的的最小范围，不得过度收集个人信息。

第六条 個人情報の取扱いは、明確かつ合理的な目的を有するとともに、取扱いの目的と直接関連し、個人の権利・利益への影響が最小の方法を採用しなければならない。
個人情報の収集は、取扱いの目的を実現するための最小の範囲に限定しなければならず、個人情報を過剰に収集してはならない。

第七条 处理个人信息应当遵循公开、透明原则，公开个人信息处理规则，明示处理的目的、方式和范围。

第七条 個人情報の取扱いは、公開、透明の原則を遵守するものとし、個人情報の取扱規則を公開し、取扱いの目的、方法及び範囲を明示しなければならない。

第八条 处理个人信息应当保证个人信息的质量，避免因个人信息不准确、不完整对个人权益造成不利影响。

第八条 個人情報の取扱いは、個人情報の質を保証し、個人情報が不正確、不完全であることに起因して個人の権利・利益に不利な影響を与えることを避けなければならない。

第九条 个人信息处理者应当对其个人信息处理活动负责，并采取必要措施保障所处理的个人信息的安全。

第九条 個人情報取扱者は、その個人情報取扱活動に責任を負い、必要な措置を講じて、取り扱う個人情報の安全を保障しなければならない。

第十条 任何组织、个人不得非法收集、使用、加工、传输他人个人信息，不得非法买卖、提供或者公开他人个人信息；不得从事危害国家安全、公共利益的个人信息处理活动。

第十条 いかなる組織、個人も、他人の個人情報を違法に収集、使用、加工、伝送してはならず、他人の個人情報を違法に売買、提供又は公開してはならない。国の安全、公共の利益を害する個人情報取扱活動に従事してはならない。

第十一条 国家建立健全个人信息保护制度，预防和惩治侵害个人信息权益的行为，加强个人信息保护宣传教育，推动形成政府、企业、相关社会组织、公众共同参与个人信息保

巻末資料

护的良好环境。

第十一条 国は、個人情報保護制度の確立・健全化を行い、個人情報の権利・利益を侵害する行為の予防及び処罰を行い、個人情報保護の宣伝教育を強化し、政府、企業、関連する社会組織、公衆が個人情報の保護に共同で関与する良好な環境の形成を推進する。

第十二条 国家积极参与个人信息保护国际规则的制定，促进个人信息保护方面的国际交流与合作，推动与其他国家、地区、国际组织之间的个人信息保护规则、标准等互认。

第十二条 国は、個人情報保護の国際的な規則の制定に積極的に関与し、個人情報の保護に関する国際交流及び協力を促進し、他の国、地域、国際組織との間における個人情報保護の規則、基準等の相互承認を推進する。

第二章　个人信息处理规则
第二章　個人情報の取扱規則

第一节　一般规定
第一節　一般規定

第十三条 符合下列情形之一的，个人信息处理者方可处理个人信息：
（一）取得个人的同意；
（二）为订立、履行个人作为一方当事人的合同所必需，或者按照依法制定的劳动规章制度和依法签订的集体合同实施人力资源管理所必需；
（三）为履行法定职责或者法定义务所必需；
（四）为应对突发公共卫生事件，或者紧急情况下为保护自然人的生命健康和财产安全所必需；
（五）为公共利益实施新闻报道、舆论监督等行为，在合理的范围内处理个人信息；
（六）依照本法规定在合理的范围内处理个人自行公开或者其他已经合法公开的个人信息；
（七）法律、行政法规规定的其他情形。
依照本法其他有关规定，处理个人信息应当取得个人同意，但是有前款第二项至第七项规定情形的，不需取得个人同意。

第十三条 次に定める事情のいずれかに該当する場合に限り、個人情報取扱者は、個人情報を取り扱うことができる。
（一）個人の同意を得ること。
（二）個人を一方の当事者とする契約の締結、履行のために必要であること、又は法に基づいて制定された労働規則及び法に基づいて締結された集団契約に従って人的資源管理を行うために必要であること。
（三）法定の職責又は法定の義務の履行のために必要であること。
（四）突発的な公共衛生事件に対応するため、又は緊急の状況下において自然人の生命、

321

健康及び財産の安全を保護するために必要であること。

（五）公共の利益のために報道、世論監督等の行為を行い、合理的な範囲において個人情報を取り扱うこと。

（六）本法の規定に従い合理的な範囲において、個人が自ら公開し又はその他既に合法的に公開された個人情報を取り扱うこと。

（七）その他法律、行政法規が定める事情。

本法のその他の関連規定に従い、個人情報の取扱いは、個人の同意を得なければならない。ただし、前項第二号から第七号までに定める事情があるときは、個人の同意の取得を要しない。

第十四条 基于个人同意处理个人信息的，该同意应当由个人在充分知情的前提下自愿、明确作出。法律、行政法规规定处理个人信息应当取得个人单独同意或者书面同意的，从其规定。

个人信息的处理目的、处理方式和处理的个人信息种类发生变更的，应当重新取得个人同意。

第十四条 個人の同意に基づいて個人情報を取り扱うとき、その同意は、個人が十分に事情を知った前提の下で自発的、明確に行ったものでなければならない。法律、行政法規が個人情報の取扱いは個人の個別の同意又は書面による同意を得なければならないと定めているときは、その規定に従うものとする。

個人情報の取扱目的、取扱方法及び取り扱う個人情報の種類に変更が生じたときは、改めて個人の同意を得なければならない。

第十五条 基于个人同意处理个人信息的，个人有权撤回其同意。个人信息处理者应当提供便捷的撤回同意的方式。

个人撤回同意，不影响撤回前基于个人同意已进行的个人信息处理活动的效力。

第十五条 個人の同意に基づいて個人情報を取り扱うとき、個人は、その同意を撤回することができる。個人情報取扱者は、同意を撤回するための簡便な方法を提供しなければならない。

個人による同意の撤回は、その撤回の前に個人の同意に基づいて既に行われた個人情報取扱活動の効力に影響を与えない。

第十六条 个人信息处理者不得以个人不同意处理其个人信息或者撤回同意为由，拒绝提供产品或者服务；处理个人信息属于提供产品或者服务所必需的除外。

第十六条 個人情報取扱者は、個人がその個人情報の取扱いに同意しないこと又は同意を撤回したことを理由として、製品又はサービスの提供を拒否してはならない。ただし、個人情報の取扱いが製品又はサービスの提供に必要なときは、この限りでない。

第十七条 个人信息处理者在处理个人信息前，应当以显著方式、清晰易懂的语言真实、准确、完整地向个人告知下列事项：

（一）个人信息处理者的名称或者姓名和联系方式；

（二）个人信息的处理目的、处理方式，处理的个人信息种类、保存期限；

（三）个人行使本法规定权利的方式和程序；

（四）法律、行政法规规定应当告知的其他事项。

前款规定事项发生变更的，应当将变更部分告知个人。

个人信息处理者通过制定个人信息处理规则的方式告知第一款规定事项的，处理规则应当公开，并且便于查阅和保存。

第十七条 個人情報取扱者は、個人情報の取扱いを行う前に、目立つ方法により、明瞭かつ理解しやすい表現を用いて、個人に対し、次に定める事項を真実、正確かつ完全に告知しなければならない。

（一）個人情報取扱者の名称又は氏名及び連絡先。

（二）個人情報の取扱目的、取扱方法、取り扱う個人情報の種類、保存期間。

（三）個人が本法に定める権利を行使する方法及び手続。

（四）その他法律、行政法規が告知すべきであると定める事項。

前項に定める事項に変更が生じたときは、その変更の部分を個人に告知しなければならない。

個人情報取扱者が、個人情報取扱規則を制定する方法で第一項に定める事項を告知するときは、取扱規則は公開されなければならず、かつ、容易に閲覧及び保存することができるものでなければならない。

第十八条 个人信息处理者处理个人信息，有法律、行政法规规定应当保密或者不需要告知的情形的，可以不向个人告知前条第一款规定的事项。

紧急情况下为保护自然人的生命健康和财产安全无法及时向个人告知的，个人信息处理者应当在紧急情况消除后及时告知。

第十八条 個人情報取扱者が個人情報を取り扱うにあたり、法律、行政法規が秘密を保持しなければならないこと又は告知を不要とする事由を定めているときは、前条第一項に定める事項を個人に告知しないことができる。

緊急の状況において自然人の生命、健康及び財産の安全を保護するために、個人に速やかに告知することができないときは、個人情報取扱者は、緊急の状況の解消後に速やかに告知しなければならない。

第十九条 除法律、行政法规另有规定外，个人信息的保存期限应当为实现处理目的所必要的最短时间。

第十九条 法律、行政法規に別途の規定がある場合を除き、個人情報の保存期間は、取扱目的の実現に必要な最短の時間でなければならない。

第二十条 两个以上的个人信息处理者共同决定个人信息的处理目的和处理方式的，应当约定各自的权利和义务。但是，该约定不影响个人向其中任何一个个人信息处理者要求行使本法规定的权利。

个人信息处理者共同处理个人信息，侵害个人信息权益造成损害的，应当依法承担连带责任。

第二十条　二つ以上の個人情報取扱者が共同で個人情報の取扱目的及び取扱方法を決定するときは、各自の権利及び義務について合意しなければならない。ただし、その合意は、個人がそのうちいずれかの個人情報取扱者に対して本法に定める権利の行使を要求することを防げない。

個人情報取扱者が共同で個人情報を取り扱い、個人情報の権利・利益を侵害して損害を与えたときは、法に基づき連帯して責任を負わなければならない。

第二十一条　个人信息处理者委托处理个人信息的，应当与受托人约定委托处理的目的、期限、处理方式、个人信息的种类、保护措施以及双方的权利和义务等，并对受托人的个人信息处理活动进行监督。

受托人应当按照约定处理个人信息，不得超出约定的处理目的、处理方式等处理个人信息；委托合同不生效、无效、被撤销或者终止的，受托人应当将个人信息返还个人信息处理者或者予以删除，不得保留。

未经个人信息处理者同意，受托人不得转委托他人处理个人信息。

第二十一条　個人情報取扱者が個人情報の取扱いを委託するときは、受託者との間において、取扱いを委託する目的、期間、取扱方法、個人情報の種類、保護措置及び双方の権利義務等に合意するとともに、受託者による個人情報取扱活動を監督しなければならない。

受託者は、合意に基づいて個人情報を取り扱わなければならず、合意した取扱目的、取扱方法等を超えて個人情報を取り扱ってはならず、委託契約が未発効、無効、取消し又は終了となったときは、受託者は、個人情報を個人情報取扱者に返還し又は削除しなければならず、留保してはならない。

個人情報取扱者の同意なく、受託者は、個人情報の取扱いを他人に再委託してはならない。

第二十二条　个人信息处理者因合并、分立、解散、被宣告破产等原因需要转移个人信息的，应当向个人告知接收方的名称或者姓名和联系方式。接收方应当继续履行个人信息处理者的义务。接收方变更原先的处理目的、处理方式的，应当依照本法规定重新取得个人同意。

第二十二条　個人情報取扱者が合併、分割、解散、破産宣告等の理由で個人情報を移転する必要があるときは、個人に対し、受領者の名称又は氏名及び連絡先を告知しなければならない。受領者は、個人情報取扱者の義務を継続して履行しなければならない。受領者が当初の取扱目的、取扱方法を変更するときは、本法の規定に従って改めて個人の同意を得なければならない。

第二十三条　个人信息处理者向其他个人信息处理者提供其处理的个人信息的，应当向个人告知接收方的名称或者姓名、联系方式、处理目的、处理方式和个人信息的种类，并取

得个人的单独同意。接收方应当在上述处理目的、处理方式和个人信息的种类等范围内处理个人信息。接收方变更原先的处理目的、处理方式的，应当依照本法规定重新取得个人同意。

第二十三条 個人情報取扱者が他の個人情報取扱者に対して、その取り扱う個人情報を提供するときは、個人に対し受領者の名称又は氏名、連絡先、取扱目的、取扱方法及び個人情報の種類を告知し、個人から個別の同意を得なければならない。受領者は、上記取扱目的、取扱方法及び個人情報の種類等の範囲内において個人情報を取り扱わなければならない。受領者が当初の取扱目的、取扱方法を変更するときは、本法の規定に従って改めて個人の同意を得なければならない。

第二十四条 个人信息处理者利用个人信息进行自动化决策，应当保证决策的透明度和结果公平、公正，不得对个人在交易价格等交易条件上实行不合理的差别待遇。

通过自动化决策方式向个人进行信息推送、商业营销，应当同时提供不针对其个人特征的选项，或者向个人提供便捷的拒绝方式。

通过自动化决策方式作出对个人权益有重大影响的决定，个人有权要求个人信息处理者予以说明，并有权拒绝个人信息处理者仅通过自动化决策的方式作出决定。

第二十四条 個人情報取扱者が個人情報を利用して自動意思決定を行うときは、意思決定の透明性及び結果の公平性、公正性を保証しなければならず、個人に対し、取引価格等の取引条件において不合理な差別的待遇を行ってはならない。

自動意思決定の方法により個人に対して情報のプッシュ通知、商業的マーケティングを行うときは、その個人的特徴に向けられたものではない選択肢を同時に提供し、又は個人に対し簡便な拒否方法を提供しなければならない。

自動意思決定の方法により個人の権利・利益に重大な影響をもたらす決定を行うとき、個人は、個人情報取扱者に対して説明を求めることができ、かつ、個人情報取扱者が自動意思決定の方法のみによって決定を行うことを拒否することができる。

第二十五条 个人信息处理者不得公开其处理的个人信息，取得个人单独同意的除外。

第二十五条 個人情報取扱者は、その取り扱う個人情報を公開してはならない。ただし、個人の個別の同意を得たときは、この限りでない。

第二十六条 在公共场所安装图像采集、个人身份识别设备，应当为维护公共安全所必需，遵守国家有关规定，并设置显著的提示标识。所收集的个人图像、身份识别信息只能用于维护公共安全的目的，不得用于其他目的；取得个人单独同意的除外。

第二十六条 公共の場所において画像の収集、個人の身元識別の設備を設置するときは、公共安全の維持のために必要な場合であるものとし、国の関連規定を遵守し、かつ、目立つ注意喚起の標識を設置しなければならない。収集された個人の画像、身元識別情報は、公共安全の維持の目的のためのみに用いることができ、他の目的のために用いてはならない。ただし、個人の個別の同意を得たときは、この限りでない。

第二十七条　个人信息处理者可以在合理的范围内处理个人自行公开或者其他已经合法公开的个人信息；个人明确拒绝的除外。个人信息处理者处理已公开的个人信息，对个人权益有重大影响的，应当依照本法规定取得个人同意。

第二十七条　個人情報取扱者は、合理的な範囲において、個人が自ら公開し又はその他既に合法的に公開された個人情報を取り扱うことができる。ただし、個人が明確に拒否したときは、この限りでない。個人情報取扱者が既に公開された個人情報を取り扱い、個人の権利・利益に重大な影響をもたらすときは、本法の規定に従って個人の同意を得なければならない。

第二节　敏感个人信息的处理规则
第二節　機微な個人情報の取扱規則

第二十八条　敏感个人信息是一旦泄露或者非法使用，容易导致自然人的人格尊严受到侵害或者人身、财产安全受到危害的个人信息，包括生物识别、宗教信仰、特定身份、医疗健康、金融账户、行踪轨迹等信息，以及不满十四周岁未成年人的个人信息。

　　只有在具有特定的目的和充分的必要性，并采取严格保护措施的情形下，个人信息处理者方可处理敏感个人信息。

第二十八条　機微な個人情報とは、それが漏えいされ又は違法に使用されると、自然人の人格の尊厳が侵害を受けやすく、又は人身、財産の安全が害されやすい個人情報をいい、生物識別、宗教信仰、特定の身分、医療健康、金融口座、行動軌跡等の情報及び十四歳未満の未成年者の個人情報を含む。

　　特定の目的及び十分な必要性があり、かつ、厳格な保護措置が講じられた場合においてのみ、個人情報取扱者は、機微な個人情報を取り扱うことができる。

第二十九条　处理敏感个人信息应当取得个人的单独同意；法律、行政法规规定处理敏感个人信息应当取得书面同意的，从其规定。

第二十九条　機微な個人情報の取扱いは、個人の個別の同意を得なければならない。法律、行政法規が機微な個人情報の取扱いについて書面による同意を得なければならないと定めているときは、その規定に従う。

第三十条　个人信息处理者处理敏感个人信息的，除本法第十七条第一款规定的事项外，还应当向个人告知处理敏感个人信息的必要性以及对个人权益的影响；依照本法规定可以不向个人告知的除外。

第三十条　個人情報取扱者が機微な個人情報を取り扱うときは、個人に対し、本法第十七条第一項に定める事項のほか、機微な個人情報を取り扱う必要性及び個人の権利・利益への影響を告知しなければならない。ただし、本法の規定により個人への告知をしないことができるときは、この限りでない。

第三十一条 个人信息处理者处理不满十四周岁未成年人个人信息的，应当取得未成年人的父母或者其他监护人的同意。

个人信息处理者处理不满十四周岁未成年人个人信息的，应当制定专门的个人信息处理规则。

第三十一条 個人情報取扱者が十四歳未満の未成年者の個人情報を取り扱うときは、未成年者の父母又はその他後見人の同意を得なければならない。

個人情報取扱者が十四歳未満の未成年者の個人情報を取り扱うときは、専用の個人情報取扱規則を制定しなければならない。

第三十二条 法律、行政法规对处理敏感个人信息规定应当取得相关行政许可或者作出其他限制的，从其规定。

第三十二条 法律、行政法規が機微な個人情報の取扱いについて関連する行政許可の取得を求め、又はその他の制限を定めているときは、その規定に従う。

第三节　国家机关处理个人信息的特别规定
第三節　国家機関による個人情報の取扱いに関する特別規定

第三十三条 国家机关处理个人信息的活动，适用本法；本节有特别规定的，适用本节规定。

第三十三条 国家機関による個人情報取扱いの活動には本法を適用し、本節に特別な規定があるときは、本節の規定を適用する。

第三十四条 国家机关为履行法定职责处理个人信息，应当依照法律、行政法规规定的权限、程序进行，不得超出履行法定职责所必需的范围和限度。

第三十四条 国家機関は、法定の職責を履行するために個人情報を取り扱うときは、法律、行政法規が定める権限、手続に従って行うものとし、法定の職責の履行に必要な範囲及び限度を超えてはならない。

第三十五条 国家机关为履行法定职责处理个人信息，应当依照本法规定履行告知义务；有本法第十八条第一款规定的情形，或者告知将妨碍国家机关履行法定职责的除外。

第三十五条 国家機関は、法定の職責の履行のために個人情報を取り扱うときは、本法の規定に従って告知義務を履行しなければならない。ただし、本法第十八条第一項に定める事情があるとき、又は告知が国家機関による法定の職責の履行を妨害するときは、この限りでない。

第三十六条 国家机关处理的个人信息应当在中华人民共和国境内存储；确需向境外提供的，应当进行安全评估。安全评估可以要求有关部门提供支持与协助。

第三十六条 国家機関が取り扱う個人情報は、中華人民共和国国内において保存しなければならない。国外に提供する必要があるときは、安全評価を行わなければならない。

安全評価は、関連部門に支援及び協力の提供を要求することができる。

第三十七条 法律、法规授权的具有管理公共事务职能的组织为履行法定职责处理个人信息，适用本法关于国家机关处理个人信息的规定。

第三十七条 法律、法規により授権された公共事務管理の職能を有する組織が、法定の職責を履行するために個人情報を取り扱うときは、国家機関による個人情報の取扱いに関する本法の規定を適用する。

第三章　个人信息跨境提供的规则
第三章　個人情報の越境提供に関する規則

第三十八条 个人信息处理者因业务等需要，确需向中华人民共和国境外提供个人信息的，应当具备下列条件之一：

- （一）依照本法第四十条的规定通过国家网信部门组织的安全评估；
- （二）按照国家网信部门的规定经专业机构进行个人信息保护认证；
- （三）按照国家网信部门制定的标准合同与境外接收方订立合同，约定双方的权利和义务；
- （四）法律、行政法规或者国家网信部门规定的其他条件。

中华人民共和国缔结或者参加的国际条约、协定对向中华人民共和国境外提供个人信息的条件等有规定的，可以按照其规定执行。

个人信息处理者应当采取必要措施，保障境外接收方处理个人信息的活动达到本法规定的个人信息保护标准。

第三十八条 個人情報取扱者が業務等の必要により、中華人民共和国の国外に個人情報を提供する必要があるときは、次に定める条件のいずれかを備えなければならない。

- （一）本法第四十条の規定に従って国家ネットワーク情報部門による安全評価に合格すること。
- （二）国家ネットワーク情報部門の規定に従って専門機関による個人情報保護認証を受けること。
- （三）国家ネットワーク情報部門が定めた標準契約に従って国外の受領者と契約を締結し、双方の権利及び義務に合意すること。
- （四）その他法律、行政法規又は国家ネットワーク情報部門が定める条件。

中華人民共和国が締結し又は参加する国際条約、協定に、中華人民共和国国外に個人情報を提供する条件等に関する規定があるときは、その規定に従って執行することができる。

個人情報取扱者は、必要な措置を講じて、国外受領者による個人情報取扱活動が本法に定める個人情報保護の基準を満たすことを保障しなければならない。

第三十九条 个人信息处理者向中华人民共和国境外提供个人信息的，应当向个人告知境外接收方的名称或者姓名、联系方式、处理目的、处理方式、个人信息的种类以及个人向境外接收方行使本法规定权利的方式和程序等事项，并取得个人的单独同意。

巻末資料

第三十九条　個人情報取扱者が中華人民共和国国外に個人情報を提供するときは、個人に対し、国外受領者の名称又は氏名、連絡先、取扱目的、取扱方法、個人情報の種類及び個人が国外受領者に対し本法の定める権利を行使する方法及び手続等の事項を告知し、かつ、個人の個別の同意を得なければならない。

第四十条　关键信息基础设施运营者和处理个人信息达到国家网信部门规定数量的个人信息处理者，应当将在中华人民共和国境内收集和产生的个人信息存储在境内。确需向境外提供的，应当通过国家网信部门组织的安全评估；法律、行政法规和国家网信部门规定可以不进行安全评估的，从其规定。

第四十条　重要情報インフラ運営者及び個人情報の取扱いが国家ネットワーク情報部門の定める数量に達した個人情報取扱者は、中華人民共和国国内で収集し及び生成した個人情報を国内において保存しなければならない。国外に提供する必要があるときは、国家ネットワーク情報部門による安全評価に合格しなければならない。法律、行政法規及び国家ネットワーク情報部門が安全評価を行わないことができると定めるときは、その規定に従う。

第四十一条　中华人民共和国主管机关根据有关法律和中华人民共和国缔结或者参加的国际条约、协定，或者按照平等互惠原则，处理外国司法或者执法机构关于提供存储于境内个人信息的请求。非经中华人民共和国主管机关批准，个人信息处理者不得向外国司法或者执法机构提供存储于中华人民共和国境内的个人信息。

第四十一条　中華人民共和国の主管機関は、関連する法律及び中華人民共和国が締結し又は参加する国際条約、協定に基づいて、又は平等互恵の原則に照らして、国内に保存された個人情報の提供に関する外国の司法又は法執行機関からの要請に対処する。個人情報取扱者は、中華人民共和国の主管機関の許可を得ることなく、外国の司法又は法執行機関に対して中華人民共和国国内に保存された個人情報を提供してはならない。

第四十二条　境外的组织、个人从事侵害中华人民共和国公民的个人信息权益，或者危害中华人民共和国国家安全、公共利益的个人信息处理活动的，国家网信部门可以将其列入限制或者禁止个人信息提供清单，予以公告，并采取限制或者禁止向其提供个人信息等措施。

第四十二条　国外の組織、個人が、中華人民共和国の公民の個人情報の権利・利益を侵害し又は中華人民共和国の国家安全、公共利益に危害を与える個人情報取扱活動に従事しているときは、国家ネットワーク情報部門は、個人情報提供制限又は禁止リストにこれを掲げ、公告に付するとともに、当該国外の組織、個人に対する個人情報の提供を制限し又は禁止する等の措置を講ずることができる。

第四十三条　任何国家或者地区在个人信息保护方面对中华人民共和国采取歧视性的禁止、限制或者其他类似措施的，中华人民共和国可以根据实际情况对该国家或者地区对等采

329

取措施。

第四十三条　いずれかの国又は地域が個人情報の保護に関して中華人民共和国に対し差別的な禁止、制限又はその他類似する措置を講じたときは、中華人民共和国は、実際の状況に基づいてその国又は地域に対し対等の措置を講ずることができる。

第四章　个人在个人信息处理活动中的权利
第四章　個人情報取扱活動における個人の権利

第四十四条　个人对其个人信息的处理享有知情权、决定权，有权限制或者拒绝他人对其个人信息进行处理；法律、行政法规另有规定的除外。

第四十四条　個人は、その個人情報の取扱いについて知る権利、決定権を有し、他人がその個人情報を取り扱うことを制限し又は拒否することができる。ただし、法律、行政法規に別途の規定があるときは、この限りでない。

第四十五条　个人有权向个人信息处理者查阅、复制其个人信息；有本法第十八条第一款、第三十五条规定情形的除外。
　　个人请求查阅、复制其个人信息的，个人信息处理者应当及时提供。
　　个人请求将个人信息转移至其指定的个人信息处理者，符合国家网信部门规定条件的，个人信息处理者应当提供转移的途径。

第四十五条　個人は、個人情報取扱者からその個人情報の閲覧、複製を行うことができる。ただし、本法第十八条第一項、第三十五条に定める事情があるときは、この限りでない。
　　個人がその個人情報の閲覧、複製を請求したときは、個人情報取扱者は、速やかに提供しなければならない。
　　個人が個人情報をその指定する個人情報取扱者に移転することを請求し、国家ネットワーク情報部門が定める条件に適合するときは、個人情報取扱者は、移転の手段を提供しなければならない。

第四十六条　个人发现其个人信息不准确或者不完整的，有权请求个人信息处理者更正、补充。
　　个人请求更正、补充其个人信息的，个人信息处理者应当对其个人信息予以核实，并及时更正、补充。

第四十六条　個人がその個人情報について不正確又は不完全であることを発見したときは、個人情報取扱者に訂正、補充を請求することができる。
　　個人がその個人情報の訂正、補充を請求したときは、個人情報取扱者は、その個人情報について確認し、速やかに訂正、補充をしなければならない。

第四十七条　有下列情形之一的，个人信息处理者应当主动删除个人信息；个人信息处理者未删除的，个人有权请求删除：

（一）处理目的已实现、无法实现或者为实现处理目的不再必要；

（二）个人信息处理者停止提供产品或者服务，或者保存期限已届满；

（三）个人撤回同意；

（四）个人信息处理者违反法律、行政法规或者违反约定处理个人信息；

（五）法律、行政法规规定的其他情形。

　　法律、行政法规规定的保存期限未届满，或者删除个人信息从技术上难以实现的，个人信息处理者应当停止除存储和采取必要的安全保护措施之外的处理。

第四十七条　次に定める事情のいずれかがある場合には、個人情報取扱者は、自発的に個人情報を削除しなければならない。個人情報取扱者が削除しないときは、個人は、削除を請求することができる。

（一）取扱目的が既に実現され、実現することができず又は取扱目的の実現に必要ではなくなったこと。

（二）個人情報取扱者が製品若しくはサービスの提供を停止し又は保存期間が既に満了したこと。

（三）個人が同意を撤回したこと。

（四）個人情報取扱者が法律、行政法規に違反し又は合意に違反して個人情報を取り扱ったこと。

（五）その他法律、行政法規が定める事情。

　　法律、行政法規に定める保存期間が満了していないとき、又は個人情報の削除が技術的に実現困難なときは、個人情報取扱者は、保存及び必要な安全保護措置の実施を除き、それ以外の取扱いを停止しなければならない。

第四十八条　个人有权要求个人信息处理者对其个人信息处理规则进行解释说明。

第四十八条　個人は、個人情報取扱者に対しその個人情報取扱規則について解釈、説明を要求する権利を有する。

第四十九条　自然人死亡的，其近亲属为了自身的合法、正当利益，可以对死者的相关个人信息行使本章规定的查阅、复制、更正、删除等权利；死者生前另有安排的除外。

第四十九条　自然人が死亡したときは、その近親者は、自己の合法、正当な利益のため、死者の関連する個人情報について本章に定める閲覧、複製、訂正、削除等の権利を行使することができる。ただし、死者の生前に別途の取決めがあるときは、この限りでない。

第五十条　个人信息处理者应当建立便捷的个人行使权利的申请受理和处理机制。拒绝个人行使权利的请求的，应当说明理由。

　　个人信息处理者拒绝个人行使权利的请求的，个人可以依法向人民法院提起诉讼。

第五十条　個人情報取扱者は、個人からの権利行使の申請の受理及び取扱いに関する簡便な制度を構築しなければならない。個人による権利行使の請求を拒否するときは、理

331

由を説明しなければならない。

個人情報取扱者が個人による権利行使の請求を拒否したときは、個人は、法に基づいて人民法院に訴訟を提起することができる。

第五章　个人信息处理者的义务
第五章　個人情報取扱者の義務

第五十一条　个人信息处理者应当根据个人信息的处理目的、处理方式、个人信息的种类以及对个人权益的影响、可能存在的安全风险等，采取下列措施确保个人信息处理活动符合法律、行政法规的规定，并防止未经授权的访问以及个人信息泄露、篡改、丢失：

（一）制定内部管理制度和操作规程；

（二）对个人信息实行分类管理；

（三）采取相应的加密、去标识化等安全技术措施；

（四）合理确定个人信息处理的操作权限，并定期对从业人员进行安全教育和培训；

（五）制定并组织实施个人信息安全事件应急预案；

（六）法律、行政法规规定的其他措施。

第五十一条　個人情報取扱者は、個人情報の取扱目的、取扱方法、個人情報の種類及び個人の権利・利益に対する影響、存在する可能性のある安全リスク等に基づいて、次に定める措置を講じ、個人情報取扱活動が法律、行政法規の規定に適合することを確保し、かつ、無権限アクセス及び個人情報の漏えい、改ざん、紛失を防止しなければならない。

（一）内部管理制度及び操作規程を制定すること。

（二）個人情報に対する分類管理を行うこと。

（三）相応の暗号化、非識別化等の安全技術措置を講ずること。

（四）個人情報取扱いの操作権限を合理的に確定し、かつ、従業員に対して定期的に安全教育及び訓練を行うこと。

（五）個人情報安全事件発生時の緊急対応策を策定し、実施すること。

（六）その他法律、行政法規が定める措置。

第五十二条　处理个人信息达到国家网信部门规定数量的个人信息处理者应当指定个人信息保护负责人，负责对个人信息处理活动以及采取的保护措施等进行监督。

個人信息处理者应当公开个人信息保护负责人的联系方式，并将个人信息保护负责人的姓名、联系方式等报送履行个人信息保护职责的部门。

第五十二条　個人情報の取扱いが国家ネットワーク情報部門の定めた数量に達する個人情報取扱者は、個人情報保護責任者を指定して、個人情報取扱活動及び講じた保護措置等に対する監督の責任を負わせなければならない。

個人情報取扱者は、個人情報保護責任者の連絡先を公開するとともに、個人情報保護職責履行部門に個人情報保護責任者の氏名、連絡先等を届け出なければならない。

第五十三条 本法第三条第二款规定的中华人民共和国境外的个人信息处理者，应当在中华人民共和国境内设立专门机构或者指定代表，负责处理个人信息保护相关事务，并将有关机构的名称或者代表的姓名、联系方式等报送履行个人信息保护职责的部门。

第五十三条 本法第三条第二項に定める中華人民共和国国外の個人情報取扱者は、中華人民共和国国内に専門機関を設立し又は代表者を指定して、個人情報の保護に関する事務の処理について責任を負わせなければならず、個人情報保護職責履行部門に当該機関の名称又は代表者の氏名、連絡先等を届け出なければならない。

第五十四条 个人信息处理者应当定期对其处理个人信息遵守法律、行政法规的情况进行合规审计。

第五十四条 個人情報取扱者は、その個人情報の取扱いが法律、行政法規を遵守する状況について定期的にコンプライアンス監査を行わなければならない。

第五十五条 有下列情形之一的，个人信息处理者应当事前进行个人信息保护影响评估，并对处理情况进行记录：
- （一）处理敏感个人信息；
- （二）利用个人信息进行自动化决策；
- （三）委托处理个人信息、向其他个人信息处理者提供个人信息、公开个人信息；
- （四）向境外提供个人信息；
- （五）其他对个人权益有重大影响的个人信息处理活动。

第五十五条 次に定める事情のいずれかがあるときは、個人情報取扱者は、個人情報保護影響評価を事前に行い、かつ、取扱いの状況を記録しなければならない。
- （一）機微な個人情報の取扱い。
- （二）個人情報を利用した自動意思決定の実施。
- （三）個人情報取扱いの委託、他の個人情報取扱者への個人情報の提供、個人情報の公開。
- （四）個人情報の国外への提供。
- （五）その他個人の権利・利益に重大な影響を及ぼす個人情報取扱活動。

第五十六条 个人信息保护影响评估应当包括下列内容：
- （一）个人信息的处理目的、处理方式等是否合法、正当、必要；
- （二）对个人权益的影响及安全风险；
- （三）所采取的保护措施是否合法、有效并与风险程度相适应。
  个人信息保护影响评估报告和处理情况记录应当至少保存三年。

第五十六条 個人情報保護影響評価は、次に定める内容を含むものでなければならない。
- （一）個人情報の取扱目的、取扱方法等が合法、正当かつ必要か否か。
- （二）個人の権利・利益に対する影響及び安全リスク。
- （三）講じられた保護措置が合法かつ有効で、リスクの程度に適応しているか否か。
  個人情報保護影響評価の報告書及び取扱状況の記録は、少なくとも3年間保存し

なければならない。

第五十七条 发生或者可能发生个人信息泄露、篡改、丢失的，个人信息处理者应当立即采取补救措施，并通知履行个人信息保护职责的部门和个人。通知应当包括下列事项：

（一）发生或者可能发生个人信息泄露、篡改、丢失的信息种类、原因和可能造成的危害；

（二）个人信息处理者采取的补救措施和个人可以采取的减轻危害的措施；

（三）个人信息处理者的联系方式。

个人信息处理者采取措施能够有效避免信息泄露、篡改、丢失造成危害的，个人信息处理者可以不通知个人；履行个人信息保护职责的部门认为可能造成危害的，有权要求个人信息处理者通知个人。

第五十七条 個人情報の漏えい、改ざん、紛失が発生し又はそのおそれがあるときは、個人情報取扱者は、速やかに救済措置を講ずるとともに、個人情報保護職責履行部門及び個人に通知しなければならない。この通知は、次に定める事項を含むものでなければならない。

（一）個人情報の漏えい、改ざん、紛失が発生し又はそのおそれがある情報の種類、原因及び発生しうる損害。

（二）個人情報取扱者が講じた救済措置及び個人が講ずることのできる損害軽減措置。

（三）個人情報取扱者の連絡先。

個人情報取扱者が措置を講じて、情報の漏えい、改ざん、紛失による損害を効果的に回避することができるときは、個人情報取扱者は、個人への通知をしないことができる。個人情報保護管理部門は、損害発生のおそれがあると判断したときは、個人情報取扱者に個人への通知を要求することができる。

第五十八条 提供重要互联网平台服务、用户数量巨大、业务类型复杂的个人信息处理者，应当履行下列义务：

（一）按照国家规定建立健全个人信息保护合规制度体系，成立主要由外部成员组成的独立机构对个人信息保护情况进行监督；

（二）遵循公开、公平、公正的原则，制定平台规则，明确平台内产品或者服务提供者处理个人信息的规范和保护个人信息的义务；

（三）对严重违反法律、行政法规处理个人信息的平台内的产品或者服务提供者，停止提供服务；

（四）定期发布个人信息保护社会责任报告，接受社会监督。

第五十八条 重要なインターネットプラットフォームサービスを提供し、ユーザー数が莫大で、業務類型が複雑な個人情報取扱者は、次に定める義務を履行しなければならない。

（一）国の規定に従って個人情報保護コンプライアンス制度体系を構築し、健全化し、主に外部の人員により構成される独立の機関を設立して、個人情報保護の状況に対する監督を行うこと。

（二）公開、公平及び公正の原則を遵守し、プラットフォーム規則を制定し、プラット

巻末資料

フォーム内の製品又はサービスの提供者の個人情報取扱いの規範及び個人情報保護の義務を明確化すること。

（三）法律、行政法規に著しく違反して個人情報を取り扱うプラットフォーム内の製品又はサービスの提供者に対してサービスの提供を停止すること。

（四）個人情報保護の社会的責任に関する報告を定期的に発して社会的な監督を受けること。

第五十九条 接受委托处理个人信息的受托人，应当依照本法和有关法律、行政法规的规定，采取必要措施保障所处理的个人信息的安全，并协助个人信息处理者履行本法规定的义务。

第五十九条 個人情報取扱いの委託を受けた受託者は、本法及び関連する法律、行政法規の規定に従い、必要な措置を講じて、取り扱う個人情報の安全を保障するとともに、個人情報取扱者による本法に定める義務の履行に協力しなければならない。

第六章　履行个人信息保护职责的部门
第六章　個人情報保護職責履行部門

第六十条 国家网信部门负责统筹协调个人信息保护工作和相关监督管理工作。国务院有关部门依照本法和有关法律、行政法规的规定，在各自职责范围内负责个人信息保护和监督管理工作。

县级以上地方人民政府有关部门的个人信息保护和监督管理职责，按照国家有关规定确定。

前两款规定的部门统称为履行个人信息保护职责的部门。

第六十条 国家ネットワーク情報部門は、個人情報保護の職務及び関連する監督管理の職務を統括する責任を負う。国務院の関連部門は、本法及び関連する法律、行政法規の規定に従い、各自の職責の範囲において個人情報保護及び監督管理の職務につき責任を負う。

県級以上の地方人民政府の関連部門が担う個人情報保護及び監督管理の職責は、国の関連規定に従って確定する。

前二項に定める部門は、個人情報保護職責履行部門と総称する。

第六十一条 履行个人信息保护职责的部门履行下列个人信息保护职责：

（一）开展个人信息保护宣传教育，指导、监督个人信息处理者开展个人信息保护工作；

（二）接受、处理与个人信息保护有关的投诉、举报；

（三）组织对应用程序等个人信息保护情况进行测评，并公布测评结果；

（四）调查、处理违法个人信息处理活动；

（五）法律、行政法规规定的其他职责。

第六十一条 個人情報保護職責履行部門は、次に定める個人情報保護の職責を履行する。

335

（一）個人情報保護宣伝教育の実施、個人情報取扱者が行う個人情報保護業務の指導、監督。

（二）個人情報保護に関する苦情申立て、通報の受領、処理。

（三）アプリケーションプログラム等の個人情報保護の状況に対する評価の実施、評価結果の公表。

（四）違法な個人情報取扱活動の調査、処理。

（五）その他法律、行政法規に定める職責。

第六十二条　国家网信部门统筹协调有关部门依据本法推进下列个人信息保护工作：

（一）制定个人信息保护具体规则、标准；

（二）针对小型个人信息处理者、处理敏感个人信息以及人脸识别、人工智能等新技术、新应用，制定专门的个人信息保护规则、标准；

（三）支持研究开发和推广应用安全、方便的电子身份认证技术，推进网络身份认证公共服务建设；

（四）推进个人信息保护社会化服务体系建设，支持有关机构开展个人信息保护评估、认证服务；

（五）完善个人信息保护投诉、举报工作机制。

第六十二条　国家ネットワーク情報部門は、関連部門が本法に基づき次に定める個人情報保護の職務を推進することを統括する。

（一）個人情報保護の具体的な規則、基準の制定。

（二）小規模な個人情報取扱者、機微な個人情報の取扱い及び顔認識、人工知能等の新たな技術、新たなアプリケーションに関する専門的な個人情報保護の規則、基準の制定。

（三）安全、便利な電子身分認証技術の研究開発及び応用普及の支援、ネットワーク身分認証公共サービスの構築の推進。

（四）個人情報保護社会化サービス体系の構築の推進、関連機関が行う個人情報保護評価、認証サービスの支援。

（五）個人情報保護に関する苦情申立て、通報業務の制度の整備。

第六十三条　履行个人信息保护职责的部门履行个人信息保护职责，可以采取下列措施：

（一）询问有关当事人，调查与个人信息处理活动有关的情况；

（二）查阅、复制当事人与个人信息处理活动有关的合同、记录、账簿以及其他有关资料；

（三）实施现场检查，对涉嫌违法的个人信息处理活动进行调查；

（四）检查与个人信息处理活动有关的设备、物品；对有证据证明是用于违法个人信息处理活动的设备、物品，向本部门主要负责人书面报告并经批准，可以查封或者扣押。

履行个人信息保护职责的部门依法履行职责，当事人应当予以协助、配合，不得拒绝、阻挠。

第六十三条　個人情報保護職責履行部門が個人情報保護の職責を履行するにあたり、次に定める措置を講ずることができる。

（一）関連する当事者への聴取、個人情報取扱活動と関連する状況の調査。

（二）当事者の個人情報取扱活動と関連する契約書、記録、帳簿及びその他の関連資料の閲覧、複製。

（三）現場検査の実施、違法が疑われる個人情報取扱活動の調査。

（四）個人情報取扱活動と関連する設備、物品の検査。その用途が違法な個人情報取扱活動であることを証明する証拠がある設備、物品については、本部門の主要な責任者に書面により報告し許可を得たうえ、押収又は差押えをすることができる。

個人情報保護職責履行部門が法に基づき職責を履行するときは、当事者は、協力して従わなければならず、これを拒否、妨害してはならない。

第六十四条　履行个人信息保护职责的部门在履行职责中，发现个人信息处理活动存在较大风险或者发生个人信息安全事件的，可以按照规定的权限和程序对该个人信息处理者的法定代表人或者主要负责人进行约谈，或者要求个人信息处理者委托专业机构对其个人信息处理活动进行合规审计。个人信息处理者应当按照要求采取措施，进行整改，消除隐患。

履行个人信息保护职责的部门在履行职责中，发现违法处理个人信息涉嫌犯罪的，应当及时移送公安机关依法处理。

第六十四条　個人情報保護職責履行部門は、その職責の履行中において、個人情報取扱活動に比較的大きなリスクの存在又は個人情報安全事件の発生を発見したときは、定められた権限及び手続に従って、当該個人情報取扱者の法定代表者若しくは主要責任者に対する事情聴取を行うこと、又は個人情報取扱者に対して専門機関に委託しその個人情報取扱活動のコンプライアンス監査を実施するよう要求をすることができる。個人情報取扱者は、要求に従って措置を講じ、是正を行い、潜在的な危険を除去しなければならない。

個人情報保護職責履行部門は、その職責の履行中において、違法な個人情報の取扱いが犯罪を構成する疑いがあることを発見したときは、公安機関に速やかに移送してその法に基づく対処に委ねなければならない。

第六十五条　任何组织、个人有权对违法个人信息处理活动向履行个人信息保护职责的部门进行投诉、举报。收到投诉、举报的部门应当依法及时处理，并将处理结果告知投诉、举报人。

履行个人信息保护职责的部门应当公布接受投诉、举报的联系方式。

第六十五条　いかなる組織、個人も、違法な個人情報取扱活動について個人情報保護職責履行部門に苦情申立て、通報をすることができる。苦情申立て、通報を受けた部門は、法に基づいて速やかに処理するとともに、処理の結果を苦情申立人、通報者に告知しなければならない。

個人情報保護職責履行部門は、苦情申立て、通報を受け付ける連絡先を公表しなければならない。

第七章　法律责任
第七章　法的責任

第六十六条　违反本法规定处理个人信息，或者处理个人信息未履行本法规定的个人信息保护义务的，由履行个人信息保护职责的部门责令改正，给予警告，没收违法所得，对违法处理个人信息的应用程序，责令暂停或者终止提供服务；拒不改正的，并处一百万元以下罚款；对直接负责的主管人员和其他直接责任人员处一万元以上十万元以下罚款。

有前款规定的违法行为，情节严重的，由省级以上履行个人信息保护职责的部门责令改正，没收违法所得，并处五千万元以下或者上一年度营业额百分之五以下罚款，并可以责令暂停相关业务或者停业整顿、通报有关主管部门吊销相关业务许可或者吊销营业执照；对直接负责的主管人员和其他直接责任人员处十万元以上一百万元以下罚款，并可以决定禁止其在一定期限内担任相关企业的董事、监事、高级管理人员和个人信息保护负责人。

第六十六条　本法の規定に違反して個人情報を取り扱い、又は個人情報の取扱いに際して本法に定める個人情報保護の義務を履行していない場合には、個人情報保護職責履行部門において是正を命じ、警告を発し、違法所得を没収し、個人情報を違法に取り扱ったアプリケーションプログラムに対してサービス提供の停止又は終了を命じる。是正を拒んだときは、百万元以下の過料を併科する。直接責任を負う主管者及びその他の直接責任者に対しては、一万元以上十万元以下の過料に処する。

前項に定める違法行為があり、情状が重大なときは、省級以上の個人情報保護職責履行部門において是正を命じ、違法所得を没収するとともに五千万元以下又は前年度売上高の百分の五以下の過料を併科するほか、関連業務の停止又は営業停止を命じ、関連主管部門に通知して関連業務許可又は営業許可の取消しを要請することができる。直接責任を負う主管者及びその他の直接責任者に対しては、十万元以上百万元以下の過料に処するほか、その者の一定期間における関連企業の董事、監事、高級管理職及び個人情報保護責任者への就任を禁止する旨を決定することができる。

第六十七条　有本法规定的违法行为的，依照有关法律、行政法规的规定记入信用档案，并予以公示。

第六十七条　本法に定める違法行為があったときは、関連する法律、行政法規の規定に従って信用記録に記入するとともに、公示する。

第六十八条　国家机关不履行本法规定的个人信息保护义务的，由其上级机关或者履行个人信息保护职责的部门责令改正；对直接负责的主管人员和其他直接责任人员依法给予处分。

履行个人信息保护职责的部门的工作人员玩忽职守、滥用职权、徇私舞弊，尚不构成犯罪的，依法给予处分。

第六十八条 国の機関が本法に定める個人情報保護義務を履行しなかったときは、その上級機関又は個人情報保護職責履行部門において是正を命ずる。直接責任を負う主管者及びその他の直接責任者に対しては、法に基づいて処分を与える。

個人情報保護職責履行部門の職員が職務怠慢、職権濫用、私利による不正行為を行い、犯罪が成立しないときは、法に基づいて処分する。

第六十九条 处理个人信息侵害个人信息权益造成损害，个人信息处理者不能证明自己没有过错的，应当承担损害赔偿等侵权责任。

前款规定的损害赔偿责任按照个人因此受到的损失或者个人信息处理者因此获得的利益确定；个人因此受到的损失和个人信息处理者因此获得的利益难以确定的，根据实际情况确定赔偿数额。

第六十九条 個人情報の取扱いが個人情報の権利・利益を侵害して損害を発生させ、個人情報取扱者が自己の無過失を証明することができなかったときは、損害賠償等の権利侵害責任を負わなければならない。

前項に定める損害賠償責任は、個人がこれにより受けた損害又は個人情報取扱者がこれにより取得した利益に基づいて確定する。個人がこれにより受けた損害及び個人情報取扱者がこれにより取得した利益の確定が困難なときは、実際の状況に基づいて賠償額を確定する。

第七十条 个人信息处理者违反本法规定处理个人信息，侵害众多个人的权益的，人民检察院、法律规定的消费者组织和由国家网信部门确定的组织可以依法向人民法院提起诉讼。

第七十条 個人情報取扱者が本法の規定に違反して個人情報を取り扱い、多数の個人の権利・利益を侵害したときは、人民検察院、法律が定める消費者組織及び国家ネットワーク情報部門が確定した組織は、法に基づいて人民法院に訴訟を提起することができる。

第七十一条 违反本法规定，构成违反治安管理行为的，依法给予治安管理处罚；构成犯罪的，依法追究刑事责任。

第七十一条 本法の規定に違反し、治安管理違反行為が成立するときは、法に基づいて治安管理処罰に付する。犯罪が成立するときは、法に基づいて刑事責任を追及する。

第八章　附則
第八章　附則

第七十二条 自然人因个人或者家庭事务处理个人信息的，不适用本法。

法律对各级人民政府及其有关部门组织实施的统计、档案管理活动中的个人信息处理有规定的，适用其规定。

第七十二条 自然人が個人又は家庭の事務のため個人情報を取り扱うときは、本法を適用し

ない。

各級人民政府及びその関連部門において実施する統計、身上記録管理の活動における個人情報の取扱いについて、法律に規定があるときは、その規定を適用する。

第七十三条　本法下列用语的含义：

（一）个人信息处理者，是指在个人信息处理活动中自主决定处理目的、处理方式的组织、个人。

（二）自动化决策，是指通过计算机程序自动分析、评估个人的行为习惯、兴趣爱好或者经济、健康、信用状况等，并进行决策的活动。

（三）去标识化，是指个人信息经过处理，使其在不借助额外信息的情况下无法识别特定自然人的过程。

（四）匿名化，是指个人信息经过处理无法识别特定自然人且不能复原的过程。

第七十三条　本法における次に定める用語の意味は以下の通りである。

（一）個人情報取扱者とは、個人情報取扱活動において取扱目的、取扱方法を自ら決定する組織、個人をいう。

（二）自動意思決定とは、コンピュータープログラムを通じて、個人の行動習慣、興味・嗜好又は経済、健康、信用状況等を自動的に分析、評価して意思決定を行う活動をいう。

（三）非識別化とは、個人情報が処理を経て、付加的な情報に依拠しない状況下では特定の自然人を識別することができないものとされる過程をいう。

（四）匿名化とは、個人情報が処理を経て、特定の自然人を識別することができなくなり、かつ、復元することもできなくなる過程をいう。

第七十四条　本法自 2021 年 11 月 1 日起施行。

第七十四条　本法は、2021 年 11 月 1 日より施行する。

巻末資料

［資料4］　　　　　　　**网络数据安全管理条例**
　　　　　　　　　ネットワークデータ安全管理条例

中华人民共和国国务院令第 790 号
中華人民共和国国務院令第 790 号

第一章　总则
第一章　総則

第一条　为了规范网络数据处理活动，保障网络数据安全，促进网络数据依法合理有效利用，
　　　　保护个人、组织的合法权益，维护国家安全和公共利益，根据《中华人民共和国网络
　　　　安全法》、《中华人民共和国数据安全法》、《中华人民共和国个人信息保护法》等法律，
　　　　制定本条例。

第一条　ネットワークデータの取扱活動を規範化し、ネットワークデータの安全を保障し、
　　　　ネットワークデータの法に基づく合理的で有効な利用を促進し、個人、組織の適法
　　　　な権利・利益を保護するとともに、国の安全及び公共の利益を維持するため、「中
　　　　華人民共和国サイバーセキュリティ法」、「中華人民共和国データ安全法」、「中華人
　　　　民共和国個人情報保護法」等の法律に基づいて本条例を制定する。

第二条　在中华人民共和国境内开展网络数据处理活动及其安全监督管理，适用本条例。
　　　　在中华人民共和国境外处理中华人民共和国境内自然人个人信息的活动，符合《中华
　　　　人民共和国个人信息保护法》第三条第二款规定情形的，也适用本条例。
　　　　在中华人民共和国境外开展网络数据处理活动，损害中华人民共和国国家安全、公共
　　　　利益或者公民、组织合法权益的，依法追究法律责任。

第二条　本条例は、中華人民共和国国内におけるネットワークデータの取扱活動及びその安
　　　　全の監督管理を行うにあたり、これを適用する。
　　　　本条例は、中華人民共和国国外において中華人民共和国国内の自然人の個人情報を
　　　　取り扱う活動が「中華人民共和国個人情報保護法」第 3 条第 2 項に定める事情と
　　　　適合するときも、これを適用する。
　　　　中華人民共和国国外においてネットワークデータの取扱活動を行い、中華人民共和
　　　　国の国の安全、公共の利益又は公民、組織の適法な権利・利益を害したときは、法
　　　　に従って法的責任を追及する。

第三条　网络数据安全管理工作坚持中国共产党的领导，贯彻总体国家安全观，统筹促进网络
　　　　数据开发利用与保障网络数据安全。

第三条　ネットワークデータの安全を管理する職務は、中国共産党の指導を堅持し、総体国
　　　　家安全観を貫徹するとともに、ネットワークデータの開発利用及びネットワーク

341

データの安全の保障を統括及び促進する。

第四条 国家鼓励网络数据在各行业、各领域的创新应用，加强网络数据安全防护能力建设，支持网络数据相关技术、产品、服务创新，开展网络数据安全宣传教育和人才培养，促进网络数据开发利用和产业发展。

第四条 国は、各業界及び各分野におけるネットワークデータの革新的な応用を奨励し、ネットワークデータの安全防護能力の構築を強化し、ネットワークデータと関連する技術、製品、サービスのイノベーションを支援し、ネットワークデータの安全に関する宣伝教育及び人材育成を実行するとともに、ネットワークデータの開発利用及び産業発展を促進する。

第五条 国家根据网络数据在经济社会发展中的重要程度，以及一旦遭到篡改、破坏、泄露或者非法获取、非法利用，对国家安全、公共利益或者个人、组织合法权益造成的危害程度，对网络数据实行分类分级保护。

第五条 国は、ネットワークデータの経済社会の発展における重要性の程度及びそれが改ざん、破壊、漏えい又は違法な取得、違法な利用をされた場合に国の安全、公共の利益又は個人、組織の適法な権利・利益に生ずる危害の程度に基づいて、ネットワークデータに対する分類分級保護を実行する。

第六条 国家积极参与网络数据安全相关国际规则和标准的制定，促进国际交流与合作。

第六条 国は、ネットワークデータの安全に関する国際的な規則及び基準の制定に積極的に関与するとともに、国際的な交流及び協力を促進する。

第七条 国家支持相关行业组织按照章程，制定网络数据安全行为规范，加强行业自律，指导会员加强网络数据安全保护，提高网络数据安全保护水平，促进行业健康发展。

第七条 国は、関連する業界団体が定款に従って行うネットワークデータの安全に関する行為規範の制定、業界の自律性の強化、会員に対するネットワークデータの安全の保護の強化の指導、ネットワークデータの安全を保護する水準の向上、業界の健全な発展の促進を支援する。

第二章　一般規定

第二章　一般規定

第八条 任何个人、组织不得利用网络数据从事非法活动，不得从事窃取或者以其他非法方式获取网络数据、非法出售或者非法向他人提供网络数据等非法网络数据处理活动。
任何个人、组织不得提供专门用于从事前款非法活动的程序、工具；明知他人从事前款非法活动的，不得为其提供互联网接入、服务器托管、网络存储、通讯传输等技术支持，或者提供广告推广、支付结算等帮助。

第八条 いかなる個人、組織も、ネットワークデータを利用した違法な活動をしてはならず、ネットワークデータの窃取その他違法な方法によるネットワークデータの取得、ネットワークデータの違法な売却又は他人に対する違法な提供等の違法なネットワークデータ取扱活動を行ってはならない。

いかなる個人、組織も、前項に定める違法な活動を専らの用途とするプログラム、ツールの提供をしてはならず、他人が前項に定める違法な活動を行うことを知りながら、同人に対し、インターネットへの接続、サーバーのホスティング、サイバーにおける保存、通信の伝送等の技術的な支援又は広告による宣伝、支払決済等の幇助を行ってはならない。

第九条 网络数据处理者应当依照法律、行政法规的规定和国家标准的强制性要求，在网络安全等级保护的基础上，加强网络数据安全防护，建立健全网络数据安全管理制度，采取加密、备份、访问控制、安全认证等技术措施和其他必要措施，保护网络数据免遭篡改、破坏、泄露或者非法获取、非法利用，处置网络数据安全事件，防范针对和利用网络数据实施的违法犯罪活动，并对所处理网络数据的安全承担主体责任。

第九条 ネットワークデータ取扱者は、法律、行政法規の規定及び国家基準の強制的な要求に従い、サイバーセキュリティ等級保護に基づいて、ネットワークデータの安全の防護の強化、ネットワークデータ安全管理制度の構築及び健全化、暗号化、バックアップ、アクセス制御、安全認証等の技術的な措置その他必要な措置を行うことにより、ネットワークデータを改ざん、破壊、漏えい又は違法な取得、違法な利用から保護し、ネットワークデータ安全事件を処理し、ネットワークデータに対する違法な犯罪活動又はネットワークデータを用いて行われる違法な犯罪活動を防止するとともに、その取り扱うネットワークデータの安全に対して主体としての責任を負わなければならない。

第十条 网络数据处理者提供的网络产品、服务应当符合相关国家标准的强制性要求；发现网络产品、服务存在安全缺陷、漏洞等风险时，应当立即采取补救措施，按照规定及时告知用户并向有关主管部门报告；涉及危害国家安全、公共利益的，网络数据处理者还应当在 24 小时内向有关主管部门报告。

第十条 ネットワークデータ取扱者が提供するネットワーク製品及びサービスは、関連する国家基準の強制的な要求に適合しなければならず、ネットワーク製品、サービスに安全の欠陥、脆弱性等のリスクが存在することを発見したときは、直ちに救済措置を講じ、規定に従って速やかにユーザーへの告知及び関係主管部門への報告をしなければならず、国の安全、公共の利益に対する危害と関わるときは、ネットワークデータ取扱者は、24 時間以内に関係主管部門への報告をしなければならない。

第十一条 网络数据处理者应当建立健全网络数据安全事件应急预案，发生网络数据安全事件时，应当立即启动预案，采取措施防止危害扩大，消除安全隐患，并按照规定向有关主管部门报告。

网络数据安全事件对个人、组织合法权益造成危害的，网络数据处理者应当及时将安全事件和风险情况、危害后果、已经采取的补救措施等，以电话、短信、即时通信工具、电子邮件或者公告等方式通知利害关系人；法律、行政法规规定可以不通知的，从其规定。网络数据处理者在处置网络数据安全事件过程中发现涉嫌违法犯罪线索的，应当按照规定向公安机关、国家安全机关报案，并配合开展侦查、调查和处置工作。

第十一条　ネットワークデータ取扱者は、ネットワークデータ安全事件に対する緊急対応策の策定及び健全化をしなければならず、ネットワークデータ安全事件が発生したときは、直ちに対応策を講じ、危害の拡大を防止する措置を講じ、安全に対する潜在的な危険を除去するとともに、規定に従って関係主管部門への報告をしなければならない。

ネットワークデータ安全事件によって個人、組織の適法な権利・利益に危害が生じたときは、ネットワークデータ取扱者は、安全事件及びリスクの状況、危害の結果、既に講じた救済措置等について、電話、ショートメッセージ、インスタントメッセージツール、電子メール、公告等の方法により、速やかに利害関係者への通知をしなければならならず、法律、行政法規に通知をしないことができるとの定めがあるときは、その規定による。ネットワークデータ取扱者は、ネットワークデータ安全事件を処理する過程において違法な犯罪の手がかりを発見したときは、規定に従って公安機関、国家安全機関に通報するとともに、その捜査、調査及び処分の職務に協力しなければならない。

第十二条　网络数据处理者向其他网络数据处理者提供、委托处理个人信息和重要数据的，应当通过合同等与网络数据接收方约定处理目的、方式、范围以及安全保护义务等，并对网络数据接收方履行义务的情况进行监督。向其他网络数据处理者提供、委托处理个人信息和重要数据的处理情况记录，应当至少保存 3 年。

网络数据接收方应当履行网络数据安全保护义务，并按照约定的目的、方式、范围等处理个人信息和重要数据。

两个以上的网络数据处理者共同决定个人信息和重要数据的处理目的和处理方式的，应当约定各自的权利和义务。

第十二条　ネットワークデータ取扱者が他のネットワークデータ取扱者に対して個人情報及び重要データを提供し、その取扱いの委託を行うときは、契約等により、取扱いの目的、方法、範囲及び安全保護義務等についてネットワークデータ受領者と合意するとともに、ネットワークデータ受領者による義務の履行の状況を監督しなければならない。他のネットワークデータ取扱者に対して個人情報及び重要データを提供し、取扱いの委託を行う場合にその取扱いの状況に関する記録は、少なくとも 3 年間保存しなければならない。

ネットワークデータ受領者は、ネットワークデータの安全を保護する義務を履行するとともに、合意した目的、方法、範囲等に従って個人情報及び重要データを取り扱わなければならない。

二つ以上のネットワークデータ取扱者が共同して個人情報及び重要データの取扱い

巻末資料

の目的及び方法について決定するときは、各自の権利及び義務について合意しなければならない。

第十三条 网络数据处理者开展网络数据处理活动，影响或者可能影响国家安全的，应当按照国家有关规定进行国家安全审查。

第十三条 ネットワークデータ取扱者がネットワークデータ取扱活動を行うにあたり、国の安全に影響を及ぼし、又はそのおそれがあるときは、国の関連規定に従って国家安全審査を行わなければならない。

第十四条 网络数据处理者因合并、分立、解散、破产等原因需要转移网络数据的，网络数据接收方应当继续履行网络数据安全保护义务。

第十四条 ネットワークデータ取扱者が合併、分割、解散、破産等の理由によりネットワークデータの移転を要するときは、そのネットワークデータ受領者は、ネットワークデータの安全を保護する義務の履行を継続しなければならない。

第十五条 国家机关委托他人建设、运行、维护电子政务系统，存储、加工政务数据，应当按照国家有关规定经过严格的批准程序，明确受托方的网络数据处理权限、保护责任等，监督受托方履行网络数据安全保护义务。

第十五条 国家機関が電子行政サービスシステムの構築、運用、維持、政務データの保存、加工を他人に委託するときは、国の関連規定に従い厳格な許可の手続を経て、受託者のネットワークデータ取扱いの権限、保護の責任等を明らかにするとともに、受託者によるネットワークデータの安全を保護する義務の履行を監督しなければならない。

第十六条 网络数据处理者为国家机关、关键信息基础设施运营者提供服务，或者参与其他公共基础设施、公共服务系统建设、运行、维护的，应当依照法律、法规的规定和合同约定履行网络数据安全保护义务，提供安全、稳定、持续的服务。
前款规定的网络数据处理者未经委托方同意，不得访问、获取、留存、使用、泄露或者向他人提供网络数据，不得对网络数据进行关联分析。

第十六条 ネットワークデータ取扱者は、国の機関、重要情報インフラ運営者にサービスを提供し、又はその他の公共インフラ、公共サービスシステムの構築、運営、維持に関与するときは、法律、法規の規定及び契約の合意に従ってネットワークデータの安全を保護する義務を履行するとともに、安全、安定かつ持続的なサービスを提供しなければならない。
前項に定めるネットワークデータ取扱者は、委託者の同意がない限り、ネットワークデータへのアクセス、その取得、保存、使用、漏えい又は他人への提供をしてはならず、ネットワークデータに対するアソシエーション分析をしてはならない。

345

第十七条 为国家机关提供服务的信息系统应当参照电子政务系统的管理要求加强网络数据安全管理，保障网络数据安全。

第十七条 国の機関にサービスを提供する情報システムは、電子行政サービスシステムの管理上の要求に照らしてネットワークデータの安全の管理を強化し、ネットワークデータの安全を保障しなければならない。

第十八条 网络数据处理者使用自动化工具访问、收集网络数据，应当评估对网络服务带来的影响，不得非法侵入他人网络，不得干扰网络服务正常运行。

第十八条 ネットワークデータ取扱者は、自動化ツールを用いてネットワークデータへのアクセス、その収集をするときは、ネットワークサービスに与える影響の評価をしなければならず、他人のネットワークに不法に侵入してはならず、ネットワークサービスの正常な運用を妨害してはならない。

第十九条 提供生成式人工智能服务的网络数据处理者应当加强对训练数据和训练数据处理活动的安全管理，采取有效措施防范和处置网络数据安全风险。

第十九条 生成 AI サービスを提供するネットワークデータ取扱者は、トレーニングデータ及びトレーニングデータ取扱活動に対する安全管理を強化するとともに、有効な措置を講じてネットワークデータの安全に対するリスクの防止及び処理をしなければならない。

第二十条 面向社会提供产品、服务的网络数据处理者应当接受社会监督，建立便捷的网络数据安全投诉、举报渠道，公布投诉、举报方式等信息，及时受理并处理网络数据安全投诉、举报。

第二十条 社会に対して製品、サービスを提供するネットワークデータ取扱者は、社会による監督に服し、ネットワークデータの安全に関する簡便な苦情申立て、通報の経路を構築し、苦情申立て、通報の方法等の情報を公表するとともに、ネットワークデータの安全に関する苦情、通報の速やかな受理及び処理をしなければならない。

第三章　个人信息保护
第三章　個人情報の保護

第二十一条 网络数据处理者在处理个人信息前，通过制定个人信息处理规则的方式依法向个人告知的，个人信息处理规则应当集中公开展示、易于访问并置于醒目位置，内容明确具体、清晰易懂，包括但不限于下列内容：

(一) 网络数据处理者的名称或者姓名和联系方式；

(二) 处理个人信息的目的、方式、种类，处理敏感个人信息的必要性以及对个人权益的影响；

(三) 个人信息保存期限和到期后的处理方式，保存期限难以确定的，应当明确保存期限

的确定方法；

(四) 个人查阅、复制、转移、更正、补充、删除、限制处理个人信息以及注销账号、撤回同意的方法和途径等。

网络数据处理者按照前款规定向个人告知收集和向其他网络数据处理者提供个人信息的目的、方式、种类以及网络数据接收信息的，应当以清单等形式予以列明。网络数据处理者处理不满十四周岁未成年人个人信息的，还应当制定专门的个人信息处理规则。

第二十一条 ネットワークデータ取扱者が個人情報の取扱いをする前に、個人情報取扱規則を制定する方法によって法律に従い個人に対する告知を行うにあたり、個人情報取扱規則は、集中的な公示を行い、アクセスが容易で、目立つ位置に設置され、内容が明確かつ具体的、明瞭かつ理解容易で、次に定める内容を含み、これらに限定されないものでなければならない。

(一) ネットワークデータ取扱者の名称又は氏名及び連絡先。

(二) 個人情報を取り扱う目的、方法、その種類、機微な個人情報を取り扱う必要性及び個人の権利・利益への影響。

(三) 個人情報保存の期間及び期間満了後の取扱いの方法。保存の期間の確定が困難なときは、保存の期間を確定する方法を明らかにしなければならないこと。

(四) 個人が個人情報の閲覧、複製、移転、訂正、補充、削除、取扱制限及びアカウントの抹消、同意の撤回を行う方法、経路等。

ネットワークデータ取扱者が前項の規定に従って、個人に対し、個人情報の収集及び他のネットワークデータ取扱者に対するその提供を行う目的、方法、その種類及びネットワークデータ受領者に関する情報を告知するときは、リスト等の形式により列挙しなければならない。ネットワークデータ取扱者が 14 歳未満の未成年者の個人情報を取り扱うときは、特別な個人情報取扱規則の制定もしなければならない。

第二十二条 网络数据处理者基于个人同意处理个人信息的，应当遵守下列规定：

(一) 收集个人信息为提供产品或者服务所必需，不得超范围收集个人信息，不得通过误导、欺诈、胁迫等方式取得个人同意；

(二) 处理生物识别、宗教信仰、特定身份、医疗健康、金融账户、行踪轨迹等敏感个人信息的，应当取得个人的单独同意；

(三) 处理不满十四周岁未成年人个人信息的，应当取得未成年人的父母或者其他监护人的同意；

(四) 不得超出个人同意的个人信息处理目的、方式、种类、保存期限处理个人信息；

(五) 不得在个人明确表示不同意处理其个人信息后，频繁征求同意；

(六) 个人信息的处理目的、方式、种类发生变更的，应当重新取得个人同意。

法律、行政法规规定处理敏感个人信息应当取得书面同意的，从其规定。

第二十二条 ネットワークデータ取扱者が個人の同意に基づいて個人情報を取り扱うときは、次に定める規定を遵守しなければならない。

（一）個人情報の収集が製品又はサービスの提供のために必要であり、範囲を超過して個人情報を収集してはならず、誤導、詐欺、脅迫等の方法により個人の同意を取得してはならない。

（二）生体認証、宗教信仰、特定の身分、医療健康、金融口座、行動軌跡等の機微な個人情報を取り扱うときは、個人の個別同意を得なければならない。

（三）14歳未満の未成年者の個人情報を取り扱うときは、未成年者の両親その他後見人の同意を得なければならない。

（四）個人情報の取扱いの目的、方法、その種類、保存の期間に関する個人の同意を超過して個人情報を取り扱ってはならない。

（五）個人がその個人情報の取扱いについて不同意を明示した後においては、頻繁な同意の要求をしてはならない。

（六）個人情報の取扱いの目的、方法、その種類が変更されたときは、改めて個人の同意を取得しなければならない。

法律、行政法規に機微な個人情報の取扱いについては書面による同意がなければならないとの定めがあるときは、その規定による。

第二十三条 个人请求查阅、复制、更正、补充、删除、限制处理其个人信息，或者个人注销账号、撤回同意的，网络数据处理者应当及时受理，并提供便捷的支持个人行使权利的方法和途径，不得设置不合理条件限制个人的合理请求。

第二十三条 個人がその個人情報の閲覧、複製、訂正、補充、削除、取扱制限又は個人のアカウントの抹消、同意の撤回を請求したときは、ネットワークデータ取扱者は、これを速やかに受理するとともに、個人の権利行使を支援する簡便な方法及び経路を提供しなければならず、不合理な条件を設けて個人の合理的な請求を制限してはならない。

第二十四条 因使用自动化采集技术等无法避免采集到非必要个人信息或者未依法取得个人同意的个人信息，以及个人注销账号的，网络数据处理者应当删除个人信息或者进行匿名化处理。法律、行政法规规定的保存期限未届满，或者删除、匿名化处理个人信息从技术上难以实现的，网络数据处理者应当停止除存储和采取必要的安全保护措施之外的处理。

第二十四条 自動化収集技術等の使用のために、不要な個人情報又は法に従って個人の同意を得ていない個人情報を収集することが避けられないとき、及び個人がアカウントを抹消するとき、ネットワークデータ取扱者は、個人情報の削除又は匿名化処理をしなければならない。法律、行政法規に定める保存期間が満了しておらず、又は個人情報の削除、匿名化処理の実現が技術上困難なときは、ネットワークデータ取扱者は、保存及び必要な安全保護措置を除く取り扱いを停止しなければならない。

第二十五条 对符合下列条件的个人信息转移请求，网络数据处理者应当为个人指定的其他网络数据处理者访问、获取有关个人信息提供途径：

（一）能够验证请求人的真实身份；

（二）请求转移的是本人同意提供的或者基于合同收集的个人信息；

（三）转移个人信息具备技术可行性；

（四）转移个人信息不损害他人合法权益。

请求转移个人信息次数等明显超出合理范围的，网络数据处理者可以根据转移个人信息的成本收取必要费用。

第二十五条　次に定める要件を充足する個人情報移転の請求に対し、ネットワークデータ取扱者は、個人が指定した他のネットワークデータ取扱者において関連する個人情報にアクセスし、これを取得するため、経路を提供しなければならない。

（一）請求人の真実の身分の検証を行いうること。

（二）移転請求の対象が、請求者において提供に同意し、又は契約に基づいて収集した個人情報であること。

（三）個人情報の移転が技術的な実現可能性を有すること。

（四）個人情報の移転が他人の適法な権利・利益を害しないこと。

個人情報移転の請求の回数等が明らかに合理的な範囲を超えるときは、ネットワークデータ取扱者は、個人情報移転のコストに基づいて、必要な費用を徴収することができる。

第二十六条　中华人民共和国境外网络数据处理者处理境内自然人个人信息，依照《中华人民共和国个人信息保护法》第五十三条规定在境内设立专门机构或者指定代表的，应当将有关机构的名称或者代表的姓名、联系方式等报送所在地设区的市级网信部门；网信部门应当及时通报同级有关主管部门。

第二十六条　中華人民共和国国外のネットワークデータ取扱者が国内の自然人の個人情報を取り扱い、「中華人民共和国個人情報保護法」第53条の規定に従って国内における専門機関の設立又は代表者の指定をしたときは、関連する機関の名称又は代表者の氏名、連絡先等を所在地の区設置市等級のネットワーク情報部門に届け出なければならず、ネットワーク情報部門は、同レベルの関係主管部門に対し、速やかに通告しなければならない。

第二十七条　网络数据处理者应当定期自行或者委托专业机构对其处理个人信息遵守法律、行政法规的情况进行合规审计。

第二十七条　ネットワークデータ取扱者は、自ら、又は専門機関に委託して、自己による個人情報の取扱いが法律、行政法規を遵守する状況に関するコンプライアンス監査を定期的に行わなければならない。

第二十八条　网络数据处理者处理1000万人以上个人信息的，还应当遵守本条例第三十条、第三十二条对处理重要数据的网络数据处理者（以下简称重要数据的处理者）作出的规定。

第二十八条 ネットワークデータ取扱者が 1000 万人以上の個人情報を取り扱うときは、重要データを取り扱うネットワークデータ取扱者（以下「重要データ取扱者」という。）について定めた本条例第 30 条、第 32 条の規定も遵守しなければならない。

第四章　重要数据安全
第四章　重要データの安全

第二十九条　国家数据安全工作协调机制统筹协调有关部门制定重要数据目录，加强对重要数据的保护。各地区、各部门应当按照数据分类分级保护制度，确定本地区、本部门以及相关行业、领域的重要数据具体目录，对列入目录的网络数据进行重点保护。

网络数据处理者应当按照国家有关规定识别、申报重要数据。对确认为重要数据的，相关地区、部门应当及时向网络数据处理者告知或者公开发布。网络数据处理者应当履行网络数据安全保护责任。

国家鼓励网络数据处理者使用数据标签标识等技术和产品，提高重要数据安全管理水平。

第二十九条　国家データ安全職務調整機関は、関連部門が重要データの目録を策定するための統括及び調整を行い、重要データに対する保護を強化する。各地区、各部門は、データ分類分級保護制度に従って、当該地区、当該部門及び関連する業界、分野における重要データの具体的な目録を確定し、目録に掲げたネットワークデータを重点的に保護しなければならない。

ネットワークデータ取扱者は、国の関連規定に従って、重要データの識別、申告をしなければならない。重要データと確認されたときは、関連する地域、部門は、速やかにネットワークデータ取扱者に対する告知又は公示をしなければならない。ネットワークデータ取扱者は、ネットワークデータの安全を保護する責任を履行しなければならない。

国は、ネットワークデータ取扱者がデータラベル・マーキング等の技術及び製品を用いて重要データの安全管理の水準を高めることを奨励する。

第三十条　重要数据的处理者应当明确网络数据安全负责人和网络数据安全管理机构。网络数据安全管理机构应当履行下列网络数据安全保护责任：

（一）制定实施网络数据安全管理制度、操作规程和网络数据安全事件应急预案；

（二）定期组织开展网络数据安全风险监测、风险评估、应急演练、宣传教育培训等活动，及时处置网络数据安全风险和事件；

（三）受理并处理网络数据安全投诉、举报。

网络数据安全负责人应当具备网络数据安全专业知识和相关管理工作经历，由网络数据处理者管理层成员担任，有权直接向有关主管部门报告网络数据安全情况。

掌握有关主管部门规定的特定种类、规模的重要数据的网络数据处理者，应当对网络数据安全负责人和关键岗位的人员进行安全背景审查，加强相关人员培训。审查时，可以申请公安机关、国家安全机关协助。

350

巻末資料

第三十条　重要データ取扱者は、ネットワークデータ安全責任者及びネットワークデータ安全管理機関を明らかにしなければならない。ネットワークデータ安全管理機関は、次に定めるネットワークデータの安全の保護に関する責任を履行しなければならない。

（一）ネットワークデータ安全管理制度、実施規程及びネットワークデータ安全事件緊急対応策の策定及び実施。

（二）ネットワークデータ安全リスク監視、リスク評価、緊急対応訓練、宣伝教育訓練等の活動の定期的な手配及び実施、ネットワークデータ安全リスク及び事件の速やかな処理。

（三）ネットワークデータの安全に関する苦情、通報の受理及び処理。

ネットワークデータ安全責任者は、ネットワークデータの安全に関する専門的な知識及び関連する管理の職務の経歴を有していなければならず、ネットワークデータ取扱者の経営陣のメンバーが担当し、関係主管部門に対して直接にネットワークデータの安全に関する状況を報告することができる。

関係主管部門が定めた特定の種類、規模の重要データを管理するネットワークデータ取扱者は、ネットワークデータ安全責任者及び重要な職位の人員に対してそのバックグラウンドに関する安全審査を行い、関連する人員に対する訓練を強化しなければならない。審査にあたっては、公安機関、国家安全機関に対し協力を求めることができる。

第三十一条　重要数据的处理者提供、委托处理、共同处理重要数据前，应当进行风险评估，但是属于履行法定职责或者法定义务的除外。

风险评估应当重点评估下列内容：

（一）提供、委托处理、共同处理网络数据，以及网络数据接收方处理网络数据的目的、方式、范围等是否合法、正当、必要；

（二）提供、委托处理、共同处理的网络数据遭到篡改、破坏、泄露或者非法获取、非法利用的风险，以及对国家安全、公共利益或者个人、组织合法权益带来的风险；

（三）网络数据接收方的诚信、守法等情况；

（四）与网络数据接收方订立或者拟订立的相关合同中关于网络数据安全的要求能否有效约束网络数据接收方履行网络数据安全保护义务；

（五）采取或者拟采取的技术和管理措施等能否有效防范网络数据遭到篡改、破坏、泄露或者非法获取、非法利用等风险；

（六）有关主管部门规定的其他评估内容。

第三十一条　重要データ取扱者は、重要データの提供、取扱いの委託、共同での取扱いを行う前に、リスク評価を行わなければならない。ただし、法定の責務又は義務の履行であるときは、この限りでない。

リスク評価は、次に定める内容を重点的に評価しなければならない。

（一）ネットワークデータの提供、取扱いの委託、共同での取扱い及びネットワークデータ受領者によるネットワークデータ取扱いの目的、方法、範囲等が適法、正当か

351

つ必要か否か。

（二）提供、取扱いの委託、共同での取扱いをされたネットワークデータが改ざん、破壊、漏えい又は違法な取得、違法な利用をされるリスク及び国の安全、公共の利益又は個人、組織の適法な権利・利益にもたらされるリスク。

（三）ネットワークデータ受領者の誠実性、法令遵守等の状況。

（四）ネットワークデータ受領者と現に締結し、又は締結を予定する関連契約におけるネットワークデータの安全に関する要求が、ネットワークデータ受領者に対しネットワークデータの安全を保護する義務の履行を有効に拘束できるか否か。

（五）現に講じ、又は講ずることを予定する技術及び管理上の措置等が、ネットワークデータに対する改ざん、破壊、漏えい又は違法な取得、違法な利用等のリスクを有効に防止できるか否か。

（六）その他関係主管部門が定める評価の内容。

第三十二条　重要数据的处理者因合并、分立、解散、破产等可能影响重要数据安全的，应当采取措施保障网络数据安全，并向省级以上有关主管部门报告重要数据处置方案、接收方的名称或者姓名和联系方式等；主管部门不明确的，应当向省级以上数据安全工作协调机制报告。

第三十二条　重要データ取扱者が合併、分割、解散、破産等のために重要データの安全性に影響を及ぼすおそれがあるときは、ネットワークデータの安全を保障する措置を講ずるとともに、省級以上の関係主管部門に対して重要データの処分案、受領者の名称又は氏名及び連絡先等を報告しなければならず、主管部門が明確でないときは、省級以上のデータ安全職務調整機関に報告しなければならない。

第三十三条　重要数据的处理者应当每年度对其网络数据处理活动开展风险评估，并向省级以上有关主管部门报送风险评估报告，有关主管部门应当及时通报同级网信部门、公安机关。

风险评估报告应当包括下列内容：

（一）网络数据处理者基本信息、网络数据安全管理机构信息、网络数据安全负责人姓名和联系方式等；

（二）处理重要数据的目的、种类、数量、方式、范围、存储期限、存储地点等，开展网络数据处理活动的情况，不包括网络数据内容本身；

（三）网络数据安全管理制度及实施情况，加密、备份、标签标识、访问控制、安全认证等技术措施和其他必要措施及其有效性；

（四）发现的网络数据安全风险，发生的网络数据安全事件及处置情况；

（五）提供、委托处理、共同处理重要数据的风险评估情况；

（六）网络数据出境情况；

（七）有关主管部门规定的其他报告内容。

处理重要数据的大型网络平台服务提供者报送的风险评估报告，除包括前款规定的内容外，还应当充分说明关键业务和供应链网络数据安全等情况。

巻末資料

重要数据的处理者存在可能危害国家安全的重要数据处理活动的，省级以上有关主
管部门应当责令其采取整改或者停止处理重要数据等措施。重要数据的处理者应当
按照有关要求立即采取措施。

第三十三条　重要データ取扱者は、年度ごとに、そのネットワークデータ取扱活動に対する
リスク評価を行うとともに、省級以上の関係主管部門に対しリスク評価の報告書を
提出しなければならず、関係主管部門は、同レベルのネットワーク情報部門、公安
機関に対し、速やかに通告しなければならない。

リスク評価報告は、次に定める内容を含むものでなければならない。

（一）ネットワークデータ取扱者の基本情報、ネットワークデータ安全管理機関の情報、
ネットワークデータ安全責任者の氏名及び連絡先等。

（二）重要データを取り扱う目的、その種類、数量、方法、範囲、保存期間、保存場所等、
ネットワークデータ取扱活動の状況。ネットワークデータの内容自体は含まない。

（三）ネットワークデータ安全管理の制度及び実施状況、暗号化、バックアップ、ラベル・
マーキング、アクセス制限、安全認証等の技術的な措置その他必要な措置とその
有効性。

（四）発見されたネットワークデータ安全リスク、発生したネットワークデータ安全事
件及び処理の状況。

（五）重要データの提供、取扱いの委託、共同での取扱いに関するリスク評価の状況。

（六）ネットワークデータの越境移転の状況。

（七）その他関係主管部門が定める報告の内容。

重要データを取り扱う大規模ネットワークプラットフォームのサービス提供者が
提出するリスク評価報告書は、前項に定める内容のほか、重要な業務及びサプラ
イチェーンのネットワークデータの安全等の状況を十分に説明するものでなけれ
ばならない。

重要データ取扱者が国の安全に危害を与えうる重要データの取扱活動を行うとき
は、省級以上の関係主管部門は、当該取扱者に対し、是正、重要データ取扱いの
停止等の措置を講ずることを命じなければならない。重要データ取扱者は、関連
する要求に従って直ちに措置を講じなければならない。

<h2 style="text-align:center">第五章　网络数据跨境安全管理
第五章　ネットワークデータの越境安全管理</h2>

第三十四条　国家网信部门统筹协调有关部门建立国家数据出境安全管理专项工作机制，研究
制定国家网络数据出境安全管理相关政策，协调处理网络数据出境安全重大事项。

第三十四条　国家ネットワーク情報部門は、関連部門が国家データ越境移転の安全管理の特
別職務機関を設立するための統括及び調整を行い、ネットワークデータ越境移転の
安全の管理に関する国の政策について研究及び策定を行い、ネットワークデータ越
境移転の安全に関する重要事項の処理について調整を行う。

353

第三十五条 符合下列条件之一的，网络数据处理者可以向境外提供个人信息：

(一) 通过国家网信部门组织的数据出境安全评估；

(二) 按照国家网信部门的规定经专业机构进行个人信息保护认证；

(三) 符合国家网信部门制定的关于个人信息出境标准合同的规定；

(四) 为订立、履行个人作为一方当事人的合同，确需向境外提供个人信息；

(五) 按照依法制定的劳动规章制度和依法签订的集体合同实施跨境人力资源管理，确需向境外提供员工个人信息；

(六) 为履行法定职责或者法定义务，确需向境外提供个人信息；

(七) 紧急情况下为保护自然人的生命健康和财产安全，确需向境外提供个人信息；

(八) 法律、行政法规或者国家网信部门规定的其他条件。

第三十五条 次に定める要件のいずれかを充足するときは、ネットワークデータ取扱者は、国外に個人情報を提供することができる。

(一) 国家ネットワーク情報部門によるデータ越境移転安全評価に合格すること。

(二) 国家ネットワーク情報部門の規定に従って専門機関による個人情報保護認証を受けること。

(三) 国家ネットワーク情報部門が定めた個人情報越境移転標準契約に関する規定に適合すること。

(四) 個人を一方の当事者とする契約の締結、履行のため個人情報の国外への提供を確実に要すること。

(五) 法律に基づき定められた労働規程及び法律に基づき締結された集団契約に従って越境人事管理を実施するにあたり、従業員の個人情報の国外への提供を確実に要すること。

(六) 法定の職務又は義務の履行のため個人情報の国外への提供を確実に要すること。

(七) 緊急の事情下において自然人の生命健康及び財産の安全を保護するため個人情報の国外への提供を確実に要すること。

(八) その他法律、行政法規又は国家ネットワーク情報部門が定める要件。

第三十六条 中华人民共和国缔结或者参加的国际条约、协定对向中华人民共和国境外提供个人信息的条件等有规定的，可以按照其规定执行。

第三十六条 中華人民共和国が締結又は加盟する国際条約、協定に、中華人民共和国国外に個人情報を提供する要件等に関する定めがあるときは、その規定に従って行うことができる。

第三十七条 网络数据处理者在中华人民共和国境内运营中收集和产生的重要数据确需向境外提供的，应当通过国家网信部门组织的数据出境安全评估。网络数据处理者按照国家有关规定识别、申报重要数据，但未被相关地区、部门告知或者公开发布为重要数据的，不需要将其作为重要数据申报数据出境安全评估。

第三十七条 ネットワークデータ取扱者が中華人民共和国国内における運営で収集及び生成した重要データの国外への提供を確実に要するときは、国家ネットワーク情報部門

354

卷末資料

によるデータ越境移転安全評価に合格しなければならない。ネットワークデータ取扱者は、国の関連する規定に従って重要データの識別、申告を行ったが、関連する地区、部門により重要データの告知又は公示がなされていないときは、それを重要データとしてデータ越境移転安全評価の申請をすることを要しない。

第三十八条 通过数据出境安全评估后，网络数据处理者向境外提供个人信息和重要数据的，不得超出评估时明确的数据出境目的、方式、范围和种类、规模等。

第三十八条 データ越境移転安全評価に合格後、ネットワークデータ取扱者が国外に個人情報及び重要データを提供するにあたっては、評価時において明らかなデータ越境移転の目的、方法、範囲及び種類、規模等を超過してはならない。

第三十九条 国家采取措施，防范、处置网络数据跨境安全风险和威胁。任何个人、组织不得提供专门用于破坏、避开技术措施的程序、工具等；明知他人从事破坏、避开技术措施等活动的，不得为其提供技术支持或者帮助。

第三十九条 国は、ネットワークデータの越境移転の安全に対するリスク及び脅威を防止、処分する措置を講ずる。いかなる個人、組織も、技術的な措置の破壊、回避を専らの用途とするプログラム、ツール等を提供してはならず、他人が技術的な措置の破壊、回避等の活動を行うことを知りながら、技術的な支援又は援助を提供してはならない。

第六章　网络平台服务提供者义务
第六章　ネットワークプラットフォームサービス提供者の義務

第四十条 网络平台服务提供者应当通过平台规则或者合同等明确接入其平台的第三方产品和服务提供者的网络数据安全保护义务，督促第三方产品和服务提供者加强网络数据安全管理。

预装应用程序的智能终端等设备生产者，适用前款规定。

第三方产品和服务提供者违反法律、行政法规的规定或者平台规则、合同约定开展网络数据处理活动，对用户造成损害的，网络平台服务提供者、第三方产品和服务提供者、预装应用程序的智能终端等设备生产者应当依法承担相应责任。

国家鼓励保险公司开发网络数据损害赔偿责任险种，鼓励网络平台服务提供者、预装应用程序的智能终端等设备生产者投保。

第四十条 ネットワークプラットフォームサービス提供者は、プラットフォームの規則、契約等により、そのプラットフォームに接続する第三者たる製品及びサービスの提供者が負うネットワークデータの安全を保護する義務を明らかにするとともに、第三者たる製品及びサービスの提供者に対し、ネットワークデータの安全管理の強化を促さなければならない。

アプリケーションをプリインストールしたスマート端末等の設備の製造者は、前項

355

の規定の適用を受ける。

第三者たる製品及びサービスの提供者が法律、行政法規の規定又はプラットフォームの規則、契約の規定に違反してネットワークデータ取扱活動を行い、ユーザーに損害を与えたときは、ネットワークプラットフォームサービス提供者、第三者たる製品及びサービスの提供者、アプリケーションをプリインストールしたスマート端末等の設備の製造者は、法に従って相応の責任を負わなければならない。

国は、保険会社がネットワークデータ損害賠償責任の保険種を開発することを奨励し、ネットワークプラットフォームサービス提供者、アプリケーションをプリインストールしたスマート端末等の設備の製造者が保険に加入することを奨励する。

第四十一条 提供应用程序分发服务的网络平台服务提供者，应当建立应用程序核验规则并开展网络数据安全相关核验。发现待分发或者已分发的应用程序不符合法律、行政法规的规定或者国家标准的强制性要求的，应当采取警示、不予分发、暂停分发或者终止分发等措施。

第四十一条 アプリケーション配信サービスを提供するネットワークプラットフォームサービス提供者は、アプリケーション検査の規則を定めるとともに、ネットワークデータの安全に関する検査を行わなければならない。配信を予定し、又は既に配信したアプリケーションが法律、行政法規の規定又は国家標準の強制的な要求に適合しないことを発見したときは、警告、配信の拒否、配信の停止、配信の終了等の措置を講じなければならない。

第四十二条 网络平台服务提供者通过自动化决策方式向个人进行信息推送的，应当设置易于理解、便于访问和操作的个性化推荐关闭选项，为用户提供拒绝接收推送信息、删除针对其个人特征的用户标签等功能。

第四十二条 ネットワークプラットフォームサービス提供者が自動化意思決定の方式により個人に情報のプッシュを行うときは、理解が容易で、アクセス及び操作に便利なパーソナライズされた推奨の停止の選択肢を設け、ユーザーに対し、プッシュ情報の受信を拒否し、その個人の特徴に対するユーザーラベルを削除する等の機能を提供しなければならない。

第四十三条 国家推进网络身份认证公共服务建设，按照政府引导、用户自愿原则进行推广应用。

鼓励网络平台服务提供者支持用户使用国家网络身份认证公共服务登记、核验真实身份信息。

第四十三条 国は、ネットワーク身分認証公共サービスの構築を推進し、政府の指導、ユーザーによる自由意思の原則に従って普及し応用する。

ネットワークプラットフォームサービス提供者に対し、ユーザーが国のネットワーク身分認証公共サービスを使用して登録を行い、如実な身分情報の検査をすることへの支援を奨励する。

第四十四条 大型网络平台服务提供者应当每年度发布个人信息保护社会责任报告，报告内容包括但不限于个人信息保护措施和成效、个人行使权利的申请受理情况、主要由外部成员组成的个人信息保护监督机构履行职责情况等。

第四十四条 大規模ネットワークプラットフォームサービス提供者は、年度ごとに、個人情報保護の社会的な責任に関する報告書を公表しなければならず、報告の内容は、個人情報保護の措置及び効果、個人からの権利行使の申立ての受理に関する状況、主に外部の者により構成される個人情報保護監督機関の職務遂行の状況等を含み、これに限らない。

第四十五条 大型网络平台服务提供者跨境提供网络数据，应当遵守国家数据跨境安全管理要求，健全相关技术和管理措施，防范网络数据跨境安全风险。

第四十五条 大規模ネットワークプラットフォームサービス提供者がネットワークデータの越境提供をするには、データ越境の安全の管理に関する国の要求を遵守し、関連する技術及び管理の措置を健全化するとともに、ネットワークデータ越境の安全に対するリスクを防止しなければならない。

第四十六条 大型网络平台服务提供者不得利用网络数据、算法以及平台规则等从事下列活动：
（一）通过误导、欺诈、胁迫等方式处理用户在平台上产生的网络数据；
（二）无正当理由限制用户访问、使用其在平台上产生的网络数据；
（三）对用户实施不合理的差别待遇，损害用户合法权益；
（四）法律、行政法规禁止的其他活动。

第四十六条 大規模ネットワークプラットフォームサービス提供者は、ネットワークデータ、アルゴリズム、プラットフォーム規則等を利用して次に定める活動を行ってはならない。
（一）誤導、詐欺、脅迫等の方法による、ユーザーがプラットフォーム上で生成したネットワークデータの取り扱い。
（二）ユーザーがプラットフォーム上で生成したネットワークデータにアクセスし、使用することに対する正当な理由のない制限。
（三）ユーザーに対する不合理な差別的待遇の実施、ユーザーの適法な権利・利益に対する侵害。
（四）その他法律、行政法規が禁止する活動。

第七章　監督管理
第七章　監督管理

第四十七条 国家网信部门负责统筹协调网络数据安全和相关监督管理工作。
公安机关、国家安全机关依照有关法律、行政法规和本条例的规定，在各自职责范围内承担网络数据安全监督管理职责，依法防范和打击危害网络数据安全的违法犯罪活

动。

国家数据管理部门在具体承担数据管理工作中履行相应的网络数据安全职责。

各地区、各部门对本地区、本部门工作中收集和产生的网络数据及网络数据安全负责。

第四十七条　国家ネットワーク情報部門は、ネットワークデータの安全及び関連する監督管理の職務について、その統括及び調整を行う。

公安機関、国家安全機関は、関連する法律、行政法規及び本条例の規定に従って、それぞれの職務の範囲においてネットワークデータの安全監督管理の職務を担い、法に従って、ネットワークデータの安全を害する違法な犯罪活動の防止及び取締りを行う。

国家データ管理部門は、データ管理の職務を具体的に担う中で、相応のネットワークデータの安全に関する職務を遂行する。

各地区、各部門は、当該地区、当該部門の職務において収集及び生成したネットワークデータ及びネットワークデータの安全に対して責任を負う。

第四十八条　各有关主管部门承担本行业、本领域网络数据安全监督管理职责，应当明确本行业、本领域网络数据安全保护工作机构，统筹制定并组织实施本行业、本领域网络数据安全事件应急预案，定期组织开展本行业、本领域网络数据安全风险评估，对网络数据处理者履行网络数据安全保护义务情况进行监督检查，指导督促网络数据处理者及时对存在的风险隐患进行整改。

第四十八条　各関係主管部門は、当該業界、当該分野のネットワークデータの安全について監督管理を行う職務を担い、当該業界、当該分野のネットワークデータの安全を保護する職務を担う機関の明確化、当該業界、当該分野のネットワークデータ安全事件に対する緊急対応策の策定の統括及びその実施の手配、当該業界、当該分野のネットワークデータ安全リスク評価の定期的な手配及び実施、ネットワークデータ取扱者によるネットワークデータ安全保護義務の履行状況に対する監督及び検査、ネットワークデータ取扱者による存在するリスク及び潜在的なリスクの速やかな是正に対する指導及び督促をしなければならない。

第四十九条　国家网信部门统筹协调有关主管部门及时汇总、研判、共享、发布网络数据安全风险相关信息，加强网络数据安全信息共享、网络数据安全风险和威胁监测预警以及网络数据安全事件应急处置工作。

第四十九条　国家ネットワーク情報部門は、関連主管部門がネットワークデータ安全リスクに関する情報について、その総括、検討評価、共有、公表を速やかに行うための統括及び調整を行い、ネットワークデータ安全情報の共有、ネットワークデータ安全リスク及び脅威に対する監視警戒並びにネットワークデータ安全事件に対する緊急処理の職務を強化する。

第五十条　有关主管部门可以采取下列措施对网络数据安全进行监督检查：

（一）要求网络数据处理者及其相关人员就监督检查事项作出说明；

（二）査閲、複製与網絡数拠安全有関的文件、記録；

（三）検査網絡数拠安全措施運行情况；

（四）検査与網絡数拠処理活動有関的設備、物品；

（五）法律、行政法規規定的其他必要措施。

网络数据处理者应当对有关主管部门依法开展的网络数据安全监督检查予以配合。

第五十条 関係主管部門は、次に定める措置を講じてネットワークデータの安全に対する監督検査をすることができる。

（一）ネットワークデータ取扱者及びその関係者に対し、監督検査の事項について説明を求めること。

（二）ネットワークデータの安全と関連する文書、記録を閲覧し、複写すること。

（三）ネットワークデータの安全措置の運用状況を検査すること。

（四）ネットワークデータ取扱活動と関連する設備、物品を検査すること。

（五）その他法律、行政法規に定める必要な措置。

ネットワークデータ取扱者は、関係主管部門が法に従って行うネットワークデータ安全監督検査に協力しなければならない。

第五十一条 有关主管部门开展网络数据安全监督检查，应当客观公正，不得向被检查单位收取费用。

有关主管部门在网络数据安全监督检查中不得访问、收集与网络数据安全无关的业务信息，获取的信息只能用于维护网络数据安全的需要，不得用于其他用途。

有关主管部门发现网络数据处理者的网络数据处理活动存在较大安全风险的，可以按照规定的权限和程序要求网络数据处理者暂停相关服务、修改平台规则、完善技术措施等，消除网络数据安全隐患。

第五十一条 関係主管部門は、ネットワークデータ安全監督検査を行うにあたり、客観的かつ公正でなければならず、被検査組織から費用を徴収してはならない。

関係主管部門は、ネットワークデータ安全監督検査において、ネットワークデータの安全と関係のない業務情報へのアクセス、その収集をしてはならず、取得した情報は、ネットワークデータの安全を維持する必要のためにのみ用いることができ、それ以外の用途に用いてはならない。

関係主管部門がネットワークデータ取扱者によるネットワークデータ取扱活動に比較的大きな安全上のリスクが存することを発見したときは、定められた権限及び手続に従って、ネットワークデータ取扱者に対し関連するサービスの停止、プラットフォーム規則の改正、技術的な措置の改善等を要求し、ネットワークデータの安全に対する潜在的な危険を除去することができる。

第五十二条 有关主管部门在开展网络数据安全监督检查时，应当加强协同配合、信息沟通，合理确定检查频次和检查方式，避免不必要的检查和交叉重复检查。

个人信息保护合规审计、重要数据风险评估、重要数据出境安全评估等应当加强衔接，避免重复评估、审计。重要数据风险评估和网络安全等级测评的内容重合的，相关结

果可以互相采信。

第五十二条　関係主管部門は、ネットワークデータ安全監督検査を行うにあたり、協調協力、情報伝達を強化し、検査の頻度及び方法を合理的に確定して、不要な検査及び検査の重複を避けなければならない。

個人情報保護コンプライアンス監査、重要データリスク評価、重要データ越境移転安全評価等について、これらの連携を強化し、評価、監査の重複を回避しなければならない。重要データのリスク評価及びサイバーセキュリティの等級評価の内容が重複するときは、関連する結果を相互に信用して採用することができる。

第五十三条　有关主管部门及其工作人员对在履行职责中知悉的个人隐私、个人信息、商业秘密、保密商务信息等网络数据应当依法予以保密，不得泄露或者非法向他人提供。

第五十三条　関係主管部門及びその職員は、職務の遂行において知りえた個人のプライバシー、個人情報、商業秘密、秘密商務情報等のネットワークデータを法に従って秘密としなければならず、その漏えい又は他人に対する違法な提供をしてはならない。

第五十四条　境外的组织、个人从事危害中华人民共和国国家安全、公共利益，或者侵害中华人民共和国公民的个人信息权益的网络数据处理活动的，国家网信部门会同有关主管部门可以依法采取相应的必要措施。

第五十四条　国外の組織、個人が中華人民共和国の国の安全、公共の利益又は中華人民共和国公民の個人情報の権利・利益を害するネットワークデータの取扱活動を行ったときは、国家ネットワーク情報部門は、関係主管部門と共同して法に従い相応の必要な措置を講ずることができる。

第八章　法律责任
第八章　法的責任

第五十五条　违反本条例第十二条、第十六条至第二十条、第二十二条、第四十条第一款和第二款、第四十一条、第四十二条规定的，由网信、电信、公安等主管部门依据各自职责责令改正，给予警告，没收违法所得；拒不改正或者情节严重的，处 100 万元以下罚款，并可以责令暂停相关业务、停业整顿、吊销相关业务许可证或者吊销营业执照，对直接负责的主管人员和其他直接责任人员可以处 1 万元以上 10 万元以下罚款。

第五十五条　本条例第 12 条、第 16 条から第 20 条、第 22 条、第 40 条第 1 項及び第 2 項、第 41 条、第 42 条の規定に違反したときは、ネットワーク情報、電気通信、公安等の主管部門がそれぞれの権限に基づいて是正を命じ、警告を発し、違法所得を没収し、是正を拒否し、又は情状が重大なときは、100 万元以下の罰金に処し、併せて関連する業務の停止、営業停止、関連する業務許可証又は営業許可証の取消しを命ずること、直接責任を負う主管者その他直接責任者を 1 万元以上 10 万元以下の罰金に処することもできる。

360

第五十六条 违反本条例第十三条规定的，由网信、电信、公安、国家安全等主管部门依据各自职责责令改正，给予警告，可以并处 10 万元以上 100 万元以下罚款，对直接负责的主管人员和其他直接责任人员可以处 1 万元以上 10 万元以下罚款；拒不改正或者情节严重的，处 100 万元以上 1000 万元以下罚款，并可以责令暂停相关业务、停业整顿、吊销相关业务许可证或者吊销营业执照，对直接负责的主管人员和其他直接责任人员处 10 万元以上 100 万元以下罚款。

第五十六条 本条例第 13 条の規定に違反したときは、ネットワーク情報、電気通信、公安、国家安全等の主管部門がそれぞれの権限に基づいて是正を命じ、警告を発し、併せて 10 万元以上 100 万元以下の罰金を併科すること、直接責任を負う主管者その他直接責任者を 1 万元以上 10 万元以下の罰金に処することもでき、是正を拒否し、又は情状が重大なときは、100 万元以上 1000 万元以下の罰金に処し、併せて関連する業務の停止、営業停止、関連する業務許可証又は営業許可証の取消しを命ずること、直接責任を負う主管者その他直接責任者を 10 万元以上 100 万元以下の罰金に処することもできる。

第五十七条 违反本条例第二十九条第二款、第三十条第二款和第三款、第三十一条、第三十二条规定的，由网信、电信、公安等主管部门依据各自职责责令改正，给予警告，可以并处 5 万元以上 50 万元以下罚款，对直接负责的主管人员和其他直接责任人员可以处 1 万元以上 10 万元以下罚款；拒不改正或者造成大量数据泄露等严重后果的，处 50 万元以上 200 万元以下罚款，并可以责令暂停相关业务、停业整顿、吊销相关业务许可证或者吊销营业执照，对直接负责的主管人员和其他直接责任人员处 5 万元以上 20 万元以下罚款。

第五十七条 本条例第 29 条第 2 項、第 30 条第 2 項及び第 3 項、第 31 条、第 32 条の規定に違反したときは、ネットワーク情報、電気通信、公安等の主管部門がそれぞれの権限に基づいて是正を命じ、警告を発し、併せて 5 万元以上 50 万元以下の罰金に処すること、直接責任を負う主管者その他直接責任者を 1 万元以上 10 万元以下の罰金に処することもでき、是正を拒否し、又は大量のデータの漏えい等の重大な結果を生じさせたときは、50 万元以上 200 万元以下の罰金に処し、併せて関連する業務の停止、営業停止、関連する業務許可証又は営業許可証の取消しを命ずること、直接責任を負う主管者その他直接責任者を 5 万元以上 20 万元以下の罰金に処することもできる。

第五十八条 违反本条例其他有关规定的，由有关主管部门依照《中华人民共和国网络安全法》、《中华人民共和国数据安全法》、《中华人民共和国个人信息保护法》等法律的有关规定追究法律责任。

第五十八条 本条例のその他関連する規定に違反したときは、関係主管部門が「中華人民共和国サイバーセキュリティ法」、「中華人民共和国データ安全法」、「中華人民共和国個人情報保護法」等の法律の関連する規定に従って法的責任を追及する。

第五十九条 网络数据处理者存在主动消除或者减轻违法行为危害后果、违法行为轻微并及时改正且没有造成危害后果或者初次违法且危害后果轻微并及时改正等情形的，依照《中华人民共和国行政处罚法》的规定从轻、减轻或者不予行政处罚。

第五十九条 ネットワークデータ取扱者に、違法行為の危害結果を自主的に除去又は軽減したこと、違法行為が軽微で速やかに是正し、かつ、危害の結果を発生させていないこと、又は初回の違法であり、かつ、危害の結果が軽微で速やかに是正したこと等の事情があるときは、「中華人民共和国行政処罰法」の規定に従って、軽い行政処罰とし、行政処罰を軽減し、又は行政処罰に付さない。

第六十条 国家机关不履行本条例规定的网络数据安全保护义务的，由其上级机关或者有关主管部门责令改正；对直接负责的主管人员和其他直接责任人员依法给予处分。

第六十条 国家機関が本条例に定めるネットワークデータの安全を保護する義務を履行しなかったときは、その上級機関又は関係主管部門が是正を命じ、直接責任を負う主管者その他直接責任者を法に従って処分する。

第六十一条 违反本条例规定，给他人造成损害的，依法承担民事责任；构成违反治安管理行为的，依法给予治安管理处罚；构成犯罪的，依法追究刑事责任。

第六十一条 本条例の規定に違反して他人に損害を与えたときは、法に従って民事責任を負い、治安管理行為に違反する行為が成立するときは、法に従って治安管理処罰に付し、犯罪が成立するときは、法に従って刑事責任を追及する。

第九章　附则
第九章　雑則

第六十二条 本条例下列用语的含义：

(一) 网络数据，是指通过网络处理和产生的各种电子数据。

(二) 网络数据处理活动，是指网络数据的收集、存储、使用、加工、传输、提供、公开、删除等活动。

(三) 网络数据处理者，是指在网络数据处理活动中自主决定处理目的和处理方式的个人、组织。

(四) 重要数据，是指特定领域、特定群体、特定区域或者达到一定精度和规模，一旦遭到篡改、破坏、泄露或者非法获取、非法利用，可能直接危害国家安全、经济运行、社会稳定、公共健康和安全的数据。

(五) 委托处理，是指网络数据处理者委托个人、组织按照约定的目的和方式开展的网络数据处理活动。

(六) 共同处理，是指两个以上的网络数据处理者共同决定网络数据的处理目的和处理方式的网络数据处理活动。

(七) 单独同意，是指个人针对其个人信息进行特定处理而专门作出具体、明确的同意。

（八）大型网络平台，是指注册用户 5000 万以上或者月活跃用户 1000 万以上，业务类型复杂，网络数据处理活动对国家安全、经济运行、国计民生等具有重要影响的网络平台。

第六十二条 本条例において、次に掲げる用語の意義は、次に定めるところによる。

（一）ネットワークデータとは、ネットワークを通じて取り扱い及び生成をされる各種の電子データをいう。

（二）ネットワークデータ取扱活動とは、ネットワークデータの収集、保存、使用、加工、伝送、提供、公開、削除等の活動をいう。

（三）ネットワークデータ取扱者とは、ネットワークデータ取扱活動において取扱いの目的及び方法を自主的に決定する個人、組織をいう。

（四）重要データとは、特定の分野、特定の集団、特定の地域と関わり、又は一定の精度及び規模に達し、改ざん、破壊、漏えい又は違法な取得、違法な利用がなされると国の安全、経済の運営、社会の安定、公共の健康及び安全を直接に害するおそれのあるデータをいう。

（五）委託処理とは、ネットワークデータ取扱者の委託を受けた個人、組織が合意した目的及び方式に従って行うネットワークデータ取扱活動をいう。

（六）共同処理とは、二つ以上のネットワークデータ取扱者がネットワークデータ取扱いの目的及び方法を共同して決定するネットワークデータ取扱活動をいう。

（七）個別同意とは、個人が自己の個人情報に対し特定の取扱いをすることについて特に行った具体的かつ明確な同意をいう。

（八）大規模ネットワークプラットフォームとは、登録ユーザーが 5000 万人以上又は月間アクティブユーザーが 1000 万人以上であって、業務類型が複雑で、ネットワークデータ取扱活動が国の安全、経済の運営、国の経済及び人民の生活等に重要な影響のあるネットワークプラットフォームをいう。

第六十三条 开展核心数据的网络数据处理活动，按照国家有关规定执行。

自然人因个人或者家庭事务处理个人信息的，不适用本条例。

开展涉及国家秘密、工作秘密的网络数据处理活动，适用《中华人民共和国保守国家秘密法》等法律、行政法规的规定。

第六十三条 核心データのネットワークデータ取扱活動は、国の関連規定に従って行う。

自然人が個人又は家庭の事務のために個人情報を取り扱うときは、本条例を適用しない。

国家秘密、業務上の秘密と関わるネットワークデータ取扱活動には、「中華人民共和国国家秘密保護法」等の法律、行政法規の規定を適用する。

第六十四条 本条例自 2025 年 1 月 1 日起施行。

第六十四条 本条例は、2025 年 1 月 1 日から施行する。

事項索引

数字／アルファベット

B
B2C ·· 177, 211
BATH ··· 64

C
CCRC ····························· 163, 166, 167, 168
ChatGPT ······························· 202, 203, 204
CIIO ································· 141, 143, 150
CNKI ··· 29
Cookie ······························· 222, 223, 236

D
DiDi ···························· 27, 28, 78, 132, 133

G
GB 40050-2021 ································ 20
GB 42250-2022 ································ 20
GB/T 22239-2019 ················ 15, 17, 183
GB/T 22240-2020 ···················· 12, 13
GB/T 35273-2020 ····· 64, 221, 223, 247
GB/T 37964-2019 ················ 117, 210
GB/T 38664.1-2020 ····················· 59
GB/T 39335-2020 ················ 122, 242
GB/T 39725-2020 ························· 44
GB/T 39786-2021 ················ 21, 116
GB/T 42574-2023 ······················· 271
GB/T 43697-2024 ········ 41, 189, 201, 250
GDPR ························· 64, 67, 68, 73
GSM-R ·· 264

I
IDC ······················ 2, 185, 186, 187, 188
IPO ··· 27
IRC ··· 186

J
JR/T 0171-2020 ················ 115, 116, 169

JR/T 0197-2020 ···························· 43

M
M&A ······························· 197, 259, 262

T
TC260-PG-20202A ················ 65, 85
TC260-PG-20222A ························· 162

W
Wechat ················ 67, 69, 205, 228, 268

Y
YD/T 2782-2014 ··························· 65
YD/T 3813-2020 ··························· 43

かな

あ
アクセス制限 ················ 51, 56, 117, 353
アルゴリズム ·········· 21, 102, 127, 203, 357
暗号法 ··························· 5, 21, 22, 280
安全原則 ·· 80
安全保障体制 ··· 37

い
域外適用 ················ 66, 68, 227, 269, 274
一般データ保護規則 ····························· 64
一般的なデータ ····································· 248
移転契約の届出手順 ····························· 161
医療機関カルテ管理規定 ····················· 93
インターネットプラットフォームサービ
ス ······························· 126, 127, 334
インターネットリソース協力サービス業
務 ·· 186
インタラクティブ・ページ ················· 109

え
越境 EC プラットフォーム ················· 67
越境ショッピング ············· 148, 150, 239

越境人材管理 ………………………………… 245

（お）

オンラインストア ……………………… 215, 216

（か）

外国投資電気通信企業管理規定 ……… 187

核心データ ……… 37, 49, 54, 60, 191

企業情報公示暫定条例 …………………… 103

企業データリソースに関する会計処理暫定規定 …………………………………… 198

（き）

基礎電気通信企業データ分類分級方法 ……………………………………………… 43

機微な個人情報 …… 71, 103, 104, 150, 249

金融データ安全 データ安全分級指針 ‥ 43

（く）

クッキーポリシー ………………………… 223, 224

クラウドサービス …… 9, 139, 146, 172, 186

クラウドサービスプロバイダー ……… 186

クレンジング処理 ……………………………… 197

（こ）

公開・透明の原則 ………… 77, 79, 100, 164

合弁企業 …………………………………… 259

国防科学技術工業 ……………… 8, 18, 178

国務院 ……………………… 5, 18, 23, 140

国有企業 ………………………… 257, 259

個人金融情報保護管理規定 ……………… 115

個人金融情報保護技術規範 ……… 115, 116, 169

個人情報越境移転標準契約 ……… 150, 152, 241, 354

個人情報越境移転標準契約届出指針 ………………… 140, 150, 152, 160, 241

個人情報越境移転標準契約弁法 ……… 140, 152, 160, 242

個人情報侵害罪 ……………… 134, 183, 263

個人情報取扱者責任原則 …………………… 80

個人情報の匿名化 ………… 72, 73, 197, 208

個人情報保護影響評価 ……… 121, 148, 161, 166, 241

個人情報保護義務違反 …………………… 128

個人情報保護職責履行部門 ‥ 68, 119, 125, 131, 240, 274

個人情報保護認証 ……………………… 162

個人生体識別情報 ……………… 105, 106, 116

個人による権利行使の保障 ……… 106, 113

国家安全評価 ……… 142, 143, 144, 145, 193

国家安全保障 ……………… 2, 26, 275, 280

国家インターネット情報弁公室 …… 5, 20, 140, 143, 238

国家推薦標準 ……………… 21, 36, 59, 64, 122

国家ネットワーク情報部門 …… 23, 53, 107, 119, 131

国家秘密保護法 ………………… 5, 191, 280

個別の同意 ………… 104, 148, 213, 247, 271

コンピュータ情報システム安全保護条例 ……………………………………………… 184

コンプライアンス監査 ‥ 81, 115, 146, 154, 158

コンプライアンス遵守 ………………… 18, 278

（さ）

サイバーセキュリティ審査制度 …… 3, 23, 24, 277

サイバーセキュリティ審査弁公室 …… 24, 25, 27, 28

サイバーセキュリティ審査弁法 … 4, 5, 23

サイバーセキュリティ等級保護制度 … 4, 10, 17, 38, 50

サイバーセキュリティ標準実践指針 … 65

サイバーセキュリティ標準実践指針 モバイルインターネットアプリケーション（App）による個人情報の収集・使用に関する自己評価指針 ………………… 85

削除請求権 …………………… 106, 110, 111

サプライチェーン … 12, 26, 29, 43, 47, 51, 179

（し）

識別ルート …………………………… 69, 205

死者の個人情報の保護 ……… 106, 112, 113

市場監督ビッグデータセンター ……… 163

自然資源分野データ安全管理弁法 …… 55

自動意思決定 ……………… 80, 99, 101, 236
自動車データ安全管理若干規定 …… 4, 53,
　172, 192
社会公共利益 ……… 130, 131, 251, 267, 282
重要情報インフラ安全保護条例 ………… 8
重要情報インフラ運営者 …… 3, 4, 8, 9, 18
省級ネットワーク情報部門 ……… 149, 150,
　161
消費者権益保護法 …………… 100, 101, 133
情報安全技術 健康医療データ安全指針
　…………………………………… 44, 171
情報安全技術 個人情報安全影響評価指
　針 …………………………………… 122, 242
情報安全技術 個人情報安全規範 … 64, 68,
　207, 221, 223
情報安全技術 個人情報取扱における告
　知と同意の実施指針 ………………… 271
情報安全技術 個人情報に基づく自動化
　意思決定安全要求 ……………… 101, 102
情報安全技術 個人情報非識別化指針
　…………………………………… 117, 210
情報安全技術 サイバーセキュリティ等
　級保護基本要求 ………………… 15, 17
情報安全技術 サイバーセキュリティ等
　級保護等級判定指針 ……………… 12, 13
情報安全技術 情報システム暗号応用基
　本要求 …………………………… 21, 116
情報安全技術 ネットワークセキュリ
　ティ専用製品安全技術要求 …………… 20
情報安全等級保護管理弁法 ……… 15, 17
情報技術 ビッグデータ 政務データの公
　開と共有 ……………………………… 59
商用暗号応用安全性評価管理弁法 …… 23
知る権利 …………… 79, 100, 106, 108, 156
新規株式公開 ………………………… 27
信義誠実の原則 …………… 76, 77, 164, 320
人的資源 …………………… 81, 91, 216, 321
信用調査業管理条例 …………… 89, 170
人類遺伝資源管理条例 ……… 4, 58, 89, 105,
　170

人類遺伝資源管理条例実施細則 ‥ 58, 170,
　250

す

スマート経済 …………………………… 2

せ

精神的損害賠償 ………………… 224, 225
セキュリティ・ガバナンス ……………… 3

そ

総体国家安全観 ………… 2, 3, 36, 37, 280
属地主義 ………………………… 65, 66, 227

た

ターゲティング広告 ……… 68, 99, 216, 236
第三者評価機関 ……………………… 194, 258

ち

中央国家安全委員会 ……………………… 2
中華人民共和国治安管理処罰法 …… 184
中国サイバーセキュリティ審査認証
　……………………………………… 163
中国サイバーセキュリティ等級保護サイ
　ト ………………………………… 181

て

訂正補充請求権 ……………………… 109
データ安全技術 データ分類分級規則
　…………………… 41, 189, 201, 250
データ安全審査制度 ……… 3, 4, 28, 37, 277
データ越境移転安全評価申請指針 …… 138,
　142, 145, 242
データ越境移転安全評価弁法 …… 50, 140,
　141, 142, 144, 250
データ越境移転管理リスト ………… 49, 193
データ越境流動の促進及び規範化に関す
　る規定 …… 140, 149, 200, 238, 249
データコンプライアンス … 190, 199, 257,
　262, 278
データ資源大国 ………………………… 2
データセンター …… 139, 185, 186, 187, 242
データ知的財産権登録制度 …………… 199
データ分類分級保護制度 ……… 37, 40, 200,
　310, 350
データマッピング ……………… 37, 196, 237

事項索引

デューデリジェンス ···· 259, 261, 262, 263, 279

電子商取引法 ················· 64, 100, 128, 133

電信及びインターネットサービスユーザーの個人情報保護の等級分けに関する指針 ······································ 65

と

同意撤回 ··· 90

等級保護評価 ································· 146

匿名化 ················· 69, 72, 112, 207, 209

トラッキング ······························· 228, 233

に

認証マーク ···································· 168

ね

ネットワーク重要設備セキュリティ通用要求 ··· 20

ネットワークデータ安全管理条例 ······ 39, 81, 108, 126, 140

ネットワークプラットフォームサービス提供者 ···················· 39, 51, 81, 127, 355

は

反スパイ法 ················· 5, 37, 190, 191, 280

バンドル式同意 ···················· 88, 107, 213

ひ

非識別化 ···················· 116, 171, 209, 210

ビッグデータ ············· 77, 78, 99, 100, 101

品質保証の原則 ······················· 79, 164

ふ

ファイアウォール ························· 20, 259

不起訴制度 ···································· 135

プライバシーポリシー ··· 4, 84, 85, 90, 104

ブラックリスト ································ 4, 277

ブラックリスト公示制度 ····················· 133

ほ

包括的同意 ····················· 88, 107, 213, 235

ポップアップウィンドウ ···· 214, 223, 224, 234, 235

み

身元識別情報 ···················· 43, 88, 116, 214

民事公益訴訟制度 ···························· 129

民法典 ····················· 33, 64, 65, 72, 77

も

目的制限及び最小化原則 ·············· 78, 164

モニタリング ················· 44, 47, 55, 56, 229

ゆ

ユーザー・プロファイリング ·············· 68

輸出管理法 ·································· 5, 280

ら

ラベル・マーキング ·············· 51, 350, 353

れ

レピュテーション ······························ 126

367

著者一覧

著者一覧

[著者]

King & Wood Mallesons 法律事務所・外国法共同事業

[著者代表]

陳　天華（チン テンカ）

中国改革発展研究院、長谷川俊明法律事務所、丸紅株式会社法務部を経て、現在北京市金杜法律事務所及び King & Wood Mallesons 法律事務所・外国法共同事業パートナー。
取扱分野は、企業法務、企業買収・再編、国際貿易、不正調査、外貨・税関関連のコンプライアンスなど。
主な著書：『入門　中国のビジネス法』（中央経済社、共著）、『中国赴任者のための法務相談事例集』（商事法務、共著）、『中国進出企業　再編・撤退の実務』（商事法務、共著）ほか。

[著者紹介]（50 音順）

王 祺（オウ キ）　　　　　　King & Wood Mallesons 法律事務所・外国法共同事業及び北京市金杜法律事務所上海支所を経て、現中倫文徳法律事務所上海支所パートナー

甘 甜甜（カン　テンテン）　King & Wood Mallesons 法律事務所・外国法共同事業　中国弁護士

牛 唯倩（ギュウ ユイセン）　北京市金杜法律事務所上海支所 中国弁護士

高 镤（コウ　ホク）　　　　King & Wood Mallesons 法律事務所・外国法共同事業　中国弁護士

崔 文英（サイ ブンエイ）　　北京市金杜法律事務所、King & Wood Mallesons 法律事務所・外国法共同事業パートナー

徐 康（ジョ コウ）　　　　　King & Wood Mallesons 法律事務所・外国法共同事業　中国弁護士

陳 斯佳（チン シカ）　　　　King & Wood Mallesons 法律事務所・外国法共同事業　中国弁護士

鄭 林根（テイ リンコン）　　King & Wood Mallesons 法律事務所・外国法共同事業　中国弁護士

馮 素芳（フォー スホウ）　　北京市金杜法律事務所上海支所パートナー

苗 静茹（ミョウ セイユ）　　King & Wood Mallesons 法律事務所・外国法共同事業　中国弁護士

楊 瑞（ヤン ルイ）　　　　　King & Wood Mallesons 法律事務所・外国法共同事業　中国弁護士

劉 文雯（リュウ ブンブン）　King & Wood Mallesons 法律事務所・外国法共同事業　中国弁護士

盧 瀟（ロ ショウ）　　　　　King & Wood Mallesons 法律事務所・外国法共同事業　中国弁護士

王 梓萱（ワン ジシャン）　　King & Wood Mallesons 法律事務所・外国法共同事業　中国弁護士

※本書の執筆に当たっては、パラリーガルである藤井学のサポートを得た。

サービス・インフォメーション

―― 通話無料 ――

①商品に関するご照会・お申込みのご依頼
　　　　　TEL 0120 (203) 694／FAX 0120 (302) 640
②ご住所・ご名義等各種変更のご連絡
　　　　　TEL 0120 (203) 696／FAX 0120 (202) 974
③請求・お支払いに関するご照会・ご要望
　　　　　TEL 0120 (203) 695／FAX 0120 (202) 973

●フリーダイヤル（TEL）の受付時間は、土・日・祝日を除く
　9:00～17:30です。
●FAXは24時間受け付けておりますので、あわせてご利用ください。

中国データ三法の実務　解説とQ&A

2025年3月15日　初版発行

著　　　者　　King & Wood Mallesons 法律事務所・外国
　　　　　　　法共同事業
発 行 者　　田 中 英 弥
発 行 所　　第一法規株式会社
　　　　　　　〒107-8560　東京都港区南青山2-11-17
　　　　　　　ホームページ　https://www.daiichihoki.co.jp/
装　　　丁　　コミュニケーションアーツ株式会社

中国データ三法　ISBN978-4-474-04803-4　C2032　　(3)